Eck • Riechert • Professionelles Eurex-Trading

Christian Eck

Matthias S. Riechert

Professionelles
Eurex-Trading

Grundlagen,
Strategien und
Chancen
mit Optionen
und Futures

> Die Deutsche Bibliothek – CIP-Einheitsaufnahme
> Ein Titeldatensatz für diese Publikation ist bei
> der Deutschen Bibliothek erhältlich

Die Autoren freuen sich über Kritik, Anregungen und Fragen unter:
E-MAIL: ECKRIECHERT@FINANZBUCHVERLAG.DE

Gesamtbearbeitung: Michael Volk, München
Druck: freiburger graphische betriebe

© 2002 BY FINANZBUCH VERLAG GMBH MÜNCHEN
LANDSHUTER ALLEE 61 • 80637 MÜNCHEN
TEL.: 0 89/65 12 85-0 • FAX: 0 89/65 20 96

Alle Rechte, einschließlich derjenigen des auszugsweisen Abdrucks sowie der photomechanischen Wiedergabe, vorbehalten.
Dieses Buch will keine spezifischen Anlageempfehlungen geben und enthält lediglich allgemeine Hinweise. Autor, Herausgeber und die zitierten Quellen haften nicht für etwaige Verluste, die aufgrund der Umsetzung ihrer Gedanken und Ideen entstehen.

ISBN 3-932114-41-8

weitere Infos zum Thema
www.finanzbuchverlag.de
www.daytrading.de

Inhaltsverzeichnis

	Danksagung	13
A	***Einleitung***	**15**
B	***Optionen***	**39**
1.	Der Einstieg ins Optionstrading	41
1.1	Was ist eine Option?	41
1.2	Calls und Puts	43
1.2.1	Wie funktioniert ein Call?	43
1.2.2	Wie funktioniert ein Put?	44
1.3	Break-Even-Charts	45
1.4	Das 1x1 der Optionen – die Grundpositionen	46
1.4.1	Kauf eines Calls	47
1.4.2	Verkauf eines Calls	49
1.4.3	Kauf eines Puts	52
1.4.4	Verkauf eines Puts	54
1.4.5	ITM, ATM und OTM	56
1.5	Wie bildet sich der Preis einer Option?	57
1.5.1	Innerer Wert	57
1.5.2	Zeitwert	59
1.5.3	Wie teuer kann eine Option eigentlich sein?	61
1.6	Welche Faktoren beeinflussen die Optionsprämie?	63
1.6.1	Volatilität	63
1.6.2	Restlaufzeit	67
1.6.3	Zinsniveau	69
1.6.3.1	Einfluss des Zinsniveaus auf Calls	69
1.6.3.2	Einfluss des Zinsniveaus auf Puts	69
1.7	Ist ein Short Put wirklich so gefährlich?	71
1.8	Tipp: Verkaufsschlager mit Short Put – Die Aktienanleihe	72
1.8.1	Wieso der hohe Kupon?	74
1.8.2	Aktienanleihe Marke „Eigenbau"	77

2.	**Optionen im Detail**	**79**
2.1	**Die Bewertung von Optionen ist kein Geheimnis**	**79**
2.1.1	Das klassische Modell – Black & Scholes	79
2.1.2	Optionsprämien selbst berechnen	81
2.1.2.1	Bewertung eines Calls	81
2.1.2.2	Bewertung eines Puts	84
2.1.2.3	Der schnelle Weg über die Put-Call-Parität	86
2.1.3	Optionen mit Excel bewerten	88
2.2	**Sensitivitätskennzahlen von Optionen: ‚Die Griechen'**	**92**
2.2.1	Delta	92
2.2.2	Gamma	95
2.2.3	Theta	96
2.2.4	Vega	97
2.2.5	Rho	98
2.2.6	Die Griechen bei Optionskombinationen	99
2.3	**Volatilität – der Markt schwankt**	**100**
2.3.1	Der VDAX – ein Optionspreisindex	100
2.3.1.1	Was macht den VDAX zum Optionspreisindex?	101
2.3.1.2	Der Vergleich zwischen Erwartung und Realität	103
2.3.2	Die Volatilität lächelt – der Volatilitäts Smile	104
2.3.3	Die Volatilität im Zeitablauf	107
2.3.4	„Wie bist du in der Vola?"	109
2.4	**Exkurs: Der günstigste Zeitpunkt, Optionsscheine zu emittieren**	**112**
2.5	**Aktien shorten über Optionen**	**114**
2.6	**Synthetische Positionen**	**117**
3.	**Portfoliostrategien mit Aktienoptionen**	**118**
3.1	**Kursabsicherung durch einen Protective Put**	**118**
3.2	**Kurspotential durch Long Calls nutzen**	**122**
3.3	**Aktienverkauf über Short Calls**	**124**
4.	**Money-Maker-Strategien**	**126**
4.1	**Volatilitätsstrategien**	**127**
4.1.1	Long Straddle	128
4.1.2	Long Strangle	133
4.1.3	Short Straddle	135
4.1.3.1	Absicherung des Short Straddles	139
4.1.3.2	Der richtungsneutralen Position den Weg weisen	140
4.1.4	Short Strangle	141

4.2	Optionspositionen mit Spannung – Spreads	144
4.2.1	Bull Call Spread	145
4.2.2	Bull Put Spread	150
4.2.3	Spread Variationen in Hülle und Fülle	151
4.2.4	Bear Put Spread	155
4.2.5	Bear Call Spread	158
4.2.6	Die Bärenjagd vom Markt finanzieren lassen	160
4.2.7	Mit Time Spreads die Zeit für sich arbeiten lassen	162
4.3	**Komplexe Spread Positionen**	167
4.3.1	Ratio Call Spread	167
4.3.1.1	Wann wird der Ratio Spread vom Markt finanziert?	170
4.3.1.2	Ratio Call Spread oder einfach nur Short Call?	172
4.3.2	Ratio Put Spread	173
4.3.3	Call Ratio Backspread	176
4.3.4	Put Ratio Backspread	180
4.4	**Von Seitwärtsbewegungen profitieren**	181
4.4.1	Long Butterfly	181
4.4.2	Long Condor	185
5.	**Die Optionsstrategien auf einen Blick**	188
6.	**Optionsstrategien – Gewinn, Risiko, Break Even**	190
7.	**Follow-Up Strategien**	196

C Futures 213

1.	**Der Einstieg ins Futures-Trading**	215
1.1	Was sind Forwards und Futures?	216
1.2	Eine Milchkuh auf Termin	217
1.3	Pricing von Futures	218
1.4	Gewinn ohne Risiko – Arbitrage	218
1.5	Die Geldmaschine	222
1.5.1	Verschiedene Laufzeiten – Arbitrage einmal anders	223
1.5.1.1	Kurz gegen lang	224
1.5.1.2	Lang gegen kurz	225
1.5.2	Transaktionskosten	227
1.5.3	Zinssätze	230
1.5.4	Leerverkauf von Aktien	231

1.6	Dividendeninsiderinfos erfolgreich nutzen	233
1.7	Indexarbitrage mit dem DAX-Future	235
1.8	Der Unterschied zwischen Spot- und Futurespreisen	238
1.8.1	Basis und Cost-of-Carry im Devisenmarkt	240
1.8.2	Basis und Cost-of-Carry im Bondmarkt	241
1.9	Futures an der Terminbörse	241
2.	**Trading mit Aktienindexfutures**	**244**
2.1	Aktienindizes	244
2.1.1	Wissen Sie wirklich was ein Aktienindex ist?	244
2.1.2	Handelbare Aktienindizes	247
2.1.3	Der Deutsche Aktienindex	250
2.1.4	DAX Berechnung in Excel	251
2.1.5	Der DAX Future	256
2.2	Position Trading	258
2.2.1	Spreadtrading	258
2.2.2	Trade „Deutschland gegen Europa"	262
2.2.3	Arbitrage an unterschiedlichen Handelsplätzen	263
2.2.4	Tipp: Geld verdienen während einer Übernahmeschlacht	264
2.3	Portfoliomanagement mit Eurex Aktienindexfutures	268
2.3.1	Eine interessante Entdeckung – Portfolio-Theorie	268
2.3.2	Wir spielen Fondsmanager	276
2.3.3	Berechnung von Portfolio-Management-Kennzahlen	284
2.4	Risikomanagement mit Aktienindexfutures	288
2.4.1	Absicherungsstrategien	288
2.4.2	Beta Hedging	294
2.4.3	Risikosteuerung mit Excel	299
2.5	Tipp: Wir basteln ein Indexzertifikat	304
3.	**Tradingkonzepte mit Eurex-Zinsfutures**	**310**
3.1	Wie funktionieren Zinsfutures?	310
3.2	Wie funktioniert eine Anleihe	313
3.3	Der Euro-Bund-Future	318
3.3.1	Lieferung	320
3.3.2	Der Verkäufer hat die Wahl	324
3.4	Geldmarkt-Futures?	326
3.5	Spekulation auf die Zinsstrukturkurve	330
3.5.1	Flache Zinsstrukturkurve	330
3.5.2	Steile Zinskurve im Geldmarkt	331
3.5.3	Inverse Zinsstruktur im Kapitalmarkt	333
3.6	TIPP: Forward Darlehen	336

D	**Derivatehandel an der Eurex**	**337**
1.	Wie funktioniert die Eurex?	339
2.	Kaum ein Auftrag ohne Sicherheiten – Margins	342
2.1	Margin-Arten bei Optionen	344
2.2	Margin-Arten bei Futures	347
3.	Auftragsarten	350
3.1	Limit Orders	350
3.2	Stop Orders	351
3.3	Market Orders	351
E	**Durchstarten im Terminhandel**	**353**
1.	Tradingkonzepte	355
1.1	Scalping	357
1.2	Daytrading	359
1.3	Position Trading	361
1.4	Exkurs: Rogue Trader	361
2.	Der eigene Handelsraum	363
3.	Das wertvollste Gut – die Information	369
3.1	Kurse – realtime versus zeitverzögert	369
3.2	Die besten Informationen im Internet und im TV	370
3.2.1	Die Top-5-Internetseiten	371
3.2.2	Überblick der besten Internetseiten	373
3.2.3	TV – Börsensendungen und Videotext	380
3.3	Regeln für den erfolgreichen Umgang mit dem Internet	381
4.	Tradingsoftware	382
4.1	NWP-Börse	382
4.2	WinBis 388	
4.3	Tai-Pan	389
4.4	CQG Net	392
4.5	NeuroNet Investox	397
4.6	Omega Trade Station	401

5.	Derivate Broker	404
5.1	Discount Broker	406
5.2	Traditionelle Banken und Broker	408
5.3	Broker in Großbritannien	410
6.	Die Alternative zum eigenen Handelsraum – Daytrading Center	415

F Die easyOPTIONS Software — 421

1.	Was bietet easyOPTIONS?	417
2.	Demoversion	417
3.	Technische Systemvoraussetzungen	418
4.	Warum Microsoft Excel?	418
5.	So funktioniert die easyOPTIONS Software	419
5.1	Arbeitsblatt „Position"	419
5.1.1	Ansicht	420
5.1.2	Einstellungen	420
5.1.3	Hauptbereich	424
5.1.4	Bewertungsbereich	427
5.1.5	Änderungen im Arbeitsblatt „Position"	428
5.2	Arbeitsblatt „Grafiker"	430
5.2.1	So stellen Sie sich Ihre Optionsposition zusammen	430
5.2.2	Break Even	432
5.3	Arbeitsblatt „Szenarioanalyser"	433
5.3.1	Simulieren von Szenarien	433
5.3.2	Tipp: Worst Case und Best Case Check	436
6.	Nützliche Windows/Excel Shortcuts	437

G	***Glossar***	**439**
H	***Anhang***	**459**

1.	**Produkte an der Eurex**	**461**
1.1	**Optionen**	**462**
1.1.1	Aktienoptionen auf deutsche Basistitel	462
1.1.2	Low Exercise Price Options (LEPO) auf deutsche Basistitel	465
1.1.3	DAX-Option (ODAX)	465
1.1.4	Dow-Jones-STOXX 50-Option/Dow-Jones-Euro-STOXX- 50-Option	467
1.2	**Futures**	**469**
1.2.1	Euro-Bund-Future	469
1.2.2	DAX-Future (FDAX)	470
1.2.3	Dow-Jones-STOXX-50-Future / Dow-Jones-Euro-STOXX-50-Future	471
2.	**Wahrscheinlichkeitstabelle**	**473**
3.	**Register**	**475**

Vorstellung Bauer Hücking und Benheim

„Guten Tag! Ich bin **Bauer Hücking.** Meine Geldanlage erinnert mich an meine Landwirtschaft: Man muss zur richtigen Zeit das richtige Saatgut streuen. Aber verpassen Sie nicht die Erntezeit! Mit Optionen und Futures kommt diese öfter, als Sie denken!"

„Gestatten, mein Name ist **Benheim**. Als ich meine erste Million machte, dachte ich, Optionen und Futures seien nur etwas für windige Zocker. Heute nutze ich sie für die Vermehrung meines Vermögens, und Sie glauben gar nicht, wie viel Spaß mir das macht!"

Die für dieses Buch entwickelte **easyOPTIONS-Software** bietet die Möglichkeit, die im Kapitel 'Optionen' vorgestellten Optionskombinationen praxisnah nachzuvollziehen. Das Programm steht als Demo-Version auf www.easyoptions.de kostenlos zum Download bereit.

Danksagung

Auch dieses Werk verdankt zwar das Entstehen seinen Autoren, aber einige Personen dürfen aufgrund ihrer vielseitigen Unterstützung nicht unerwähnt bleiben. Zuallererst sind wir unserem Verleger Christian Jund für sein Vertrauen und seine beneidenswerte Geduld zu großem Dank verpflichtet. Ebenso bedanken wir uns bei Michael Volk für die Realisierung des Buches.

Einen wertvollen Beitrag zu diesem Buch leisteten folgende Personen, denen wir besonders danken möchten:

- Marcel Langer, der insbesondere durch das Testen der Tradingsoftware und seine Internetrecherche maßgeblich am Kapitel „Durchstarten im Terminhandel" mitgewirkt hat. Ohne seine schnelle und unermüdliche Einsatzbereitschaft hätten wir das Werk nicht in der vorgegebenen Zeit fertig stellen können.

- Armin Stracke für seinen tatkräftigen Einsatz in Sachen easyOPTIONS-Software

- Alex Taranu und Slavik Taubkin für die Unterstützung bei der Programmierung der easyOPTIONS-Software.

- Sebastian Eck für die graphische Ausgestaltung der Buchfiguren „Bauer Hücking" und „Benheim".

Unser Dank gilt weiterhin:

- dem Team „Quantitative Methodologies" der Investmentbank Credit Suisse First Boston, London, für die Mithilfe und das Beantworten vieler Fragen. Insbesondere sollen erwähnt werden: Dr. Olaf Springer, Anastasia Kakou, Mustafa „Hans" El Hassan, Dr. Georg Gandenberger und Dionisis Gonos.

- den „Equity Derivatives"-Teams von Morgan Stanley und Salomon Smith Barney, London, vor allem: Steffen Klein, Stephanino Isele, Christiane Elsenbach, Toby Gruber.

- den Mitarbeitern des Trading Departments und des Credit Risk Departments von Dresdner Kleinwort Benson, Sydney.

- dem Team von Roland Eller Consulting für die Expertise und die herausfordernden Tätigkeiten.

- der Firma Reuters für die kompetente Unterstützung und Bereitstellung von Software.

- dem European Business Programme (EBP) Münster, welches uns motivierte, dieses Projekt zu realisieren.

Bedanken möchten wir uns ebenfalls bei unseren Freunden und Kollegen Peter Ottenjann, Dario Cameretti, Heinz-Jörg Reichmann, Steffen Rump, Markus Grüne sowie den Kommilitonen des EBP, welche die Entstehung des Buches mit Interesse verfolgt haben.

Danke an Cosima.

Karelyne, obrigado por dançar maravilhosamente samba para mim.

A Einleitung

A Einleitung

Auf die Frage, ob denn der Tradingerfolg auch vom Glück abhänge, antwortete ein Aktienderivate-Händler der Investmentbank Morgan Stanley:

„Glück? Ich arbeite hier seit vier Jahren, einige meiner Kollegen schon seit sechs oder sieben Jahren. Keiner von uns hat bisher ein Jahr mit Verlust abgeschlossen. Glaubst du, das war Glück? Das spielt in unserem Job keine Rolle!"

Offensichtlich hängt der Erfolg dieser Trader von anderen Faktoren ab. Aber was ist das Geheimnis dieser Trader, von denen jeder einzelne in einem guten Jahr zwischen 20 und 50 Millionen Dollar für die Bank verdient? Star-Trader erwirtschaften mitunter sogar dreistellige Millionenbeträge.

Um überhaupt zu einem Vorstellungsgespräch bei einer der Top-Banken eingeladen zu werden, sind schnelle Auffassungsgabe, Kombinationsvermögen und analytische Denkfähigkeit die wichtigsten Voraussetzungen. Fragt man die einzelnen Händler nach ihrer Vorbildung, so kristallisiert sich oftmals eine fundierte Kenntnis der Mathematik oder Physik heraus. Viele studierten an einer renommierten Fakultät und schlossen ihre akademische Karriere mit einer Prädikatsnote und zusätzlich mit einem Doktortitel ab, bevor sie in das Rekrutierungsprogramm einer Investmentbank aufgenommen wurden.

Sind diese Trader nun Genies? Wer auf dem Trading-Floor einer Investmentbank akademische Musterknaben in Seidenschal und Maßanzug erwartet, wird enttäuscht. Auf den ersten Blick unauffällige Gestalten sitzen vor mehreren Bildschirmen, telefonieren, diskutieren oder lesen Zeitung. Nur hin und wieder kommt Hektik auf; man hört sie Kommentare und Kommandos über die Tischreihen rufen, die zu einer schnellen Reaktion der Gegenseite führen.

Anstatt durch Wetten auf die richtige Bewegung zu setzen, verdienen diese Trader Geld durch Wissen, Schnelligkeit und durch

Verdienen Sie Geld an steigenden und an sinkenden Aktienkursen

A. Einleitung

Anwendung einer gewissen Portion Wahrscheinlichkeitsrechnung. Darüber hinaus nutzen sie ein wesentlich vielfältigeres Instrumentarium als ein Anleger, der lediglich Aktien kauft und verkauft.

Was beispielsweise machen Aktienanleger in einem Bärenmarkt, in dem die Aktienkurse immer tiefer rutschen? Die Antwort lautet: nichts.

Was machen Aktienanleger, wenn sie eine Aktie momentan zu teuer finden? Die Antwort lautet: nichts.

Was machen Aktienanleger, die ein Kursziel für ihre Aktien gesetzt haben und schon heute mit ihrer Prognose Geld verdienen wollen? Die Antwort lautet: nichts.

Simulieren Sie Ihre Tradingstrategien mit der easyOPTIONS-Software

Derivate-Trader hätten umgehend in allen drei Situationen mehrere Möglichkeiten aufgelistet, in denen sie Geld verdienen könnten. In diesem Buch werden diese Strategien erklärt. Parallel dazu bietet Ihnen die easyOPTIONS-Demosoftware Berechnungstools, die auch von Profis benutzt werden.

In den letzten Jahren wurden viele Anleger von einem lang anhaltenden Kursanstieg verwöhnt. Anfang 2000 begann das böse Erwachen, von dem sich die Märkte nur langsam erholen. Schlechte Zeiten also für Aktienspekulationen?

Ganz im Gegenteil. Mit den richtigen Instrumenten sichern Sie Ihre Aktienpositionen gegen Kursverluste ab und verbuchen satte Gewinne. Sie können sogar dann Geld verdienen, wenn die Aktienkurse drei Wochen lang auf dem gleichen Niveau stagnieren. Das Buch eröffnet Ihnen eine ganz neue Dimension der Geldanlage und zeigt, wie Sie je nach Markttendenz gewinnbringende Tradingstrategien verwenden können.

Müssen Sie Finanzmathematik erlernen, um erfolgreich zu sein? Antwort: Es kommt darauf an, wie Sie Erfolg definieren. Wenn es Ihnen genügt, 10 % im Jahr zu verdienen, empfehlen wir Ihnen die Lektüre eines Buches von André Kostolany. Damit werden Sie gut unterhalten und Ihnen wird die erstaunliche Erkenntnis zuteil, dass Sie heute diejenigen Aktien finden müssen, die in den kommende 10 oder 20 Jahren beträchtlich im Kurswert steigen werden.

Wenn Sie Erfolg mit finanzieller Unabhängigkeit definieren und Sie dieses Ziel erreichen wollen, bevor Ihre Enkelkinder Sie nach dem Geheimnis Ihres Erfolges fragen, so sollten Sie sich intensiver mit den Methoden und Instrumenten der Geldanlage befassen. Erfolgreiche Hedge-Fund-Manager erzielen über mehrere Jahre hinweg eine Rendite von über 100 %. Dies können sie nur, weil sie andere Strategien anwenden als Aktienanleger. Dass diese Strategien nicht ganz einfach zu verstehen sind und auch nicht jeder die angemessene Zeit und Energie aufwenden kann, ist sicherlich der Grund dafür, weshalb nicht alle Investoren in diesem Metier erfolgreich tätig sein werden. Allerdings ist es außerordentlich lohnenswert, finanzmathematische Zusammenhänge zu begreifen und das Wissen für seinen eigenen Erfolg nutzbar zu machen.

„Wenn der Londoner Winter dieses Jahr wieder so ungemütlich wird, kaufe ich mir ein Haus im Süden, arbeite an meinem Golfspiel und kümmere mich um mein eigenes Geld!", antwortete der Londoner Trader lächelnd auf die Frage nach seiner Zukunftsvorstellung.

Doch keine Angst. Auch Profis kochen nur mit Wasser. Alle in diesem Buch beschriebenen Zusammenhänge sind auch für Anfänger einfach zu verstehen und nachvollziehbar. Lesen Sie nicht nur, sondern spielen Sie mit der easyOPTIONS-Software, dem Markt und den Zahlen! Auf diese Art und Weise lernen Sie am besten.

Um Sie auf das Buch einzustimmen und Ihnen die Chance zur ehrlichen Selbsteinschätzung zu geben, schlagen wir Ihnen das folgende Spiel vor:

Spielen Sie Trader!

A. Einleitung

Auf den folgenden Seiten finden Sie die Kursverläufe des Deutschen Aktienindex innerhalb eines Handelstages. Dazu erhalten Sie Marktkommentare und Nachrichten. Bilden Sie sich daraus eine Meinung für den weiteren Verlauf des Aktienindex! Sie können maximal 10 Kontrakte des DAX kaufen oder verkaufen, wobei ein Punkt im DAX dem Gegenwert von 25 € entspricht.

Beispiel:

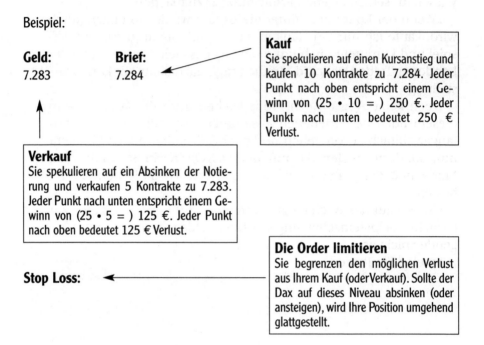

Geld: 7.283

Brief: 7.284

Kauf
Sie spekulieren auf einen Kursanstieg und kaufen 10 Kontrakte zu 7.284. Jeder Punkt nach oben entspricht einem Gewinn von (25 • 10 =) 250 €. Jeder Punkt nach unten bedeutet 250 € Verlust.

Verkauf
Sie spekulieren auf ein Absinken der Notierung und verkaufen 5 Kontrakte zu 7.283. Jeder Punkt nach unten entspricht einem Gewinn von (25 • 5 =) 125 €. Jeder Punkt nach oben bedeutet 125 € Verlust.

Stop Loss:

Die Order limitieren
Sie begrenzen den möglichen Verlust aus Ihrem Kauf (oder Verkauf). Sollte der Dax auf dieses Niveau absinken (oder ansteigen), wird Ihre Position umgehend glattgestellt.

Nehmen Sie einen Bleistift zur Hand und tragen Sie Ihre Trading-Positionen ein. Zeichnen Sie wichtige Unterstützungs- und Widerstandslinien ein, und achten Sie darauf, Ihr mögliches Risiko zu begrenzen. Sollten Sie keine Meinung haben, traden Sie nicht, sondern warten Sie die nächste Bewegung ab.

Nehmen Sie nun vor Ihrem Handelsschirm Platz.
Erfolgreiches Trading!

Der Trader-Test

7:37 Uhr (Londoner Zeit) – Morning Meeting

Der Deutsche Aktienindex (Dax) wird nach Einschätzung von Händlern am Freitag behauptet eröffnen. In den USA, von wo derzeit die Richtung für den Dax vorgegeben werde, habe der Dow-Jones-Index am Donnerstag auf dem Stand geschlossen, auf dem er auch beim Handelsschluss in Frankfurt gelegen habe, hieß es zur Begründung. Wesentliche Nachrichten von den Unternehmen stehen für Freitag nicht an. Beobachtet würden die für den Mittag erwarteten Verbraucherpreisdaten Juli der EU-Mitgliedsstaaten, aus denen sich Hinweise für die weitere Zinsentwicklung in der Euro-Zone ergeben könnten, hieß es am Markt weiter.
Die Citibank sagte am Freitagmorgen für den Dax ebenso eine Eröffnung von 7.287 Punkten voraus wie die Wertpapierhändler Lang & Schwarz. Am Donnerstag war der Dax mit 7.278 Punkten und damit 0,5 Prozent leichter als am Mittwoch aus dem Handel gegangen.
In den USA stehen mit den Handelsbilanzdaten und dem Index des Verbrauchervertrauens für den Nachmittag (MESZ) Zahlen zur Veröffentlichung an. Die Börse in Tokio lag am Freitagmorgen (MESZ) mit 0,74 Prozent im Plus. In Hongkong gab der Hang-Seng-Index indes 1,4 Prozent nach. An der Eurex verfallen heute gegen 13 Uhr DAX-Optionen mit August.

DAX-Chart, Quelle: Bloomberg

A. Einleitung

8:04 Uhr

DAX
Geld: Brief:
7.283 7.284

Long:

Short:

Stop Loss:

22

Frage 1

Welche der folgenden Aussagen entspricht Ihrer Meinung?
(Nur eine Antwort ankreuzen!)

A. „No risk – no fun!"

B. Mein Erspartes habe ich hart erarbeitet. Ich will damit nicht zocken. Allerdings ist ohne Risiko noch niemand reich geworden. Ich bin bereit, ein gewisses Risiko einzugehen, wenn ich es einschätzen kann und die Chance es rechtfertigt.

C. Geldanlage ist einfach. Ich überlasse sie den Profis meiner Bank.

A. Einleitung

9:00 Uhr, Tickermeldung:
Der Deutsche Aktienindex (Dax) hat am Freitag freundlich eröffnet. Unterschiedlich reagierten die Aktien der Unternehmen, die am Donnerstag bei der Versteigerung der UMTS-Lizenzen zum Zuge gekommen waren. Während Deutsche Telekom am Freitagmorgen mit 47,19 Euro behauptet notierte, lag Mobilcom mit 117 Euro 1,6 Prozent im Minus. E.ON fiel um 1,2 Prozent auf 56,67 Euro. Wesentliche Nachrichten von den Unternehmen stehen für Freitag nicht an. Beobachtet würden die für den Mittag erwarteten Verbraucherpreisdaten Juli der EU-Mitgliedsstaaten, aus denen sich Hinweise für die weitere Zinsentwicklung in der Euro-Zone ergeben könnten, hieß es am Markt.

DAX
Geld: Brief:
7.317   7.318

Gewinn/Verlust:

Long:

Short:

Stop Loss:

Frage 2

Welche der folgenden Aussagen entspricht Ihrer Meinung?
(Nur eine Antwort ankreuzen!)

A. Aktien kaufen, Schlaftabletten einnehmen, ein paar Jahre hinlegen, aufwachen und sich über die Gewinne freuen.

B. Langfristig sind wir alle tot.

C. Kurzfristige Ausschläge sind zufällig. Mittelfristige Bewegungen sind eher vorherzusagen. Langfristig wird ein gut diversifiziertes Portfolio eine über dem Zinsniveau liegende Verzinsung erwirtschaften.

A. Einleitung

10:10 Uhr, Ticker:
keine neuen Meldungen

DAX
Geld: Brief:
7.280   7.281

Gewinn/Verlust:

Long:

Short:

Stop Loss:

Frage 3

Welche der folgenden Aussagen entspricht Ihrer Meinung?
(Nur eine Antwort ankreuzen!)

A. Wer nicht wagt, der nicht gewinnt.

B. Wer nicht wagt, verliert auch nicht.

C. Wer sich in Gefahr begibt, kommt darin um.

A. Einleitung

10:50 Uhr, Ticker:
Die Ratingagentur Standard & Poor's werde möglicherweise im Anschluss an das Ende der deutschen UMTS-Lizenzversteigerung ihr langfristiges Unternehmensrating für die Deutsche Telekom AG auf „A-" von zuvor „AA-" herabstufen.
Darüber hinaus senkte die Deutsche Bank ihr Kursziel für die T-Aktie auf 62 Euro von zuvor 77 Euro, hielt jedoch ihre Kaufempfehlung für das Papier aufrecht.
Die Deutsche Telekom, die British Telecom und auch Sonera waren alle am Vortag entweder allein oder im Verbund eines Konsortiums bei der Versteigerung der deutschen UMTS-Lizenzen erfolgreich gewesen.

DAX
Geld: Brief:
7.258   7.259

Gewinn/Verlust:

Long:

Short:

Stop Loss:

Frage 4

Wie verhalten Sie sich, wenn Sie sich schnell entscheiden müssen?
(Nur eine Antwort ankreuzen!)

A. Ich ziehe mich zurück und überlege, bevor ich mich entscheide.

B. Ich entscheide mich so schnell wie möglich.

C. Ich treffe generell keine schnellen Entscheidungen.

A. Einleitung

12:24 Uhr, Ticker:
Es wird erwartet, dass der August-Verfallstermin der Eurex-Dax-Optionen das Handelsvolumen erhöhen wird. „Jeder spricht über den heutigen Verfallstermin. Das ist wahrscheinlich der einzige Grund, weshalb wir ein höheres Handelsvolumen haben", sagte ein Händler.
Wenig Auswirkungen auf den Markt hatten die am Mittag vorgelegten Zahlen zur Inflationsrate in der EU, die unverändert bei 2,4 Prozent lag.
Die Future-Indizes wiesen für Freitag auf eine behauptete Eröffnung des Dow-Jones-Index und auf eine schwächere Nasdaq hin.

DAX
Geld: Brief:
7.239   7.240

Gewinn/Verlust:

Long:

Short:

Stop Loss:

Frage 5

Welche der folgenden Aussagen trifft auf Sie zu?
(Nur eine Antwort ankreuzen!)

A. Aktuelle Börsenkurse habe ich ohnehin permanent auf dem Desktop und kann sie somit neben meiner Arbeit verfolgen.

B. Ich habe keine Zeit und keine Lust, mich regelmäßig um Börsengeschäfte zu kümmern.

C. Ich bin durchaus bereit, mich in meiner Freizeit mehr mit dem Börsengeschäft zu befassen. Ich kann zwar tagsüber nicht regelmäßig die Kurse verfolgen, aber zwischendurch und abends sollte es möglich sein.

A. Einleitung

13:59 Uhr
Kommentar eines Händlers:
„Der Optionsverfallstermin belastet die Dax-Notierungen. Ich glaube, dass einige Marktteilnehmer ihre Positionen vor dem anstehenden Wochenende glattstellen werden oder schon glattgestellt haben."

DAX
Geld: Brief:
7.257   7.258

Gewinn/Verlust:

Long:

Short:

Stop Loss:

Frage 6

Welche der folgenden Aussagen trifft auf Sie zu?
(Nur eine Antwort ankreuzen!)

A. Ich nutze Computer und das Internet regelmäßig.

B. Ich besitze keinen Computer und werden diesen auch nicht brauchen.

C. Ich beherrsche die vier Grundrechenarten. Mehr brauche ich nicht, um erfolgreich zu sein.

A. Einleitung

14:51 Uhr, Ticker:
Belastet von der Schwäche bei der Deutschen Telekom haben sich die deutschen Standardwerte am Freitagnachmittag weiter etwas leichter präsentiert. Acht Gewinnern standen 22 Verlierer gegenüber. Händler sprachen von insgesamt mittelmäßigen Umsätzen. Vor dem Wochenende stelle ein Teil der Börsianer Positionen glatt, hieß es. Die Telekom gehörte nach dem Ende der UMTS-Auktion mit einem Abschlag von rund zwei Prozent zu den größten Verlierern. Die Wall Street eröffnete etwas leichter. Der Dow-Jones-Index wies im frühen Geschäft ein Minus von 0,3 Prozent aus. Bei den US-Hochtechnologiewerten ging es dagegen bergauf. Der Nasdaq-Composite-Index verbesserte sich um 0,5 Prozent.

DAX
Geld: Brief:
7.219   7.220

Gewinn/Verlust:

Long:

Short:

Stop Loss:

Frage 7

Welche der folgenden Aussagen trifft auf Sie zu?
(Nur eine Antwort ankreuzen!)

A. Um Erfolg an der Börse zu haben, reicht es nicht aus, ein Buch zu lesen. Ein Fisch ohne Wasser kann auch nicht schwimmen.

B. Es gibt viel zu viele Bücher über die Börse, die viel zu wenig Wissen vermitteln.

C. Hast du einen Bekannten, so schenke ihm einen Fisch. Hast du einen Freund, so lehre ihn fischen.

A. Einleitung

Berechnen Sie Ihren Positionswert zum Handelsschluss. Ein Punkt im DAX entspricht 25 €.

DAX-Schlussstand:
7.242

Gewinn:

Verlust:

Auswertung der Fragen

	A	B	C	Ihr Ergebnis
Frage 1	3	2	1	
Frage 2	1	3	2	
Frage 3	3	2	1	
Frage 4	2	3	1	
Frage 5	3	1	2	
Frage 6	3	1	2	
Frage 7	3	3	3	
Endsumme:				

Beurteilung:

>17:
Sie sind ein begeisterter Trader und bereit, Risiken einzugehen. Nutzen Sie das Buch, um neue Ideen für Spekulationen zu bekommen. Achten Sie auf das Kapitel „Futures". Hier lernen Sie, wie man Instrumente mit einem gewaltigen Hebel richtig einsetzt.

Achten Sie aber auch darauf, keine unüberlegten Risiken eingehen! Begrenzen Sie Ihr Verlustpotential mit Stop-Loss-Limits, und nutzen Sie Optionsstrategien, mit denen Sie viel gewinnen, aber wenig verlieren können.

Haben Sie schon einmal darüber nachgedacht, hauptberuflich an der Börse zu spekulieren? In dem Kapitel „Durchstarten im Terminhandel" erfahren Sie das Wichtigste über die notwendige Ausstattung Ihres eigenen Handelsraums und die Wahl Ihres Brokers.

>10:
Sie stehen einer spekulativen Geldanlage grundsätzlich nicht negativ gegenüber. Allerdings scheuen Sie unüberlegte Risiken und legen Ihr Geld eher nach Art „Kostolany" an. Ihrer Auffassung nach investiert man am besten in langfristige Geschäfte. Doch bitte bedenken Sie: Wie viel Geld haben Sie innerhalb eines Tages mit Ihrem DAX-Trading verdient? Vergleichen Sie das Ergebnis mit dem Gewinn (oder Verlust?), den Sie im letzten Jahr eingefahren haben.

Nutzen Sie das Buch, um Möglichkeiten für Zusatzerträge zu Ihrem Aktienportfolio kennen zu lernen. Mit Optionen können Sie nicht nur „Zocken", sondern auch raffinierte konservative Strategien managen. Im Kapitel „Optionen" wird beispielsweise erläutert, wie Sie den Kaufkurs einer Aktie verbilligen. Der Zeitaufwand für das Managen dieser Strategien wird dabei nicht höher sein als für Ihre herkömmliche Geldanlage.

>8
Sie setzen auf eine sichere Zukunft. Der Erfolg Ihrer Geldanlage sollte deshalb nicht von Ungewissheit abhängen. Investieren Sie in Bundesanleihen, Sparkassenzertifikate und Lebensversicherungen.

Was das Buch angeht, verkaufen Sie es lukrativ an einen Dritten. So sparen Sie Zeit und tun dem Dritten, der viele gewinnbringende Tradingstrategien kennen lernen wird, einen großen Gefallen.

B Optionen

1. Der Einstieg ins Optionstrading

1.1 Was ist eine Option?

Bauer Hücking beschließt, für die anstehende Erntesaison einen neuen, leistungsfähigeren Traktor anzuschaffen. Dazu bestellt er den Handelsvertreter Kleinschmidt zu sich, der ihm ein Angebot unterbreiten soll. Kleinschmidt hält folgendes Angebot bereit: ein John-Deere-Traktor für 80.000 €. Allerdings sei dieser Preis nur bei sofortiger Zahlung haltbar; in Anbetracht des ungewissen Marktes sollte Hücking schnell zuschlagen, rät Kleinschmidt. Hücking möchte sich das Angebot für eine Woche sichern, was ihm genügend Zeit für einen Preisvergleich geben wird. Er bietet Kleinschmidt an, für das Bereitstellen des Preises eine Zahlung von 1.000 € zu leisten. Kleinschmidt akzeptiert.

Hücking hat damit eine Kaufoption mit der Laufzeit von einer Woche erworben. Diese beinhaltet das Recht, den Traktor beim Ende der Laufzeit zum vereinbarten Preis von 80.000 € zu kaufen.	Kauf einer Option

In den folgenden Tagen bittet Hücking weitere Vertreter zu sich. Erhält er ein preiswerteres Angebot, wird er seine Option nicht ausüben. Sollten alle anderen Traktoren allerdings teurer sein, wird er bei Kleinschmidt kaufen – zu einem Preis von 80.000 € samt der bereits gezahlten Optionsprämie von 1.000 €.

Da er kein besseres Angebot erhält, ruft Hücking bei Kleinschmidt an. Dieser teilt ihm mit, dass der Marktpreis eines John Dee bereits auf 85.000 € gestiegen sei. Hücking grinst und erinnert an die Kaufoption. Diese wird er nun ausüben und erhält so den Traktor für die vereinbarten 80.000 €. Rechnet er den Optionspreis dazu, hat er gegenüber dem aktuellen Marktpreis 4.000 € eingespart.

Die grundlegenden Zusammenhänge im Optionsgeschäft sind oftmals an Beispielen erstaunlich einfach nachvollziehbar. Im Handel mit diesen Produkten erschweren teils kuriose Fachbegriffe das Verständnis. Kein Wunder, denn Profis entwickeln und nutzen diese Insidersprache, um ihren Wissensvorsprung gegenüber der Außenwelt zu schützen.

Basiswert/Underlying
Der einer Option zugrunde liegende Wert, z. B. eine Aktie, ein Future oder eine Ware wie Hückings Traktor.

Basispreis/Strike
Der im obigen Beispiel vereinbarte Preis von 80.000 €, zu dem der Traktor bezogen werden kann.

Prämie
Die Optionsprämie ist der Preis einer Option.

Verfall/Expiration
Wird ein Optionskontrakt abgeschlossen, hat dieser eine bestimmte Laufzeit. Das in der Zukunft liegende Datum, zu dem die Option ausgeübt werden kann, ist der Verfallstag der Option. Hierbei gibt es zwei Varianten, die bestimmen, wann eine Option ausgeübt werden kann.

Amerikanische und europäische Optionen
Eine amerikanische Option kann zu jedem Handelstag vom Optionskäufer bis zum vereinbarten Verfallstermin ausgeübt werden. Handelt es sich um eine europäische Option, kann diese nur bei Fälligkeit ausgeübt werden. Bauer Hücking könnte in diesem Falle den Traktor über die Option nicht innerhalb der einwöchigen Laufzeit erwerben, er müsste bis zum Ende der Woche warten.

Ausüben/Exercise
Hücking hat die Option gegen Zahlung einer Prämie von 1.000 € gekauft. Demnach kann er die Entscheidung treffen, den Traktor zu kaufen (die Option auszuüben) oder die Option verfallen zu lassen.

Stillhalter
Da Kleinschmidt die Entscheidung Hückings abwarten muss, ist er der Stillhalter. Im Gegensatz zum Optionskäufer besitzt der Stillhalter keine Rechte, sondern eine Verpflichtung.

OTC
Die Spezifikation des Optionskontrakts wurde von beiden Parteien individuell vereinbart, weshalb man auch von einer ‚OTC-Option' spricht. Die Option wurde praktisch über ‚die Ladentheke' hinweg

(over the counter) gehandelt. Als Privatanleger hat man allerdings ausschließlich mit standardisierten bzw. börsennotierten Optionen zu tun, also Optionen, deren Kontraktspezifikationen festgelegt sind. Wir werden uns später mit den von der Eurex angebotenen Optionstypen auseinander setzen.

1.2 Calls und Puts

1.2.1 Wie funktioniert ein Call?

Bei der von Bauer Hücking erworbenen Option handelt es sich um eine Kaufoption, da er das Recht erwirbt, den Traktor zum vereinbarten Preis zu kaufen. Diese Art der Option wird mit dem englischen Begriff ‚Call' bezeichnet.

Allgemeiner lässt sich ein Call folgendermaßen definieren:

Ein Call gibt dem Käufer das Recht, aber nicht die Verpflichtung,

- **eine bestimmte Menge eines bestimmten Basiswertes**
- **innerhalb eines festgelegten Zeitraums (amerikanische Option) oder zu einem festgelegten Zeitpunkt (europäische Option)**
- **zu einem festgelegten Preis**
- **zu kaufen.**

Definition eines Calls

Bezogen auf den Aktienmarkt geht der Käufer einer Kaufoption von steigenden Aktienkursen aus. Steigt der Kurs der zugrunde liegenden Aktie über den Basispreis der Option an, lohnt sich die Ausübung der Option. Die Aktie kann so zu einem unter dem Marktpreis liegenden Kurs vom Stillhalter der Option gekauft werden. Liegt der Kurs der Aktie am Verfallstag unter dem Basispreis, lässt der Käufer die Kaufoption wertlos verfallen. Er kann die Aktie am Markt zu einem niedrigeren Kurs kaufen, als dies durch die Ausübung des Calls möglich wäre.

Das folgende Zahlenbeispiel zeigt, wie sich der Optionsinhaber am Ende der Laufzeit verhalten wird, wenn der Aktienkurs über bzw. unter dem Basispreis liegt. Zur Vereinfachung vernachlässigen wir vorerst die Prämienzahlung. Diese wird im Abschnitt ‚Break-Even-Charts' in die Analyse einbezogen.

CALL mit Basispreis 100

	Basispreis < Aktie	Basispreis > Aktie
Aktienkurs beim Verfall	130	80
Aktion	Option ausüben; Kauf der Aktie zu 100	Option verfallen lassen; Kauf der Aktie am Markt zu 80

1.2.2 Wie funktioniert ein Put?

Wie der Name vermuten lässt, ist das Gegenteil einer Kaufoption (Call) eine Verkaufsoption (Put). Um darzustellen, wie ein solcher ‚Put' funktioniert, kehren wir noch einmal auf Bauer Hückings Gehöft zurück.

Hücking hat kürzlich eine größere Investition getätigt: er hat für 200.000 € eine hochmoderne Scheune errichten lassen. Um die Scheune gegen das Risiko zerstörerisch wirkender Naturkräfte abzusichern, schließt er eine Versicherung über 250.000 € ab. Die Versicherungsprämie beträgt 2.000 €.

Kurze Zeit später brennt die Scheune – als hätte es Hücking vorausgesehen – bis auf die Grundmauern ab. Da die Immobilie nun eindeutig an Wert verloren hat, übt er die Versicherung aus und bekommt für die zerstörte Scheune die vereinbarte Versicherungssumme. Abzüglich der bereits gezahlten Prämie verbleiben ihm 248.000 €.

Kauf einer Verkaufsoption

Eine Versicherung kann mit einer Verkaufsoption verglichen werden. Hücking sichert sich das Recht, die Scheune im Falle eines Brandes bis zu einem vereinbarten Zeitpunkt (Vertragslaufzeit) zum festgelegten Preis von 250.000 € an die Versicherungsgesellschaft ‚verkaufen' zu können. Optionen lassen sich demnach als Versicherung verstehen, wobei der Kaufpreis der Versicherungsprämie entspricht.

Definition eines Puts

Ein Put gibt dem Käufer das Recht, aber nicht die Verpflichtung,

- **eine bestimmte Menge eines bestimmten Basiswertes**
- **innerhalb eines festgelegten Zeitraums (amerikanische Option) oder zu einem festgelegten Zeitpunkt (europäische Option)**
- **zu einem festgelegten Preis**
- **zu verkaufen.**

Bezogen auf den Aktienmarkt erwartet der Käufer einer Verkaufsoption sinkende Aktienkurse. Fällt der Kurs der zugrunde liegenden Aktie unter den Basispreis der Option, wird die Option ausgeübt. Die Aktie kann so zu einem über dem Marktpreis liegenden Kurs an den Stillhalter der Option verkauft (angedient) werden. Sollte der Kurs der Aktie ansteigen, lässt der Käufer die Verkaufsoption wertlos verfallen, da er die Aktie über den Markt zu einem höheren Kurs verkaufen kann.

Abhängig vom aktuellen Aktienkurs wird sich der Put-Käufer folgendermaßen verhalten:

PUT mit Basispreis 100

	Basispreis > Aktie	Basispreis < Aktie
Aktienkurs	80	130
Aktion	Option ausüben; Verkauf der Aktie zu 80	Option verfallen lassen; Verkauf der Aktie am Markt zu 130

1.3 Break-Even-Charts

Bevor ein „Optionsdeal" getätigt wird, sollten sich die beiden Vertragsparteien über ihre Chancen und Risiken bewusst sein. Wie viel eine Optionsposition am Ende der Laufzeit einbringt oder kostet, hängt vom Preis des Basiswerts zu diesem Zeitpunkt ab. Durch Simulieren verschiedener Preise am Verfallstag lässt sich das Gewinn- und Verlustpotential einer Option bestimmen. Trägt man die Ergebnisse in ein Diagramm ein und verbindet die einzelnen Punkte, entsteht ein Break-Even-Chart (Gewinn- und Verlust Diagramm). Hiermit lassen sich Optionspositionen relativ einfach per Verfallstag darstellen und nachvollziehen. Am Beispiel eines gekauften Calls mit einem Basispreis von 100 und einer Prämie von 10 sehen wir uns einen solchen Chart genauer an.

- Auf der Abszisse (horizontale Achse/x-Achse) wird der Kurs des Basiswerts, bspw. einer Aktie, eingetragen. Dieser bestimmt den Wert der Optionsposition.
- Die Ordinate (vertikale Achse/y-Achse) gibt den Gewinn bzw. den Verlust an, den die Optionsposition generiert. Oberhalb der

B. Optionen

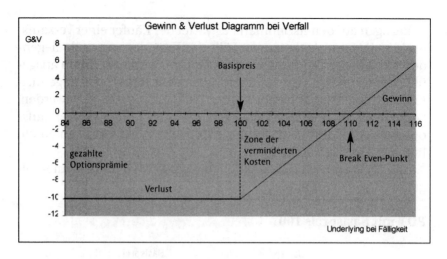

Nulllinie befindet sich die Position im Gewinn, unterhalb im Verlust.

Von der Verlustzone mit einem maximalen Verlust in Höhe der gezahlten Optionsprämie von 10 gelangt die Option bei steigenden Aktienkursen in die „Zone des verminderten Verlusts", wo die Zahlung der Optionsprämie zum Teil durch einen Ausübungsgewinn kompensiert wird. Bei weiter ansteigenden Kursen wird der Break-Even-Punkt von 110 erreicht, bei dem die Position weder Gewinn noch Verlust generiert. Schließlich gerät die Position in die Gewinnzone. Je höher der Preis des Basiswerts am Verfallstag liegt – je weiter wir uns auf der horizontalen Achse nach rechts bewegen –, desto höher fällt der Gewinn aus.

1.4 Das Einmaleins der Optionen – die Grundpositionen

In der Praxis lassen sich durch Kombination von Calls und Puts Optionspositionen mit exotisch anmutenden Bezeichnungen wie „Butterfly", „Condor" oder „Strangle" aufbauen. Sämtliche Strategien – erscheinen sie noch so kompliziert – basieren jedoch auf lediglich vier Grundpositionen:

- Kauf einer Kaufoption (Long Call)
- Verkauf einer Kaufoption (Short Call)

- Kauf einer Verkaufsoption (Long Put)
- Verkauf einer Verkaufoption (Short Put)

Hat man die Funktionsweise dieser vier Optionsstrategien verstanden, ist der Schritt zur kombinierten Strategie mit raffinierten Chance-/Risikoprofilen nicht mehr weit.

1.4.1 Kauf eines Calls

Angenommen eine Aktie notiert bei 100. Wir kaufen einen Call mit einem Basispreis von 100 für die Prämie von 10. Dadurch haben wir das Recht erworben, die Aktie zum Preis von 100 vom Optionskäufer zu erwerben. Wir rechnen demnach mit steigenden Aktienkursen. Durch den Kauf des Calls sind wir den Call ‚long' gegangen. Wir halten eine ‚Long-Call'- Position.

Long Call

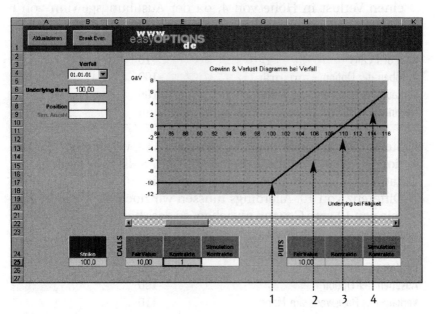

Denkbar sind folgende Szenarien am Ende der Laufzeit:

1. Sollte der Aktienkurs stagnieren und am Ende der Laufzeit bei 100 notieren, verlieren wir die gezahlte Prämie in Höhe von 10 und lassen die Option verfallen. Theoretisch könnten wir sie aus-

Verlust

üben, jedoch ließen sich die Aktien auch am Markt für 100 erwerben. Wir könnten also weder die gezahlte Prämie vermindern noch Gewinn erwirtschaften. Durch mögliche Transaktionskosten würden unsere Gesamtkosten weiter anwachsen. Bei einem unter 100 liegenden Aktienkurs werden wir die Option ebenfalls nicht ausüben: Warum sollten wir für die Aktie 100 zahlen, wenn sie am Markt preiswerter zu bekommen ist?

Kauf des Calls	-10
Ausüben der Option	-
Verkauf des Basiswerts am Markt	-
Gewinn/Verlust	-10

Zone der verminderten Kosten

2. Notiert der Basiswert bei Fälligkeit bei bspw. 106, üben wir den Call aus. Wir beziehen die Aktie für 100 vom Stillhalter und verkaufen sie sofort für 106 am Markt. Dennoch erleiden wir damit einen Verlust in Höhe von 4, da der Ausübungsgewinn von 6 geringer ausfällt als unsere gezahlte Prämie von 10.

Kauf des Calls	-10
Ausüben der Option	-100
Verkauf des Basiswerts am Markt	106
Gewinn/Verlust	-4

Break Even

3. Steigt die zugrunde liegende Aktie auf 110, werden wir die Option ausüben und die Aktie zu 100 vom Stillhalter kaufen. Verkaufen wir sie anschließend am Markt für 110, verdienen wir die Differenz von 10. Allerdings müssen wir noch die gezahlte Prämie von 10 vom Gewinn abziehen, so dass bei dieser Transaktion gerade der Break Even erreicht wird.

Kauf des Calls	-10
Ausüben der Option	-100
Verkauf des Basiswerts am Markt	110
Gewinn/Verlust	0

Gewinn

4. Mit dem Kauf des Calls spekulieren wir auf steigende Aktienkurse. Entwickelt sich der Aktienmarkt in unsere Richtung und steigt der Kurs über den Break Even von 110 an, gewinnt die Option an Wert und wir verdienen an jedem darüber liegenden

Kurs des Basiswerts. Steigt der Kurs auf 120, üben wir die Option aus. Wir beziehen die Aktie für 100 vom Stillhalter und verkaufen sie sofort für 120 am Markt. Abzüglich der gezahlten Prämie verbleibt ein Gewinn von 10.

Kauf des Calls	-10
Ausüben der Option	-100
Verkauf des Basiswerts am Markt	120
Gewinn/Verlust	10

Die Übersicht stellt die wichtigsten Details einer Long-Call-Position dar. Der Einfluss der Restlaufzeit wird im Verlauf des Kapitels behandelt.

Position	Long Call
Markterwartung	Steigende Kurse
Gewinn- und Risikopotential	Unbegrenzter Gewinn mit steigenden Aktienkursen. Begrenztes Verlustpotential in Höhe der gezahlten Prämie.
Break Even	Basispreis + Optionsprämie
Zeitfaktor	Position verliert mit abnehmender Restlaufzeit an Wert. Negativer Zeitfaktor für den Käufer.

1.4.2 Verkauf eines Calls

Rechnen wir mit leicht sinkenden oder stagnierenden Aktienkursen, so bietet sich der Verkauf eines Calls an. Hierbei vereinnahmen wir die Optionsprämie. Wir gehen also eine ‚Short-Call'-Position ein. Der Optionskäufer hat das Recht erworben, den Basiswert zu einem Kurs von 100 bei Fälligkeit der Option von uns zu beziehen. Da wir abwarten müssen, ob der Käufer die Option verfallen lässt oder ausübt, sind wir in der Stillhalterposition.

Short Call

Am Ende der Laufzeit können sich die folgenden Szenarien ergeben:

1. Notiert die Aktie bei Verfall unterhalb von 100, wird der Optionskäufer die Option wertlos verfallen lassen, da er den Basiswert billiger über den Markt beziehen kann. Die Prämieneinnahme von 10 hätten wir gesichert und mit der Position einen Gewinn von 10 erzielt.

Gewinn

B. Optionen

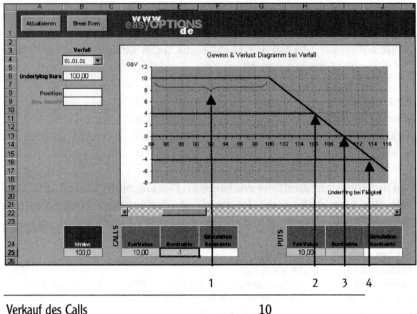

Verkauf des Calls	10
Option wird ausgeübt	-
Kauf des Basiswerts am Markt	-
Gewinn/Verlust	10

Zone des verminderten Gewinns

2. Notiert der Basiswert bei Fälligkeit bei 106, wird der Call ausgeübt werden, da der Käufer somit seinen Prämienaufwand vermindern kann. Um der Forderung des Kontraktpartners nachzukommen, müssen wir uns die Aktie zu 106 am Markt beschaffen; wir verkaufen sie anschließend zu den vereinbarten 100. Die vereinnahmte Prämie ist damit zum Teil aufgezehrt worden. Uns verbleibt ein Gewinn von (10 – 6 =) 4.

Verkauf des Calls	10
Option wird ausgeübt	100
Kauf des Basiswerts am Markt	-106
Gewinn/Verlust	4

Break Even

3. Die zugrunde liegende Aktie steigt bis zu Optionsfälligkeit auf 110 an. Der Optionskäufer wird die Option ausüben, da er die Aktie so billiger beziehen kann als über die Börse. Um seiner Forderung nachzukommen, kaufen wir die Aktie für 110 am Markt und geben sie anschließend für den Basispreis von 100 an den

Käufer ab. Da die vereinnahmte Optionsprämie gerade durch den Kursunterschied von 10 aufgezehrt wird, erreicht die Transaktion den Break Even.

Verkauf des Calls	10
Option wird ausgeübt	100
Kauf des Basiswerts am Markt	-110
Gewinn/Verlust	0

4. Notiert der Aktienkurs am Ende der Laufzeit bei 114, wird die Option ausgeübt. Wir müssen die Aktie zu 114 am Markt beziehen und für 100 wieder abgeben. Der Ausübungsverlust von 14 wird durch die vereinnahmte Prämie von 10 verringert, so dass wir insgesamt einen Verlust von 4 erzielen. *Verlust*

Verkauf des Calls	10
Option wird ausgeübt	100
Kauf des Basiswerts am Markt	-114
Gewinn/Verlust	-4

Position	Short Call
Markterwartung	Gleich bleibende oder leicht fallende Kurse
Gewinn- und Risikopotential	Gewinnpotential ist auf die Prämieneinnahme beschränkt. Unbegrenztes Verlustpotential bei steigendem Kurs des Basiswerts.
Break Even	Basispreis + Optionsprämie
Zeitfaktor	Optionspreis verliert mit abnehmender Restlaufzeit an Wert. Positiver Zeitfaktor für den Verkäufer.

Gedeckter und ungedeckter Call

Bei den oben genannten Szenarien haben wir angenommen, dass der Stillhalter den Basiswert nicht im Depot hält. In diesem Falle müsste er ihn bei Ausübung der Option am Markt kaufen und zum Basispreis wieder verkaufen. Man spricht von einem ungedeckten Call oder einer ‚Naked-Call-Position'.

Bei einer gedeckten Short-Call-Position oder einer ‚Covered-Call-Position' hat der Stillhalter den Basiswert im Depot. Wird die Option ausgeübt, verkauft er sie aus seinem Bestand und muss sich nicht am Markt eindecken. Ob der Stillhalter einer gedeckten Optionsposition einen Gewinn oder einen Verlust erleidet, hängt damit auch vom ursprünglichen Kaufkurs des Basiswertes ab.

B. Optionen

1.4.3 Kauf eines Puts

Long Put

Wir kaufen bei einem Aktienkurs von 100 einen Put mit einem Strike von 100 für den Preis von 10. Damit haben wir das Recht erworben, den Basiswert zum Kurs von 100 an den Stillhalter zu verkaufen. In Erwartung sinkender Kurse sind wir den Put ‚long' gegangen und halten damit eine ‚Long-Put'-Position.

Denkbar sind folgende Szenarien am Ende der Laufzeit:

Gewinn

1. Der Aktienkurs ist stark von 100 auf 84 gefallen. Wir üben den Put aus und decken uns am Markt zu 84 mit dem Basiswert ein. Diesen verkaufen wir an den Stillhalter zum Preis von 100. Abzüglich der gezahlten Prämie verbleibt ein Gewinn von 6.

Kauf des Puts	-10
Ausüben der Option	100
Kauf des Basiswerts am Markt	-84
Gewinn/Verlust	6

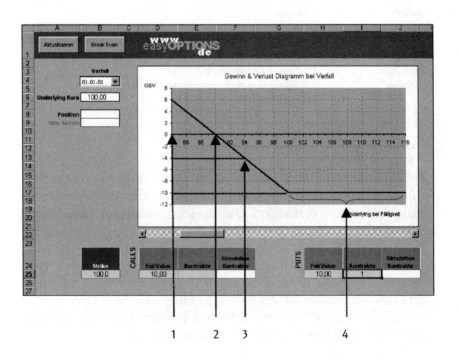

52

Der Einstieg ins Optionstrading

2. Der Kurs des Basiswerts ist auf 90 gefallen. Üben wir den Put aus, können wir die Aktie am Markt für 90 kaufen und an den Stillhalter für den vereinbarten Kurs von 100 wieder verkaufen. Da der bezahlte Optionspreis von 10 durch den Gewinn von 10 exakt kompensiert wird, erreichen wir bei diesem Szenario den Break Even. — Break Even

Kauf des Puts	-10
Ausüben der Option	100
Kauf des Basiswerts am Markt	-90
Gewinn/Verlust	0

3. Notiert der Basiswert bei Fälligkeit bei 94, wird der Put ausgeübt. Wir kaufen die Aktie zu 94 und verkaufen sie zu 100 an den Stillhalter. Rechnet man den Gewinn von 6 gegen die Ausgaben von 10, verbleibt ein verminderter Verlust in Höhe von 4. — Zone der verminderten Kosten

Kauf des Puts	-10
Ausüben der Option	100
Kauf des Basiswerts am Markt	-94
Gewinn/Verlust	-4

4. Bei gleich bleibendem oder steigendem Aktienkurs üben wir den Put nicht aus, da wir die Aktie auf dem Markt ebenfalls zu 100 oder zu einem höheren Kurs verkaufen können. Wir verlieren in diesem Fall die Prämie von 10. — Verlust der Prämie

Kauf des Puts	-10
Ausüben der Option	-
Kauf des Basiswerts am Markt	-
Gewinn/Verlust	-10

Position	Long Put
Markterwartung	Sinkende Kurse
Gewinn- und Risikopotential	Theoretisch unbegrenzter Gewinn bei sinkenden Aktienkursen. Begrenztes Verlustpotential in Höhe der gezahlten Prämie.
Break Even	Basispreis-Optionsprämie
Zeitfaktor	Position verliert mit abnehmender Restlaufzeit an Wert. Negativer Zeitfaktor für den Käufer.

B. Optionen

1.4.4 Verkauf eines Puts

Short Put

Verkaufen wir einen Put bei einem Aktienkurs von 100 mit einem Strike von 100 für die Prämie von 10, so erhält der Käufer das Recht, den Basiswert zum Kurs von 100 an uns verkaufen zu können. Diese Position ist sinnvoll, wenn wir gleich bleibende oder leicht steigende Kurse erwarten. Wir sind Stillhalter und halten eine Short-Put-Position.

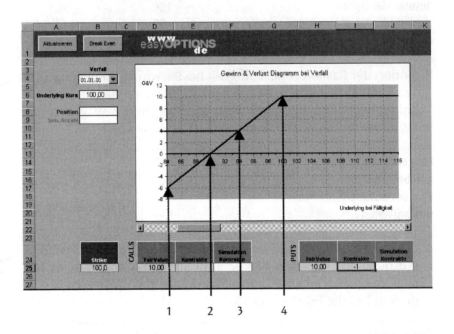

Folgende Szenarien sind per Verfall denkbar:

Verlust

1. Notiert der Aktienkurs zum Fälligkeitstermin bei bspw. 84, wird die Option ausgeübt. Wir müssen den Basiswert zu 100 abnehmen, können ihn aber nur zum Kurs von 84 am Markt verkaufen. Der Ausübungsverlust von 16 kann durch die vereinnahmte Prämie nicht gedeckt werden; wir erleiden einen Verlust von 6.

Verkauf des Puts	10
Option wird ausgeübt	-100
Verkauf des Basiswerts am Markt	84
Gewinn/Verlust	-6

2. Der Basiswert fällt auf 90. Der verkaufte Put wird ausgeübt und der Verlust von 10 kann gerade durch die vereinnahmte Prämie in gleicher Höhe kompensiert werden. Der Break-Even-Punkt ist erreicht.

Break Even

Verkauf des Puts	10
Option wird ausgeübt	-100
Verkauf des Basiswerts am Markt	90
Gewinn/Verlust	0

3. Notiert der Basiswert bei Fälligkeit bei 94, wird der Put ausgeübt. Wir müssen die Aktie zu 100 abnehmen und verkaufen sie mit leichtem Verlust wieder an der Börse. Dieser Verlust vermindert die Prämieneinnahme um 6.

Zone des verminderten Gewinns

Verkauf des Puts	10
Option wird ausgeübt	-100
Verkauf des Basiswerts am Markt	94
Gewinn/Verlust	4

4. Der Kurs des Basiswerts bleibt bei 100. Der Käufer wird die Option wahrscheinlich nicht zu 100 ausüben, da er die Transaktionskosten scheut und den Basiswert einfacher über die Börse verkaufen kann. Wir sichern uns die Prämie von 10.

Gewinn

Verkauf des Puts	10
Option wird ausgeübt	-
Verkauf des Basiswerts am Markt	-
Gewinn/Verlust	10

Position	Short Put
Markterwartung	Stagnierende oder leicht steigende Kurse
Gewinn- und Risikopotential	Begrenztes Gewinnpotential in Höhe des vereinnahmten Optionspreises. Theoretisch unbegrenztes Verlustpotential bei sinkendem Kurs des Basiswerts.
Break Even	Basispreis – Optionsprämie
Zeitfaktor	Optionspreis verliert mit abnehmender Restlaufzeit an Wert. Positiver Zeitfaktor für den Verkäufer.

Wie am Beispiel der vier Grundpositionen deutlich wird, lohnt sich die Ausübung von Optionen nur in bestimmten Fällen. Bei einer Long-Call-Position muss der Kurs des Basiswerts (Kassakurs) über dem Basispreis liegen; bei einer Long-Put-Position muss er unter dem Basispreis liegen.

1.4.5 ITM, ATM und OTM

Verhältnis von Kassakurs zum Basispreis

Bei der Auswahl von Optionen und Optionsscheinen stolpert man oftmals über das große Angebot an unterschiedlichen Basispreisen. Welcher Basispreis ist für welche Strategie der richtige? Setzt man den Basispreis ins Verhältnis zum Kassakurs des Underlyings, lässt sich die folgende Unterscheidung treffen.

1. ITM (in-the-money)

Ein Call ist in-the-money oder im Geld, wenn der Kassakurs über dem Basispreis liegt. Ein Call mit einem Basispreis von 100 wäre bei einem Kurs des Basiswerts von 120 demnach mit 20 in-the-money. Die Ausübung der Option wäre lohnenswert.

Bei einer Put-Option ist dieses Verhältnis genau umgekehrt. Der Kassakurs muss unter dem Basispreis notieren, damit der Put in-the-money oder im Geld notiert. Ein Put mit einem Basispreis von 100 liegt bei einem Kassakurs des Basiswerts von 70 mit 30 in-the-money.

2. ATM (at-the-money)

Eine Option liegt at-the-money oder am Geld, wenn der Basispreis dem Kassakurs des Basiswerts entspricht. Bei einem Basispreis eines Calls oder Puts von 100 läge der Kassakurs des Basiswerts ebenfalls bei 100.

3. OTM (out-of-the-money)

Ein Call liegt out-of-the-money oder aus dem Geld, wenn der Basiswert unter dem Basispreis notiert. Bei einem Basispreis von 100 notiert der Basiswert bspw. bei 90. In diesem Fall kann der Basiswert preiswerter über den Markt bezogen werden, weshalb der Call nicht ausgeübt wird.

Bei einem Put ist das Verhältnis wieder umgekehrt: ein Out-of-the-money-Put hat einen Basispreis, der über dem Kassakurs des Basiswerts notiert. Die Option wird ebenfalls nicht ausgeübt, da der Basiswert zu einem höheren Kurs an der Börse verkauft werden kann.

Die Übersicht zeigt das Verhältnis von Basispreis und Kassakurs des Basiswerts bei Calls und Puts.

Option liegt ...	Call	Put	Ausüben der Option?
in-the-money	Kassakurs > Basispreis	Kassakurs < Basispreis	ja
at-the-money	Kassakurs = Basispreis	Kassakurs = Basispreis	nein
out-of-the-money	Kassakurs < Basispreis	Kassakurs > Basispreis	nein
Berechnung	Kassakurs − Basispreis	Basispreis − Kassakurs	

Darüber hinaus unterscheidet man zwischen **Deep-in-the-money-** (weit im Geld liegenden) und **Deep-out-of-the-money-** (weit aus dem Geld liegenden) Optionen. Bei diesen Optionen ist die Differenz zwischen dem Basispreis und dem Kurs des Basiswerts besonders hoch. Es besteht allerdings keine verbindliche Regelung, ab welcher Höhe der Zusatz ‚deep' zu verwenden ist.

1.5   Wie bildet sich der Preis einer Option?

Grundsätzlich bildet sich der Wert einer Option an der Börse durch Angebot und Nachfrage. Allerdings setzt sich der Preis einer Option aus mehreren Teilen zusammen, die durch unterschiedliche Marktfaktoren beeinflusst werden.

1.5.1   Innerer Wert

Die Differenz zwischen Kassakurs des Underlyings und dem Basispreis stellt den *inneren Wert* einer Option dar. Eine Option besitzt einen inneren Wert, sobald sie in-the-money liegt, das heißt sobald bei einem Call der Kassakurs über dem Basispreis und bei einem Put der Kassakurs unter dem Basispreis notiert. Die oben dargestellten Grundpositionen Long Call, Short Call, Long Put und Short Put beziehen sich auf den Verfallstag der Optionen. Zu diesem Zeitpunkt entspricht der Preis einer Option genau dem inneren Wert.

Innerer Wert

Wert am Verfallstag

Wert einer Option am Verfallstag: innerer Wert

Um den inneren Wert eines Calls zu veranschaulichen, betrachten wir das folgende Beispiel:

Call	
Basispreis	70
Fälligkeit	Dezember 01

Per Verfallstag im Dezember hat der Call nur dann einen inneren Wert, wenn der Kurs der Aktie über dem Basispreis von 70 notiert. Der Wert entspricht genau der Differenz zwischen dem aktuellen Aktienkurs und dem Basispreis. Bei einem Aktienkurs von 90 wird der Call demnach einen Preis von 20 aufweisen.

Aktienkurs	90
Basispreis	70
Wert des Calls	20

Hieraus wird deutlich, dass es für einen Optionskäufer nicht lohnenswert wäre, für den Call mehr als 20 zu bezahlen. In diesem Fall würde er für den Bezug der Aktie über den Call mehr ausgeben müssen als bei einem direkten Kauf über den Markt. Ebenso wäre es für den Stillhalter unvernünftig, weniger als 20 für den Call zu verlangen, da er bei einem direkten Verkauf über die Börse einen höheren Betrag bekäme.

Bei einem Put lässt sich der innere Wert folgendermaßen darstellen:

Put	
Basispreis	70
Fälligkeit	Dezember 01

Damit der Put am Verfallstag einen inneren Wert hat, muss die Aktie unter dem Basispreis von 70 notieren. Es ergibt sich beispielsweise bei einem Kurs der Aktie von 50 am Verfallszeitpunkt eine Prämie von 20 für die Option.

Aktienkurs	50
Basispreis	70
Wert des Puts	20

Wenn wir eine Option als Versicherung betrachten, so verliert sie am Verfallstag ihren Versicherungscharakter, da der Preis des Basiswerts eindeutig bestimmbar ist. Daher ist der Wert der Option, der zu diesem Zeitpunkt genau dem inneren Wert entspricht, einfach zu ermitteln.

1.5.2 Zeitwert

Vergleicht man zwei Optionen, die sich bei sonst gleichen Ausstattungsmerkmalen lediglich in ihrer Laufzeit unterscheiden, so wird die Option mit der längeren Restlaufzeit teurer sein als die kurz laufende Option. Schließlich ist die Wahrscheinlichkeit, dass die Option in-the-money kommt, bei einer längeren Laufzeit höher.

Daher beeinflusst neben dem inneren Wert eine zweite Komponente den Preis der Option: der Zeitwert. Im Gegensatz zum inneren Wert ist die exakte Bestimmung des Zeitwerts wesentlich aufwendiger, da hierzu Erwartungen über die Wahrscheinlichkeit der Preisentwicklung des Basiswerts berücksichtigt werden müssen.

Wert einer Option vor dem Verfallstag: innerer Wert + Zeitwert *Wert vor Verfallstag*

Anhand der Höhe des Zeitwertes kann abgelesen werden, wie die Marktteilnehmer die künftige Kursentwicklung einschätzen. Geht die Mehrzahl von einer starken Bewegung der Aktie aus, so werden die sich Optionspreise tendenziell auf einem höheren Niveau befinden, da die Marktteilnehmer bereit sind, mehr für die Kauf- und Verkaufsrechte zu zahlen.

Der Zeitwert einer Option soll anhand des Eurex-Siemens-Calls mit Fälligkeit August dargestellt werden. Die Aktie notiert zu einem Schlusskurs von 178 €.

Der Call mit dem Basispreis von 165 € gibt dem Optionsinhaber das Recht, Siemens-Optionen vom Stillhalter jederzeit während der Laufzeit (amerikanische Option) zu 165 € kaufen zu können. In diesem Fall beträgt der Settlement-Preis für dieses Recht 15,84 €.

B. Optionen

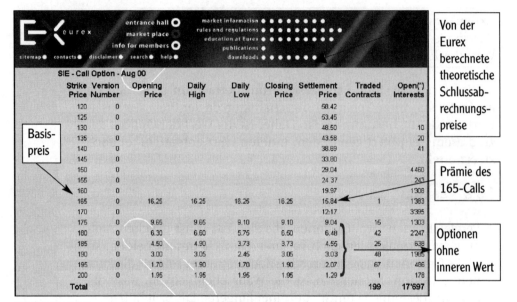

Eurex Optionsstatistik
Quelle: Eurex

Bei einem Kassakurs der Siemens-Aktie von 178 € beträgt der innere Wert der Option (178 – 165 =) 13 €. Die Differenz von innerem Wert und dem Optionspreis ist damit der Zeitwert der Option von (15,84 – 13 =) 2,84 €. Er entspricht dem Preis, den der Stillhalter für die Übernahme des Risikos steigender Aktienkurse verlangt.

Der Optionspreis setzt sich vor Fälligkeit wie folgt zusammen:

Optionspreis	= innerer Wert + Zeitwert
Optionspreis	= (Kurs Aktie – Basispreis) + Zeitwert
15,84 €	= 13 € + 2,84 €
oder	
Zeitwert	= Optionspreis – innerer Wert
Zeitwert	= 15,84 € – 13 € = 2,84 €

Im Siemens-Beispiel weisen die Optionen mit Basispreisen über 180 € keinen inneren Wert auf. Der Optionspreis besteht daher lediglich aus dem Zeitwert.

1.5.3 Wie teuer kann eine Option eigentlich sein?

Für die Siemens-Option ist eine Prämie von 15,84 € zu zahlen. Es stellt sich allerdings die Frage, wie viel eine Option überhaupt kosten darf. Gibt es bestimmte Grenzen, zwischen denen die Optionsprämie schwanken muss?

Angenommen, ein Marktteilnehmer stellt eine Verkaufsorder für die Siemens-Call-Option mit Limit 12 € in den Markt. Würden Sie zu diesem Preis kaufen?

Aktienkurs	178 €
Basispreis	165 €
Kauf des Calls	12 €
Gewinn/Verlust	?

Lösung:

Kauf Option	-12 €
Ausüben des Rechts	
Kauf Aktie zu 165	-165 €
Verkauf Aktie an der Börse	+178 €
Gewinn:	+1 €

Minimale und maximale Optionsprämie

Wie die Berechnung zeigt, muss die Prämie mindestens dem inneren Wert der Option entsprechen, da sonst der Kauf der Option und die sofortige Ausübung billiger wären als der Kauf der Aktie am Kassamarkt. Damit stellt der innere Wert der Option die Preisuntergrenze dar. Weil der innere Wert den mit einem Recht verbundenen Vorteil bewertet, kann dieser niemals negativ sein, sondern allenfalls null.

Eine Preisuntergrenze verlangt natürlich auch nach einer Preisobergrenze. Wie viel darf eine Option maximal kosten bzw. wann lohnt sich der Kauf einer Option nicht mehr? Die Antwort ist einfach:

*Die **Preisobergrenze** ist der Aktienkurs selbst. Liegt die Optionsprämie über dem Aktienkurs, lohnt sich der Kauf der Option nicht mehr, da die Aktie direkt über den Kassamarkt günstiger bezogen werden kann.*

Da der innere Wert 13 € beträgt und die Siemens-Aktie bei 178 € notiert, muss die Call-Prämie zwischen diesen beiden Preisen liegen.

Wie wir gesehen haben, befindet sich beim Über- bzw. Unterschreiten dieser Preisgrenzen entweder der Stillhalter oder der Optionsinhaber im Vorteil. Dies würde am Markt sofort durch Arbitrage ausgenutzt werden, woraufhin sich die Optionspreise wieder auf ein Niveau bewegen würden, bei dem keiner der Marktteilnehmer übervorteilt würde. In unserem Beispiel würde also die Prämie der Siemens-Option zu 12 höchstens wenige Sekunden im Handelsschirm stehen, bevor sich der schnellste Trader auf dieses „Free Lunch" stürzt.

Risikolose Gewinne durch Arbitrage

Als Arbitrage bezeichnet man das weitgehend risikolose Ausnutzen von Preisdifferenzen zwischen gleichwertigen Finanzinstrumenten an verschiedenen Märkten zur gleichen Zeit. Arbitrage neigt zur Selbstvernichtung: Wenn beispielsweise eine bestimmte Aktie an der Börse Hamburg zu 35 € gehandelt wird und in München zur gleichen Zeit bei 37 € notiert, werden geschickte Händler die billige Aktie aufkaufen und sofort mit Gewinn wieder abstoßen. Dadurch wird der Aktienkurs von 35 € durch die verstärkte Nachfrage in Hamburg nach oben getrieben und gleichzeitig in München aufgrund des vergrößerten Angebots gesenkt. Gleichen sich die beiden Preise vollständig an, ist weitere Arbitrage nicht länger möglich.

Durch diesen Marktmechanismus werden Optionsprämien in ihren festgelegten Grenzen schwanken und diese, wenn überhaupt, nur kurzzeitig verlassen können. Eine zu niedrig bewertete Option gibt dem Käufer die Möglichkeit, die Aktie beispielsweise billiger zu beziehen, als dies am Kassamarkt möglich ist. Dieses ‚Mispricing' (das Über- oder Unterbewerten) von Optionen wird durch Arbitrage kompensiert, so dass die Preisuntergrenze der Option, also ihr innerer Wert, wieder erreicht wird.

Besonders zu den Anfangszeiten der Deutschen Terminbörse war Arbitrage aufgrund geringer Markttransparenz und der nicht immer ausreichenden computergestützten Bewertungssysteme in verstärktem Maße möglich. Handelte man mit entsprechend großen Volumina, konnten selbst kleine Preisdifferenzen die tägliche Gewinn- und Verlustrechnung geschickter Händler enorm aufbessern.

Dieses Vorgehen führte zu teilweise denkwürdigen Situationen. So ließen die Optionshändler eines Düsseldorfer Handelshauses dem Trader eines Konkurrenzinstituts eine Flasche Champagner zukommen, weil sie mit den von ihm ‚besonders vorteilhaft' angebotenen Optionen über lange Zeit hervorragend arbitrieren konnten.

Arbitragemöglichkeiten sind heute dadurch stark eingeschränkt, dass sich immer mehr Marktteilnehmer mit denselben Informationen versorgen können. Dies ist hauptsächlich auf die Vernetzung der Märkte, leistungsfähige Computersysteme und nicht zuletzt auf das Internet zurückzuführen.

1.6 Welche Faktoren beeinflussen die Optionsprämie?

Wie wir gesehen haben, bestimmt der innere Wert einer Option, also die Differenz zwischen dem aktuellen Kurs des Basiswerts und dem Basispreis, die Optionsprämie. Daneben spielt der Zeitwert eine wichtige Rolle, der wiederum von den Faktoren Volatilität, Restlaufzeit und dem risikolosen Zinssatz beeinflusst wird.

Tipp: Simulieren Sie Auswirkungen auf den Optionspreis mit der easyOPTIONS-Software, um ein „Gefühl für den Markt" zu bekommen.

1.6.1 Volatilität

„Wie bist du in der Volatilität?", lautet eine der meistdiskutierten Fragen in den Handelsräumen von Banken und Investmenthäusern. Optionshändler interessieren sich oftmals weniger für die Optionsprämie selbst als für die Volatilität, die den entscheidenden Faktor bei der Bewertung von Optionen darstellt. Volatilität ist ein Maß für die Schwankungsbreite von Aktienkursen. Je höher die Volatilität, desto größer ist die Wahrscheinlichkeit, dass der Kassakurs über (unter) den Basispreis steigt (fällt) und eine Option in-the-money kommt. Dann wäre das Ausüben des Optionsrechtes für den Käufer profitabel.

B. Optionen

Definition: Volatilität

Volatilität ist das Maß für die Kursbeweglichkeit eines Basiswerts. Je stärker der Kurs des Basiswerts schwankt, desto höher ist die Wahrscheinlichkeit, dass die Option an Wert gewinnt und damit ausgeübt wird.

Eine ansteigende Volatilität ist demnach vorteilhaft für den Optionskäufer, da dieser – eher als bei einem ruhigen Markt mit nur geringen Kursschwankungen – damit rechnen kann, dass die Option zum Ende der Laufzeit hin an Wert zunimmt und gewinnbringend ausgeübt werden kann. Sein Risiko ist auf die Zahlung der Optionsprämie beschränkt; die Gewinnchancen sind dagegen bei einem Call unbeschränkt und bei einem Put größer als das Verlustrisiko. Dies erklärt, warum der Stillhalter bei hoher Volatilität eine höhere Prämie verlangen wird: Sein Risiko, bei Ausübung Aktien liefern oder abnehmen zu müssen, steigt mit stärker schwankenden Kursen an.

Volatilität drückt durch die Schwankung von Wertpapierkursen gleichermaßen die Chance auf Kursgewinne wie auch das Risiko von Kursverlusten aus. Sie gibt jedoch keinen Aufschluss über die Richtung der Kursausschläge.

Beispiel

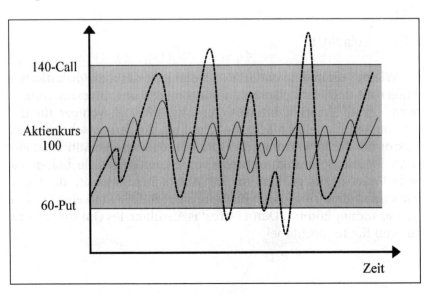

Der Einstieg ins Optionstrading

Eine Aktie notiert bei einem Kurs von 100. Wir kaufen einen Out-of-the-money-Call mit einem Basispreis von 140 und einen Out-of-the-money-Put mit dem Basispreis von 60.

Die Prämien der beiden Optionen werden bei verschiedenen Volatilitätsszenarien unterschiedlich hoch sein.

1. Bei niedriger Volatilität, dargestellt durch die durchgezogene Linie, ist die Wahrscheinlichkeit, dass die Optionen ins Geld kommen, relativ gering. Dies wird sich in niedrigen Optionsprämien widerspiegeln.
2. In Zeiten hoher Volatilität, dargestellt durch die gestrichelte Linie, ist die Wahrscheinlichkeit, dass die Kurse auf ein Niveau von über 140 ansteigen bzw. unter 60 fallen und die Optionen dadurch an innerem Wert gewinnen, sehr viel größer. Die Optionen werden zu entsprechend höheren Prämien gehandelt als im ersten Szenario.

Anhand der Abbildung wird deutlich, dass Optionen in Zeiten hoher Volatilität teurer sein müssen als in Zeiten geringerer Marktschwankungen. Sowohl bei Calls als auch bei Puts hat eine ansteigende Volatilität positiven Einfluss auf die Optionspreise. Je höher die Schwankungen des Basiswerts, desto teurer die Optionen.

Mit easyOPTIONS lässt sich der Einfluss der Volatilität einfach simulieren. Tragen Sie in das Feld „UserVola" unterschiedlich hohe Volatilitäten ein (bei sonst gleichen Ausstattungsmerkmalen der Optionen) und quantifizieren Sie den Einfluss auf die Prämien (Fair Values).

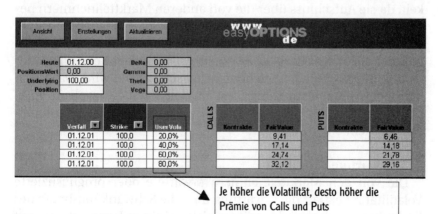

Je höher die Volatilität, desto höher die Prämie von Calls und Puts

Es lassen sich die in der Übersicht dargestellten Arten von Volatilität unterscheiden.

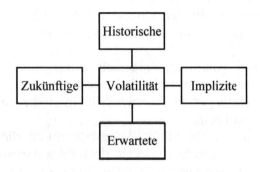

1. Historische Volatilität

Die historische Volatilität bezieht sich auf die Kurshistorie, also die in der Vergangenheit aufgetretenen Kurse eines Basiswerts. Sie untersucht die Schwankungsbreite der Kurse, die in der Statistik mit Hilfe der Standardabweichung der Preisänderungen angegeben wird. In der Praxis wird sie oftmals als Indikator für zukünftige Kursschwankungen eines Wertpapiers herangezogen.

2. Implizite Volatilität

Aus den aktuell am Markt gezahlten Optionspreisen lässt sich durch die Verwendung von Optionspreismodellen die implizite Volatilität errechnen. Wie wir später sehen werden, ist die implizite Volatilität bei einigen Optionsstrategien von besonderer Wichtigkeit, da sie Aufschluss über die von anderen Marktteilnehmern bezahlte Schwankungsbreite des Basiswerts gibt. Bei einem SAP-Call mit einer impliziten Volatilität von bspw. 30 % gehen die Optionshändler davon aus, dass die SAP-Aktie während der Restlaufzeit der Option um 30 % nach oben oder unten schwanken wird. Da es sich hierbei um einen Erwartungswert handelt, kann die implizite Volatilität von der tatsächlichen Kursschwankung des Basiswerts teilweise erheblich abweichen.

3. Erwartete Volatilität

Die von den Marktteilnehmern erwartete oder prognostizierte Volatilität reflektiert die Erwartung über die Schwankungsbreite des Basiswerts. Optionstrader stützen sich bei ihren Prognosen oft auf

Volatilitätscharts, die historische Volatilitäten oder in der Vergangenheit aufgetretene implizite Volatilitäten grafisch darstellen.

4. Zukünftige Volatilität
„Könnten wir die Volatilität voraussagen, bräuchten wir nicht mehr hier am Handelsschirm zu sitzen", so lautete die Feststellung eines Optionstraders. Zukünftige Volatilität ist die große Unbekannte beim Handel mit Optionen.

Für die an den Finanzmärkten auftretenden Kursschwankungen von Wertpapieren gibt es eine Reihe von Gründen. Neben der reinen Handelstätigkeit der Marktteilnehmer beeinflusst vor allem die Veröffentlichung von Nachrichten die Volatilität der Kurse. Nachrichten, die Einfluss auf einen Markt oder einen bestimmten Finanztitel haben, werden erwartet oder unerwartet veröffentlicht. Arbeitslosenzahlen, Konjunkturdaten oder die Bekanntgabe von Leitzinsänderungen zählen zu den erwarteten Informationen. Diese werden oftmals vor ihrer Veröffentlichung von den Kursen ‚vorweggenommen', d. h., der antizipierte Kursausschlag tritt nicht oder nicht so gravierend wie angenommen ein. Für diese Art von Nachrichten können auf Vergangenheitsdaten beruhende Wahrscheinlichkeiten errechnet werden, die Aufschluss darüber geben, wie stark die Kursausschläge ausfallen werden. Unerwartete Nachrichten, wie die Meldung von Naturkatastrophen oder Unternehmensinsolvenzen, haben einen nicht vorhersehbaren Einfluss auf Wertpapierkurse. Es ist daher extrem schwierig, wenn nicht unmöglich, sie in die Preisbildung mit einzubeziehen.

1.6.2 Restlaufzeit

Unerwartete Kursausschläge am Aktienmarkt sind in einem Zeitraum von 10 Tagen unwahrscheinlicher als in einem Zeitraum von 10 Monaten. Ein Anleger, der sich erst Anfang 2001 für den Kauf von Aktien entschieden hat, wird sehr viel weniger gejubelt, aber auch gezittert haben als ein Anleger, der 1980 eingestiegen ist und diverse Hausse- und Baissephasen erleben durfte. Übertragen auf Optionen wird der Stillhalter eine umso höhere Versicherungsprämie vom Käufer verlangen, je länger die Versicherung läuft, d. h., je länger die Laufzeit der Option ist. Der Käufer wird bereit sein, bei längerer Laufzeit der Option einen höheren Preis zu zahlen: Die Wahrscheinlichkeit, dass er die Option gewinnbringend ausüben kann, ist höher.

B. Optionen

Zeitwertverfall

Daher gilt: Je länger die Restlaufzeit, desto höher der Zeitwert und damit die Prämie einer Option. Dieser Zusammenhang lässt sich natürlich auch umkehren. Je näher sich eine Option dem Verfallstag nähert, desto geringer wird ihr Zeitwert sein. Dieses Phänomen bezeichnet man als Zeitwertverfall. Von dem inneren Wert und dem Zeitwert, aus denen sich der Optionspreis zusammensetzt, wird der Zeitwert immer geringer werden, so dass am Verfallstag lediglich der innere Wert übrig bleibt. Die abnehmende Restlaufzeit ist demnach positiv für den Stillhalter, da die Option für ihn im günstigsten Falle ohne Wert verfällt und er die Prämieneinnahme als Gewinn verbuchen kann. Für den Käufer ist dieser Effekt hingegen negativ, da sich mit jedem Tag die Wahrscheinlichkeit verringert, dass er die Option gewinnbringend ausüben kann.

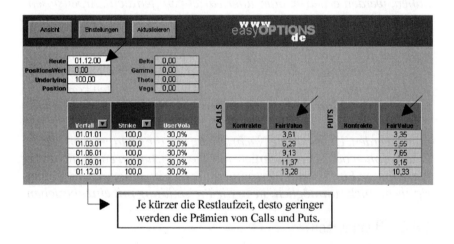

Je kürzer die Restlaufzeit, desto geringer werden die Prämien von Calls und Puts.

Simulieren Sie den Einfluss der Restlaufzeit auf Optionspreise. Tragen Sie dazu einfach Optionen mit verschiedenen Verfallsterminen in das Position-Sheet der Software ein. In unserem Beispiel bewerten wir am 01.12.00 Calls und Puts, die alle einen Strike von 100 € aufweisen. Der Kurs der Aktie beträgt ebenfalls 100 €. Es zeigt sich, dass mit abnehmender Restlaufzeit – von einem Jahr bis zu einem Monat – sowohl die Prämien der Calls als auch die Prämien der Puts sinken. Notiert die Aktie auch am Verfallstag bei 100 €, werden die Optionen wertlos verfallen, da sie weder einen Zeitwert noch einen inneren Wert besitzen.

1.6.3 Zinsniveau

Ein weiterer Einflussfaktor auf die Optionsprämie liegt in der Höhe der für die Optionslaufzeit geltenden, risikofreien Zinsen. Anders als bei der Volatilität und der Restlaufzeit wirken sich die kurzfristigen Zinsen bei Calls unterschiedlich aus als bei Puts.

1.6.3.1 Einfluss des Zinsniveaus auf Calls

Steigende Zinsen verteuern die Prämie eines Calls. Dieser auf den ersten Blick undurchsichtige Zusammenhang lässt sich aus zwei verschiedenen Blickwinkeln einfach erklären.

Ein Anleger hat die Wahl zwischen dem Kauf eines Calls zu einer Prämie von 20 € und dem Kauf der Aktie am Kassamarkt zum Kurs von 150 €. Entscheidet er sich für den Kauf der Option, kann er die Aktie zu einem späteren Zeitpunkt beziehen. Da der zu leistende Kapitaleinsatz von 20 € geringer ist als der Kauf der Aktie am Kassamarkt, können die verbleibenden 130 € zinsbringend angelegt werden. Bei einem höheren Marktzins wird sich eine größere Anzahl von Marktteilnehmern dazu entscheiden, die Aktie über den Call zu beziehen und den Differenzbetrag bis zur Ausübung der Option zinsbringend anzulegen. Die gesteigerte Nachfrage nach Call-Optionen wird deren Prämie ansteigen lassen.

Der Verkäufer eines Calls steht dem Risiko gegenüber, dass die Option bei steigenden Aktienkursen ausgeübt wird. Er muss in diesem Falle die Aktie liefern. Ist er eine gedeckte Optionsposition (Covered-Call-Position) eingegangen, muss er die Aktie beim Verfall der Option nicht erst am Markt erwerben, sondern kann sie aus seinem Portfolio an den Optionskäufer verkaufen. Dadurch hat er allerdings während der Laufzeit der Option Kapital gebunden, welches er nicht zinsbringend anlegen kann. Je höher der Marktzins, desto größer ist sein entgangener Zinsgewinn. Diese Opportunitätskosten wird der Stillhalter in Form einer höheren Prämie auf den Optionskäufer abwälzen.

1.6.3.2 Einfluss des Zinsniveaus auf Puts

Bei Puts verhält sich der Einfluss des Zinsniveaus umgekehrt zu jenem bei Calls: Je höher das allgemeine Zinsniveau, desto niedriger wird die Prämie eines Puts sein.

Bei Ausübung einer Put-Option muss der Stillhalter die ihm angedienten Aktien vom Optionskäufer abnehmen. Das dafür benö-

B. Optionen

tigte Geld kann er vor Ausübung zinsbringend anlegen. Je höher das Zinsniveau, desto größer die Zinseinnahmen. Somit muss der Verkäufer bei hohen Zinseinnahmen zum Verkaufszeitpunkt der Option weniger Geld anlegen, um den bei Ausübung der Option benötigten Betrag zur Verfügung zu haben. Dies schlägt sich in einer geringeren Optionsprämie nieder.

Geben Sie im Position-Sheet Optionen mit verschiedenen Laufzeiten bei sonst gleichen Ausstattungsmerkmalen ein. Pricen Sie diese anschließend bei verschiedenen Zinssätzen. Ändern Sie dazu den Zinssatz im Fenster „Einstellungen".

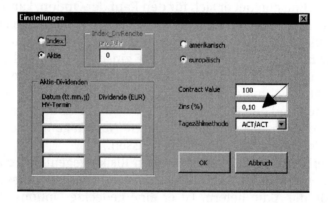

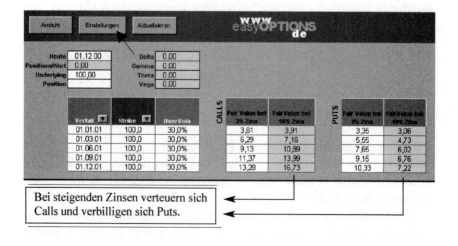

Bei steigenden Zinsen verteuern sich Calls und verbilligen sich Puts.

In der dargestellten Optionsposition weisen Calls bei einem Zins von 10 % eine höhere Prämie auf als bei einem Zins von 3 %. Puts hingegen reagieren mit niedrigeren Prämien bei ansteigenden Zinsen. Beachten Sie, dass sich der Zinseffekt mit ansteigender Laufzeit verstärkt.

Die folgende Übersicht zeigt zusammengefasst, wie sich die Prämie eines Calls bzw. eines Puts ändert, wenn der jeweilige Einflussfaktor ansteigt. Wenn der entsprechende Faktor sinkt, ist der Einfluss auf die Prämie von Calls und Puts entgegengesetzt.

Einflussfaktor steigt	Prämie Call	Prämie Put
Kurs des Basiswerts	steigt	fällt
Basispreis	fällt	steigt
Zinssatz	steigt	fällt
Laufzeit	steigt	steigt
Volatilität	steigt	steigt

1.7 Ist ein Short Put wirklich so gefährlich?

Ein Anleger möchte Aktien der Neo AG erwerben. Was ihn zurückhält, jetzt schon eine Kauforder zu platzieren, ist der hohe Kurs der Aktie. Die letzte Hausse verteuerte die Aktie auf 100 €. Deshalb entscheidet er sich, mit dem Erwerb von Aktien zu warten, bis die Kurse auf ein niedrigeres Niveau zurückgefallen sind. Dazu könnte er eine auf bspw. 80 € limitierte Kauforder einsetzen. Seien Sie sich allerdings im Klaren, dass dies nicht der Weisheit letzter Schluss sein muss! Der Broker wird für den Auftrag Limitgebühren berechnen. Bei diesem Kapitaleinsatz ist allerdings noch nicht einmal sicher, ob er sich überhaupt lohnen wird. Steigt der Kurs der Neo AG weiter an, hat der Anleger de facto Geld verloren.

Limitierte Kauforder versus Short Put

Warum sollte man für das Risiko, Geld zu verschenken, auch noch etwas bezahlen? Drehen Sie den Spieß einfach um und lassen Sie sich das Risiko mit barer Münze vergüten: Verkaufen Sie einen Put! Der Put ermöglicht den Erwerb von Aktien auf niedrigem Niveau.

„Hochspekulativ! Finger weg!", mögen jetzt einige von Ihnen denken. Und Sie folgen damit der gängigen Meinung, dass verkaufte

Der Short-Put-Mythos

Optionen ein hohes Risiko darstellen. Lassen Sie aber das angesprochene Beispiel noch einmal Revue passieren: Der Anleger möchte die Aktie kaufen, allerdings nicht auf dem aktuellen hohen Kursniveau. Er verkauft einen Put auf die Neo-Aktie mit einem Basispreis von 80 €. Dafür nimmt er die Optionsprämie ein und kann diese zinsbringend anlegen. Wenn der Kurs der Aktie fällt, wird diese auf einem niedrigeren Niveau – dem Basispreis – vom Käufer der Option geliefert. Wird die eingenommene Prämie eingerechnet, kostet die Aktie effektiv weniger als 80 €. Sollte der Aktienkurs steigen, wird nicht – wie bei der limitierten Kauforder – Geld verschenkt, sondern die Optionsprämie gesichert, da der Put wertlos verfällt. Die verkaufte Put-Option dient hierbei der **Erwerbsvorbereitung**.

Wenn Sie also eine Aktie zu einem niedrigeren als dem aktuellen Kurs kaufen wollen, können Sie einen Put verkaufen und die vereinnahmte Optionsprämie und das bis zur eventuellen Ausübung der Option verbleibende Kapital zinsbringend anlegen. Damit ist der Short Put weniger riskant, als Sie vielleicht noch vor kurzer Zeit angenommen haben.

1.8 Tipp: Verkaufsschlager mit Short Put – Die Aktienanleihe

Die Short-Put-Position ist eine grundlegende Komponente der vieldiskutierten Aktienanleihen. Sie kennen diese Anleihen eventuell auch unter den Bezeichnungen „Reverse Convertible", „Cash-or-Share-Anleihe" oder „Hochkuponanleihe mit Aktienandienungsrecht". Jedes Finanzinstitut, das etwas auf sich hält (und natürlich eine Menge Geld verdienen will), emittiert Aktienanleihen. Was das Besondere an diesen Anleihen ist? Ein Kupon, der weit über der aktuellen Kapitalmarktverzinsung liegt. Warum Ihr hart verdientes Geld auf dem Sparkonto schlummern lassen oder zu einem Festgeldsatz von rund 3 % anlegen, wenn 10 % oder gar 20 % garantierte Zinsen in Aussicht stehen?

Hohe Volatilität = hoher Kupon

Die Emission von Aktienanleihen ist besonders in Zeiten hoher Marktvolatilität und niedriger Marktzinsen interessant. Bei hoher Volatilität befinden sich die Optionsprämien auf einem relativ hohen Niveau, wodurch Optionen teuer vom Emittenten verkauft werden können. Die Prämie kann dann in Form eines überdurchschnittlichen Kupons an die Anleger weitergegeben werden. Sind darüber hinaus die Marktzinsen zum Emissionszeitpunkt relativ niedrig, wird die Bank ihre hochverzinslichen Aktienanleihen am Markt problemlos unterbringen können. Natürlich wird nicht der gesamte Ertrag aus der Emission an den Anleger weitergegeben. Die Höhe des Kupons ist abhängig von Faktoren wie dem aktuellen Marktzins, der Volatilität und natürlich den Angeboten der Konkurrenz. Aufgrund der historisch hohen Marktvolatilität Ende 1998 haben sich die Emittenten mit der Ausgabe von Aktienanleihen eine goldene Nase verdient: Es war keine Seltenheit, dass bis zu 600 Basispunkte sicherer Gewinn pro Emission erzielt wurden.

Wie diese Produkte tatsächlich zu bewerten sind, soll im Folgenden am Beispiel einer SAP-Aktienanleihe gezeigt werden.

Am 15. Juni 1998 emittierte die Deutsche Bank die folgende Anleihe:

Emissionsprospekt

WKN	370111
Emittent	Deutsche Bank Aktiengesellschaft
Emissionsvolumen	200.000.000 DM
Kupon	10 %
Valuta	15.06.1998
Fälligkeit	15.06.1999
Stückelung	5.000 DM
	(Nominalwert einer Schuldverschreibung)
Aktueller Ausgabekurs	100 %
Zahlung bzw. Lieferung	Die Rückzahlung erfolgt entweder zum Nennbetrag in Deutscher Mark oder durch Lieferung von 6 Aktien der SAP AG (WKN 716463) je Schuldverschreibung im Nennbetrag von 5.000 DM.
Market Making	Deutsche Bank
Notierung	Freiverkehr Frankfurt
Aktueller Kurs der Aktie	1.000 DM

1.8.1 Wieso der hohe Kupon?

Die SAP-Aktienanleihe ist mit einem Kupon von 10 % ausgestattet. Dieser liegt damit weit über dem zum Ausgabezeitpunkt der Anleihe gültigen Marktzins von 2,8 % für einjährige Anlagen. Der Emittent einer Hochkuponanleihe verkauft Put-Optionen außerbörslich im OTC-Geschäft an eine andere Bank. Im Beispiel verkauft die Deutsche Bank Puts auf die SAP-Aktie. Für den Verkauf erhält sie die Optionsprämie. Diese wird zusammen mit dem abgesetzten Nominalvolumen aus dem Verkauf der Anleihe am Geldmarkt angelegt. Die hieraus entstehenden Zinseinkünfte und die eingenommene Optionsprämie können in Form eines überdurchschnittlichen Kupons an die Anleger ausbezahlt werden. Das Risiko, welches aus der Stillhalterposition der Bank entsteht, nämlich die Aktien bei Ausübung des Puts zum Basispreis vom Optionskäufer abnehmen zu müssen, wird an die Investoren weitergegeben. Sollte der Kurs der SAP-Aktie am Laufzeitende der Anleihe unter den vereinbarten Basispreis gesunken sein, werden der Deutschen Bank die SAP-Aktien angedient. Diese behält sie allerdings nicht im Bestand, sondern reicht sie an die Käufer der Aktienanleihe weiter. Die Anleihe wird in diesem Fall also nicht zum Nennwert, sondern in Form von Aktien getilgt.

Verkauf von Put-Optionen

Was passiert am Ende der Laufzeit?

Bei Fälligkeit der SAP-Aktienanleihe hat der Emittent die Wahl, entweder den Nennwert in Höhe von 5.000 DM zurückzuzahlen oder die Anleihe durch das Andienen von 6 SAP-Aktien zu tilgen. Ab welchem Kursniveau bekommt der Anleger die Aktien? Um dieses zu bestimmen, machen wir uns einen einfachen Zusammenhang zunutze:

Im Falle der Aktienandienung muss der Nominalbetrag der Anleihe dem Gegenwert der gelieferten Aktien zum Basispreis entsprechen.

Durch Umstellen dieses in einer Formel ausgedrückten Zusammenhangs können wir den Basispreis der Put-Optionen ermitteln:

Nominalbetrag = Basispreis • Anzahl der lieferbaren Aktien

Daraus ergibt sich:

$$\text{Basispreis} = \frac{\text{Nominalbetrag}}{\text{Anzahl der lieferbaren Aktien}}$$

$$\text{Basispreis} = \frac{5000 \text{ DM}}{6} = 833{,}33 \text{ DM}$$

Basispreis des Puts

Wird der Nominalbetrag der SAP-Aktienanleihe in Höhe von 5.000 DM durch die Anzahl der Aktien dividiert, errechnet sich ein Basispreis von 833,33 DM. Sollte der Aktienkurs kurz vor dem Verfall der Anleihe über dem Basispreis von 833,33 DM liegen, verfallen die Puts wertlos und der Anleger erhält den gesamten Nennwert inklusive des garantierten Kupons von 10 % zurück. In diesem Fall erzielt er eine Rendite von 10 %.

Notiert der Aktienkurs unter 833,33 DM, gewinnen die Put-Optionen an Wert und werden ausgeübt. Damit wird nicht der Nominalbetrag von 5.000 DM zurückgezahlt, sondern es werden 6 SAP-Aktien zum dann aktuellen Kurs angedient. Die Rendite der Anleihe wird dadurch geringer sein als bei einer Rückzahlung des Nennwerts, da der Kursverlust der Aktie den Kupon ganz oder teilweise aufzehrt.

Es stellt sich die Frage, ab welchem Aktienniveau der 10 %-ige Kupon gerade vom Kursverlust aufgezehrt wird. Wo genau liegt der Break-Even-Kurs der Aktie, ab welchem die Rendite negativ wird?

Wie tief darf der Aktienkurs sinken?

Am Break-Even-Punkt gleichen sich der Gewinn in Form des Kupons und der Verlust durch den Aktienkursverlust gerade aus. Daher gilt:

$$\text{Break Even} = \frac{\text{Nominal} \cdot (1 - \text{Kupon})}{\text{Stückzahl Aktien}}$$

$$\text{Break Even} = \frac{5000 \text{ DM} \cdot (1 - 0{,}10)}{6} = 750{,}00 \text{ DM}$$

Der Break-Even-Kurs der SAP-Aktie liegt bei 750,00 DM. Sinkt die Aktie unter diesen Kurs, wird die Rendite aus der Anleihe negativ. Da uns der Basispreis und der Break-Even-Punkt nun bekannt sind, lässt sich die Position in einem Gewinn- und Verlustdiagramm darstellen.

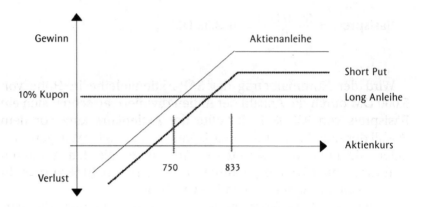

GuV-Diagramm einer Aktienanleihe am Ende der Laufzeit

Das Gewinn-/Verlustprofil der Aktienanleihe ähnelt dem einer Short-Put-Position. Aufgrund der Long-Anleihe-Position, die einen Kupon von 10 % erwirtschaftet, verschiebt sich der Break-Even-Punkt im Vergleich zum Short Put nach links. Der Aktienkurs kann demnach stärker fallen, bevor die Einnahme aus der Position gerade dem Verlust entspricht. Sollte die SAP-Aktie kurz vor Laufzeitende der Anleihe über 833,33 DM notieren, ist der mögliche Gewinn auf 500 DM begrenzt (10 % auf nominal 5.000 DM). Der höchstmögliche Verlust aus der Anleihe beträgt 90 % des Nominalwerts: Im schlimmsten Fall meldet die SAP AG Konkurs an und die Aktie sinkt auf null. Dadurch verliert der Anleger den Nominalbetrag von 5.000 DM und vereinnahmt lediglich den unabhängig vom Aktienkurs gezahlten, garantierten Kupon in Höhe von 10 %.

Eine Aktienanleihe ist für Anleger geeignet, die von stagnierenden bzw. leicht steigenden Kursen des entsprechenden Aktienwertes ausgehen. Erscheint das aktuelle Kursniveau zu hoch, kann die Aktienanleihe – wie eine Short-Put-Position – der Erwerbsvorbereitung dienen. Wird allerdings mit stark steigenden Aktienkursen gerechnet, sollte die Aktie selbst gekauft werden, da der Gewinn aus der Aktienanleihe nach oben hin begrenzt ist.

1.8.2 Aktienanleihe Marke „Eigenbau"

Aktienanleihen sind gerade in Zeiten hoher Volatilität eine Goldgrube für die Emissionshäuser. „Warum nicht auch mal eine solche Anleihe konstruieren", werden Sie sich fragen. Theoretisch ist dies – die entsprechende Kapitalausstattung vorausgesetzt – möglich. Tun wir es also den Anleihekonstrukteuren der Finanzhäuser gleich: Wir konstruieren unsere eigene Aktienanleihe!

Wird die Anleihe in ihre Einzelteile zerlegt, so ergibt sich aus Sicht des Anlegers die folgende Position:

Short Verkaufsoption	+	Long Festverzinsliche Anleihe	=	Long Aktienanleihe

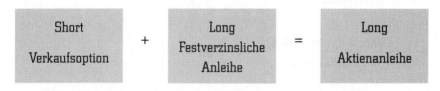

22.04.00	61,5				AKTIENANLEIHE-Konstrukteur				
Symbol	Strike	Theo	User Vola	Options Anzahl	Prämie	Zins	Zins+ Prämie	mögl. Kupon%	
VOW									
	RATE		VOL.:	1.000.000,0					
22.04.00	2,8%								
	60,00	5,41	26,8%	16667	90.184	30.525	120.709	12,07	
	62,50	6,77	26,8%	16000	108.244	31.031	139.275	13,93	
	65,00	8,14	26,5%	15385	125.217	31.506	156.723	15,67	
	70,00	11,51	26,3%	14286	164.411	32.604	197.014	19,70	
	72,50	13,46	26,5%	13793	185.664	33.199	218.862	21,89	
	77,50	17,55	26,4%	12903	226.440	34.340	260.780	26,08	
	80,00	19,71	26,3%	12500	246.397	34.899	281.296	28,13	
	90,00	29,09	26,4%	11111	323.191	37.049	360.241	36,02	

Verkauf des Puts mit dem Basispreis von 60 €

Als Basiswert für die zu verkaufenden Put-Optionen wählen wir Volkswagen aus, weil uns die implizite Volatilität relativ hoch erscheint und wir im Laufe der nächsten Monate mit einer Stagnation des Aktienkurses rechnen. Die Put-Optionen werden bei einem solchen Kursverlauf nicht an innerem Wert gewinnen, sondern wertlos verfallen.

Als Financial Engineerer benutzen wir die Applikation „Aktienanleihe Konstrukteur" (wie sie von den Emissionshäusern benutzt werden könnte), die uns am 19.07.99 folgende Werte angibt:

Volkswagen notiert bei 61,50 €. Die Prämie des Puts mit einem Basispreis von 60 € und einer Laufzeit bis zum 22.04.00 beläuft sich bei einer Volatilität von 26,8 % auf 5,41 €. Das Anleihevolumen soll 1 Million Euro betragen; der Marktzins für einjährige Anleihen liegt bei 2,8 %.

Bei einem Emissionsvolumen von 1 Million Euro können (1 Mio. / 60 =) 16.667 Optionen verkauft werden. Die vereinnahmte Prämie liegt bei (16.667 • 5,41 € =) 90.168 €. Legen wir diese Prämie sowie den Nennwert der Anleihe vom 22.04.99 bis zum 22.04.00 am Geldmarkt zu 2,8 % an, erhalten wir 30.525 € an Zinsen. Es ergeben sich Gesamteinnahmen in Höhe von 120.693 €, die sich aus den Zinseinkünften und der Prämieneinnahme zusammensetzen.

| Möglicher Kupon | $\longrightarrow \quad \dfrac{(30.525\ \text{€} + 90.168\ \text{€})}{1.000.000\ \text{€}} \cdot 100 = 12{,}07\ \%$ |

Dieser Betrag wird auf das Emissionsvolumen von 1 Million Euro bezogen, womit sich eine mögliche Verzinsung der Aktienanleihe von 12,07 % ergibt. Werden davon lediglich 9 % an die Anleger weitergegeben, beträgt der risikofreie Gewinn aus der Emission 3,07 % oder 307 Basispunkte.

2. Optionen im Detail

2.1 Die Bewertung von Optionen ist kein Geheimnis

In der Praxis steht eine große Auswahl mathematischer Modelle zur Verfügung, mit denen die theoretisch fairen Preise von Optionen bestimmt werden. Diese Modelle werden von den „Quants", den Mathematikern und Physikern der Handelshäuser und Banken, ständig weiterentwickelt und an die Bedürfnisse der Marktteilnehmer angepasst.

Die folgende Tabelle verschafft eine Einsicht in grundlegende Bewertungsansätze für verschiedene Basisinstrumente.

Basisinstrument	Entwickler des Bewertungsmodells	
Aktien	Black & Scholes, 1973	Cox/Ross/Rubinstein, 1979
	Geske, 1979	Cox/Rubinstein, 1985
Festverzinsliche	Curtadon, 1982	Ho/Lee, 1986
Wertpapiere	Cox/Ingersoll/Ross, 1985	Hull/White, 1990
Indizes	Brenner/Curtadon, 1987	
Devisen	Garman/Kohlhagen, 1983	Grabbe, 1983

Diese Modelle leiten den theoretischen Preis des Derivats aus den entsprechenden Marktfaktoren, Zinsstrukturkurven und der Volatilität ab.

2.1.1 Das klassische Modell – Black & Scholes

Das von Fischer Black und Myron Scholes entwickelte Optionspreismodell gilt als das anerkannteste und am weitesten verbreitete Bewertungsverfahren. Ursprünglich wurde es für das Pricing von europäischen Aktienoptionen ohne Dividendenzahlung konzipiert, findet heute allerdings in einer Vielzahl von Varianten für verschiedene Basisinstrumente Anwendung.

Obwohl das Black & Scholes-Modell bereits 1973 entworfen wurde, gab es zu den Anfangszeiten der DTB um 1990 nur einige wenige Optionshändler, die sich mit der Optionspreistheorie auskannten. Die im Handelssystem aufblinkenden Optionsprämien wurden anfangs als gegeben hingenommen. Diejenigen Händler, die einen der damals sündhaft teuren Optionspreisrechner im Taschenrechnerformat besaßen, konnten wenigstens durch minutenlanges Rechnen die Prämien auf Marktgerechtigkeit hin überprüfen. Heute zählt das Black & Scholes- Modell zur Standardausstattung moderner Optionssoftware, mit welcher der Fair Value von Optionen für alle am Handel Beteiligten einfach zu ermitteln ist. Trotz des Technikwandels wissen aber immer noch die wenigsten, was genau hinter der Berechnung von Optionspreisen steht. Lassen Sie uns daher die Prämie einer Option einmal per Hand mit Hilfe der Black & Scholes-Formel bestimmen.

Dazu benötigen wir zuerst die Variablen, durch die das Black & Scholes-Modell bestimmt wird. Diese umfassen den aktuellen Kurs des Basiswerts, den vereinbarten Ausübungspreis, die Restlaufzeit der Option, den kurzfristigen, während der Laufzeit gültigen risikofreien Zinssatz sowie die Volatilität des Aktienkurses.

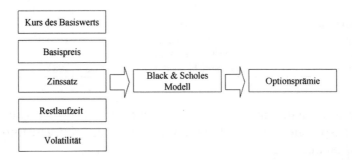

Das Modell basiert auf einigen Prämissen, welche die Realität der Finanzmärkte ein wenig vereinfachen.

1. Der kurzfristige Zinssatz für risikofreie Anlagen (bspw. Anleihen von Emittenten höchster Bonität) ist bekannt und bleibt während der Restlaufzeit der Option konstant.
2. Die Aktienkurse folgen einem kontinuierlichen Random-Walk, d. h. die Kurse entwickeln sich stetig (ohne Kurssprünge) und rein zufällig (ohne jegliche Regelmäßigkeit). Die logarithmierten Kurse sind normalverteilt.

3. Während der Laufzeit der Option werden weder Dividenden noch sonstige Zahlungen auf die Aktie geleistet.
4. Der Kapitalmarkt ist vollkommen, d. h., es fallen weder beim Aktien- noch beim Optionshandel Transaktionskosten an.
5. Leerverkäufe von Aktien und Optionen sind unbeschränkt möglich; dies beinhaltet auch ihre beliebige Teilbarkeit.

2.1.2 Optionsprämien selbst berechnen

2.1.2.1 Bewertung eines Calls

Aus den oben genannten Prämissen lässt sich eine Optionspreisformel ableiten, die sich für europäische Kaufoptionen auf Aktien wie folgt darstellt:

$$P_{Call} = K_{Aktie} \cdot N(d_1) - B \cdot e^{-R_{frei} \cdot t} \cdot N(d_2)$$

wobei

$$d_1 = \frac{\ln \frac{K_{Aktie}}{B} + (R_{frei} + 0{,}5 \cdot \sigma^2) \cdot t}{\sigma \sqrt{t}} \quad \text{und} \quad d_2 = d_1 - \sigma \sqrt{t}$$

In der Formel gibt P_{Call} die Prämie des Calls, K_{Aktie} den aktuellen Kurs des Basiswertes, B den festgelegten Basiskurs zum Bezug des Underlyings, R_{frei} den auf der Basis stetiger Verzinsung berechneten risikofreien Zins und t die Restlaufzeit der Option in Jahren an. Die Volatilität (Standardabweichung) des Aktienkurses p. a. wird durch σ^2 ausgedrückt; $N(d_1)$ stellt den Funktionswert der kumulierten Standardnormalverteilung an der Stelle d_1 dar. Die Berechnung der Optionsprämie erfolgt unter Verwendung des natürlichen Logarithmus ln. Die Basis des natürlichen Logarithmus bildet die Eulersche Zahl e (2,71828182…).

Einen Call auf die easyOPTIONS AG mit dem Taschenrechner bewerten

Die easyOPTIONS AG notiert bei 800 €. Der 750-Call auf die Aktie weist eine Laufzeit von zwei Jahren auf. Die Volatilität beträgt 30 % und der risikolose Zinssatz liegt bei 5 %.

Die Parameterwerte zur Bestimmung des Optionspreises ergeben sich zusammenfassend als:

K_{Aktie} = 800 €
B = 750 €
R_{frei} = 5 % p. a.
t = 2 Jahre
σ = 30 %

Für die Berechnung der Prämie dieses Calls setzen wir die Werte schrittweise in die Black & Scholes-Formel ein.

1. Kassakurs und Basispreis
Im ersten Schritt werden der Kassakurs K_{Aktie} der easyOPTIONS-Aktie und der Basispreis B der Call-Option in die Formel eingesetzt. Vergleicht man den Kassakurs mit dem Basispreis, so muss der Call über (800 – 750 =) 50 € gehandelt werden, da diesem inneren Wert noch die Zeitprämie aufgeschlagen wird.

$$P_{Call} = 800 \cdot N(d_1) - 750 \cdot e^{-R_{frei} \cdot t} \cdot N(d_2)$$

2. Laufzeit und risikofreier Zins
Anschließend setzen wir die Laufzeit t (2 Jahre) sowie den risikofreien Zins R_{frei} (0,05) ein. Das Produkt beider Parameter bildet den Exponenten der Eulerschen Zahl e, die nun in ihrem Zahlenwert ausgedrückt wird. Der Verwendung des Zinssatzes und der Restlaufzeit der Option liegt die folgende Überlegung zugrunde: Der Optionskäufer hat den vereinbarten Basispreis erst am Laufzeitende der Option zu zahlen, während der Kassakurs der Aktie bereits heute zu zahlen wäre. Um eine Vergleichbarkeit beider Werte zu schaffen, wird der Basispreis auf den heutigen Tag diskontiert, also sein Barwert durch abzinsen bestimmt.

$$P_{Call} = 800 \cdot N(d_1) - 750 \cdot 2{,}718281^{-0{,}05 \cdot 2} \cdot N(d_2)$$

3. Berechnung von $N(d_1)$ und $N(d_2)$
Im dritten und gleichzeitig aufwendigsten Berechnungsschritt werden $N(d_1)$ und $N(d_2)$ ermittelt. Wir beginnen mit der Berechnung von d_1, einem Zwischenschritt, der zur Ermittlung der Wahrscheinlichkeit $N(d_1)$ notwendig ist.

$$d_1 = \frac{\ln\frac{800}{750} + (0{,}05 + 0{,}5 \cdot 0{,}3^2) \cdot 2}{0{,}3\sqrt{2}}$$

Durch das Einsetzen von Kassakurs, Basispreis, Laufzeit, Volatilität und risikofreiem Zins errechnet sich $d_1 = 0{,}59995305$. Anhand der statistischen Tabelle (siehe Anhang), die Wahrscheinlichkeiten in Abhängigkeit verschiedener d_1-Werte zeigt, lässt sich $N(d_1)$ ermitteln. $N(0{,}59995305)$ liegt demnach bei $0{,}7224$. Wie bei einem Koordinatensystem suchen Sie auf der vertikalen Achse der Wahrscheinlichkeitstabelle den Wert für $d = 0{,}5$. Dieser beträgt $0{,}6915$. Nun folgen Sie der horizontalen Achse nach rechts, bis Sie $d = 0{,}59$ $(0{,}5 + 0{,}09)$ als $0{,}7224$ ermittelt haben. Da unser d_1 ein wenig höher liegt, benutzen Sie den nächsthöheren Wert von $d = 0{,}6$, bei dem $N(0{,}6)$ bei $0{,}7257$ liegt. Mittels linearer Interpolation lässt sich nun der exakte Wert für $d_1 = 0{,}59995305$ ermitteln.

$$\frac{(0{,}7257) \cdot (0{,}59995305 - 0{,}59)}{0{,}01} = 0{,}003284507$$

Das Ergebnis wird zu $0{,}7224$, dem Wert für $N(0{,}59)$ addiert, womit sich für $N(d_1) = 0{,}725684507$ ergibt. Dieser Wert wird aufgerundet zu $0{,}725685$ und in die Optionspreisformel aus dem ersten Schritt eingesetzt.

$$P_{Call} = 800 \cdot 0{,}725685 - 750 \cdot 2{,}718281^{-0{,}05 \cdot 2} \cdot N(d_2)$$

Die einzige noch fehlende Variable im Optionspreismodell ist $N(d_2)$. Um diese mit Zahlen zu füllen, ist vorab d_2 zu bestimmen.

$$d_2 = 0{,}59995305 - 0{,}3\sqrt{2}$$

Demnach beträgt $d_2 = 0{,}175689$. Dieser Wert ist nun wiederum in der statistischen Tabelle zu finden und wird durch eine weitere lineare Interpolation ermittelt, da d_2 zwischen den in der Tabelle ausgewiesenen Werten $0{,}17$ und $0{,}18$ liegt. Für $N(d_2)$ ergibt sich gerundet $0{,}5697187$.

4. Berechnung der Call Prämie

Abschließend wird $N(d_2)$ in die Optionspreisfomel eingesetzt. Damit kann die Prämie des easyOPTIONS-Calls bestimmt werden.

$$P_{Call} = 800 \cdot 0{,}725685 - 750 \cdot 2{,}718281^{-0{,}05 \cdot 2} \cdot 0{,}5697187$$

Der faire Preis des easyOPTIONS-Calls beträgt nach dem Black & Scholes-Optionspreismodell 193,9209019 € gerundet auf 193,92 €.

Diese theoretisch richtige Prämie wird in der Regel von dem tatsächlich am Markt gehandelten Preis aufgrund differierender Marktparameter und Marktkonventionen oder durch unterschiedliche Modellannahmen abweichen. Ferner bestimmen an der Börse Angebot und Nachfrage den Preis und nicht theoretische Modelle. Letztere liefern allerdings wertvolle Richtwerte für den Handel mit Optionen.

2.1.2.2 Bewertung eines Puts

Die Black & Scholes-Formel zur Berechnung des Fair Value von europäischen Puts lautet wie folgt:

$$P_{Put} = K_{Aktie} \cdot N(d_1 - 1) - B \cdot e^{-R_{frei} \cdot t} \cdot (N(d_2) - 1)$$

wobei

$$d_1 = \frac{\ln \frac{K_{Aktie}}{B} + (R_{frei} + 0{,}5 \cdot \sigma^2) \cdot t}{\sigma \sqrt{t}} \quad \text{und } d_2 = d_1 - \sigma \sqrt{t}$$

Wie bei der Berechnung der Call-Prämie stellt K_{Aktie} den aktuellen Kurs des Basiswertes dar, B den festgelegten Basiskurs zum Bezug des Underlyings, R_{frei} den risikofreien Zinssatz p. a. und t die Restlaufzeit der Option in Jahren.

Einen Put auf die easyOPTIONS AG mit dem Taschenrechner bewerten

Sie möchten einen 750-Put mit einer Laufzeit von zwei Jahren auf die Aktien der easyOPTIONS AG erwerben. Die Aktien notieren

Optionen im Detail

bei 800 €. Die Volatilität beträgt 30 % und der risikolose Zinssatz liegt bei 5 %.

Die Eingabewerte in diesem Beispiel entsprechen denen der obigen Call-Berechnung, also

K_{Aktie} = 800 €
B = 750 €
R_{frei} = 5 % p. a.
t = 2 Jahre
σ = 30 %

Wie gehabt werden diese Werte schrittweise in die Black & Scholes- Formel eingesetzt.

1. Kassakurs und Basispreis

Der Kassakurs K_{Aktie} der easyOPTIONS-Aktie und der Basispreis B des Puts werden zuerst eingesetzt. Da der Kassakurs über dem Basispreis und der Put damit out-of-the-money liegt, besitzt er keinen inneren Wert; die Prämie besteht ausschließlich aus dem Zeitwert.

$$P_{Put} = 800 \cdot (N(d_1) - 1) - 750 \cdot e^{-R_{frei} \cdot t} \cdot (N(d_2) - 1)$$

2. Laufzeit und risikofreier Zins

Im zweiten Schritt setzen wir die Laufzeit t (2 Jahre) sowie den risikofreien Zins R_{frei} (0,05) in die Formel ein. Da der Käufer des Puts den Basispreis von 750 € bei Ausübung der Option zum Ende der Laufzeit vom Stillhalter erhält, wohingegen er den Kassakurs von 800 € bei einem Verkauf der Aktie schon heute erhalten würde, wird erneut der Barwert des Basispreises ermittelt. Dazu wird der Basispreis mit dem Zinssatz von 5 % über die Laufzeit von zwei Jahren abgezinst.

$$P_{Put} = 800 \cdot (N(d_1) - 1) - 750 \cdot 2{,}718281^{-0{,}05 \cdot 2} \cdot (N(d_2) - 1)$$

3. Berechnung von $N(d_1)$ und $N(d_2)$

Der Basispreis und der Kassakurs werden mit Wahrscheinlichkeitswerten gewichtet, die in diesem Schritt berechnet werden. $N(d_1)$ wird wie im Call-Beispiel bestimmt. Da bei der Black &

Scholes- Formel für Puts von dem oben errechneten Wert 1 abgezogen wird, ergibt sich 0,725685 − 1 = − 0,274315.

$$P_{Put} = 800 \cdot (-0{,}274315) - 750 \cdot 2{,}718281^{-0{,}05 \cdot 2} \cdot (N(d_2) - 1)$$

Für die Gewichtung des Basispreises wird das beim Call errechnete $N(d_2)$ wiederum um 1 vermindert, wodurch sich ein Wert von − 0,4302813 (0,5697187 − 1) ergibt.

4. Berechnung der Put-Prämie
Im letzten Berechnungsschritt wird $N(d_2)$ in die Optionspreisfomel eingesetzt, um die Prämie des easyOPTIONS-Puts zu berechnen.

$$P_{Put} = 800 \cdot (-0{,}274315) - 750 \cdot 2{,}718281^{-0{,}05 \cdot 2} \cdot (-0{,}4302813)$$

Damit beträgt die Prämie des easyOPTIONS-Puts nach dem Black & Scholes-Modell 72,548 €, gerundet auf 72,55 €*.

2.1.2.3 Der schnelle Weg über die Put-Call-Parität
Zwischen einem fair bewerteten europäischen Call und einem fair bewerteten europäischen Put mit gleichem Basispreis und gleicher Laufzeit besteht eine Arbitragebeziehung, die sog. Put-Call-Parität. Für ein risikoloses Portfolio, welches aus einem gekauften Underlying, einem gekauften Put und einem verkauften Call besteht, gilt der folgende Zusammenhang:

$$K + P - C = B \cdot e^{-R_{frei} \cdot t}$$

Dabei entspricht P dem fairen Kurs eines Puts, C dem fairen Kurs eines Calls, B dem Basispreis, K dem aktuellen Kurs des Basiswerts, e der Eulerschen Zahl, R_{frei} dem risikofreien Zinssatz und t der Restlaufzeit der Optionen.

---

* Geringe Abweichungen zu den mit der Software bestimmten Optionsprämien ergeben sich aufgrund von Rundungsdifferenzen.

Zur Verdeutlichung stellen wir ein risikofreies Portfolio mit den folgenden Werten zusammen:

Portfolio	Kurs/Basispreis	Laufzeit
Kauf easyOPTIONS-Aktie	800 €	
Kauf easyOPTIONS-Put	750 €	2 Jahre
Verkauf easyOPTIONS-Call	750 €	2 Jahre

Am Verfallstermin können sich abhängig von der Kursentwicklung der easyOPTIONS-Aktie folgende Szenarien ergeben:

1. Die Aktie notiert über dem Basispreis von 750 €. Der Call wird vom Käufer ausgeübt, woraufhin wir die Aktie liefern müssen.
2. Der Kurs der Aktie liegt am Basispreis von 750 €. Call und Put verfallen wertlos.
3. Der Kurs der Aktie liegt unter dem Basispreis. Der Put wird ausgeübt.

Die Besonderheit eines solchen Hedge-Portfolios liegt darin, dass der Kapitalrückfluss unabhängig von der Kursentwicklung der Aktie stets in Höhe des Basispreises der Optionen erfolgt. Es besteht demnach kein Risiko für den Anleger, da stets die risikolose Rendite R_{frei} erwirtschaftet wird.

Das Verhältnis der Prämien von Calls und Puts, wie es nach der Put-Call-Parität gegeben sein muss, wird beim Handel mit Optionen nicht immer gegeben sein. Es werden Differenzen zwischen den theoretisch richtigen Preisen von Calls und Puts und den tatsächlich am Markt gehandelten Preisen auftreten. Dabei kann die Put-Call-Parität als Indikator für die Arbitragemöglichkeiten dienen.

Bewertung eines europäischen Puts mit der Put-Call-Parität

Mit Hilfe der Put-Call-Parität lässt sich die Prämie eines Puts noch unkomplizierter bestimmen als mit der Black & Scholes-Formel. Voraussetzung ist die Kenntnis der Prämie des Calls (der den gleichen Basispreis und die gleiche Restlaufzeit wie der entsprechende Put aufweist).

Durch Umstellen ergibt sich für die Prämie P eines Puts:

$$P = C + B \cdot e^{-R_{frei} \cdot t} - K$$

Die Prämie eines Puts errechnet sich aus der Prämie des Calls zuzüglich des Barwerts des Basispreises abzüglich des aktuellen Aktienkurses.

Kommen wir zurück zum Call auf die Aktien der easyOPTIONS AG. Die Prämie des 750-Calls entspricht nach Black & Scholes 193,92 €. Nach der Put-Call-Parität errechnet sich die Prämie des 750-Puts als

$$P = 193{,}92 + 750 \cdot 2{,}718281^{-0{,}05 \cdot 2} - 800 = 72{,}548$$

Der Put kostet wie bereits nach Black & Scholes berechnet 72,55 €.

Die Put-Call-Parität gilt lediglich für europäische Optionen. Bei amerikanischen Puts stellt sie lediglich die Preisuntergrenze der Put-Prämie dar. Ergeben sich zwischenzeitliche Dividendenzahlungen, so wird der Barwert der Dividende (der entsprechend dem Barwert des Basispreises berechnet wird) der Put-Prämie hinzugerechnet. Diese ergibt sich dann als: Prämie des Calls zuzüglich des Barwerts des Basispreises und des Barwerts der Dividende abzüglich des aktuellen Aktienkurses.

2.1.3 Optionen mit Excel bewerten

In Excel lässt sich die Black & Scholes-Formel mit Hilfe der Funktionsbibliothek relativ einfach in einem Spreadsheet erstellen. Lassen Sie uns eine Applikation zur Bewertung des easyOPTIONS-Calls programmieren!

Optionen im Detail

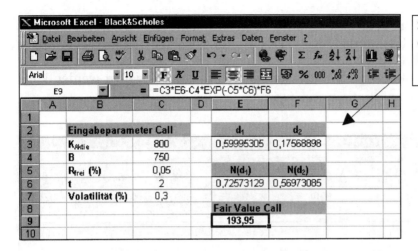

So sieht das fertige Excel-Sheet aus!

1. Eingabeparameter

Geben Sie im ersten Schritt unter der Überschrift „Eingabeparameter Call" den Kassakurs der Aktie K_{Aktie}, den Basispreis B, den Zinssatz R_{frei} (in %), die Laufzeit t (in Jahren) und die Volatilität (in %) ein. In unserem Beispiel befinden sich die entsprechenden Zahlenwerte in den Zellen C3 bis C7.

2. Berechnung der d-Werte

Diese Parameter erlauben die Berechnung von d_1 und d_2. Nun müssen die im Black & Scholes-Modell enthaltenen Formeln in Excel umgesetzt werden.

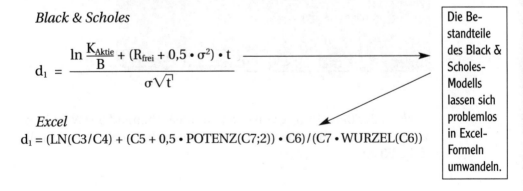

Die Bestandteile des Black & Scholes-Modells lassen sich problemlos in Excel-Formeln umwandeln.

Um d_1 zu berechnen, klicken Sie auf die Zelle E3. Es werden nun die Funktionen LN, POTENZ und WURZEL benötigt, die entweder direkt in die Bearbeitungsleiste von Excel eingegeben oder über die Funktionsbibliothek (Einfügen, Funktion) eingefügt werden können.

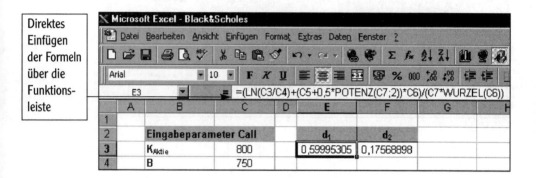

Direktes Einfügen der Formeln über die Funktionsleiste

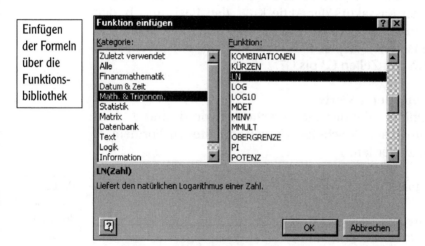

Einfügen der Formeln über die Funktionsbibliothek

Nach der Berechnung von d_1 ist darauf aufbauend der Wert für d_2 zu ermitteln. Geben Sie dazu unten stehende Excel-Formel in die Zelle F3 ein.

Black & Scholes
$$d_2 = d_1 - \sigma\sqrt{t}$$

Excel
d_2 = E3 – C7 • WURZEL(C6)

Auf die Ergebnisse der Zellen E3 und F3 greifen wir nun im nächsten Schritt zur Berechnung der N(d)-Werte zu, die in den Zellen E6 und F6 ausgegeben werden.

3. Berechnung der N(d)-Werte
Die Verteilungsfunktion der Standardnormalverteilung wird mit Hilfe der Funktion STANDNORMVERT bestimmt. $N(d_1)$ und $N(d_2)$ lassen sich wie folgt ermitteln:

$N(d_1)$ = STANDNORMVERT(E3)
$N(d_2)$ = STANDNORMVERT(F3)

4. Berechnung der Call-Prämie
Im letzten Schritt werden die Ergebnisse für $N(d_1)$ und $N(d_2)$ in die Black & Scholes-Formel eingesetzt. Die noch fehlende Funktion ist die Exponentialfunktion EXP.

Black & Scholes

$$P_{Call} = K_{Aktie} \cdot N(d_1) - B \cdot e^{-R_{frei} \cdot t} \cdot N(d_2)$$

Excel
Fair-Value-Call = C3 • E6 – C4 • EXP(– C5 • C6) • F6

In dieser Formel werden die Zahlenwerte für $N(d_1)$ und $N(d_2)$ eingesetzt und es wird erneut auf die Eingabeparameter des Calls zurückgegriffen. Der Fair Value des Calls beträgt demnach 193,95.

Diese Berechnung ist allerdings ein wenig vereinfachend, da wir bezogen auf die Laufzeit des Calls in vollen Jahren gerechnet haben. Bei unterjährigen Laufzeiten beziehen Sie die Laufzeittage einfach auf ein Jahr, bspw. 20/365 bei 20 Tagen Restlaufzeit der Option.

Die nachfolgende Tabelle gibt Ihnen einen Überblick über die benötigten Berechnungen, die sich mit Hilfe der entsprechenden Excel-Funktionen in das Spreadsheet einbinden lassen. Die Funktionen befinden sich unter „Einfügen", „Funktion" in den Kategorien „Mathematik und Trigonometrie" und „Statistik".

Berechnung	Kategorie	Funktion
e	Math. & Trigonom.	EXP(Zahl)
ln	Math. & Trigonom.	LN(Zahl)
Wurzel	Math. & Trigonom.	WURZEL(Zahl)
Potenzieren	Math. & Trigonom.	POTENZ(Zahl; Potenz)
Standardnormalverteilung (Verteilungsfunktion)	Statistik	STANDNORMVERT (z)

Nach dieser Vorgehensweise lässt sich in Excel natürlich auch die Prämie für Puts berechnen. Versuchen Sie Ihr Glück!

2.2 Sensitivitätskennzahlen von Optionen: ‚Die Griechen'

Es ist nicht verwunderlich, dass Myron Scholes (wie auch seinem Kollegen Merton) für das Aufstellen des Optionspreismodells der Nobelpreis für Wirtschaftswissenschaften verliehen wurde. Über die Bewertung von Calls und Puts hinaus liefert die Optionspreisformel weitere wertvolle Informationen: Es lassen sich Kennzahlen ableiten, mit denen das Ausmaß potentieller Wertveränderungen einer Option bei Veränderung einer oder mehrerer Determinanten des Optionspreises abgeschätzt werden kann. Mit anderen Worten: Wie ändert sich die Prämie einer Option, wenn sich der aktuelle Kurs des Basiswerts, die Restlaufzeit, die Volatilität oder der Zinssatz um eine Einheit ändern? Die Sensitivitätskennziffern Delta, Gamma, Theta, Vega und Rho, auch „Griechen" genannt, geben Aufschluss über das Wertverhalten einzelner Optionen sowie Optionskombinationen.

2.2.1 Delta

Delta: Änderung des Basiswertkurses

Die wichtigste Sensitivitätskennzahl ist das Delta, wodurch die Sensitivität des Optionspreises bezüglich einer Änderung des Kurses des Basiswerts ausgedrückt wird. Wie verändert sich der Optionspreis, wenn sich der Kurs des zugrunde liegenden Basiswerts um eine Einheit verändert? Das Delta gibt also Aufschluss über die Sensitivität der Optionsprämie auf Bewegungen im Kurs des Basiswerts. Diese Betrachtung wird ceteris paribus vorgenommen, d. h., außer dem Kurs des Basiswerts ändert sich keine weitere Variable des Optionspreismodells.

Das Delta von Calls und Puts

Da die Optionsprämie bei Calls mit dem Preis des Basiswerts positiv korreliert, d. h. ein steigender Kurs des Basiswerts eine Erhöhung der Prämie bewirkt, ist der Delta-Wert für Calls stets positiv. Das Delta eines Calls liegt zwischen 0 und 1. Bei einem Kurs weit über dem Basispreis liegt das Delta nahe 1, da die Option einen hohen inneren Wert aufweist. Bei einem Delta von 0 findet keinerlei Reaktion auf Preisveränderungen des Basiswerts statt. Dies ist bei Out-of-the-money-Calls mit kurzer Restlaufzeit der Fall, bei denen kein innerer Wert vorhanden ist. Befindet sich ein Call at-the-money, bewegt sich der Delta-Wert um 0,5. Im Gegensatz zum Delta eines Calls ist das Delta eines Puts stets negativ, da die Prämie eines Puts bei fallenden Kursen des Basiswerts ansteigt.

Die Abbildung zeigt das Delta eines Calls mit einem Basispreis von 100 bei Kursen des Basiswerts von 60 bis 140. Bei einem Kurs von 100 notiert der Call am Geld, wobei das Delta einen Wert von 0,5 aufweist. Je weiter der Call ins Geld gerät, desto stärker nähert sich das Delta dem Wert 1 an.

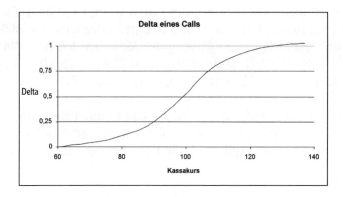

B. Optionen

Delta auf einen Blick
Das Delta eines Calls ist immer eine positive Zahl zwischen 0 und 1, das Delta eines Puts ist immer eine negative Zahl zwischen 0 und –1. Als Faustregel gilt: Ein Call (Put) der weit im Geld liegt, hat ein Delta von 1 (–1). Ein Call (Put) der am Geld notiert, weist ein Delta von ca. 0,5 (–0,5) auf. Je weiter eine Option aus dem Geld liegt, desto geringer ist ihr Delta. Weit aus dem Geld liegende Optionen haben ein Delta von 0.

Berechnung des Deltas

Das Delta einer Option mit der Black & Scholes-Formel bestimmen

Lassen Sie uns zur obigen Bewertung des easyOPTIONS-Calls zurückkehren. Der Call weist bei den Parametern
K_{Aktie} = 800 €
B = 750 €
R_{frei} = 5 % p. a.
t = 2 Jahre
σ = 30 %
nach der Black & Scholes-Formel eine Prämie von 193,92 € auf.

Bei der Verwendung des Optionspreismodells haben wir nicht nur die Prämie des Calls berechnet, sondern ganz nebenbei auch noch sein Delta bestimmt! In der Optionspreisformel gibt der Term $N(d_1)$ die Sensitivität der Optionsprämie bei Veränderungen des Aktienkurses an. Im Beispiel ist $N(d_1)$ = 0,725684507. Der Call weist damit ein Delta von 0,73 auf. Wie lässt sich das Delta nun interpretieren?

Ein Delta größer als 0,5 weist darauf hin, dass der Kurs der Aktie über dem Basispreis notiert, der Call also im Geld liegt. Er ist bei einem Basispreis von 750 € und einem Aktienkurs von 800 € mit 50 € im Geld. Bei einem Anstieg der Aktie um 1 € (von 800 € auf 801 €) steigt die Prämie des Calls um 0,73 • 1 €, also 0,73 €. Damit verteuert sich der Call von 193,92 € auf 194,65 €.

Für Puts lässt sich das Delta ebenso einfach bestimmen. Vom $N(d_1)$ wird wie in der Black & Scholes-Formel für Puts 1 abgezogen. Zusammenfassend ergibt sich die Berechnung des Deltas als:

Optionen im Detail

Delta	Black & Scholes-Formel
Call	$N(d_1)$
Put	$N(d_1) - 1$

Risikoloses Portfolio

Benheim hat in Erwartung sinkender Kurse der Siemens-Aktie einen Eurex-Call-Kontrakt verkauft. Jeder Kontrakt bezieht sich auf 100 Aktien. Anhand der Optionspreisformel ermittelt er das Delta eines Calls mit 0,5. Seine Optionsposition weist ein Gesamtdelta von (100 • 0,5 =) 50 auf. Am nächsten Handelstag steigt der Siemens-Kurs um 1 €, womit sich jeder einzelne Call um (1 € • 0,5 =) 0,50 € verteuert. Benheim befürchtet weiter steigende Aktienkurse und überlegt, die Optionsposition glattzustellen. Anstatt einen Verlust von insgesamt (0,50 • 100) 50 € zu realisieren, kommt er auf die folgende Idee: Er kauft 50 Siemens-Aktien! Da jede Aktie ein Delta von 1 aufweist, gleicht der Kursgewinn aus 50 Aktien den Kursverlust der 100 Calls mit einem Gesamtdelta von 50 genau aus. Damit hat er sich gegen die Verluste aus der Optionsposition abgesichert.

Benheim: „Wenn sich in einem Portfolio die Delta-Werte ausgleichen, d. h., wenn die Verluste (Gewinne) aus einer Optionsposition durch die Gewinne (Verluste) aus einer Aktienposition exakt kompensiert werden, spricht man von einer ‚Delta-neutralen' Position."

2.2.2 Gamma

Die Sensitivitätskennzahl Gamma wird als das „Delta des Deltas" bezeichnet. Es beschreibt die Veränderung des Deltas bei Veränderungen des Kurses des Basiswertes. Wie ändert sich das Delta, wenn sich der Basiswert – ohne eine Veränderung der anderen Marktparameter (ceteris paribus) – um eine Einheit verändert?

Die Abbildung zeigt das Gamma eines Calls mit einem Basispreis von 100. Liegt der Call out-of-the-money, nimmt das Gamma zu, bis es am At-the-money-Punkt seinen höchsten Wert annimmt und dann wieder abfällt, je weiter der Call in-the-money gerät. Bei einem Gamma von 0,08 wird sich bei einem Anstieg des Basiswerts um eine Einheit, bspw. von 100 € auf 101 €, das Delta um 0,08 erhöhen, bspw. von 0,5 auf 0,58.

Gamma: Änderung des Deltas

B. Optionen

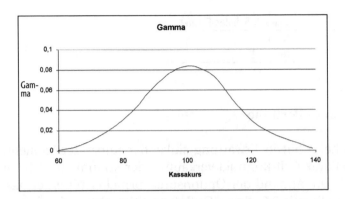

Gamma auf einen Blick
Das Gamma von Long-Positionen ist immer positiv, unabhängig davon, ob es sich um einen Call oder einen Put handelt. Das Gamma von Short-Positionen ist stets negativ. Am At-the-money-Punkt erreicht es seinen Maximalwert.

Ein hohes Gamma nutzt dem Optionskäufer

Achten Sie bei der Auswahl von Optionen auch auf das Gamma. Bei Long- Positionen kann Ihnen ein hohes Gamma nur recht sein – gerät die Option ins Geld, steigt Ihre Prämie verhältnismäßig stärker als bei Optionen mit geringem Gamma. Umgekehrt bedeutet ein hohes Gamma für Stillhalter ein höheres Risiko, da die Optionsprämie stark auf Änderungen des Basiswerts reagiert.

2.2.3 Theta

Theta: Änderung der Restlaufzeit

Optionen verlieren mit zunehmender Restlaufzeit an Wert. Je weiter die Zeit fortschreitet und je näher damit der Verfallstermin rückt, desto stärker ist der Zeitwertverfall. Die Sensitivitätskennzahl Theta misst diesen Prämienverfall: Wie stark verringert sich die Optionsprämie, wenn sich die Restlaufzeit c. p. um einen Tag verkürzt?

Die Abbildung zeigt das stets negative Theta einer Long-Position. Ein Theta von – 0,04 gibt bspw. den Rückgang der Optionsprämie um 0,04 € von heute auf morgen an.

Optionen im Detail

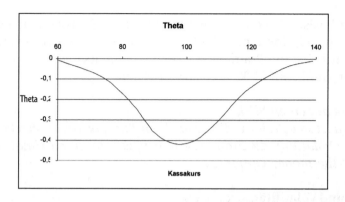

Theta auf einen Blick
Theta ist im Gegensatz zum Gamma für Long-Positionen immer negativ, für Short-Positionen immer positiv und nimmt maximale Werte bei At-the-money-Optionen an.

2.2.4 Vega

Die Schwankungsbreite des Basiswerts hat einen entscheidenden Einfluss auf die Prämien von Optionen. Die Kennzahl Vega misst die Sensitivität des Optionspreises bei Änderungen der Volatilität: Um wie viel Prozent einer Einheit ändert sich die Optionsprämie, wenn sich die implizite Volatilität c. p. um einen Prozentpunkt ändert? Generell gilt, dass sich die Prämie von Optionen bei steigender Volatilität erhöht, weshalb Vega für Long-Positionen in Calls und Puts stets positiv ist.

Vega:
Änderung der
Volatilität

Die Abbildung stellt den Verlauf des Vegas bei einer Option mit

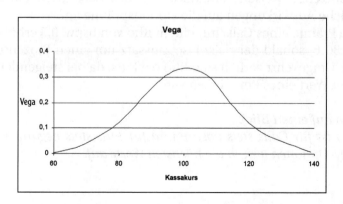

einem Basispreis von 100 bei verschiedenen Basiswertkursen dar. Weist eine Option eine Volatilität von 30 % und ein Vega von 0,35 auf, wird sich die Prämie bei einem Volatilitätsanstieg von einem Prozentpunkt auf 31 % um 0,35 € erhöhen.

Vega auf einen Blick
Vega ist sowohl für Calls als auch für Puts positiv, da sich bei steigender Volatilität die Prämien erhöhen. Es erreicht maximale Werte bei At-the-money-Optionen.

Vega und Volatilitätsstrategien

Vega spielt besonders bei Volatilitätsstrategien wie Straddles und Strangles eine wichtige Rolle. Es zeigt auf, bei welchen Optionen eine Veränderung der Volatilität den größten Einfluss auf die Prämien hat.

2.2.5 Rho

Rho gibt die Änderungsrate des Optionspreises hinsichtlich des risikofreien Zinssatzes an. Wie ändert sich die Prämie einer Option, wenn sich der relevante Zinssatz ändert? Höhere Zinsen korrelieren aufgrund der Opportunitätskosten des Verkäufers positiv mit der Prämie eines Calls (bei Puts korrelieren sie hingegen negativ). Bei einem risikolosen Arbitrageportfolio nimmt die Bedeutung des Rhos bei steigenden Aktienkursen zu, da sich die Kapitalbindung erhöht. Bei Optionen, die in-the-money liegen, nimmt Rho daher höhere Werte an als bei Out-of-the-money-Optionen. Bei langen Restlaufzeiten weisen Veränderungen des risikolosen Zinssatzes deutliche Auswirkungen auf die Optionsprämie auf.

Die Prämie eines Calls mit einem Rho von bspw. 0,3 erhöht sich um 0,30 €, sobald der risikolose Zinssatz um einen Prozentpunkt steigt. Umgekehrt verhält sich Rho bei Puts, da bei steigenden Zinsen der Wert eines Puts sinken wird.

Rho auf einen Blick
Rho ist für Calls stets positiv und für Puts stets negativ. In-the-money-Optionen weisen die höchsten Werte auf.

> Rho: Änderung des Zinssatzes

Optionen im Detail

Die Griechen auf einen Blick

	Long Call	Short Call	Long Put	Short Put
Delta	positiv	negativ	negativ	positiv
Gamma	positiv	negativ	positiv	negativ
Theta	negativ	positiv	negativ	positiv
Vega	positiv	negativ	positiv	negativ
Rho	positiv	negativ	negativ	positiv

2.2.6 Die Griechen bei Optionskombinationen

In den Trading-Büchern der Optionshändler werden sich in den seltensten Fällen ungedeckte Optionspositionen finden, sondern vielmehr eine Kombination an Long- und Short-Positionen in Calls und Puts. Wie werden bei solchen Kombinationen die Sensitivitätskennzahlen für die Gesamtposition errechnet? Die Berechnung ist denkbar einfach, da die Kennzahlen lediglich aufaddiert werden. Zu beachten sind dabei die unterschiedlichen Vorzeichen der Sensitivitäten für Long- und Short-Positionen.

Als Beispiel dient ein Long Call Spread, der aus einem Long Call mit niedrigerem Basispreis und einem Short Call mit höherem Basispreis besteht. Der Spread besteht aus einem gekauften 160er-Call zu 19,24 € und einem verkauften 180er-Call zu 8,20 € mit gleicher Laufzeit. Bei einer Kontraktgröße von 100 und einem Kurs der Aktie von 175,00 € kostet die Position 1.923,73 − 820,18 = 1.103,55 €.

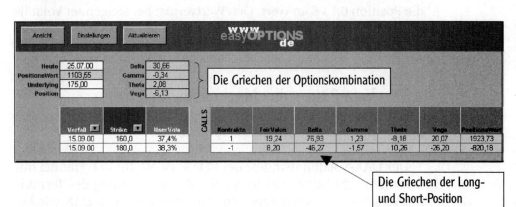

Delta

Für den Long Call errechnet sich ein Delta von 76,93 und für den Short Call ein Delta von − 46,27. Um die Veränderung der Gesamtprämie bei einer Änderung im Kurs des Basiswerts zu bestimmen, also das Gesamt-Delta zu errechnen, werden diese Werte einfach aufaddiert. Das so berechnete Delta von 30,66 sagt aus, dass sich die Prämie des Call Spreads um 30,66 € erhöht, wenn die Aktie von ihrem Kassapreis von 175 € um 1 € ansteigt.

Gamma

Ein Gamma von − 0,34 bei einem Delta-Wert von 30,66 bedeutet, dass ein Anstieg des Basiswertkurses um 1 € zu einem Absinken des Deltas auf (Delta 30,66 − Gamma 0,34 =) 30,32 führt. Das negative Gamma der Optionskombination ergibt sich aus dem relativ höheren Gamma des Short Calls (− 1,57) im Vergleich zum Gamma des Long Calls (1,23). Wir erinnern uns: Das Gamma erreicht für At-the-money-Optionen seinen Maximalwert − der Short Call liegt näher am Geld als der Long Call.

Theta

Wie durch das positive Theta ausgedrückt wird, „gewinnt" die Position c. p. von einem Tag auf den anderen 2,08 € an Wert. Das Gesamt-Theta weist ein positives Vorzeichen auf, da das Theta des gekauften Calls (− 8,18) vom Theta des verkauften Calls (10,26) überkompensiert wird.

Vega

Bei einem Anstieg der Volatilität um einen Prozentpunkt verliert die Position 6,13 € an Wert. Den Wertverlust bei steigender Volatilität ergibt ein im Gegensatz zum Long Call höheres Vega des Short Calls.

2.3 Volatilität − der Markt schwankt

2.3.1 Der VDAX − ein Optionspreisindex

Der DAX-Volatilitätsindex, der VDAX, ist ein für den Handel mit Optionen sehr hilfreicher Index. Er gibt die Meinung des Terminmarktes über die erwartete Schwankungsbreite des DAX wieder.

Von der Deutschen Börse AG werden ausgesuchte Optionen auf den DAX, die mit verschiedenen Ursprungslaufzeiten und Basispreisen ausgestattet sind, aber alle eine Restlaufzeit von bis zu 45 Tagen aufweisen, für die Bestimmung des VDAX herangezogen. In diesen Optionen steckt eine wertvolle Information über die von den Marktteilnehmern erwartete Schwankungsbreite des DAX: die implizite Volatilität. Diese stellt die einzige Komponente des Black & Scholes-Optionspreismodells dar, welche auf Erwartungen und Markteinschätzung beruht. Alle anderen Bestandteile, die zur Bewertung einer DAX-Option gebraucht werden, sind am Markt ablesbar: Basispreis, aktueller DAX-Stand, Restlaufzeit, Zinssatz und die Optionsprämie. Ausgehend von der Optionsprämie einer DAX-Option kann durch mathematische Annäherung mittels der Black & Scholes-Formel die implizite Volatilität der Option berechnet werden.

Der VDAX (WKN 846740) wird börsentäglich zwischen 8.30 Uhr bis 17.00 Uhr in einem Intervall von 10 Sekunden berechnet. Neben dem VDAX, dem Optionen mit einer Restlaufzeit von maximal 45 Tagen zugrunde liegen, werden noch acht weitere so genannte „Subindizes" berechnet, deren Laufzeiten von einem Monat bis zu zwei Jahren denen der an der Eurex gehandelten DAX-Optionen entsprechen.

2.3.1.1 Was macht den VDAX zum Optionspreisindex?

Wie bereits besprochen, hat die implizite Volatilität entscheidenden Einfluss auf die Prämie von Optionen. Der VDAX dient Optionskäufern und -verkäufern als Indiz für das aktuelle Prämienniveau von Optionen. Ein hoher VDAX deutet darauf hin, dass die Optionen relativ teuer sind; ein niedriger VDAX verweist auf relativ geringe Optionspreise. Jeder Marktteilnehmer wird die unterschiedlichen Volatilitätsniveaus und damit Optionspreisniveaus auf seine Weise zu nutzen wissen: In Phasen hoher Prämien werden sich die Banken mit der Emission von Optionsscheinen überschlagen und diese – egal ob Call- oder Put-Scheine – teuer an die Privatanleger verkaufen. Für Optionshändler bieten sich Optionsstrategien an, die bei einem Verkauf von Optionen auf ein Absinken der Volatilität abzielen. Der Trader vereinnahmt die hohe Prämie und spekuliert darauf, dass die Optionen wertlos verfallen. Niedrige Prämien hingegen machen klassische Volatilitätsstrategien

B. Optionen

interessant, bei denen Optionen preiswert gekauft werden und auf ansteigende Volatilität spekuliert wird (die verschiedenen Optionsstrategien werden im Kapitel „Money-Maker-Strategien" im Detail dargestellt).

Volatilitäten werden, egal ob sie sich auf 10, 20, 45 oder 250 Tage beziehen, in der Regel in Prozent und auf ein Jahr bezogen angegeben. So wird auch der VDAX in Prozent gelistet. Wie lässt sich daraus auf die für uns ebenfalls wichtigen absoluten Schwankungen

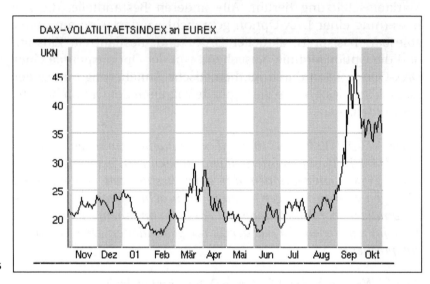

VDAX
Quelle: Consors

im DAX schließen? Die Formel für die Errechnung der erwarteten (absoluten) Schwankungsbreite des DAX lässt sich folgendermaßen darstellen:

Die
VDAX-Formel

$$\frac{\text{Erwartete Schwankungsbreite}}{} = \frac{\text{VDAX}}{100} \cdot \sqrt{\frac{45 \text{ Tage}}{365 \text{ Tage}}} \cdot \text{aktueller DAX}$$

Um die graue VDAX-Theorie durch Fakten zu erhellen, rechnen wir basierend auf der Marktsituation des 23. Oktober 2001 die Prozentangabe des VDAX in DAX-Punkte um. Der DAX schließt bei 4619 Zählern. Der VDAX hat im Vergleich zum Vortag geringfügig nachgegeben auf 34,05 %. Die vom Markt erwartete absolute Schwankungsbreite des DAX beträgt:

$$\frac{34{,}05}{100} \cdot \sqrt{\frac{45}{365}} \cdot 4619 = 552{,}24 \text{ DAX Punkte}$$

102

Damit sind die Grenzen für die Bewegung des DAX leicht errechenbar:

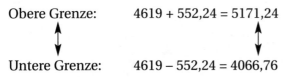

Obere Grenze: 4619 + 552,24 = 5171,24

Untere Grenze: 4619 − 552,24 = 4066,76

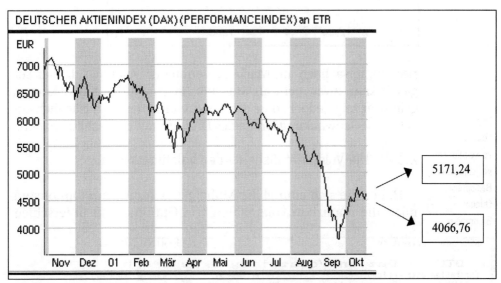

DAX
Quelle: Consors

Dem VDAX zufolge erwarten die Marktteilnehmer, dass sich der DAX innerhalb der nächsten 45 Tage zwischen 4066,76 und 5171,24 Punkten bewegt. Die Volatilität gibt demnach lediglich Aufschluss über den Umfang der Kursausschläge, nicht aber in welche Richtung sich der Markt bewegt. Der VDAX gibt allerdings nur eine „Momentaufnahme" der Markterwartung wieder, die sich am nächsten Börsentag bereits anders darstellen wird. Sollte der VDAX wieder auf sein Rekordniveau von über 55 % ansteigen, erwarten die Marktteilnehmer sehr viel stärkere Kursschwankungen im DAX.

2.3.1.2 Der Vergleich zwischen Erwartung und Realität

Da der VDAX auf Erwartungswerten basiert, stellt sich die Frage, inwieweit die Marktteilnehmer mit ihrer Einschätzung in der Vergangenheit Recht behalten haben. Wie die Grafik zeigt, lag die implizite Volatilität, also die in Prämien der DAX-Optionen enthaltene Volatilität, in der Zeit von Mai 1998 bis Juni 1999 meist über der histo-

B. Optionen

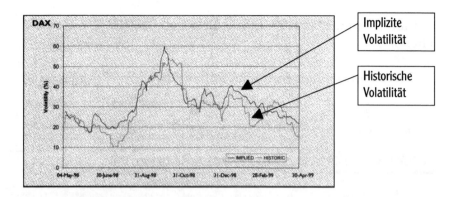

rischen, tatsächlich am Markt aufgetretenen Volatilität. Dieser Vergleich kann zwar nicht als Maßstab für zukünftige Entwicklungen gelten, er zeigt jedoch, dass die Marktteilnehmer die tatsächlich aufgetretene Schwankungsbreite des DAX oftmals überschätzt haben.

Implizite Volatilitäten von Optionen verschiedener Basispreise, Quelle: Bloomberg

2.3.2 Die Volatilität lächelt – der Volatilitäts-Smile

Haben Sie sich einmal die Mühe gemacht und aus Optionsprämien die impliziten Volatilitäten von Optionen mit unterschied-

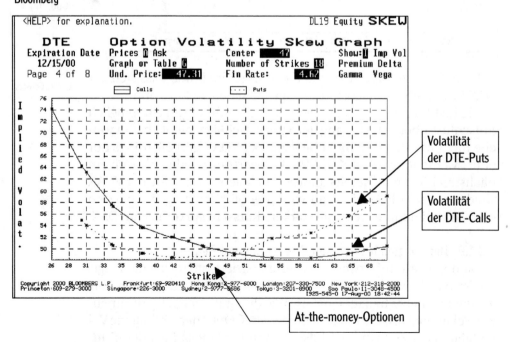

lichen Basispreisen errechnet? Dabei werden Sie auf ein interessantes Verhaltensmuster der Volatilität stoßen, welches sich Optionshändler bei verschiedenen Optionsstrategien zunutze machen.

Die Grafik zeigt Calls und Puts auf Aktien der Deutschen Telekom, die mit unterschiedlichen Basispreisen bei einer Restlaufzeit von ca. 4 Monaten ausgestattet sind. Die Telekom-Aktie notiert bei 47,31 €. Auf der horizontalen Achse sind die Basispreise von 26 € bis 68 € angegeben, auf der vertikalen Achse die implizite, in den Prämien enthaltene Volatilität. Die Volatilität der At-the-money-Calls liegt mit ca. 50 % unter der der In-the-money-Calls (bspw. ca. 68 % Volatilität bei einem Basispreis von 28 €) und der Out-of-the-money-Calls. Bei den Puts zeigt sich ein ähnliches Bild: Die Volatilität von ca. 48 % der At-the-money-Puts liegt unter der der In-the-money-Puts und der Out-of-the-money-Puts (bspw. ca. 54 % Volatilität bei einem Basispreis von 31 €).

Hücking: „Dieses Phänomen wird als ‚Volatility Smile' bezeichnet: Die implizite Volatilität von At-the-money-Optionen liegt in der Regel unter der Volatilität von In-the-money- und Out-of-the-money-Optionen."

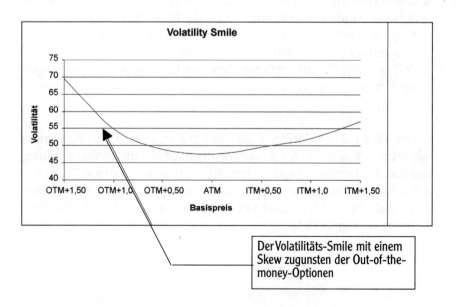

Der Volatilitäts-Smile mit einem Skew zugunsten der Out-of-the-money-Optionen

Dabei weist der Volatilitäts-Smile oftmals einen sog. „Skew" auf, eine Schräge bzw. einen asymmetrischen Verlauf zugunsten der Out-of-the-money-Optionen. Die Volatilität der Out-of-the-money-Optionen liegt damit höher als die Volatilität der At-the-money- und der In-the-money-Optionen.

Für das Auftreten des Volatility-Smiles existieren verschiedene Erklärungsansätze, die allesamt Berechtigung haben.

1. Optionen mit verschiedenen Basispreisen weisen unterschiedliches Angebots- und Nachfrageverhalten auf. Out-of-the-money-Optionen eignen sich besonders für spekulative Zwecke, da mit geringem Kapitaleinsatz hohe Gewinne erzielt werden können. Ferner besteht ein Absicherungsbedürfnis der Marktteilnehmer, welches durch den Kauf von Out-of-the-money-Puts gedeckt wird.
2. Für tief aus dem Geld liegende Optionen werden durch manuelles Anpassen des Volatilitätsniveaus Preise gestellt, wenn diese nachgefragt werden.
3. Der Smile reflektiert die Erwartung der Marktteilnehmer über die Richtung künftiger Marktbewegungen. Diese Erwartung ist im Optionspreis enthalten und damit auch in der impliziten Volatilität.
4. Die Verteilung von Basiswertkursen folgt nicht der vom Black & Scholes-Modell angenommenen idealtypischen Normalverteilung, sondern weist sog. „fat tales" auf. Damit treten stärkere Schwankungen der Kurse in der Praxis öfter auf, als es das Modell unterstellt. Auf mehrere Tage mit kleinen Preisbewegungen folgt bspw. eine Anzahl von Tagen mit sehr starken Preisausschlägen.

Der Effekt des Volatility Smile soll anhand von Out-of-the-money-Puts auf den DAX mit kurzer Restlaufzeit unter Verwendung des Black & Scholes- Modells quantifiziert werden. Beide Puts weisen einen Basispreis von 6.500 und eine Restlaufzeit von vier Wochen auf. Der DAX notiert bei 7.500 Punkten und der risikolose Zinssatz beträgt 3,30 %.

Parameter	Put 1	Put 2
Kurs DAX	7.500	7.500
Basispreis	6.000	6.000
Zinssatz (%)	3.30	3.30
Volatilität (%)	20	60
Bewertungstag	22.02.2000	22.02.2000
Verfallstermin	22.03.2000	22.03.2000
Prämie	**0 €**	**47,75 €**

Der weit aus dem Geld liegenden Put 1 weist bei einer als aktuell angenommenen Marktvolatilität von 20 % eine Prämie von null auf. Dies ist der nach dem Optionspreismodell theoretisch richtige Wert dieser Option. In der Praxis zeigt sich jedoch, dass theoretisch wertlose Optionen durchaus Prämien aufweisen. Der einzige von Optionshändlern manipulierbare Parameter des Optionspreismodells ist die Volatilität, da alle anderen Parameter vom Markt vorgegeben sind. Wird die Volatilität auf 60 % angehoben, errechnet sich bei Put 2 eine Prämie von 47,75 €. Durch diese Vorgehensweise werden Optionspreismodelle, deren Prämissen die Komplexität des Terminhandels vereinfachen, an die Realität angepasst.

Im Optionshandel werden für theoretisch wertlose Optionen Preise gestellt.

Den Volatilitäts-Smile können Sie sich für gewisse Optionskombinationen zunutze machen. Entscheiden Sie sich beispielsweise, durch den Kauf von At-the-money-Calls und den gleichzeitigen Verkauf von Out-of-the-money-Calls einen Bull Call Spread aufzubauen, kann der Smile einen positiven Einfluss auf die Gesamtkosten der Position haben. Je ausgeprägter der Smile, d. h. je höher die Volatilität der Out-of-the-money- Calls, desto teurer werden diese am Markt gehandelt und desto höher wird die Prämieneinnahme für eine Short-Position. Die gekauften Calls werden dadurch stärker subventioniert, wodurch sich die Gesamtprämie des Call Spreads verbilligt.

<small>Vom Smile profitieren</small>

2.3.3 Die Volatilität im Zeitablauf

Lassen Sie uns die Untersuchung des Smiles noch einen Schritt weiterführen. Wie verändert sich der Smile im Zeitablauf, d. h. bei abnehmender Restlaufzeit von Optionen?

B. Optionen

Diese Frage lässt sich beantworten, indem die implizite Volatilität von Optionen ins Verhältnis zu ihrer Restlaufzeit gesetzt wird. Als Resultat ergibt sich die „Zeitstruktur" oder „Termstructure" der Volatilität. Danach werden in der Regel Optionen mit kürzeren Restlaufzeiten höhere Volatilitäten aufweisen als Optionen mit längeren Restlaufzeiten.

Das Verhalten der impliziten Volatilität im Zeitablauf soll anhand eines Beispiels verdeutlicht werden. Unten stehende Abbildung zeigt die zeitliche Struktur der Volatilität für Optionen verschiedener Restlaufzeiten. Optionen mit einer Restlaufzeit von 30 Tagen weisen im Vergleich zu Optionen mit längeren Restlaufzeiten tendenziell eine deutlich höhere Volatilität auf.

Überträgt man die Termstructure auf die grafische Darstellung des Volatilitäts-Smiles, so ergibt sich für Optionen mit kürzerer

Die Termstructure der Volatilität

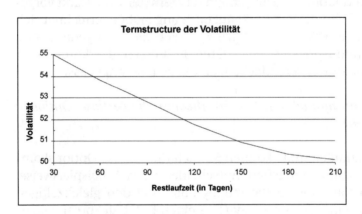

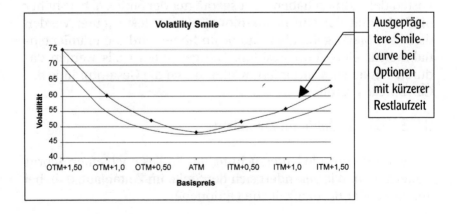

Restlaufzeit eine Smilecurve, die über der Kurve der Optionen mit längerer Restlaufzeit liegt.

Hücking: „Je weiter sich Optionen mit verschiedenen Basispreisen ihrem Verfallstag nähern, desto ausgeprägt wird der Smile."

Auch für dieses charakteristische Verhalten von impliziten Volatilitäten gibt es theoretische Erklärungsansätze.

1. Marktteilnehmer gehen von einer erhöhten Wahrscheinlichkeit größerer Kursausschläge in der nahen Zukunft aus. Diese Erwartung äußert sich in höheren impliziten Volatilitäten kurz laufender Optionen.
2. Kursausschläge im Basiswert wirken sich relativ stärker auf kurz laufende als auf länger laufende Optionen aus. Das sich daraus ergebende relativ höhere Risiko für den Verkäufer lässt sich nur durch höhere Prämien und damit höhere implizite Volatilitäten kompensieren.

Die Termstructure der Volatilität lässt sich im Optionshandel ebenso gewinnbringend nutzen wie der Smile. Kommen wir auf den oben angesprochenen Bull Call Spread zurück, der aus gekauften Calls mit niedrigerem Strike und verkauften Calls mit höherem Strike besteht. Werden für diese Kombination kurz laufende Optionen gewählt, lassen sich die Long Calls aufgrund der höheren Volatilität stärker durch die Short Calls subventionieren, als dies bei länger laufenden Optionen der Fall wäre.

<small>Von der Termstructure profitieren</small>

Wie Sie den Smile und die Termstructure effektiv für Optionsstrategien nutzen, erfahren Sie im Kapitel „Money-Maker-Strategien".

2.3.4 „Wie bist du in der Vola?"

Die Frage nach der Volatilität gehört zu den wichtigsten im Optionshandel. Da die Volatilität die einzige nicht vom Markt vorgegebene Determinante der Optionspreismodelle ist, hat hier der Optionshändler eine individuelle Entscheidung zu treffen. Glaubt er, dass der Markt die zukünftigen Kursschwankungen des betreffenden Basiswerts überschätzt und damit die Optionen zu teuer angeboten werden, oder sind sich die Marktteilnehmer über die bevorstehende Achterbahnfahrt der Kurse nicht bewusst und bieten die Optionen zu billig an? Was ist Ihre Einschätzung bezüglich der Vola?

Um sich einen Eindruck über die Marktsituation zu verschaffen, werden die in den Prämien der Calls und Puts steckenden Volatilitäten herangezogen. Die Berechnung erfolgt mittels eines Annäherungsverfahrens über die Optionspreismodelle. Dieses Vorgehen lässt sich anschaulich am Beispiel des Black & Scholes-Modells darstellen. Da die Prämie der Optionen bekannt ist, wird die Optionspreisformel einfach nach der Volatilität „umgestellt".

```
Optionsprämie
Kurs des Basiswerts
Basispreis        ⇒  Black & Scholes  ⇒  Volatilität
Zinssatz              Modell
Restlaufzeit
```

Am 21.07.00 stellt die Eurex für die 170-Siemens-Calls mit Verfall September 2000 und einem Kurs der Aktie von 175 € einen Settlement-Preis von 13,21 € fest.

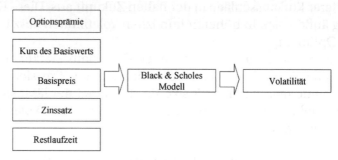

Siemens Call Quotierungen, Quelle: Eurex

Mit Hilfe der easyOPTIONS-Software lässt sich die implizite Volatilität der 170-Calls aus der Prämie errechnen. Geben Sie einfach den Settlement- Preis in das Feld „Börsenpreis" ein. Die implizite Volatilität beträgt 36,8 %. Um die Auswirkungen von Volatilitätsänderungen auf die Call-Prämie zu simulieren, geben Sie die gewünschten Werte in das Feld „UserVola" ein. Anhand der neuen fairen Preise erkennen Sie den starken Einfluss der Volatilität. Im Beispiel ergeben sich bei UserVolas von 20 %, 40 % und 60 % Fair Values in Höhe von 8,85 €, 14,07 € und 19,43 €.

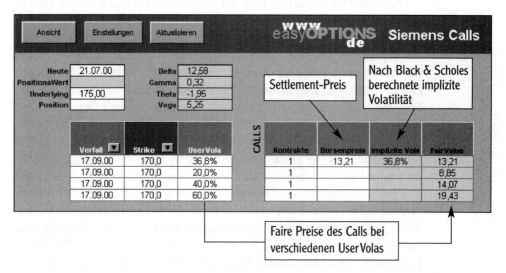

Faire Preise des Calls bei verschiedenen UserVolas

Liegt die implizite Volatilität der Optionen unter der erwarteten und als realistisch angesehenen Volatilität, bietet sich der Kauf von Optionen an. Der Markt offeriert die Optionen zu billig, da die zukünftigen Kursausschläge unterschätzt werden. Ziehen die Volatilitäten und damit die Prämien an, kann die Position mit Gewinn glattgestellt werden. Eine umgekehrte Strategie bietet sich an, sobald der Markt nach Meinung des Traders die zukünftigen Kursschwankungen überschätzt und die Prämien damit zu hoch liegen. Durch eine Short-Position in Optionen lassen sich hohe Prämieneinnahmen erzielen. Nachdem der Markt eine Korrektur vollzogen hat und die Prämien auf realistische Niveaus gesunken sind, werden die Optionen preiswert zurückgekauft.

Besonders bei klassischen Optionsstrategien wie Straddles oder Strangles lassen sich Markterwartungen bezüglich der zukünftigen Volatilität gewinnbringend ausnutzen.

Hücking: „Kaufen Sie Optionen, wenn der Markt die zukünftigen Kursschwankungen unterschätzt, und verkaufen Sie Optionen, wenn er sie überschätzt!"

2.4 Exkurs: Der günstigste Zeitpunkt, Optionsscheine zu emittieren

Optionsscheine haben sich als attraktive Instrumente für risikofreudige Investoren etabliert. Sie können als „verbriefte Optionen" aufgefasst werden und weisen die Ausstattungsmerkmale reiner Optionen auf. Von den emittierenden Banken werden sie in verschiedenen Ausgestaltungen angeboten. Neben den einfach konstruierten „Plain vanilla"-Optionsscheinen strukturieren die Emissionshäuser zunehmend Scheine mit komplexen Chance-/ Risikostrukturen. Zu diesen Exoten zählen u. a. „Turbo-Scheine", „Range-Scheine" oder „Capped-Scheine". An dieser Stelle soll – ohne näher auf die Optionsscheintheorie einzugehen – die folgende Frage beantwortet werden: In welcher Marktsituation emittieren Banken bevorzugt Optionsscheine, oder in anderen Worten: Wann sollte man Optionsscheine besser nicht erwerben? Dass diese Instrumente in den seltensten Fällen zur Absicherung von Portfolios genutzt werden, sondern damit vielmehr rege „Zockerei" betrieben wird, steht außer Frage. Ferner verbrennen sich ca. 80 % aller Anleger mit Optionsscheinen die Finger. Dies ist oftmals auf Unwissenheit über einen besonders „heißen" Einflussfaktor auf die Prämie zurückzuführen: die Volatilität. Wenn Sie den Markt für Optionsscheine aufmerksam beobachten, wird Ihnen eine verstärkte Emissionstätigkeit in Zeiten hoher Volatilität auffallen. In einem solchen Marktumfeld weisen Optionen die höchsten Prämien auf. Für Optionsscheinhäuser stellt dies eine willkommene Möglichkeit dar, durch den Verkauf der Instrumente hohe Prämieneinnahmen zu erzielen. Demnach sind Zeiten wie der Oktober 1998, in denen der VDAX Höchststände verzeichnete, für Emittenten besonders attraktiv. In jenen Herbstwochen war bei einer Vielzahl von DAX-Optionsscheinen eine interessante Entwicklung festzustellen: von Tag zu Tag auf tiefere Niveaus absinkende Prämien. Interessant war diese Entwicklung deshalb, weil es sich dabei sowohl um Call- als auch Put-Optionsscheine handelte und der DAX nicht etwa stagnierte, sondern an Wert gewann. Zumindest die Call-Optionsscheine hätten sich also verteuern müssen. Die absinkenden Prämien wurden durch die drastisch absinkende Marktvolatilität hervorgerufen. Dieser Volatilitätseffekt hatte zur Folge, dass sich Call-Optionsscheine trotz steigender Aktienkurse verbilligten. Entsprechend könnte sich die Prämie von Put-Optionsscheinen bei sinkenden Kursen des Underlyings aufgrund fallender Volatilität ebenfalls verbilligen.

Dieser Zusammenhang soll anhand einer Szenariorechnung verdeutlicht werden. Als Beispiel dient ein von der Commerzbank emittierter Call-Optionsschein auf die Deutsche Bank, der mit einem Basispreis von 90.00 € und einer Laufzeit bis zum 14.06.2000 ausgestattet ist. Am Montag den 27.03.2000 weist der Schein bei einer impliziten Volatilität von 43,64 % eine Prämie von 0,95 € auf.

Parameter	Aktueller Wert	Szenario 1	Szenario 2	Szenario 3	Szenario 4
Kurs Basiswert	71.30	80.00	80.00	60.00	60.00
Div. Rendite (%)	1,57	1,57	1,57	1,57	1,57
Zinssatz (%)	3,70	3,70	3,70	3,70	3,70
Volatilität (%)	43,64	43,64	20,00	43,64	70,00
Bewertungstag	27.03.00	05.04.00	05.04.00	05.04.00	05.04.00
Briefkurs	0.95	2.52	0.26	0.07	0.91
Veränderung (absolut)		+1,57	− 0,69	− 0,88	− 0,04
Veränderung (%)		+165,26	− 72,63	− 92,63	− 4,21

Ausgelöst durch die Bekanntgabe der Fusion mit der Dresdner Bank erreichten die Aktien der Deutschen Bank Mitte März 2000 ein Kursniveau von über 90 €. Aufgrund kritischer Stimmen über die Auswirkungen der Fusion sowie des Streits der Vorstandsvorsitzenden Breuer und Walther über das Schicksal der Investmentbanking-Sparten fiel die Aktie daraufhin auf knapp 71 € ab. Sollten die Aktien ausgehend vom Bewertungsdatum bis zum 05.04.2000 bei gleich bleibender Volatilität aufgrund weiterer Übernahmeaktivität auf 80 € ansteigen, entspräche dies einem Kursgewinn des Optionsscheins von 165 % (Szenario 1). Wie Szenario 2 zeigt, verliert der Schein bei einer auf 20 % absinkenden Volatilität und sonst gleich bleibenden Marktparametern rund 73 % seines Wertes. Der negative Volatilitätseinfluss würde den positiven Effekt steigender Aktienkurse überkompensieren. Fällt der Aktienkurs bis auf 60 € ab, büßt der Optionsschein rund 93 % seines Wertes ein (Szenario 3). Lediglich eine stark ansteigende Volatilität könnte diesen Verlust ausgleichen – wie in Szenario 4 dargestellt, sinkt die Prämie des Optionsscheins bei einer auf 70 % ansteigenden Volatilität um lediglich 4 %.

Wie die oben stehende Rechnung verdeutlicht, sollten Sie in Zeiten hoher Volatilität den Erwerb von Optionsscheinen vermeiden.

B. Optionen

Seien Sie sich bewusst, dass allen Optionsscheinen eines gemein ist; sie können nicht geshortet werden, d. h. ein Anleger kann damit keine Short-Position eingehen, bei der er als Stillhalter die Prämie des Scheins einnehmen würde. Dieses Privileg bleibt den Banken vorbehalten, die es auf gewinnbringende Weise zu nutzen wissen.

2.5 Aktien shorten über Optionen

Wie lässt sich mit einer Aktie auf sinkende Kurse spekulieren? Ganz einfach: Man verkauft Aktien, die man gar nicht besitzt, und kauft sie später zu einem niedrigeren Kurs zurück. Diese als „Shorten von Aktien" oder „Leerverkauf" bekannte Transaktion ist – anders als bspw. in den USA – in Deutschland leider nicht zugelassen.

Bei einem klassischen Leerverkauf leiht sich der Investor die Aktie bei seinem Broker und verkauft sie zum aktuellen Kurs an der Börse. Dazu hat er einer teilweise beträchtlichen Marginforderung nachzukommen. Seinem Konto wird die Einnahme aus dem Verkauf der Aktie gutgeschrieben. Bricht der Markt ein, kann die Aktie zu einem niedrigeren Kurs zurückgekauft und die Position somit glattgestellt werden („covering the short"). Die Differenz zwischen Verkaufs- und Kaufpreis wird als Gewinn vereinnahmt.

In einem Gewinn- und Verlustdiagramm eingezeichnet, stellt sich die Short-Position in einer Aktie als exaktes Spiegelbild einer Long-Position dar.

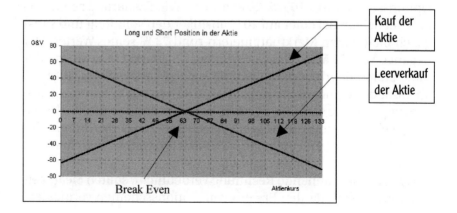

Optionen im Detail

Maximaler Gewinn
Der maximale Gewinn einer Short-Position entspricht dem Verkaufskurs der Aktie.

Maximaler Verlust
Der theoretische Verlust ist bei steigenden Aktienkursen unbegrenzt. Mit jedem Euro, um den die Aktie steigt, verteuert sich die Glattstellung der Position um ebenfalls einen Euro.

Break Even
Der Break Even bei einer Short-Aktien-Position ist der Verkaufspreis der Aktie selbst.

Der Leerverkauf von Aktien lässt sich – ohne mit der Börsenaufsicht in Konflikt zu geraten – über Optionen realisieren. Die Eurex bietet LEPOS (Low Exercise Price Options) auf eine Reihe von Basistitel an. Diese Calls sind mit dem extrem niedrigen Basispreis von 1 € ausgestattet. Damit sind Vehikel geschaffen worden, die in ihrem Verhalten der zugrunde liegenden Aktie ähneln, dem Käufer allerdings keinen Anspruch auf Stimmrecht oder Dividende einräumen.

Um eine Aktie zu shorten, verkauft man einen der tief im Geld liegenden Calls. Sie werden zu einer Prämie gehandelt, die fast dem Aktienkurs entspricht, und verhalten sich mit einem Delta von 1 wie die Aktie selbst. Der Unterschied zu einem klassischen Short-Geschäft mit Aktien liegt darin, dass der Verkäufer der Option an den Käufer keine Dividende zu zahlen hat.

Beispiel

Benheim ist bearish. Besonders bei Medientiteln rechnet er mit bevorstehenden Kurseinbrüchen.

LEPO auf EM-TV, Quelle: Eurex

Am 26.07.00 notiert die Aktie der EM.TV & Merchandising AG bei 64,11 €. Der Settlement-Preis des „Low exercise"-Calls mit dem Basispreis von 1 € und Verfall September wird von der Eurex bei 63,11 € quotiert.

Benheim verkauft einen Kontrakt (Kontraktwert 100) und nimmt die Prämie von (63,11 • 100 =) 6.311 € ein. Der Grafiker zeigt eine Position, die einem Leerverkauf der Aktie entspricht. Aufgrund des Basispreises von 1 € liegt der Break Even wie bei der Aktie bei (63,11 + 1 =) 64,11 €. Fällt EM.TV wie erwartet, kann die Position glattgestellt werden, indem der Call zu einer geringeren Prämie zurückgekauft wird. Sein Gewinn entspricht der Differenz aus der Prämieneinnahme durch den Verkauf und der Prämienausgabe aus dem Rückkauf des Calls.

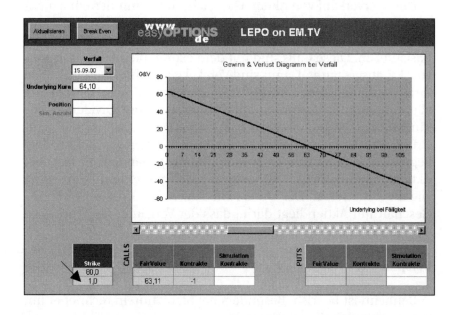

Die Kontraktspezifikationen der LEPOS befinden sich im Anhang.

2.6 Synthetische Positionen

Die Put-Call-Parität, die wir uns bereits für die Bewertung von Puts zunutze gemacht haben, hält noch eine weitere Anwendungsmöglichkeit bereit: über diesen Zusammenhang lassen sich Positionen in Optionen oder im Basiswert "synthetisch" erstellen.

Beispiel

Der Kauf eines Calls und der gleichzeitige Verkauf eines Puts mit identischem Ausübungspreis und derselben Laufzeit entspricht einer Long-Position in der zugrundeliegenden Aktie.

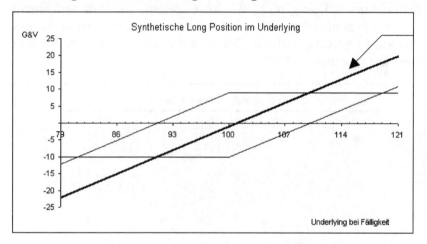

Long Aktie = Long Call + Short Put

In einer Gleichung ausgedrückt entspricht die in der Grafik dargestellte Position (Vereinfachend ohne Berücksichtigung von Zinseffekten):

Long Aktie = Long Call + Short Put

Durch einfaches Umstellen der Gleichung lassen sich alle denkbaren synthetischen Positionen darstellen:

Long Call = Long Aktie + Long Put
Short Call = Short Aktie + Short Put
Long Put = Short Aktie + Long Call
Short Put = Long Aktie + Short Call
Short Aktie = Short Call + Long Put

B. Optionen

3. Portfoliostrategien mit Aktienoptionen

3.1 Kursabsicherung durch einen Protective Put

Markterwartung

Benheim hält ein Paket von 500 Telekom Aktien, welches er mit einem Durchschnittskurs von 40 € erworben hat. Momentan notieren die T-Aktien bei 70 €. Er möchte seine Gewinne bei einem möglichen Kursrückgang nicht wieder abgeben, sondern auf einem hohen Level absichern. Ein Verkauf der Aktien kommt allerdings nicht in Frage, da er sich die Chance auf weitere Kursgewinne nicht nehmen möchte.

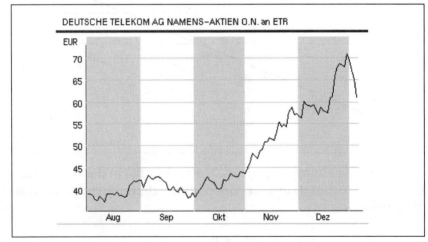

Deutsche Telekom Chart, Quelle: Consors

Position

Um die 500 Aktien abzusichern kauft Benheim Puts mit einem Basispreis von 70 € und Verfall Januar. Die Prämie beträgt 2,30 € pro Put. Da er die Basiswerte in seinem Depot hält und über die Puts absichert, spricht man von einem "Protective Put".

Absicherungskosten:
Kauf 5 Kontrakte Januar 70er Put zu 2,30 € (• 100)   1.150 €

Benheim: "Proctective Puts bieten die Möglichkeit, Aktienpositionen abzusichern und weiterhin von steigenden Kursen zu profitieren."

Gewinn- und Verlustpotential

Durch den Kauf der Put Optionen erhält Benheim das Recht seine 500 T-Aktien zu 70 € zu verkaufen. Ein Protective Put (Long Aktie + Long Put) entspricht im Gewinn- und Verlustdiagramm einem Long Call. Im Falle sinkender Aktienkurse lässt sich der ursprüngliche Gewinn aus den Aktien auf einen Betrag von [(70-40) • 500 – 1150=] 13.850 € "einfrieren". Dennoch besteht die Chance, weiterhin an steigenden Aktienkursen zu partizipieren.

Long-Aktie + Long Put = Protective Put

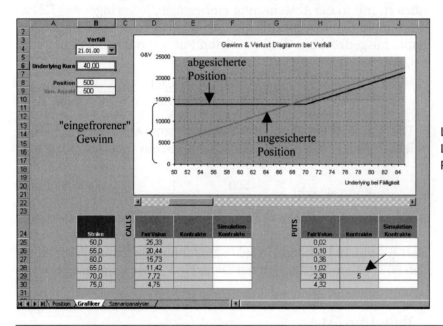

Long Aktie + Long Put = Protective Put

Wie ist es Benheim nun ergangen?

Bis Anfang Januar sinkt die T-Aktie bis auf 60 €. Der Put ist ins Geld gekommen und notiert nun 10,02 €. Die Absicherungsposition hat sich folgendermaßen entwickelt:

Verlust aus Aktie:
(70 - 60) • 500 Stück = 5.000 €
Gewinn aus Put:
5 • 100 (Kontraktgröße) • (10,02- 2,30) = 3.860 €

} 1.140 € verbleibender Verlust

Nominalwert-Hedge

Bei der hier dargestellten Absicherungsposition handelt es sich um einen sog. "Nominalwert-Hedge", wobei pro Aktie genau eine Put Option erworben wird. Die "Hedge Ratio", also die Anzahl benötigter Puts pro Aktie beträgt hierbei stets 1. Diese einfache Hedge Variante unterstellt, dass die Aktien und Optionen ein identisches Preisverhalten aufweisen: ändert sich der Aktienkurs um 1 €, so verändert sich ebenfalls der Optionspreis um 1 €. Da dieses Preisverhalten im Beispiel nicht gegeben war, haben die Puts die Kursverluste der Aktien nicht in vollem Maße ausgleichen können.

Eine exaktere Absicherungsstrategie bietet ein so genannter "Delta Hedge". Hierbei wird das Put Delta, welches die Auswirkungen einer Kursveränderung der Aktie auf die Optionsprämie quantifiziert, mit in die Absicherung einbezogen. Je geringer das Delta, desto mehr Optionen werden zur Absicherung benötigt. Die Hedge Ratio, ausgedrückt in der benötigten Put Kontraktzahl, ergibt sich als:

Delta-Hedge

$$\text{Kontraktzahl} = \frac{\text{Anzahl der Aktien}}{\text{Kontraktgröße}} \cdot \frac{-1}{\text{Put Delta}}$$

Die Januar 70er-Puts, die Benheim zur Absicherung seiner Telekom Aktien verwenden möchte, weisen ein Delta von –0,48 auf.

$$\text{Kontraktzahl} = \frac{500}{100} \cdot \frac{-1}{-0,48} = 10,41$$

Unter Berücksichtigung des Deltas der at-the-money Puts hat er statt 5 rund 10 Optionskontrakte zu kaufen. Bei einem Aktienkurs von 60 € im Januar hat sich der Delta Hedge wie folgt entwickelt:

Verlust aus Aktie:
(70 - 60) • 500 Stück = 5.000 €   ⎫
Gewinn aus Put: ⎬ 2.270 € Gewinn
10 • 100 (Kontraktgröße) • (10,02- 2,30) = 7.720 € ⎭

Aus dem sich ergebenden Gewinn durch den Delta Hedge wird deutlich, dass es zu einer Übersicherung der Aktienposition gekommen ist. Durch das Absinken der Aktien auf 60 € sind die Puts ins Geld gekommen, wodurch sich ihr Delta erhöht hat. Dies hat zur Folge, dass sich die Hedge Ratio verringert, also weniger Put

Kontrakte zur Absicherung der Aktien benötigt werden. Die Hedge Position wurde allerdings nicht angepasst, sondern konstant gehalten. Man spricht von einem "Fixed Hedge".

Fixed Hedge

Benheim: "Mit sinkenden Aktienkursen erhöht sich das Delta eines Puts, während die Hedge Ratio sinkt."

Um die Qualität des Delta Hedge zu erhöhen, müsste die Hedge Ratio durch den Kauf oder Verkauf von Put-Kontrakten an sich ändernde Put-Deltas angepasst werden. Je häufiger eine Anpassung in Rahmen eines solchen "Dynamic Hedge" stattfindet, desto genauer werden Kursverluste in der Aktie ausgeglichen.

Dynamic Hedge

Eine Protective Put Position weist folgende Vor- und Nachteile auf:

Vorteile	Nachteile
1. Bei Erwerb des Protective Put ist der Mindestwert des Portfolios bereits bekannt. Dieser setzt sich aus der Höhe des Basispreises abzüglich der Optionsprämie und Transaktionskosten zusammen.	1. Die Angleichung der Hedge Ratio beim Dynamic Hedge kann mit hohen Transaktionskosten verbunden sein.
2. Bei einer durch einen Put abgesicherten Aktienposition erhält der Anleger weiterhin die Dividendenzahlungen und kann von steigenden Aktienkursen profitieren.	2. Die Laufzeit der Puts wird in der Regel nicht dem Anlagehorizont des Portfolios entsprechen. Es findet ein sog. "Roll Over" der Puts in eine neue Optionsposition mit neuer Laufzeit statt.

B. Optionen

3.2 Kurspotential durch Long Calls nutzen

Markterwartung

Hücking ist stolzer Besitzer von 100 E.ON Aktien, die er zu 42 € gekauft hatte. Trotz der derzeitigen unsicheren Börselage notiert der Energieversorger im Dezember bei 66 €.

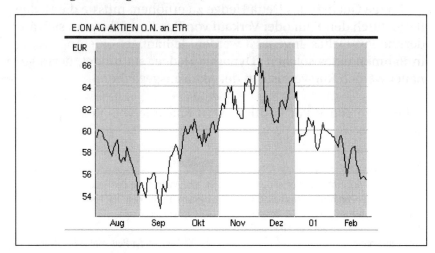

E.ON Chart,
Quelle:
Consors

Statt die Aktienposition gegen eventuelle Kursverluste mit Puts abzusichern, entscheidet sich Hücking für eine andere Strategie: er verkauft seine Aktien, realisiert damit den Kursgewinn und kauft einen Kontrakt des Juni 65er Calls zu 8,05 €. Somit hält er sich die Tür für einen weiteren Kursanstieg auf.

Position

Gewinn aus Verkauf 100 Aktien (66 − 42 =)   2.400 €   ⎫
Kauf 1 Kontrakt Juni 65er Call   ⎬ 1.595 € Gewinn
zu 8,05 € · 100 =   805 €   ⎭

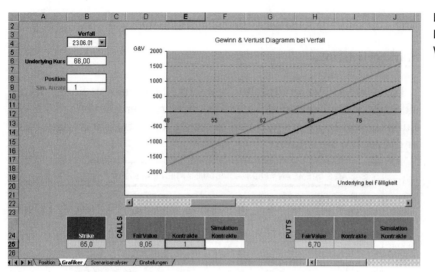

Long Aktie und Long Call im Vergleich

Gewinn- und Verlustpotential

Durch den Verkauf der Aktien realisiert Hücking den bisherigen Kursgewinn. Während bei der Long Call Position das Gewinnpotential unbegrenzt ist, beschränkt sich der maximale Verlust auf die Prämienausgabe. Damit weist die Position im Vergleich zur reinen Aktienposition wesentlich weniger Risiko auf.

Wie ist es Bauer Hücking nun ergangen?

E.ON Aktien sinken bis zum Februar auf 56 €. Der Juni 65-Call weist noch einen Zeitwert in Höhe von 2,05 € auf. Hücking entschließt sich, den Kontrakt glattzustellen und verbucht damit einen Verlust von [(8,05-2,05) • 100=] 600 €. Bei Halten der Aktienposition hätte er [(66-56) • 100=] 1000 € verloren.

B. Optionen

3.3 Aktienverkauf über Short Calls

Markterwartung

Die 100 SAP Aktien, die Benheim zu 100 € gekauft hatte, haben sich bis Mitte Januar auf 150 € verteuert. Benheim hat sich ein Kursziel von 160 € gesetzt – sollte dieser Kurs erreicht werden, wird er die Aktien verkaufen.

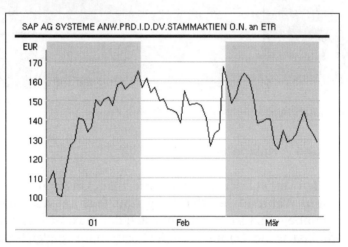

SAP Chart,
Quelle:
Consors

Position

Benheim macht sich das derzeit hohe Prämienniveau zunutze und verkauft einen Call mit Basispreis 160 € und Verfall Juni.

Kauf 100 Aktien SAP zu 100 €	10.000 €	
Verkauf 1 Kontrakt Juni 160er Call		11.402 €
zu 14,02 € (• 100)	1.402 €	Positionswert

Gewinn- und Verlustpotential

Sollte SAP über 160 € ansteigen, so kann der Call-Inhaber sein Recht ausüben und von Benheim die Lieferung der Aktie zum Basispreis verlangen. Dadurch realisiert Benheim seine Verkaufsstrategie und nimmt zusätzlich die Prämie für den Optionskontrakt ein.

Notiert die Aktie zum Laufzeitende unter 160 €, verfällt der Call. In diesem Fall hat Benheim aber zumindest die Prämie eingenommen, wodurch der Verlust aus der Aktienposition abgefedert wird.

Wie ist es Benheim nun ergangen?

SAP Aktien steigen bis Ende Februar auf 165 €. Der Käufer übt den Call aus, woraufhin Benheim 100 SAP Aktien aus seinem Depot zu 160 € liefern muss. Er kalkuliert seinen Gewinn:

Gewinn aus Aktie: (160 - 100) € • 100 Stück= 6.000 €

Prämieneinnahme: 1.402 €

7.402 € Gewinn

Benheim: „Werden Calls auf Aktien verkauft, die ein Investor im Portfolio hält, spricht man von 'Covered Call Writing'".

Mit dem gedeckten Verkauf von Call Optionen lassen sich feste Kursziele perfekt umsetzen. Erreicht oder übersteigt der Aktienkurs das Kursziel, so wird die Aktie wie bei einer limitierten Verkaufsorder über Short Call verkauft. Im Unterschied zur Order nehmen Sie allerdings hier einen Zusatzertrag in Form der Optionsprämie ein. Lassen Sie sich also Ihre feste Kursmeinung versilbern! Sollte die Aktie hingegen das Kursziel nicht erreichen, wird die Prämieneinnahme immerhin Ihre Performance verbessern.

4. Money-Maker-Strategien

Die vier Grundpositionen Long Call, Short Call, Long Put, Short Put gestatten eine unerschöpfliche Anzahl verschiedener Optionsstrategien. Die beliebtesten Optionskombinationen werden am Beispiel von Aktienoptionen auf deutsche Basistitel (mit einer Kontraktgröße von 100) vorgestellt. Die Optionen lassen sich mit der easyOPTIONS-Software mittels des Binomialmodells bewerten und grafisch in Gewinn- und Verlustdiagrammen darstellen. Dabei können Sie die Positionen nicht nur zum Ende der Laufzeit, sondern auch während der Laufzeit untersuchen. Der Szenarioanalyser erlaubt die Simulation von Veränderungen des Basiswerts, der Volatilität oder abnehmender Restlaufzeit.

Benheim: „Entwickeln Sie ein Gefühl für das Verhalten der Optionsstrategien in verschiedenen Marktszenarien. Simulieren Sie die Positionen, bevor Sie sich selbst in die Faszination des Geldvermehrens stürzen!"

Markterwartung

Unter der Markterwartung versteht man die individuelle Einschätzung des Anlegers hinsichtlich der kurz-, mittel- oder längerfristigen Entwicklung des Marktes. Bei Optionen ist die erwartete Kursentwicklung der entsprechenden Basiswerte bzw. die Entwicklung der Volatilität von besonderer Bedeutung, da diese den Wert einer Option besonders stark beeinflussen. Je nach Kombination der Optionen kann es vorteilhaft sein, wenn die Kurse des Basiswerts steigen, sinken oder sogar stagnieren.

Position

Das Kriterium ‚Position' gibt an, welche Optionsposition entsprechend der Markterwartung aufgebaut wird. Dies kann der Kauf oder Verkauf einer einzelnen Option oder die komplexere Kombination von Optionen mit unterschiedlichen Ausstattungsmerkmalen sein.

Gewinn- und Verlustpotential

Diese Werte geben an, welche Gewinne und Verluste sich mit einer Optionsposition maximal erzielen lassen. Es werden also der ‚best case' wie auch der ‚worst case' aufgezeigt. Aus Vereinfachungsgründen wollen wir auf die Betrachtung von Kosten wie Finanzierungskosten oder Transaktionskosten sowie Zahlungen von Dividenden verzichten. Hat eine Position ein ‚unbegrenztes' Gewinn- bzw. Risikopotential, so ist zu beachten, dass der Kurs einer Aktie theoretisch unbegrenzt ansteigen, allerdings nur bis auf einen Wert von null sinken kann. Wie der maximale Gewinn, der maximale Verlust und die Break-Even-Punkte bei jeder der vorgestellten Positionen berechnet werden, verdeutlicht die Übersicht am Ende des Kapitels.

Wie ist es ... nun ergangen?

Hier wird aufgezeigt wie sich die Positionen entwickelt haben. In Betracht gezogen werden Faktoren wie Kursveränderungen des Basiswerts, Volatilitätsänderungen oder der Einfluss abnehmender Restlaufzeit.

Anmerkung:
Die Optionsstrategien werden praxisnah anhand tatsächlicher Marktszenarien erläutert. Kleine Differenzen zwischen den im Szenarioanalyser ausgewiesenen Positionswerten und den im Text errechneten Ergebnissen können sich dadurch ergeben, dass in den Beispielen aus Vereinfachungsgründen mit nur zwei Nachkommastellen gerechnet wird, während Excel exakt rechnet. Teilweise wird anstelle der Volatilität einer einzelnen Option der VDAX als Marktindikator herangezogen.

4.1 Volatilitätsstrategien

Volatilitätsstrategien zielen, wie der Name vermuten lässt, auf eine Veränderung der Marktvolatilität ab. Die impliziten Volatilitäten der Optionen geben Aufschluss über die von Marktteilnehmern erwarteten Schwankungen im jeweiligen Basiswert. Werden Optionen Ihrer Meinung nach zu teuer angeboten, weil der Markt die zukünftigen Marktbewegungen überschätzt, bietet sich ein Verkauf dieser Optionen an. Unterschätzt der Markt zukünftige Kursschwankungen, äußert sich dies in preiswerten Optionen. Hierbei kann der Verkauf von Optionen lohnenswert sein.

4.1.1 Long Straddle

Markterwartung

Wir befinden uns im Juli 1998. Seit geraumer Zeit verfolgt Bauer Hücking den DAX-Volatilitätsindex, den VDAX, der Aufschluss über die erwartete Schwankungsbreite der 30 umsatzstärksten Standardtitel gibt.

VDAX und
Dresdner
Bank Chart,
Quelle:
Consors

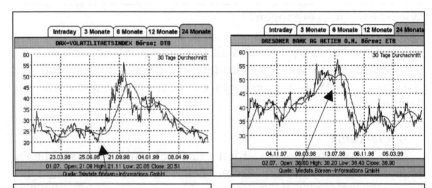

Im Juli ist der VDAX von 25 % auf 20 % gefallen. Der niedrige VDAX signalisiert, dass die Marktteilnehmer nicht bereit sind, hohe Prämien für Optionen zu bezahlen. Anders ausgedrückt: Die Marktteilnehmer gehen von zukünftig ruhigen Kursbewegungen aus.

Hücking: „Wenn alle denken, es passiert nichts, passiert was!"

Hücking glaubt, dass die Marktvolatilität in naher Zukunft ansteigen wird und sich dadurch die Optionspreise verteuern werden. Daher wäre es lohnenswert, heute Optionen auf einem relativ günstigen Niveau zu kaufen. Was aber passiert mit den Aktienkursen? Die Dresdner Bank-Aktie hat beispielsweise in den letzten Monaten immens an Wert gewonnen. Innerhalb eines halben Jahres hat sie, nicht zuletzt wegen der Fusionsgerüchte im Bankensektor, um über 25 % zugelegt. Hücking ist sich nicht sicher, ob die Rally der Banktitel anhalten wird oder ob der Markt die Banken wieder auf den Boden der Tatsachen zurückholt. Er rechnet fest mit einer bevorstehenden Kursbewegung der Dresdner Bank-Aktie, ist sich über die Richtung dieser Bewegung aber nicht sicher.

Steigende Volatilität, aber in welche Richtung wird der Markt tendieren?

Eine Optionsposition, welche die niedrige Marktvolatilität ausnutzt und gleichzeitig von steigenden oder fallenden Kursen der Dresdner Bank- Aktie profitiert, wäre hier genau richtig.

Position

Die Dresdner Bank-Aktie notiert bei 51 €. Hücking schaut sich die Optionen mit Verfall Dezember an.

Idealerweise würde er für seine Position At-the-money-Optionen kaufen, da diese die geringste Volatilität aufweisen. Der am nächsten entfernte Basispreis vom aktuellen Kurs der Dresdner-Aktien ist 50.

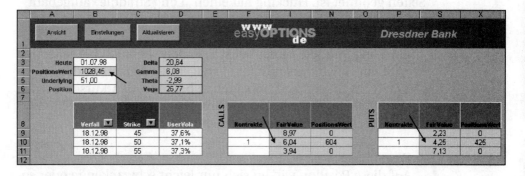

Kauf Dezember-50-Call 6,04 € ⎫
Kauf Dezember-50-Put   4,25 € ⎬ 1028,45 € Nettoausgabe

Long Straddle

Hücking kauft jeweils einen Kontrakt der 50er-Calls und der 50er-Puts, beide mit einer Restlaufzeit bis Dezember des Jahres. Da die Eurex eine Kontraktgröße von 100 Aktien vorschreibt, beläuft sich der Wert der Position auf das 100fache des Optionspreises. Insgesamt kostet ihn dieser Deal 1.028,45 €.

Gewinn- und Verlustpotential

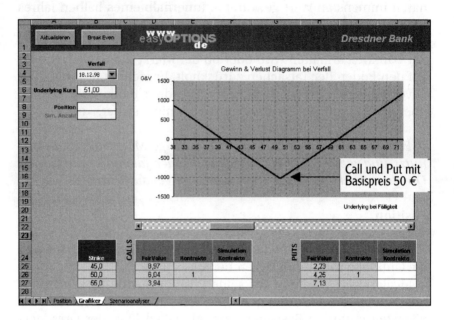

Der Grafiker zeigt eine Position an, die nach oben hin zu beiden Seiten geöffnet ist. Hücking hat einen „Long Straddle" aufgebaut.

Best Case
Ein Long Straddle bietet bei steigenden wie auch bei fallenden Kursen ein Gewinnpotential: Bei steigenden Kursen ist der mögliche Gewinn theoretisch unbegrenzt; bei fallenden Kursen beträgt er maximal (50 € Basispreis • Kontraktwert 100 − 1.028,45 € =) 3.971,55 €, denn die Aktie kann nicht unter null sinken.

Worst Case
Auf diese Position wirken sich nur leicht schwankende oder sogar stagnierende Aktienkurse ungünstig aus. Allerdings beschränkt sich Hückings höchstmöglicher Verlust auf die Prämienausgabe von 1.028,45 €. Dieser Verlust tritt ein, wenn die Dresdner-Aktie beim Verfall exakt bei 50 € notieren sollte. Einen geringeren Verlust wird er realisieren, wenn der Kurs der Aktie am Verfallstag zwischen den Break-Even-Punkten von [50 − 1.028,45 / 100) =] 39,72 bzw. [50 + 1.028,45 / 100) =] 60,28 € liegt.

Die abnehmende Restlaufzeit arbeitet gegen Hückings Position, da sich der Zeitwert der Optionen verringern wird. Von heute auf morgen verliert seine Position 2,99 € (siehe Positions-Theta), wenn alle anderen Faktoren gleich bleiben. Sollte der Straddle vor dem Verfall nicht liquidiert werden, reduziert sich sein Zeitwert, bis die Position schließlich beim Verfall nur noch aus dem inneren Wert besteht. Je nachdem, ob die Aktie über oder unter 50 notiert, kann Hücking dann den Call oder den Put ausüben. In der Praxis werden die meisten Optionen jedoch vor dem Verfall glattgestellt.

Wie ist es Bauer Hücking nun ergangen?

Im Oktober 1998 führen die Auswirkungen der Russlandkrise fast zum Zusammenbruch mehrerer Banken. Long Term Capital Management (LTCM), ein Hegde-Fonds der sich auf Arbitragegeschäfte spezialisiert hat, bricht zusammen. Die Krise ruft eine Panik unter den Marktteilnehmern hervor. Und wie immer in Zeiten hoher Unsicherheit ist die Nachfrage nach Versicherungen in Form von Optionen groß. Als Reaktion vervielfachen sich die Preise für Optionen.

LTCM saß zu diesem Zeitpunkt unter anderem auf gigantischen Short-Positionen in langfristigen DAX-Optionen. Der Volatilitätsanstieg in den Optionen trug neben anderen Verlustpositionen dazu bei, dass LTCM mehrere Milliarden verlor und von diversen Banken aufgefangen werden musste.
(Buchtipp: Wer sich mehr für LTCM und den Hintergrund dieses Skandals interessiert – Nicolas Dunbar, Inventing Money, Verlag Wiley&Sons)

Die Volatilität der DAX-Optionen ist von 20 % auf über 50 % angestiegen. Auch die Volatilitäten der Aktienoptionen haben sich damit verteuert. Die Preise, die für Optionen in dieser Zeit bezahlt werden, sind enorm hoch. Die Long-Straddle-Position war demnach goldrichtig.

Was den Bankensektor angeht, haben sich die Fusionsgerüchte gelegt und die Anleger haben das Interesse an Finanztiteln verloren. Durch die Russlandkrise entstehen Befürchtungen, dass Banken mögliche Verlustpositionen abschreiben müssen. Nicht zuletzt deshalb hat sich die Dresdner Bank-Aktie von 51 € im Juli auf 35 € im Oktober verbilligt.

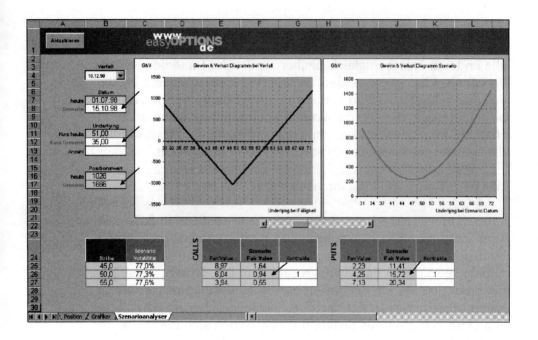

Bauer Hücking kann zufrieden sein: Der Put in seiner Long-Straddle- Position hat stark an innerem Wert zugelegt; er ist tief in-the-money gekommen. Der Call hat aufgrund der abnehmenden Restlaufzeit und dadurch, dass er nun nicht mehr near-the-money, sondern weit out-of-the-money notiert, an Wert verloren. Die auf über 77 % angestiegene Volatilität der Dresdner Bank-Aktie sorgt aber immer noch für einen Zeitwert von 0,95 €. Insgesamt hat sich die Long-Straddle-Position auf 1.666 € verteuert.

Hücking fragt sich nun, ob er die Long-Straddle-Position vor dem Verfall der Optionen mit Gewinn liquidieren oder aber bis zum Verfall abwarten soll. Die Szenarioanalyse zeigt ein Diagramm per Fälligkeit und eines per Simulationsdatum 15. Oktober, also heute. Wenn der Aktienkurs wieder ansteigen sollte, verliert die Position an Wert. Nur wenn der Kurs weiter fällt, generiert der Put weitere Gewinne. Die Option ist allerdings schon so tief im Geld, dass sie sich quasi wie eine leer verkaufte Aktie verhält. Die Hebelwirkung einer Option, bei der sich eine geringe Investition in einen gewaltigen Wert verwandelt, hat bei dem 50er-Put bereits ihre Auswirkungen entfaltet. Sollte Hücking von weiter fallenden Kursen ausgehen, wäre in Zeiten niedriger Volatilität der Kauf eines

Out-of-the money-Puts die bessere Lösung. Bei einer derart hohen Volatilität sollte allerdings der Kauf von Optionen vermieden werden.

Hücking stellt den Long Straddle glatt. Er verkauft sowohl den 50er-Put als auch den 50er-Call zu insgesamt 1.666 €. Abzüglich der ursprünglich gezahlten Prämie von 1.028 € erzielt er einen Gewinn von 638 €.

Ein Long Straddle stellt eine klassische Volatilitätsstrategie dar. Die Position ist in einem Marktumfeld sinnvoll, in dem von steigender Volatilität und einer bevorstehenden starken Aktienkursbewegung ausgegangen wird. Unabhängig davon, in welche Richtung der Markt ausschlägt, wird eine der Optionen ins Geld gelangen. Allerdings kann sich das Aufstellen dieser Position mitunter aufgrund der doppelten Prämienzahlung (durch den Kauf eines Calls und eines Puts) als teuer erweisen. Unter Tradern ist der Long Straddle ebenfalls unter dem Namen „Chooser Option" bekannt, da sich der Käufer beim Verfall aussuchen kann, ob er zum Basispreis kaufen oder verkaufen möchte.

Klassische Volatilitätsstrategie

4.1.2 Long Strangle

Die Kosten für Hückings Straddle aus dem letzten Beispiel lagen bei rund 1.028 €. Dies erscheint nicht gerade viel, allerdings ist eine Optionsposition mit ähnlicher Funktionsweise auch zu geringeren Kosten und damit geringerem Risikopotential zu haben. Dafür kommen nur Optionen in Betracht, die keinen inneren Wert aufweisen, und zwar die Out-of-the-money-Optionen.

Kauf Dezember-55-Call	3,94 €	617 € Nettoausgabe
Kauf Dezember-45-Put	2,23 €	

Long Strangle

Durch den Kauf eines 55-Calls und eines 45-Puts mit gleicher Laufzeit wird ein Long Strangle konstruiert. Die Prämienausgabe in Höhe von [(3,94 + 2,23) • 100 =] 617 € stellt auch hier das maximale Verlustrisiko dar, fällt jedoch im Vergleich zum Long Straddle weitaus geringer aus.

Dieser Vorteil hat allerdings seinen Preis. Das Verlustrisiko des

B. Optionen

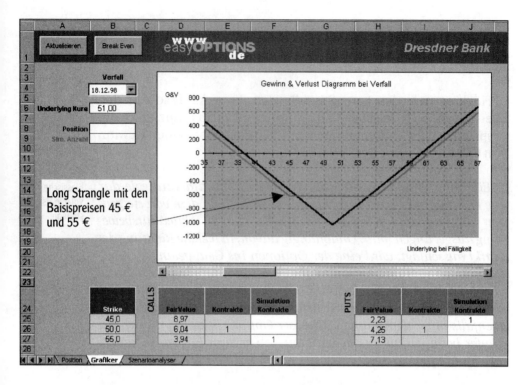

Strangles ist auf einen größeren Kursbereich verteilt als bei der Long-Straddle-Position. Dieser Bereich, der von den unterschiedlichen Basispreisen umgrenzt ist, wird umso größer, je weiter die Basispreise auseinander liegen. Dadurch wird gleichzeitig die Position immer preiswerter. Jedoch muss der Kurs des Basiswerts entsprechend stärker schwanken, bevor die Optionen in die Gewinnzone gelangen.

Im Vergleich zu einem Long Straddle erweist sich der Long Strangle als ein zweischneidiges Schwert: Einerseits sind aufgrund der auseinander liegenden Basispreise stärkere Kursbewegungen erforderlich, damit die Position den gleichen Gewinn wie ein Long Straddle erwirtschaftet. Andererseits lässt sich der maximale Verlust reduzieren, da die Position nicht mit At-the-money-Optionen, sondern mit preiswerteren Out-of-the-money-Optionen aufgebaut wird. Wie beim Long Straddle auch ist das Gewinnpotential theoretisch unbegrenzt.

4.1.3 Short Straddle

Markterwartung

Nach den starken Aktienkursschwankungen und der gestiegenen Marktvolatilität in den vergangenen Wochen bietet sich im November 1998 eine viel versprechende Marktsituation an. Der VDAX hat mit über 50 % sein All-time-high erreicht. Die impliziten Volatilitäten erscheinen Benheim zu hoch, d. h. die Marktteilnehmer überschätzen seiner Meinung nach die zukünftigen Kurs-

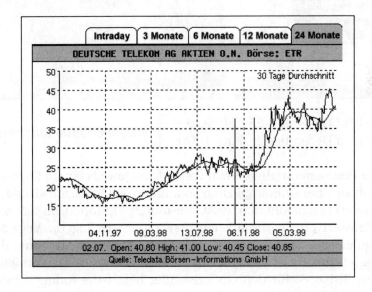

Fallende Volatilität und stabile Aktienkurse

Deutsche Telekom Chart, Quelle: Consors

schwankungen. Am Aktienmarkt legt die Mehrzahl der Standardtitel an Wert zu. Eine der Ausnahmen sind die Aktien der Deutschen Telekom, die seit geraumer Zeit um 25 € schwanken. Durch die anlaufende Liberalisierung des Telekommunikationsmarktes verhalten sich die Anleger noch zurückhaltend. Benheim rechnet mit einer Stagnation des Telekom-Kurses, die bis zum Jahresende anhalten wird.

B. Optionen

Benheim: „Geld verdienen, wenn die Aktie einschläft!"

Position

Die Telekom-Aktie notiert bei 25 €. Benheim verkauft einen Telekom-Straddle:

	A	B	C	D	E	F	N	O	P	S	X
1	Ansicht	Einstellungen	Aktualisieren		www.easyOPTIONS.de				Dt. Telekom		
2											
3	Heute	13.11.98		Delta	-9,25						
4	PositionsWert	-402,60		Gamma	-15,92						
5	Underlying	25,00		Theta	5,80						
6	Position			Vega	-6,11						
7											
8		Verfall	Strike	UserVola	CALLS	Kontrakte	FairValue	PositionsWert	PUTS	Kontrakte	FairValue	PositionsWert
9		18.12.98	20	66,0%			5,38	0			0,31	0
10		18.12.98	22	65,5%			3,82	0			0,74	0
11		18.12.98	25	65,5%		-1	2,05	-205		-1	1,97	-197
12		18.12.98	28	65,4%			0,99	0			3,91	0
13		18.12.98	30	65,5%			0,57	0			5,49	0

Short Straddle Verkauf Dezember-25-Call 2,05 € ⎫
                Verkauf Dezember-25-Put   1,97 € ⎬ 402,60 € Nettoeinnahme

Die Prämieneinnahme beim Verkauf von jeweils einem Kontrakt beläuft sich bei einer impliziten Volatilität von 65,5 % auf 402,60 €. Benheim entscheidet sich für At-the-money-Optionen, da sich hier der Zeitwertverlust am stärksten auswirkt. Ferner sagt das Vega des Straddles aus, dass sich der Optionspreis bei einer Abnahme der Volatilität um einen Prozentpunkt auf 64,5 % um 6,11 € verbilligt. Dieses Risiko ist für den Optionskäufer bei At-the-money-Optionen am größten und genau darauf spekuliert Benheim.

Für einen Short Straddle In-the-money-Optionen zu verkaufen wäre zu riskant, da diese mit höherer Wahrscheinlichkeit ausgeübt würden. Diese Optionen haben außerdem einen relativ geringeren Zeitwertanteil und reagieren deshalb schwächer auf eine Volatilitätsänderung. Der Verkauf von Out-of-the-money-Optionen wäre eine Alternative, allerdings ist auch hier das Vega geringer.

Wie der Szenarioanalyser im linken Gewinn- und Verlustdiagramm anzeigt, sieht ein Short Straddle aus wie ein auf den Kopf gestellter Long Straddle.

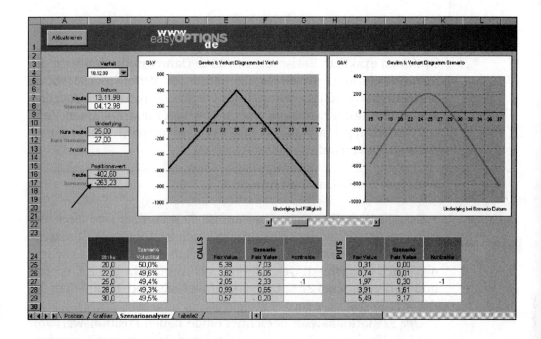

Gewinn- und Verlustpotential

Worst Case

Notiert die Telekom-Aktie am Verfallstag außerhalb der Break-Even- Punkte [25 – (402,60 / 100) =] 20,97 € und [25 + (402,60 / 100) =] 29,03 €, wird Benheim mit dem Short Straddle einen Verlust erleiden, da entweder die Calls oder die Puts vom Stillhalter ausgeübt werden. Das Verlustpotential ist – bezogen auf den Call – unbegrenzt, beim Put beläuft es sich auf 25 € multipliziert mit der Kontraktgröße 100, abzüglich der vereinnahmten Put-Prämie von 402,60 €, also 2.097,40 €. Es können also in etwa die gleichen Verluste auftreten wie bei einer ungedeckten Short-Call- oder Short-Put-Position. Steigt der Telekomkurs bis zum Verfall auf bspw. 35 € an, verfällt der Put wertlos, der Call allerdings gerät in-the-money. Bei Ausübung muss Benheim die Aktie zu 25 €, 10 € unter dem Marktpreis liefern. Sollten die Kurse sinken und der Put ausgeübt werden, muss er die Aktie zu 25 € abnehmen. Während der Laufzeit wird das Worst-Case-Szenario neben einer starken Aktienbewegung von einem starken Ansteigen der Volatilität beeinflusst. Damit steigt der Zeitwert der Optionen, die zuvor „billiger" verkauft wurden. Eine Glattstellung wäre nur zu höheren Preisen möglich.

137

Best Case

Im besten Fall liegt der Telekom-Kurs zum Laufzeitende der Optionen exakt am Basispreis von 25 €. Dann nimmt Benheim die gesamte Optionsprämie ein. Je näher der Verfallsmonat rückt, desto stärker wird der Zeitwert der Position abnehmen, angezeigt von einem immer höheren Theta. Um von diesem starken Zeitwertverfall zu profitieren, hat Benheim Optionen mit relativ kurzer Restlaufzeit verkauft.

Wie ist es Benheim nun ergangen?

Der VDAX ist bis Dezember auf 30 % gesunken und auch die implizite Volatilität der Telekom-Optionen ist um etwa 15 Prozentpunkte gefallen. Die Anleger sind bezüglich der Telekom-Aktie immer noch abwartend. Der Kurs hat sich nur leicht um 2 € erhöht und notiert nun bei 27 €. Die verkauften Calls sind damit leicht in-the-money gekommen.

Der Szenarioanalyser berechnet einen neuen Positionswert von – 263 €. Zu diesem Preis könnte der Straddle glattgestellt werden. Gleichzeitig ist dies der maximale Profit, den die Position bei einem weiteren Halten bis zum Verfall erwirtschaften könnte.

Benheim wartet nun entweder bis zum Ende der Laufzeit oder liquidiert die Position umgehend und gibt sich mit einem Gewinn von (402,60 – 263,23 =) 139,37 € zufrieden. Diese Entscheidung ist abhängig von der erwarteten Kurs- und Volatilitätsentwicklung zu treffen. Um den Short Straddle bis zum Verfallstag zu halten, braucht Benheim Nerven aus Stahl: Je näher der Verfallstag rückt, desto schneller ändert sich der Positionswert, woraufhin eine eben noch profitable Position ins Minus geraten könnte.

Ein Short Straddle stellt eine passive Strategie dar, die darauf abzielt, den Zeitwert zu verkaufen und diesen im Falle stagnierender Kurse des Basiswerts als Gewinn zu verbuchen. Allerdings weist diese Position bei starken Kursbewegungen des Basiswerts ein erhebliches Risikopotential auf.

Der maximale Gewinn wird erzielt, wenn der Kurs des Underlyings für lange Zeit am Basispreis liegt. Nur dann führt ein Absinken der Volatilität zu einem starken Absinken der Prämien. Um von einem hohen Zeitwertverlust (hohes Theta) zu profitieren, empfiehlt sich daher der Verkauf von Optionen mit geringer Restlaufzeit.

4.1.3.1 Absicherung des Short Straddles

Es mehren sich die Nachrichten, dass die Telekom AG durch die jungen, innovativen Telekommunikationsanbieter unter Druck geraten wird. Dies könnte die Anleger nervös machen und zum Verkauf von Telekom-Aktien bewegen. Ein starker Kursverfall würde zur Ausübung der Puts führen, in welchen Benheim eine Short-Position hält. Fällt die Aktie unter den unteren Break Even von 20,97 €, gerät die Position in die Verlustzone.

Benheim: „Wie kann ich den Short Straddle nach unten hin absichern?"

Für die geringe Prämie von 1 Cent kann ein Out-of-the-money-Put mit einem Basispreis von 22 € gekauft werden (siehe Szenario-Grafik). Diese Option ist nahezu wertlos. Bei einem unverhofften Kursverfall jedoch greift dieser Put als Versicherung. Aus dem Short Straddle ist nun ein abgesicherter „Covered Straddle" geworden. Am 4. Dezember stellt Benheim seine neue Position grafisch dar.

Der Positionswert hat sich durch die geringen Kosten des Puts fast nicht verändert. Der maximale Gewinn wird nach wie vor durch eine exakte Landung des Aktienkurses bei 25 € erreicht. Das Risiko liegt in einem Anstieg der Telekom-Aktie. Liegt der Kurs beim Verfall über 25 € wird der Call ausgeübt und Benheim muss die Aktie zu effektiv 25 € liefern.

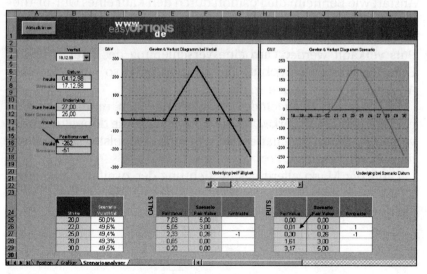

Covered Straddle

Nach unten kann Benheim kaum etwas verlieren. Sinkt der Telekom-Kurs nun unter 25 €, wird der Put ausgeübt, womit die Aktie von Benheim zum Basispreis abgenommen werden müsste. Gerät der Telekom-Kurs stärker unter Druck und sinkt sogar unter 22 €, übt Benheim seinerseits den 22er-Put aus. Damit sichert er sich immerhin noch einen Gewinn von 102,60 €, berechnet aus der Differenz der ursprünglichen Prämieneinnahme von 402,60 € und dem Ausübungsverlust von (3 • 100 =) 300 €.

Umgekehrt hätte Benheim die Position auch nach oben hin durch den Kauf eines Out-of-the-money-Calls absichern können. Wie bei einem reinen Short Straddle gilt weiterhin: Der maximale Gewinn in Form der Prämieneinnahme wird dann erreicht, wenn der Kurs des Basiswerts am Verfallstag möglichst nah am Basispreis notiert.

4.1.3.2 Der richtungsneutralen Position den Weg weisen

Eine Short-Straddle-Position eignet sich für leicht schwankende oder besser noch stagnierende Aktienkurse. Die Position ist dabei richtungsneutral. Wie der Grafiker zeigt, werden bei stärkeren Aktienkursbewegungen Verluste ab den Break-Even-Punkten eintreten, die nach oben und unten im gleichen Abstand vom Basispreis liegen (siehe Pfeile).

Wie kann man dieser Position nun eine Richtung vorgeben und den profitablen Bereich nach oben oder unten hin verschieben? Anstatt wie Benheim die Position durch den Kauf eines Out-of-the-money-Puts nach unten hin komplett abzusichern und dafür Kapital aufzuwenden, kann die doppelte Anzahl von At-the-money-Puts verkauft werden, um eine Verschiebung des oberen Break-Even-Punktes zu bewirken. Die Position gerät so bei steigenden Aktienkursen erst später in die Verlustzone.

Der Wunsch nach einer Verschiebung nach unten lässt sich ebenso realisieren: Verkaufen Sie ganz einfach die doppelte Anzahl von Calls. Dadurch schaffen Sie sich ein „Kurspolster" bei sinkenden Aktienkursen.

Läuft der Markt allerdings in Richtung der zweifach verkauften Optionen, haben Sie die doppelte Anzahl an Aktien zu liefern oder abzunehmen.

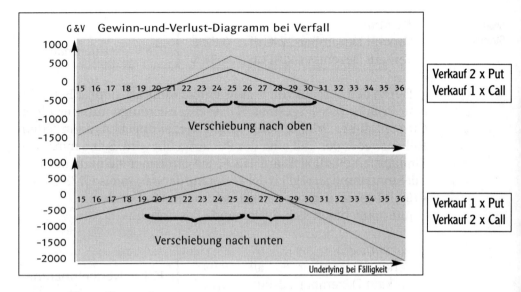

4.1.4 Short Strangle

Markterwartung

Kommen wir noch einmal zu Benheims Markterwartung vom November 1998 zurück: Der VDAX wird von seinem Rekordhoch auf ein niedrigeres Niveau absinken, wodurch sich die zu hohen Prämien gehandelten Optionen verbilligen werden; die Aktien der Telekom werden bis Ende 1998 eine stabile Kursentwicklung aufweisen.

Die oben beschriebene Short-Straddle-Position ist aufgrund des Verkaufs von At-the-money-Optionen durch eine relativ hohe Prämieneinnahme und nah nebeneinander liegende Break-Even-Punkte gekennzeichnet. Benheim überlegt, eine leicht abgewandelte Position aufzubauen: Er möchte sich einen größeren Spielraum für Kursschwankungen der Telekom Aktie sichern, bevor seine Position in die Verlustzone gerät.

Position

Die Telekom Aktie notiert bei 25 €. Benheim verkauft diesmal nicht Optionen mit gleichem Basispreis, sondern Optionen mit unterschiedlichen Strikes. Er konstruiert einen Short Strangle. Je nachdem, ob er In-the-money- oder Out-of-the-money-Optionen verkauft, ergeben sich zwei mögliche Positionen.

Short Strangle

Variante 1

Verkauf Dezember-22-Call 3,82 € ⎫
Verkauf Dezember-28-Put   3,91 € ⎭ 773 € Nettoeinnahme

Durch den Verkauf von jeweils einem Kontrakt nimmt Benheim eine Prämie von insgesamt 773 € ein. Allerdings muss er einen Großteil dieser Prämie beim Verfall wieder abgeben, da in jedem Fall entweder der Call oder der Put ausgeübt wird. Seine maximale Einnahme beläuft sich auf 173 €. Sie errechnet sich aus der Prämieneinnahme abzüglich der Differenz der Basispreise [773 € – (6 € • 100)]. Dies ist der Zeitwert der kombinierten Position.

Alternativ bietet sich die folgende Position an:

Variante 2

Verkauf Dezember-28-Call 0,99 € ⎫
Verkauf Dezember-22-Put   0,74 € ⎭ 173 € Nettoeinnahme

Hier nimmt Benheim lediglich 173 € ein. Sollte jedoch der Aktienkurs beim Verfall zwischen den Basispreisen liegen, wird weder der Call noch der Put ausgeübt. In diesem Fall wird die gesamt Prämie vereinnahmt. Die Prämie entspricht dem Zeitwert der ersten Variante. Geben Sie die Positionen in den Grafiker ein und vergleichen Sie die Gewinn- und Verlustdiagramme. Sie sind absolut identisch.

Gewinn- und Verlustpotential

Im Vergleich zu einem Short Straddle verringert sich bei einem Short Strangle durch die weiter auseinander liegenden Basispreise die Prämieneinnahme, die das maximale Gewinnpotential dieser Position darstellt. Wie die Break-Even-Berechnung zeigt, erlaubt der Short Strangle dafür etwas stärkere Aktienkursschwankungen, bevor die Verlustzone erreicht wird.

Die Break-Even-Punkte des Short Strangle entsprechen dem Basispreis des Calls zuzüglich der Prämieneinnahme bzw. dem Basispreis des Puts abzüglich der Prämieneinnahme. In Variante 1 beträgt der obere Break Even demnach [22 + (773/100) =] 29,73 € und der untere Break Even [28 – (773/100) =] 20,27 €.

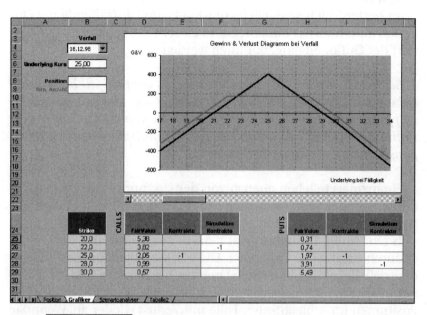

Short Strangle mit Basispreisen 22 € und 28 €

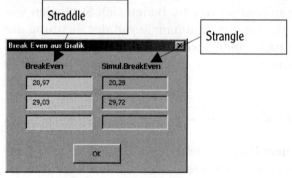

Niedrigere Prämieneinnahme – weniger Risiko

Worst Case

Wie bei einem Short Straddle ist das Verlustpotential bezogen auf den Call unbegrenzt, beim Put beläuft es sich auf 22 € abzüglich des vereinnahmten Zeitwertes von 1,73 € bzw. dem Hundertfachen beim Verkauf von jeweils einem Kontrakt. Während der Laufzeit umfasst das Worst-Case-Szenario neben einer starken Aktienbewegung ein starkes Ansteigen der Volatilität. Damit steigt der Zeitwert der Optionen, die zuvor „billiger" verkauft wurden. Eine Glattstellung wäre nur zu höheren Preisen möglich.

Best Case

Im besten Fall liegt der Telekom-Kurs zum Laufzeitende der Optionen innerhalb der Basispreise. In diesem Fall kann der volle Zeitwert der Optionen eingenommen werden.

Benheim: „Wollen Sie einen Strangle bis zum Verfall halten und haben kein Interesse an einer Aktienlieferung oder -abnahme, so empfiehlt sich das Shorten von Out-of-the-money-Optionen (Variante 2). Notiert die Aktie am Ende der Laufzeit zwischen den Basispreisen, nehmen Sie den Zeitwert ein."

Finanzmärkte leben ebenso von der Hoffnung – negativ ausgedrückt von der Gier – wie auch der Angst der Anleger. Mutige Anleger wagen sich vor und tätigen Investments; der Markt bewegt sich ein wenig. Weitere folgen dem neuen Trend und ermuntern dadurch zusätzliche Geldgeber. Die Märkte leben von diesem Herdentrieb. Bei einer plötzlichen Drehung des Marktes sind die cleveren Investoren schon längst ausgestiegen, der Rest folgt und stößt Positionen im schlechtesten Falle mit Verlust wieder ab. Wenn Sie nicht mit der Herde mitziehen wollen, bieten sich Strategien wie Straddles oder Strangles an, die unabhängig von der Richtung der Kursbewegung innerhalb einer bestimmten Kursspanne ein Gewinnpotential aufweisen.

4.2 Optionspositionen mit Spannung – Spreads

Spreads im Optionshandel bestehen aus dem Kauf und dem gleichzeitigen Verkauf von Calls oder Puts auf ein und denselben Basiswert, wobei sich die Optionen lediglich hinsichtlich ihrer Basispreise und/oder Laufzeiten unterscheiden. Das Besondere an Spread-Positionen liegt darin, dass sowohl der maximal erzielbare Gewinn als auch der maximale Verlust von vornherein festgelegt sind.

Die Gesamtkosten dieser Optionskombinationen lassen sich dadurch reduzieren, dass die gekauften Optionen durch die verkauften subventioniert werden. Ein Spread, bei dem der Erlös aus den Short-Optionen die Kosten der Long-Optionen übersteigt und damit eine Nettoeinnahme erzielt, wird als „Credit Spread" bezeichnet („Credit" bedeutet im Englischen „Haben"). Durch eine solche

Position lässt sich sofort eine Nettoeinnahme verbuchen, die den maximal erzielbaren Gewinn des Spreads darstellt. Im umgekehrten Fall übersteigen die Kosten der gekauften Optionen die Erlöse aus den verkauften Optionen, wodurch eine Nettoausgabe entsteht. Diese Version des Spreads ist der Debit Spread („Debit" bedeutet im Englischen „Soll"). Hierbei stellt die Prämienausgabe das maximale Risiko des Spreads dar.

Spread-Positionen lassen sich nach der Art ihrer Kombination in Price Spreads, Time Spreads und Diagonal Spreads unterteilen. Die ersten beiden Spread-Arten werden nachfolgend vorgestellt.

Price Spread (Vertical Spread)	Die Optionen unterscheiden sich im Basispreis.
Time Spread (Horizontal Spread)	Die Optionen unterscheiden sich in der Restlaufzeit.
Diagonal Spread	Die Optionen unterscheiden sich sowohl im Basispreis als auch in der Restlaufzeit.

4.2.1 Bull Call Spread

Markterwartung

„SAP-Quartalszahlen übertreffen Erwartungen", „SAP eröffnet Marktplatz im Internet", „Firmenchef Plattner sieht großes Potential für R3-Software", verkünden die Zeitungen im April 1999. Der Kurs der SAP-Aktie befindet sich – gemessen am Rekordhoch von über 650 € im August 1998 – bei etwa 300 € auf niedrigem Niveau. Nachdem die Börse der Aktie übel mitgespielt hat, mehren sich die positiven Nachrichten über die Walldorfer Softwareschmiede. Die Zeit der Kursverluste scheint vorbei. Bauer Hücking jedenfalls ist dem Unternehmen gegenüber positiv eingestellt; er glaubt an eine mögliche Kurserholung der SAP-Aktie. Allerdings hat die Euphorie für Hightech-Werte spürbar nachgelassen. Hält dieser Trend an, könnte auch SAP in Mitleidenschaft gezogen werden. Hücking stellt folgende Ansprüche an seine Optionsposition: Sie sollte seiner verhalten bullishen Einstellung SAP gegenüber gerecht wer-

B. Optionen

Preiswert und
gesichert dem
Bullen auf der
Spur

SAP Chart,
Quelle:
Consors

den, ihn also an einem moderaten Kursanstieg der Aktie partizipieren lassen. Gleichzeitig soll, im Falle dass die Aktie entgegen seiner Erwartung doch an Wert verliert, das Verlustpotential begrenzt sein. Außerdem möchte Hücking die Position mit möglichst geringem Kapitaleinsatz aufbauen.

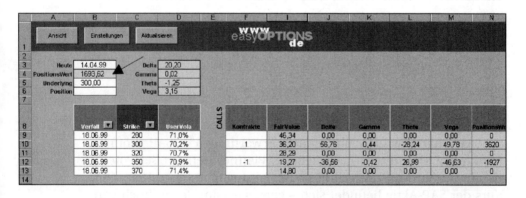

Position

SAP notiert bei 300 €. Hücking entscheidet sich für die folgende Strategie:

Bull Call
Spread

Kauf   Juni-300-Call   36,20 € ⎫
Verkauf Juni-350-Call   19,27 € ⎬ 1693 € Nettoausgabe
                                 ⎭

146

Hücking: „Spreads sind ideal. Ich weiß sofort, was ich verdienen und was ich verlieren kann."

Hücking kauft einen 300er-at-the-money-Call, weil er davon ausgeht, dass sich der Aktienkurs von diesem Basispreis nach oben bewegt. Auf der anderen Seite glaubt Hücking an einen charttechnischen Widerstand bei 350 €. Steigt der Aktienkurs und verbleibt für längere Zeit bei 350 €, wäre eine Short-Position in Optionen mit diesem Basispreis sinnvoll. Damit könnte vom hohen Zeitwertverlust von At-the-money-Optionen profitiert werden. Aus diesem Grund verkauft Hücking den 350er-Call.

Durch den Verkauf des Calls mit dem höheren Basispreis subventioniert Hücking gleichzeitig den Kauf des teuren Calls mit dem niedrigeren Basispreis. Die Position kostet ihn daher effektiv nur (16,93 • 100 =) 1.693 €, fast die Hälfte weniger als beim Kauf des einzelnen 300er-Call-Kontrakts. Hücking hat einen Bull Call Spread gekauft. Da er hierfür eine Prämie zahlen muss, handelt es sich um einen Debit Spread.

Gewinn- und Verlustpotential

Best Case

Sollte die Aktie beim Verfall über 300 € stehen, wird Hücking seinen 300er-Call ausüben. Ab einem Break-Even-Kurs von [300 + (1693/100) =] 316,93 € gerät die Position in die Gewinnzone. Steigt die Aktie über 350 Euro, wird auch der 350er-Call vom Käufer ausgeübt und Hücking muss die Aktie zu 300 kaufen und zu 350 wieder abgeben. Damit ergeben sich 50 € Gewinn pro Aktie. Abzüglich der bereits bezahlten Prämie von 1.693 € bliebe Hücking ein Gewinn von [(50 • 100) − 1693 =) 3.307 €. Der maximale Gewinn des Spreads ist auf diesen Betrag beschränkt, da der Ausübung des 300er-Calls durch Hücking auch bei stark steigenden Aktienkursen stets die Ausübung des 350er-Calls durch den Optionskäufer gegenübersteht.

Demnach ist der Bull Call Spread für eine moderat bullishe Kurserwartung mit einem Anstieg der Aktie auf 350 € genau richtig. In diesem Fall gerät der untere Call ins Geld, während der obere am Geld liegt. Da At-the-money-Optionen dem Zeitwertverfall besonders stark ausgeliefert sind (hohes Theta), wird dieser verkaufte Call im Verhältnis zum 300-Call weniger an Wert zulegen. Damit wird die Position insgesamt im Wert steigen. Wie der Szenarioanalyser zeigt, würde sich der Bull Call Spread bspw. am 23. Mai, also knapp einen Monat vor dem Verfall der Optionen, bei einem SAP-Kurs von 350 € von 1.649 € auf 3.090 € verteuern. Durch das Glattstellen der Position könnte Hücking einen Gewinn in Höhe von 1.441 € erwirtschaften.

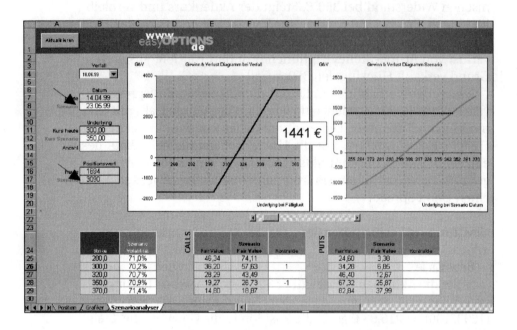

Worst Case

Liegt der Aktienkurs am Ende der Laufzeit unter den beiden Basispreisen, verfallen sowohl der 350-Call als auch der 300-Call wertlos. Hücking erleidet einen Verlust in Höhe seiner Prämienausgabe. Mehr als diesen Betrag kann er aber nicht verlieren. Während der Laufzeit wird der Spread an Wert abnehmen, wenn der Aktienkurs am unteren Basispreis von 300 € stagniert. In diesem Fall liegt der gekaufte Call at-the-money und wird schnell an Zeitwert verlieren.

Wie ist es Bauer Hücking nun ergangen?

Ende Mai notiert die SAP-Aktie bei 370 €, womit sie über das Kursziel hinausgeschossen ist. Hücking freut sich dennoch, da sein 300er-Call tief im Geld liegt. Allerdings „capped" die Short-Position im 350er-Call, der ebenfalls im Geld liegt, seinen Profit. Am 23. Mai notieren die Optionen folgendermaßen:

Verfall	Strike	UserVola		Kontrakte	FairValue	Delta	Gamma	Theta	Vega	PositionsW
18.06.99	280	69,0%			92,35	0,00	0,00	0,00	0,00	0
18.06.99	300	68,7%		1	74,48	89,51	0,27	-26,45	16,30	7448
18.06.99	320	68,5%			58,31	0,00	0,00	0,00	0,00	0
18.06.99	350	68,0%		-1	37,84	-65,96	-0,55	49,60	-36,97	-3784
18.06.99	370	67,7%			27,01	0,00	0,00	0,00	0,00	0

Heute: 23.05.99, Delta: 23,56
PositionsWert: 3663,88, Gamma: -0,28
Underlying: 370,00, Theta: 23,15
Position: , Vega: -19,67

Der Positionswert ist von 1.694 um über 116 % auf 3.664 € gestiegen. Hücking stellt sich nun die Frage: „Glattstellen und die 1.970 € Gewinn mitnehmen oder die Position halten?" Er kalkuliert sein Chance-/Risiko- Profil von heute aus gesehen. Hält er die Position weiter, so riskiert er einerseits bei sinkenden Aktienkursen den Positionswert von 3.664 € wieder abzugeben. Andererseits kann er mit dem Spread nur noch maximal einen Zeitwert von 1.337 € gewinnen – dieser berechnet sich aus der Differenz des maximalen Gewinns von 3.307 € und des Buchgewinns von (3664 - 1694 =) 1.970 €. Dieses Verhältnis von hohem Risiko gegenüber geringen Gewinnaussichten gefällt Hücking nicht. Er stellt die Position glatt.

Hücking: „Beachten Sie das Chance-/Risiko-Verhältnis von Spreads."

Ein Bull Call Spread eignet sich für das Ausnutzen einer moderat bullishen Kurserwartung. Durch den gleichzeitigen Kauf eines Calls mit niedrigerem Strike und den Verkauf eines Calls mit höherem Strike bei gleichem Verfallstermin weist die Position über eine begrenzte Kursspanne des Underlyings hinweg ein Gewinnpotential auf. Dieses steigt mit weiter auseinander liegenden Basispreisen an

B. Optionen

und ist ebenso wie das Verlustpotential in seiner Höhe begrenzt. Um der Position genug Zeit zu geben, Gewinne aufzubauen, eignen sich länger laufende Optionen. Optimalerweise steigt der Basiswert bis zum Strike des Short Calls an.

4.2.2 Bull Put Spread

Mit Spreads lassen sich – wie bei vielen anderen Optionskombinationen auch – durch unterschiedliche Kombinationen von Calls und Puts identische Gewinn- und Verlustprofile erstellen.

Kurs der SAP-Aktie: 300 Euro

Bull Call Spread = Debit Spread

SAP-Bull-Call-Spread:
Kauf   Juni-300-Call   36,20 €
Verkauf   Juni-350-Call   19,27 €   } 1693 € Nettoausgabe

Break Even = unterer Basispreis + Prämienausgabe
Break Even = 300 + 16,93 = 316,93 €

Ein Bull Spread lässt sich alternativ zum Einsatz von Calls auch mit Puts konstruieren. Im Unterschied zu einem Bull Call Spread hat der Investor hierbei keine Prämie zu zahlen, sondern verbucht durch den Verkauf eines In-the-money-Puts und den gleichzeitigen Kauf eines At-the-money-Puts eine Prämieneinnahme. Daher handelt es sich bei Bull Put Spreads um Credit Spreads.

Bull Put Spread = Credit Spread

SAP-Bull-Put-Spread:
Kauf   Juni-300-Put   34,28 €
Verkauf   Juni-350-Put   67,35 €   } 3307 € Nettoeinnahme

Geben Sie die Positionen in den Grafiker ein. Sie werden feststellen, dass die Gewinn- und Verlustdiagramme von beiden Spreads identisch sind. Das maximale Risiko des Credit Spreads entspricht ebenfalls 1.693 €, hierbei berechnet aus der Differenz der Basispreise abzüglich der eingenommenen Prämie. Das maximale Gewinnpotential beschränkt sich in diesem Fall auf die bei dem Abschluss des Geschäftes eingenommene Prämie von 3.307 €. Der Break-Even-Punkt entspricht dem der Call-Spread-Position. Für den Put Spread wird er berechnet mit

Break Even = oberer Basispreis – Prämieneinnahme
Break Even = 350 – 33,07 = 316,93 €

4.2.3 Spread-Variationen in Hülle und Fülle

Eine Spread-Position lässt sich durch Variation der Basispreise sehr genau auf die Erwartungshaltung eines Anlegers zuschneiden. Diese Möglichkeit bieten Bull Call Spreads ebenso wie Bull Put Spreads.

Die verschiedenen Variationsmöglichkeiten werden am Beispiel von Bull Call Spreads dargestellt. Je niedriger die Basispreise der Calls, desto teurer wird die Position und desto eher gewinnt sie bei Kurssteigerungen an Wert. Je höher die gewählten Basispreise, desto geringer fällt der benötigte Kapitaleinsatz für den Erwerb eines Bull Call Spreads aus. Eine solche Position wird allerdings erst spät ins Geld gelangen, da die Basispreise beim Aufbau der Position über dem aktuellen Kurs der Aktie liegen.

Wenn Sie einen Spread zusammenstellen, können Sie das Chance-/Risiko- Profil entsprechend Ihrer Meinung gestalten. Zur Verdeutlichung der „Charaktereigenschaften" unterschiedlicher Spreads sollen drei Variationen dienen, die sich auf die Kurserwartung der oben genannten SAP-Aktie beziehen.

1. „Bissig" – Sie rechnen mit einem starken Kursanstieg.
2. „Moderat" – Sie rechnen mit mäßig ansteigenden Kursen.
3. „Schwach" – Sie erwarten nur geringe Kurssteigerungen.

Der Unterschied liegt im Basispreis

1. „Bissig"

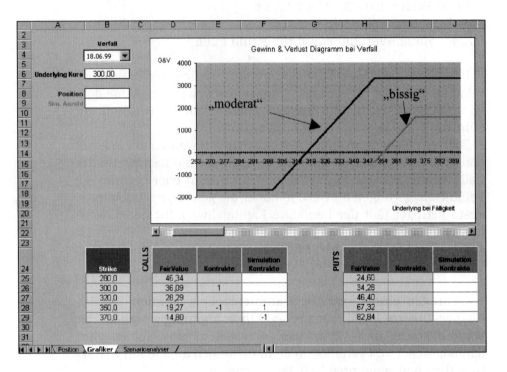

Sie rechnen mit einer sehr starken Kursbewegung des Basiswerts. Gestalten Sie daher den Spread mit Optionen, die weit aus dem Geld liegen. Die Optionen liegen quasi für Sie auf der Lauer und schnappen zu, sobald sich der Markt stark nach oben bewegt. Kommen diese Optionen ins Geld, explodiert der Wert Ihrer Investition. Das Beispiel zeigt den bekannten „moderaten" SAP-300er-/350er-Call-Spread im Vergleich zu einem „bissigen" 350er-/370er-Call-Spread. Letzterer kostet lediglich [(19,27 – 14,80) • 100 =] 447 €. Im Best Case kann sein Wert auf [(370 – 350) • 100 – 447 =] 1.553 € ansteigen: eine Rendite von fast 250 %!

Tipp:
Achten Sie auf die Notierungen von weit aus dem Geld liegenden Optionen! Manchmal sind Spreads schon für wenige Cents zu haben, wobei sich der Positionswert bei einer starken Kursbewegung vervielfachen kann.

2. „Moderat"

Sie rechnen mit einem moderaten Kursanstieg des Basiswerts. Sie glauben allerdings nicht, dass die Aktie über ein bestimmtes Niveau hinaus ansteigt. Halten Sie sich an Ihre Grundprognose! Um vom Kursanstieg zu profitieren, kaufen Sie einen At-the-money-Call. Um die Prämienausgabe zu subventionieren, verkaufen Sie einen Call mit dem Basispreis, über welchen der Aktienkurs Ihrer Meinung nach nicht ansteigt. Das Chance-/Risiko-Profil einer solchen Konstruktion sollte in etwa 2:1 betragen: Sie können das Zweifache Ihrer Investition gewinnen, aber „nur" Ihren Einsatz verlieren. Im Vergleich zur „bissigen" Version verdienen Sie hiermit schon bei geringeren Kurssteigerungen Geld.

Tipp:
Simulieren Sie das Chance-/Risiko-Verhältnis und den Break-Even-Punkt. Nur wenn die Grafik Ihrer Meinung zum Kursverlauf entspricht, sollten Sie den Spread aufstellen.

3. „Schwach"

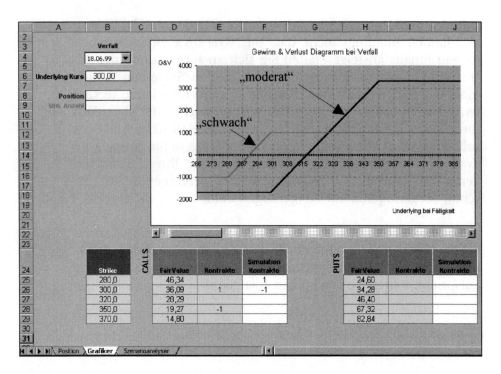

Sie rechnen mit gleich bleibenden oder nur leicht steigenden Notierungen. Sie möchten von dieser Meinung profitieren, sind aber nicht gewillt, ein unbegrenztes Verlustrisiko einzugehen.

Kaufen Sie einen Call Spread, mit dem Sie auch bei gleich bleibenden Aktienkursen Geld verdienen. Dazu gehen Sie einen In-the-money-Call long und shorten einen At-the-money-Call. Der At-the-money-Call wird seinen Zeitwert verlieren, wenn die Notierung der Aktie stagniert. Davon können Sie profitieren. Der „schwache" Charakter dieser Position äußert sich in einem geringen Chance-/Risiko-Verhältnis von circa 1:1.

Tipp:
Um bereits beim Geschäftsabschluss Geld einzunehmen, konstruieren Sie diese Art Spread mit Puts. Kaufen Sie einen Put mit unterem Basispreis und verkaufen Sie den Put mit oberem Basispreis. Damit schonen Sie vorerst Ihre Liquiditätsreserven.

4.2.4 Bear Put Spread

Markterwartung

Im Rahmen der strategischen Neuausrichtung der Siemens AG gliedert der Unternehmenslenker von Pierer die profitablen Bereiche Chipproduktion und Mikrotechnologie als eigenständige Kapitalgesellschaft aus. Anfang 2000 wird die Werbetrommel für „den" Hightech-Börsengang gerührt: unter dem Namen Infineon soll die Unternehmenssparte gleichzeitig an den Neuen Markt und die Nasdaq gebracht werden. Am ersten Handelstag verdoppeln sich die Aktienkurse. Hücking traut der Hightech-Euphorie nicht. Er rechnet mit sinkenden Kursen des Siemens Ablegers. Drei Wochen nach der Emission werden von der Eurex Optionen auf Infineon angeboten. Hücking plant die folgende Strategie: Er möchte zu möglichst geringen Kosten an einem Kursverfall von Infineon partizipieren. Gleichzeitig wünscht er aber ein begrenztes Verlustrisiko, falls die Aktienkurse doch weiter steigen sollten.

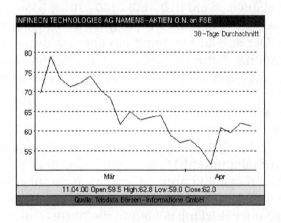

Preiswert und gesichert auf Bärenjagd

Infineon
Quelle:
Consors

Position

Anfang März 2000 haben sich die Infineon-Aktien durch die Mitnahme von Zeichnungsgewinnen bereits auf 69 € verbilligt. Hücking studiert die Infineon-Puts.

Er entscheidet sich für die folgende Strategie:
Kauf 10 Kontrakte Juni-70-Put 8,70 € } 4555 € Nettoausgabe   Bear Put Spread
Verkauf 10 Kontrakte Juni-60-Put 4,15 €

Verfall	Strike	Impl Vola			Kontrakte	FairValue	Delta	Gamma	Theta	Vega	PositionsWert
16/06/2000	50	66.9%				1.71	0.00	0.00	0.00	0.00	0
16/06/2000	60	62.3%			-10	4.15	265.38	-15.26	36.36	-119.74	-4149
16/06/2000	65	60.0%				5.99	0.00	0.00	0.00	0.00	0
16/06/2000	70	60.8%			10	8.70	-448.98	18.95	-41.71	137.86	8704
16/06/2000	75	59.8%				11.62	0.00	0.00	0.00	0.00	0

Mit der Long-Position in einem At-the-money-Put und der Short-Position in einem Out-of-the-money-Put konstruiert Hücking einen Bear Put Spread. Bei 10 Kontrakten kostet ihn diese Position 4.555 €. Da er eine Nettoausgabe tätigt, handelt es sich um einen Debit Spread.

Gewinn- und Verlustpotential

Der maximale Gewinn, der mit dieser Kombination erzielt werden kann, beläuft sich auf [(70 – 60) • 100 • 10 – 4.555 =] 5.445 €. Er berechnet sich als Differenz der Basispreise abzüglich der bezahlten Prämie. Der Spread hat damit ein eher „schwaches" Chance-/Risiko-Verhältnis. Dafür ist die Gewinnzone schon bei einem mäßigen Kursrückgang erreicht: Der Break Even liegt bei (70 – 4,55 =) 65,45 €.

Best Case

Maximaler Profit entsteht, wenn die Infineon-Aktien am Verfallstag bei oder unter 60 € notieren. In diesem Fall ist der 70er-Put im Geld. Hücking könnte dann sein Recht ausüben und die Aktie zu 70 € verkaufen. Gleichzeitig verfällt der 60er-Put wertlos (Aktie bei 60) oder Hücking bekommt die Werte seinerseits zu 60 € angedient (Aktie unter 60). In beiden Fällen verdient er einen Betrag, welcher der Differenz der Basispreise entspricht.

Ein Verfall des Aktienkurses lässt den Wert des Put Spreads auch bereits während der Laufzeit in die Höhe klettern. Im Gegensatz zu einer reinen Long-Position in einem Put wird der Zeitwertverfall des Bear Put Spreads durch die Komponente des verkauften Puts, der ein positives Theta aufweist, zum Teil aufgefangen.

Der Szenarioanalyser zeigt eine „Was-wäre-wenn"-Simulation zum 5. April bei einem angenommenen Aktienkurs von 60 €. Die Volatilitäten sind unverändert. Wenn dieses Szenario eintritt, weist der Put Spread einen Wert von 6.419 € auf.

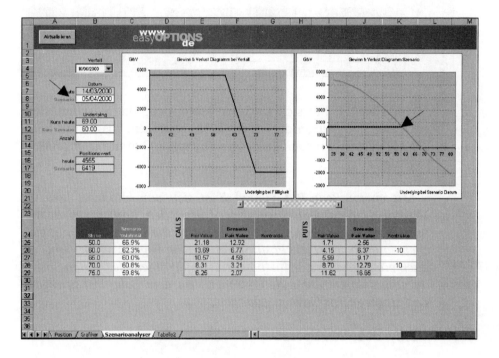

Worst Case

Wie bei dem Bull Call Spread kann auch mit dem Bear Put Spread nicht mehr verloren werden als die zu Beginn bezahlte Prämie. Der maximale Verlust tritt ein, wenn beide Puts am Ende der Laufzeit bei einem Aktienkurs über 70 € wertlos verfallen.

Wie ist es Bauer Hücking nun ergangen?

Aus den anfänglichen leichten Gewinnmitnahmen hat sich ein regelrechter Ausverkauf der Infineon-Aktien entwickelt. Am 10. April notieren die Aktien bei 55 €, weit unter dem Break Even des Bear Spreads. Die Optionen weisen folgende Preise auf:

B. Optionen

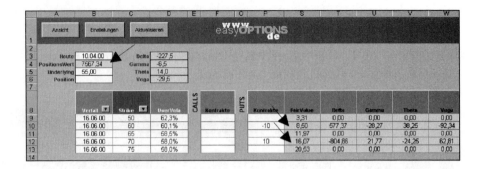

Der 70er-Put hat sich im Wert verdoppelt. Dafür ist natürlich auch der tiefer liegende Put im Wert gestiegen. Insgesamt kann Hücking zufrieden sein, denn sein Put Spread hat um 66 % an Wert zugelegt.

Mit einem Bear Put Spread lässt sich eine moderat bearishe Marktmeinung ideal ausnutzen. Durch den Kauf eines At-the-money-Puts und den Verkauf eines Out-of-the-money-Puts mit gleicher Laufzeit weist die Position sowohl ein begrenztes Gewinn- als auch ein begrenztes Verlustpotential auf. Wählen Sie für den Spread durchaus länger laufende Optionen, um dem Long Put genügend Zeit zu geben, ins Geld zu gelangen.

4.2.5 Bear Call Spread

Genau wie Bull Spreads lassen sich auch Bear Spreads wahlweise mit Puts oder mit Calls konstruieren. Je nach Wahl der Optionen kann die Spekulation auf den Infineon-Kursverfall mit einem Debit Spread oder mit einem Credit Spread erfolgen.

Kurs der Infineon-Aktie: 69 €

Bear Put Spread = Debit Spread

Kauf   Juni-70-Put   8,70 € ⎫
Verkauf Juni-60-Put   4,15 € ⎬ 455 € Nettoausgabe
                              ⎭

Break Even = oberer Basispreis – Prämienausgabe
Break Even = 70 – 4,55 = 65,45 €

Der Bear Spread lässt sich auch durch die folgende Kombination mit Calls darstellen:

Kauf   Juni-70-Call   8,31 €   ⎫
Verkauf Juni-60-Call   13,76 €   ⎬ 545 € Nettoeinnahme   Bear Call Spread = Credit Spread

Break Even = unterer Basispreis + Prämieneinnahme
Break Even = 60 + 5,45 = 65,45 €

Bei einem Bear Call Spread handelt es sich im Gegensatz zu einem Bear Put Spread um einen Credit Spread. Durch den Kauf eines Calls mit höherem Strike und den Verkauf eines Calls mit niedrigerem Strike wird eine Prämieneinnahme erzielt. Diese stellt den maximal möglichen Gewinn des Spreads dar. Das Risiko ist hierbei begrenzt auf die Differenz der Basispreise abzüglich der Nettoeinnahme.

Simulieren Sie die Varianten des Bear Spreads. Sie werden feststellen, dass die Gewinn- und Verlustdiagramme beider Positionen identisch sind.

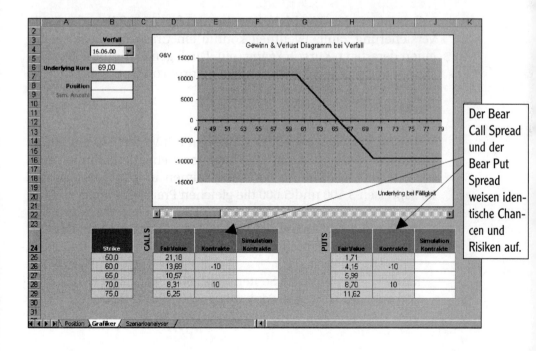

Der Bear Call Spread und der Bear Put Spread weisen identische Chancen und Risiken auf.

B. Optionen

4.2.6 Die Bärenjagd vom Markt finanzieren lassen

Im Juli 2000 notiert der DAX bei 7.320 Punkten. Jemand bietet Ihnen eine Versicherung gegen stark fallende DAX-Kurse. Die Versicherung zahlt bis zu 5000 €, wenn der DAX im September unter 5.600 Punkten stehen sollte. Wie viel würden Sie für diese Versicherung bezahlen?

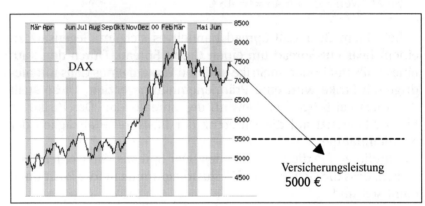

Dax
Quelle:
Deutsche Bank

Zwar muss der DAX bis September um fast 25 % fallen, damit die Versicherung zahlt. Eventuell könnte ein Crash der Auslöser für einen derartigen Kursrückgang sein. Doch genau für diese Extremsituationen gibt es Versicherungen in Form von Optionen.

Position

Am 14. Juli weisen die DAX-Optionen mit Verfall September bei einem DAX-Stand von 7.318,38 die unten stehenden Prämien auf.
Zur Handelseröffnung der Eurex kamen in den Puts mit den Basispreisen 5.500 und 5.600 die gleichen Preise zustande.
Sie kaufen einen 5.600-Put und verkaufen gleichzeitig einen 5.500-Put dagegen, um einen Put Spread zu konstruieren. Die Optionsposition kostet nichts!

Kauf   10 Kontrakte September-5.600-Put   2,50 € } 0
Verkauf 10 Kontrakte September-5.500-Put   2,50 €

Money-Maker-Strategien

ODAX - Put Option - Sep 00								
Strike Price	Version Number	Opening Price	Daily High	Daily Low	Closing Price	Settlement Price	Traded Contracts	Open(*) Interests
4800	0	0.70	0.70	0.70	0.70	0.50	1330	5100
4900	0					0.50		507
5000	0					0.70		5785
5100	0					0.90		2548
5200	0					1.20		2370
5300	0	1.50	1.50	1.50	1.50	1.60	10	1840
5400	0	1.90	2.00	1.90	1.90	2.10	24	5001
5500	0	2.50	3.00	2.00	3.00	2.70	88	3398
5600	0	2.50	3.10	2.50	3.10	3.50	14	2656
5700	0	4.50	5.00	4.50	5.00	4.60	63	1779
5800	0	5.50	7.00	5.00	5.10	5.90	701	5014
5900	0	7.00	7.50	6.50	6.50	7.70	230	1006
6000	0	10.00	10.00	9.10	9.10	9.80	547	11900
6100	0	12.00	12.50	10.60	12.50	12.50	359	2183

ODAX
Quotierungen
Quelle: Eurex

Eine Versicherung, die Sie kostenlos abschließen können

Gewinn- und Verlustpotential

Best Case
Sollte der DAX unter 5.600 Punkte fallen, gerät der gekaufte Put in Geld. Jeder DAX-Punkt unter diesem Basispreis bringt 5 € pro Kontrakt ein.
Unterhalb von 5.500 wird allerdings auch der verkaufte Put ausgeübt, so dass sich der Profit ab diesem Level nicht weiter erhöht. Damit stellt die Differenz der Basispreise den maximalen Gewinn von (10 Kontrakte • 5 € • 100 =) 5000 € dar.

Worst Case
Gibt es keinen Börsencrash, der den DAX bis zum Verfallstag unter 5.600 Punkte treibt, verfallen beide Optionen wertlos. Die kostenlose Versicherung in Form des Put Spreads ist damit ausgelaufen.

Hücking: „Manchmal gibt es im Optionshandel kostenlose Versicherungen! Vergleichen Sie die Prämien!"

Die folgende Tabelle fasst die Eigenschaften von Price Spreads zusammen.

Price Spread	Credit Spreads	Debit Spreads
Art	Bull Put Spread	Bull Call Spread
	Bear Call Spread	Bear Put Spread
Maximaler Gewinn	Nettoeinnahme	
Maximales Risiko		Nettoausgabe

4.2.7 Mit Time Spreads die Zeit für sich arbeiten lassen

Markterwartung

Im Juni 2000 beobachtet Hücking die historische Kursbewegung der DaimlerChrysler-Aktie. Nachdem der Kurs seit den Höchstständen im April um 20 Prozent auf 57,20 € eingebrochen ist, erwarten viele Marktteilnehmer eine Kurserholung des Automobilbauers. Hücking vertritt keine spezielle Meinung bezüglich des Kursverlaufs. Er glaubt allerdings nicht an einen weiteren Kursrutsch mit ansteigenden Volatilitäten.

Um einschätzen zu können, wie der Markt die künftige Kursbe-

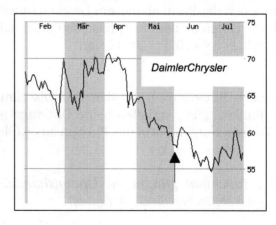

DaimlerChrysler, Quelle: Deutsche Börse

wegung sieht, rechnet Hücking die impliziten Volatilitäten aus den Prämien von Optionen verschiedener Fälligkeiten heraus. Dabei fällt ihm Folgendes auf. Die impliziten Volatilitäten der DaimlerChrysler-Optionen mit Fälligkeit August liegen unter denen der Juli- und September-Kontrakte.

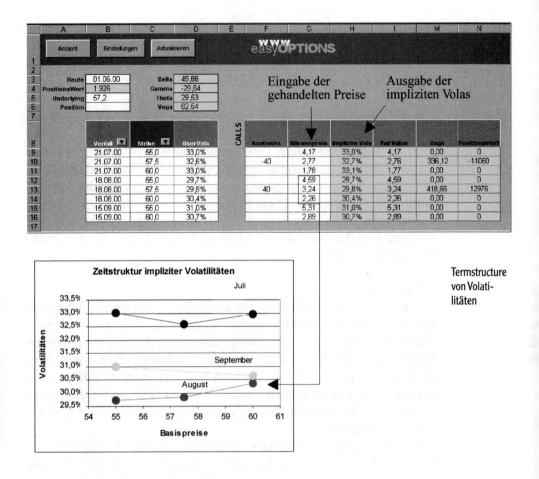

Position

Hücking erscheinen die Preise für die August-Optionen zu billig. Um die Situation auszunutzen, stellt er den folgenden Trade mit jeweils 40 Kontrakten auf:

Verkauf 40 Juli-57,5-Call 2,77 € ⎫
Kauf 40 August-57,5-Call 3,24 € ⎬ 1926 € Nettoausgabe   Long Time Spread

Für eine Prämienausgabe von 1.926 € hat er einen Long Time Spread aufgebaut.

Gewinn- und Verlustpotential

Achten Sie auf das Gamma!

Das Positionssheet berechnet ein Delta von lediglich 49,88. Sollte der Kurs der DaimlerChrysler-Aktie um 1 € steigen, so gewinnt Hücking genau diesen Betrag. Doch Vorsicht!

Ein zu stark ansteigender Aktienkurs wirkt sich negativ auf die Position aus. Das negative Gamma sagt aus, dass sich das Delta bei Kursanstiegen verringert. Der Grund dafür liegt in der höheren Kurssensibilität der kurzfristigen Optionen. Die Preisänderung der Juli-Optionen überwiegt gegenüber der Preisänderung der August-Optionen. Das positive Theta sagt aus, dass die Position von heute auf morgen 29,53 € einbringt, wenn alle anderen Faktoren gleich bleiben. Wie das Vega von 62,54 zeigt, hat die Volatilität den größten Einfluss auf diese Position.

Best Case

Ein Long Time Spread ist eine Spekulation auf den Zeitwertverfall der vorderen (kurzfristigen) Option. Dies tritt in einer Seitwärtsbewegung ein, wenn sich der Zeitwertverfall bei der vorderen Position besonders bemerkbar macht, während die hintere (längerfristige) Option weniger stark an Zeitwert verliert. Idealerweise verfällt der kurzfristige Call wertlos, während der gekaufte, längerfristige Call die ursprüngliche Prämienausgabe des Time Spreads überkompensiert.

Daneben profitiert ein Time Spread von einer Änderung der Zeitstruktur der Volatilitäten. Bei einem Long Time Spread sollte die Volatilität der hinteren Optionen steigen oder die der vorderen sinken (oder bestenfalls beides), damit sich die Position verteuert.

Worst Case

Die Zunahme des Volatilitätsunterschieds der beiden Laufzeiten ist der Worst Case. Daneben stellt aber auch eine starke Kursreaktion ein Risiko dar. Der maximale Verlust ist auf die zu Beginn bezahlte Prämie beschränkt. Dies ist ein großer Vorteil gegenüber der unbegrenzten Verlustmöglichkeit einer Short-Straddle-Position, die ebenfalls auf stagnierende Kurse setzt.

Ein Time Spread wird fast immer glattgestellt, bevor die vorderen Optionen verfallen. Daher sollte eine Chance-/Risikoanalyse das Verhalten der Position während der Laufzeit der Optionen beurteilen können.

Hücking: „Spielen Sie unterschiedliche Szenarien durch, damit Sie wissen, wann Ihre Position Geld gewinnt und wann sie Geld verliert!"

Wie ist es Bauer Hücking nun ergangen?

Nach einigen Kursausschlägen notiert DaimlerChrysler kurz vor Verfall des verkauften Calls bei 57 €. Die verkauften Calls bestehen nur noch aus einem geringen Zeitwert. Insgesamt hat sich der Wert des Time Spreads auf 5.128 € erhöht. Hücking könnte den Spread mit einem Gewinn von (5.128 – 1.926 =) 3.302 € glattstellen.

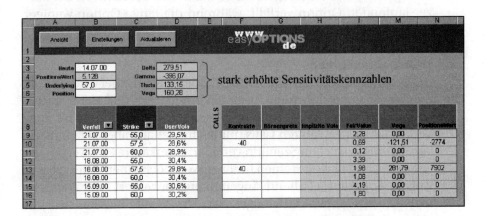

Die Position weist nun ein wesentlich höheres Risiko auf. Alle Sensitivitätskennzahlen haben sich stark erhöht. Da die erste Option kurz vor dem Verfall steht, reagiert sie äußerst sensibel auf Kursschwankungen und hat nun eine größere Bedeutung als die Preisveränderungen der langen Option. Das bedeutet, dass Hücking gegen Laufzeitende des ersten Calls ganz besonders aufmerksam den Kurs der DaimlerChrysler-Aktie beobachten sollte, falls er die Position nicht glattstellt. Das hohe negative Gamma bedeutet Verluste bei starken Kursbewegungen.

Time Spreads, die auch als Horizontal Spreads oder Calendar Spreads bezeichnet werden, setzen sich aus Optionen mit unterschiedlicher Restlaufzeit, aber gleichen Basispreisen zusammen. Durch die Kombination von Optionen mit kurzer und langer Laufzeit lässt sich von dem Einfluss des Zeitwertverfalls auf die Optionsprämien profitieren. Dabei wird eine Option mit langer Restlaufzeit gekauft und durch den Verkauf einer Option mit kurzer Restlaufzeit subventioniert.

Je nach Markterwartung lassen sich drei Arten von Time Spreads unterscheiden.

Neutrale Time Spreads

Diese Spreads setzen sich aus At-the-money-Calls oder -Puts zusammen. Hierbei wird eine Option mit kurzer Restlaufzeit verkauft und eine Option mit längerer Restlaufzeit gekauft. Es wird mit stagnierenden Aktienkursen gerechnet, bei denen der Zeitwert der kürzer laufenden Option verfällt, während die lange Option weniger stark an Zeitwert verliert.

Bull Time Spreads

Diese Art besteht aus Out-of-the-money-Calls. Dabei wird ein Call mit langer Laufzeit gekauft und gleichzeitig ein Call mit kürzerer Laufzeit verkauft. Es wird mit Aktienkursen gerechnet, die bis zum Verfallstag des verkauften Calls nur leicht, danach aber stark ansteigen. In einem solchen Szenario verfällt der verkaufte Call wertlos, da er am Verfallstag weder einen inneren Wert noch einen Zeitwert aufweist. Der gekaufte Call mit längerer Laufzeit verliert zwar auch seinen Zeitwert, aber weit weniger stark. Im Idealfall lassen sich mit einem Bull Time Spread hohe Gewinne erzielen, die einem auf die Nettoausgaben beschränkten Risiko gegenüberstehen.

Bear Time Spreads

Dieser Spread wird aus Out-of-the-money-Puts aufgebaut. Ein Put mit längerer Laufzeit wird gekauft und ein Put mit kürzerer Laufzeit verkauft. Der Investor rechnet mit Aktienkursen, die bis zum Verfall des verkauften Puts leicht sinken, so dass dieser wertlos verfällt. Der langfristige Put hingegen besteht immer noch aus einem Zeitwertanteil, so dass die Gesamtposition mit Gewinn verkauft werden kann.

4.3 Komplexe Spread-Positionen

4.3.1 Ratio Call Spread

Markterwartung

Nach der Jahresendrally der DAX-Werte ist Hücking entgegen der Meinung vieler Analysten weiterhin bullish eingestellt. Besonders die Banktitel werden seiner Meinung nach aufgrund des sich immer schneller drehenden Fusionskarussells mindestens ihr hohes Niveau halten, wenn nicht gar noch ein wenig an Wert gewinnen können. Hücking studiert den Chart der Deutsche Bank-Aktien. Er erkennt einen Widerstand bei etwa 71 €. Sollte die Deutsche Bank diese Marke durchbrechen, so glaubt Hücking an einen Kursanstieg bis auf 80 €.

Von leicht ansteigenden Kursen profitieren

Deutsche Bank, Quelle: Consors

Hücking: „Buy the rumour ... sell the fact!"

Mit seiner Optionskombination möchte Hücking einerseits von ansteigenden Kursen profitieren. Andererseits soll das Verlustpotential begrenzt sein, falls die „Bären" mit ihrer Prognose sinkender Kurse der Banktitel doch Recht behalten sollten.

B. Optionen

	A	B	C	D	E	F	I	J	K	L	M	N
1	Ansicht	Einstellungen	Aktualisieren			www.easyOPTIONS.de						
2												
3	Heute	16.12.99		Delta	754,67							
4	PositionsWert	6.275		Gamma	-12,92							
5	Underlying	70,0		Theta	17,58							
6	Position			Vega	-57,54							
7												
8		Verfall	Strike	UserVola	CALLS	Kontrakte	FairValue	Delta	Gamma	Theta	Vega	PositionsW
9		21.01.00	60	36,4%			10,53	0,00	0,00	0,00	0,00	0
10		21.01.00	65	36,1%			6,38	0,00	0,00	0,00	0,00	0
11		21.01.00	70	35,2%		30	3,22	1610,48	155,29	-141,02	261,12	9647
12		21.01.00	75	35,9%			1,42	0,00	0,00	0,00	0,00	0
13		21.01.00	80	36,7%		-60	0,56	-855,81	-168,20	158,58	-318,66	-3372
14		21.01.00	85	37,0%			0,19	0,00	0,00	0,00	0,00	0
15												

Position

Die Aktien der Deutschen Bank notieren bei 70 €. Um seine Kurserwartung optimal auszunutzen, kauft Hücking At-the-money-Calls und verkauft gleichzeitig die doppelte Anzahl an 80er-Calls, um den Kaufpreis zu verbilligen.

| Ratio Call Spread | Kauf | 30 Januar-70-Call 3,22 € | } | 6275 € |
| | Verkauf | 60 Januar-80-Call 0,56 € | | Nettoausgabe |

Bei dieser Position handelt es sich um einen Ratio Call Spread. Dieser besteht aus einem „normalen" Call Spread mit einem zusätzlich verkauften Call mit höherem Basispreis.

Gewinn- und Verlustpotential

Best Case

Der Ratio Call Spread kostet [(30 • 3,22 • 100) – (60 • 0,56 • 100) =] 6.275 €. Es handelt sich um einen Debit Spread, da mit den verkauften Out-of-the-money-Calls die Prämienausgabe für At-the-money-Calls nicht vollständig subventioniert werden kann. Der Spread weist zwei Break-Even-Punkte auf, zwischen denen ein Gewinn erzielt werden kann. Der untere Break Even liegt bei [70 + (6275/(30 • 100)) =] 72,09 € und der obere Break Even bei {[60 • (0,56 + 80) – 30 • (3,22 + 70)]/(60 – 30) = } 87,90 €.

Der Basispreis der verkauften Calls ist gleichzeitig der Zielkurs, bei dem die Deutsche Bank-Aktie beim Verfall der Optionen notieren sollte. An diesem Punkt verfallen die verkauften 80er-Calls wertlos, während die gekauften 70er-Calls mit 10 € im Geld liegen. Wie das negative Vega zeigt, profitiert die Position während der Laufzeit von einem Volatilitätsverfall. Der maximale Gewinn berechnet sich aus der Anzahl der Long Calls multipliziert mit dem Produkt aus der Differenz der Basispreise und der Kontraktgröße abzüglich der bezahlten Prämie, also [(30 • 10 • Kontraktgröße 100) − 6275 =] 23.725 €.

Worst Case

Sollte der Aktienkurs unter den unteren Break-Even-Punkt fallen, so beschränkt sich der maximale Verlust für Hücking auf die Prämienausgabe von 6.275 €. Steigt der Aktienkurs über den oberen Break-Even-Punkt an, können die Gewinne aus den Long Calls die Verluste aus den Short Calls nicht mehr ausgleichen. Das theoretische Verlustpotential ist daher bei stark steigenden Aktienkursen unbegrenzt.

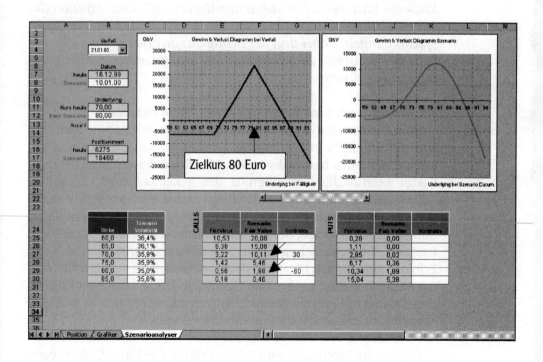

Wie ist es Bauer Hücking nun ergangen?

Die Kurse der Deutschen Bank steigen auf 80 €. Am 10. Januar kontrolliert Hücking seinen Positionswert und errechnet seinen Buchgewinn: fast 200 %! Um ihn zu realisieren, liquidiert er die Position. Er verkauft die 30 70er-Calls, die sich auf 10,11 € verteuert haben, und kauft die 60 80er-Calls bei 1,98 € zurück. Abzüglich der anfänglichen Prämienausgabe erzielt er einen Gewinn von [(30 • 100 • 10,11) – (60 • 100 • 1,98) – 6.275 =] 12.175 €.

Ein Ratio Call Spread besteht aus einer Long-Position in einem Call und einer Short-Position in mehreren Calls mit höherem Basispreis und gleicher Laufzeit. In der Regel beträgt das Verhältnis der Long- und Short-Kontrakte 1:2 oder 1:3. Für die Long-Position kommen je nach Marktmeinung At-the-money- oder Out-of-the-money-Calls in Betracht. Durch die höhere Anzahl verkaufter Calls entsteht ein überproportionales Verlustrisiko im Falle stark ansteigender Kurse des Basiswerts. Die Wahrscheinlichkeit, mit dieser Position Gewinne einzufahren, erhöht sich, wenn es sich um einen Credit Spread handelt. Dabei liegt der Ertrag aus den verkauften Calls mit höherem Basispreis über den Kosten für den gekauften Call mit niedrigerem Basispreis.

4.3.1.1 Wann wird der Ratio Spread vom Markt finanziert?

1. Faktor: Differenz der Prämien

Ob mit einem Ratio Call Spread eine Prämieneinnahme realisiert wird oder eine Prämienausgabe für den Aufbau der Position erfolgt, hängt entscheidend von zwei Einflussfaktoren ab. Der erste Faktor betrifft die Preisdifferenz der gekauften und verkauften Calls. Sind ausreichende Abstufungen in den Basispreisen vorhanden, so kann durch die geschickte Auswahl von Strikes eine Position aufgebaut werden, mit der eine Prämieneinnahme erzielt wird. Der Vorteil eines solchen Credit Spreads liegt darin, dass sich die Erfolgswahrscheinlichkeit der Position erhöht, da sie bei fallenden Aktiekursen immer noch einen Gewinn in Höhe der eingenommenen Prämie erzielt. Als Nachteil ist ein im Gegensatz zum Debit Spread geringeres Gewinnpotential zu nennen.

Der zweite Einflussfaktor auf die Prämie des Ratio Call Spreads liegt in dem Verhältnis der verkauften Calls zu den gekauften Calls. Erhöhen Sie das Verhältnis von verkauften Calls zu gekauften Calls

Money-Maker-Strategien

von 2:1 auf bspw. 3:1 oder 4:1, lässt sich der gekaufte Call stärker subventionieren. Seien Sie sich dabei des überproportional hohen Verlustrisikos bewusst! Bei ansteigenden Aktienkursen übertreffen die Verluste aus der Short-Position die Gewinne aus der Long-Position um das Verhältnis der nicht gedeckten Optionen. Bei einem Verhältnis von 3:1 arbeiten bereits zwei Short Calls gegen Sie.

2. Faktor: Verhältnis Long Calls zu Short Calls

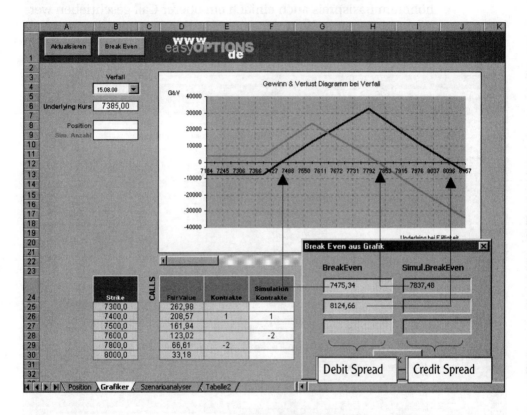

Die Abbildung zeigt zwei mit DAX-Optionen konstruierte Ratio Call Spreads. Der Debit Spread verfügt über ein höheres Gewinnpotential und weist aufgrund der Prämienausgabe zwei Break-Even-Punkte auf, wohingegen der Credit Spread durch lediglich einen Break-Even-Punkt und ein niedrigeres Gewinnpotential gekennzeichnet ist. Hierbei unterscheiden sich die Spreads in der Preisdifferenz der gekauften und verkauften Calls. Beim Credit Spread wurden Calls geschrieben, die einen niedrigeren Basispreis aufweisen (7.600) als beim Debit Spread (7.800).

4.3.1.2 Ratio Call Spread oder einfach nur Short Call?

In der Erwartung stagnierender oder leicht ansteigender Aktienkurse bietet sich alternativ zu einem Ratio Call Spread der Verkauf eines Out-of-the-money-Calls an. Um auf das obige Beispiel zurückzukommen, könnte statt des Verkaufs eines Calls mit niedrigerem Basispreis und des gleichzeitigen Verkaufs zweier Calls mit höherem Basispreis auch einfach ein oberer Call geschrieben werden. Dabei liegt die Prämieneinnahme deutlich über der Prämieneinnahme des Ratio Call Spreads.

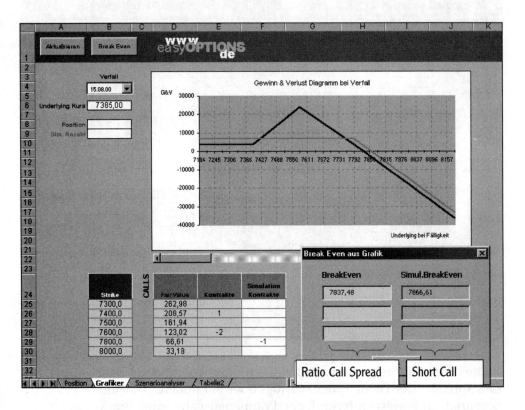

Wie die Grafik zeigt, weist ein Vergleich beider Positionen zwei Besonderheiten auf: Der Short Call gerät bei steigenden Aktienkursen später in die Verlustzone, während der maximale Gewinn auf die Prämieneinnahme beschränkt bleibt.

4.3.2 Ratio Put Spread

Markterwartung

Obwohl bei Automobilwerten aufgrund eventueller Fusionsmöglichkeiten Kursphantasie herrscht, steht Hücking der Volkswagen-Aktie eher pessimistisch gegenüber. VW scheint als Fusionskandidat aufgrund der Unternehmensgröße und des hohen Staatsanteils eher ungeeignet, was seiner Meinung nach den Aktienkurs drücken wird. Darüber hinaus offenbart der Chart einen Widerstand bei 56 €.

Von leicht sinkenden Kursen profitieren

Hücking möchte eine Position aufbauen, mit der er von fallenden Kursen profitieren kann. Bricht die Aktie wider Erwarten nach oben aus, soll die Position möglichst wenig Verlust produzieren.

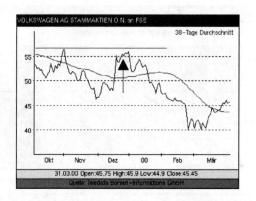

Volkswagen, Quelle: Consors

Position

Ende Dezember notiert Volkswagen bei 55 €. Hücking kauft 20 Kontrakte des 50er-Puts und verkauft 40 Kontrakte des 45er-Puts mit gleicher Laufzeit. Er konstruiert einen Ratio Put Spread.

Kauf	20 Januar-50-Puts	0,65 € ⎫	941 €	Ratio Put
Verkauf	40 Januar-45-Puts	0,09 € ⎭	Nettoausgabe	Spread

B. Optionen

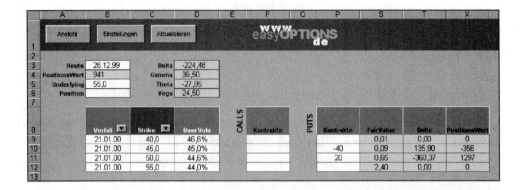

Der Ratio Put Spread sieht aus wie ein gespiegelter Ratio Call Spread. Da Hücking für den Spread eine Nettoausgabe in Höhe von 941 € tätigt, handelt es sich um einen Debit Spread.

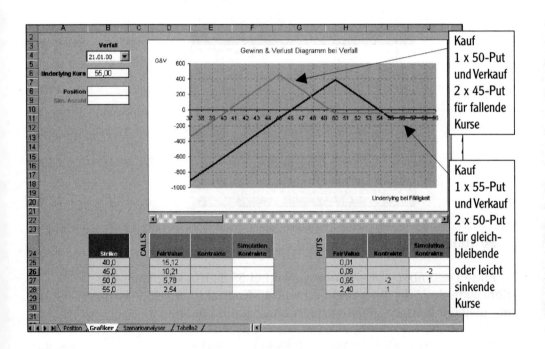

Gewinn- und Verlustpotential

Best Case
Der Ratio Put Spread wirft Gewinn ab, wenn die VW-Aktie zwischen den Break-Even-Kursen von {[40 • (45 – 0,09) – (20 • (50 – 0,65)]/(40 – 20) = } 40,47 € und [50 – (941/20 • 100) =] 49,53 € notiert. Bei einem Aktienkurs von 45 €, dem Basispreis der Short Puts, lässt sich mit der Position per Verfallstag der maximale Gewinn erzielen.

Worst Case
Steigen die Kurse über den oberen Basispreis von 50 € an, bleibt der maximale Verlust nach oben auf die Prämienausgabe beschränkt.

Der Ratio Put Spread gerät bei sinkenden Aktienkursen in die Verlustzone, sobald VW am Fälligkeitstag unterhalb des unteren Break-Even-Punktes von 40,47 € notiert.

Wie ist es Bauer Hücking nun ergangen?

Mitte Januar stellt Hücking die Position bei einem Aktienkurs von 46 € glatt. Durch die ins Geld gekommenen 50er-Puts hat sich der Positionswert verdreifacht!

Ein Ratio Put Backspread wird durch den Kauf von Puts mit höherem Basispreis und den Verkauf einer größeren Anzahl von Puts mit niedrigerem Basispreis und gleicher Laufzeit konstruiert. Es lässt sich je nach Wahl der Basispreise auf mehr oder weniger stark fallende Aktienkurse spekulieren. Wie beim Ratio Call Spread gilt auch für den Ratio Put Spread: Ein Credit Spread erhöht die Erfolgswahrscheinlichkeit des Trades, vermindert aber gleichzeitig das Gewinnpotential.

B. Optionen

4.3.3 Call Ratio Backspread

Markterwartung

Der Vorstandsvorsitzende von Pierer hat die strategische Neuausrichtung der Siemens AG bekannt gegeben und wird die Umstrukturierung des Konzerns konsequent vorantreiben. Hücking rechnet mit stark ansteigenden Kursen der Siemens-Aktie. Ihm fällt auf, dass die implizite Volatilität der Siemens- Optionen ein relativ niedriges Niveau erreicht hat. An die Optionsposition stellt er die folgenden Ansprüche: Bei stark steigenden Aktienkursen soll die Position ein unbegrenztes Gewinnpotential aufweisen. Da Hücking keine zu großen Risiken eingehen möchte, soll die Position bestenfalls gar nichts kosten. Das Verlustpotential soll darüber hinaus begrenzt sein. Neben ansteigenden Aktienkursen sollen die Optionen von einem ansteigenden Volatilitätsniveau profitieren.

Siemens,
Quelle:
Consors

Position

Mitte Dezember notiert Siemens bei 120 €. Die At-the-money-Optionen werden mit einer Volatilität von etwa 37 % bewertet. Hücking baut die folgende Position auf.

Verkauf	40	März-120-Call	9,40 € ⎫	4694 €
Kauf	60	März-130-Call	5,48 € ⎭	Nettoeinnahme

Durch den Verkauf von Calls mit niedrigerem Strike und den Kauf einer größeren Anzahl von Calls mit höherem Strike mit gleicher Laufzeit hat Hücking einen Call Ratio Backspread konstruiert. Bei 40 verkauften 120-Call-Kontrakten und 60 gekauften 130-Call-Kontrakten wird seinem Konto der Betrag von 4.694 € gutgeschrieben. Bei dem Backspread handelt es sich um einen Credit Spread.

Call Ratio Backspread

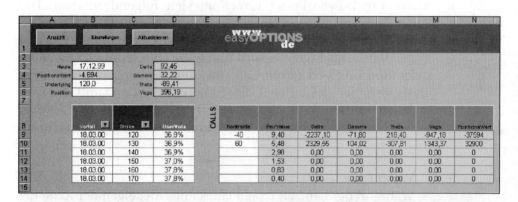

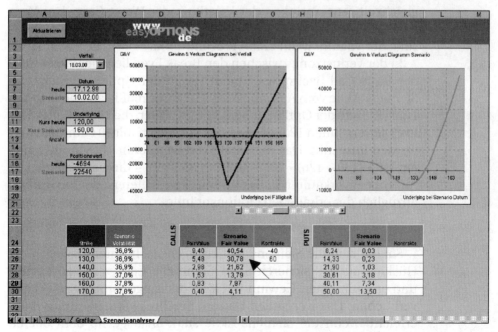

Gewinn- und Verlustpotential

Da Hücking mit dieser Position eine Prämieneinnahme erzielt hat, ergeben sich zwei Break-Even-Punkte, zwischen denen der Backspread Verluste einfährt. Der untere Break-Even-Punkt errechnet sich aus der durch 100 geteilten Prämieneinnahme, dividiert durch die Anzahl der Short Calls. Das Ergebnis wird anschließend zum Basispreis der Short Calls addiert. Demnach ergibt sich ein Break-Even-Punkt von {120 + (4.694/100)/40] = }121,17 €. Der obere Break-Even-Punkt errechnet sich folgendermaßen: Die Anzahl der verkauften Calls wird mit der Differenz der Basispreise multipliziert, wovon die durch 100 geteilte Nettoeinnahme abgezogen wird. Das Ergebnis wird durch die Differenz der Anzahl an gekauften und verkauften Calls dividiert und anschließend dem Basispreis der gekauften Calls hinzugerechnet. Damit ergeben sich {[40 • (130 − 120) − (4694/100)]/(60 − 40) = } 17,65 €, die zu 130 € addiert werden. Der obere Break Even liegt demnach bei 147,65 €.

Worst Case

Während der Laufzeit ist ein langsames Ansteigen der Aktie bei gleichzeitigem Absinken der Volatilität der Worst Case. Das Vega der Position quantifiziert dieses Risiko mit etwa 400 € pro Änderung der Volatilität um einen Prozentpunkt.

In der Verlustzone zwischen den Break Even liegt der Worst Case des Ratio Call Backspreads beim Verfall der Optionen. Steigt die Siemens-Aktie vom Ausgangskurs 120 € nur mäßig an und liegt am Laufzeitende der Optionen bei 130 €, verfallen die 130er-Calls wertlos. Die verkauften 120er-Calls hingegen liegen mit 10 € im Geld und werden ausgeübt. Das maximale Verlustpotential beschränkt sich auf [40 • (130 − 120) • 100 − 4694 =] 35.306 € – die mit 100 und der Anzahl der verkauften Calls multiplizierte Differenz der Basispreise abzüglich der erhaltenen Optionsprämie.

Best Case

Sollten sich die Siemens-Notierungen nach unten bewegen, ist Hücking auf der sicheren Seite. Sämtliche Calls verfallen wertlos und er kann einen Gewinn in Höhe der eingenommenen Prämie verbuchen. Das wesentlich bessere Ergebnis wird allerdings dann erreicht, wenn die Siemens-Aktie stark ansteigt. Ab dem oberen

Break Even von 147,65 € ist das Gewinnpotential unbegrenzt. Auch während der Laufzeit bedeutet dieses Szenario mit gleichzeitig ansteigenden Volatilitäten den höchsten Profit.

Wie ist es Bauer Hücking nun ergangen?

Zum Jahrtausendwechsel hat Siemens ein regelrechtes Kursfeuerwerk erlebt. Anfang Februar 2000 notieren die Aktien bei 160 €. Die 120er-Calls werden ausgeübt, woraufhin Hücking als Stillhalter die Aktien zu liefern hat. Um die (40 • 100=) 4.000 Aktien liefern zu können, übt Hücking seinerseits 40 der 130-Calls aus.

Aus der Lieferung der Aktien ergibt sich für ihn ein Verlust von [40 • (130 − 120) • 100 =] 40.000 €. Die verbleibenden im Geld liegenden 130er- Calls, die Hücking bei 5,48 € gekauft hatte, weisen nun eine Prämie von 30,78 € auf. Er verkauft die verbleibenden 130er-Calls. Der Gewinn aus der Call-Ratio-Backspread-Transaktion beläuft sich auf die äußerst erfreuliche Summe von [(30,78 • 20 • 100) − 40.000 + 4.694 =] 26.254 €.

Denkbar ist ein weiteres Szenario, bei dem die Short Calls nicht ausgeübt werden und Hücking die gesamte Position bei einem Aktienkurs von 160 € glattstellt. Dazu muss er die 120er-Calls zu 40,54 € zurückkaufen und die 130er-Calls zu 30,78 € verkaufen. Es ergibt sich ein Glattstellungserlös in Höhe von [(30,78 • 60 • 100) − (40,54 • 40 • 100) =] 22.520 €. Zuzüglich der anfangs verbuchten Prämie nimmt Hücking (22.520 + 4.694 =) 27.214 € ein.

Ein Call Ratio Backspread umfasst den Verkauf eines oder mehrerer Calls mit niedrigerem Basispreis (in-the-money) und den Verkauf einer höheren Anzahl von Calls mit höherem Basispreis (at-the-money). Mit dieser Strategie lässt sich von stark ansteigenden Kursen des Underlyings profitieren. Abhängig von der Preisdifferenz der Calls und des Verhältnisses von gekauften und verkauften Calls handelt es sich bei Call Ratio Backspreads entweder um Credit Spreads (Nettoeinnahme), neutrale Spreads (wobei die Prämieneinnahme exakt der Prämienausgabe entspricht) oder Debit Spreads (Nettoausgabe). Wenn Sie einen Debit Spread strukturieren, ist Ihr Verlust bei stark sinkenden Kursen auf die gezahlte Prämie beschränkt. Bei einem Credit Spread hingegen behalten Sie bei sinkenden Kursen die Prämieneinnahme.

Hücking: „Suchen Sie sich Optionen aus, bei denen der Markt Ihre Kosten übernimmt!"

Die Volatilität pusht die Prämie

Bei der Konstruktion eines Call Ratio Backspreads hat die Volatilität einen entscheidenden Einfluss auf die Gesamtprämie der Position. Im Optionshandel tritt oftmals das Phänomen des Volatility Smiles auf: Die implizite Volatilität von At-the-money-Optionen liegt in der Regel unter der von Out-of-the-money-Optionen.

Szenario	Strike	Volatilität	Position	Einzelwert	Gesamtwert
1	120	36,8 %	–40	+37.594,24	
	130	36,8 %	60	–32.765,47	+4.829
2	120	36,8 %	–40	+37.594,24	
	130	38,8 %	60	–35.450,72	+2.144
3	120	38,8 %	–40	+39.488,44	
	130	36,8 %	60	–32.765,47	+6.723

Die Tabelle zeigt drei Volatilitätsszenarien. Im ersten Szenario ist die Volatilität für beide Basispreise identisch. Die Prämieneinnahme der Gesamtposition beläuft sich auf 4.829 €. Liegt die Volatilität der Out-of-the-money-Calls im Vergleich zu den At-the-money-Calls höher, beträgt die Einnahme aus dem Back Spread lediglich 2.144 €.

Eine beachtliche Differenz in der Prämieneinnahme ergibt sich, wenn die Volatilität der verkauften At-the-money-Calls über der Volatilität der gekauften Out-of-the-money-Calls liegt. Lediglich zwei Prozent Volatilitätsunterschied lassen die Prämieneinnahme in Szenario 3 im Vergleich zu Szenario 2 bereits um mehr als das Dreifache auf 6.723 € ansteigen.

Hücking: „Achten Sie auf die Struktur der impliziten Volatilitäten. In DAX-Optionen findet sich meist ein ausgeprägter Smile."

4.3.4 Put Ratio Backspread

Ein Put Ratio Backspread ist dem Call Ratio Backspread exakt entgegengesetzt. Es werden ein oder mehrere Puts mit höherem Basispreis (in-the-money) verkauft und eine höhere Anzahl von

Puts mit niedrigerem Basispreis (at-the-money) gekauft. Diese Strategie zielt auf sinkende Kurse ab, bei denen die Long-Put-Position den Wert der Short-Put-Position übersteigt. Abhängig von dem Verhältnis von gekauften und verkauften Puts und der Preisdifferenz der Puts handelt es sich bei Put Ratio Backspreads entweder um Credit Spreads, neutrale Spreads oder Debit Spreads. Bei stark ansteigenden Kursen ist Ihr Verlust bei einem Debit Spread auf die gezahlte Prämie begrenzt, während Ihnen bei einem Credit Spread in diesem Fall die Prämieneinnahme sicher ist. Auf neutrale Spreads hat ein hohes Kursniveau beim Verfall der Optionen keine Auswirkungen.

Wie bei einem Ratio Call Backspread auch haben Unterschiede in den impliziten Volatilitäten der At-the-money-Puts und der Out-of-the-money-Puts Einfluss auf die Gesamtprämie der Position. Suchen Sie sich einen Basiswert aus, bei dem die At-the-money-Puts relativ hohe Volatilitäten aufweisen. Da Sie At-the-moneys verkaufen, lassen sich dabei die Long Puts umso stärker subventionieren. Bei besonders ausgeprägten Volatilitätsdifferenzen kann so aus einem Debit Spread ein Credit Spread werden!

4.4 Von Seitwärtsbewegungen profitieren

Mit den folgenden Optionsstrategien lässt sich von Seitwärtsbewegungen des Marktes profitieren. Sie eignen sich besonders für Basiswerte, deren Notierung sich in einem Kurskorridor bewegt. Um von einem starken Zeitwertverfall der Optionskombination zu profitieren, werden Optionen mit einem hohen Theta verkauft.

4.4.1 Long Butterfly

Markterwartung

Die Aktien der Automobilhersteller stehen Ende 1999 nicht gerade in der Gunst der Anleger. Diese hatten sich auf Telekommunikationswerte und Hightech-Aktien gestürzt und den DAX und den NEMAX damit auf Rekordstände getrieben. Hücking fällt auf, dass sich DaimlerChrysler-Aktien seit einigen Wochen in einem Kurskorridor bewegen. Er glaubt nicht, dass die Aktie auf kurze Sicht nach oben oder unten ausbrechen wird. Von der erwarteten

B. Optionen

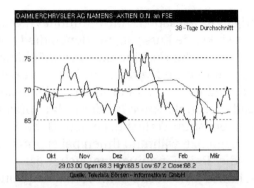

DaimlerChrysler,
Quelle: Consors

Seitwärtsbewegung möchte er profitieren, ohne ein zu großes Risiko einzugehen. Ende Dezember baut Hücking eine Position auf, die bei stagnierenden Aktienkursen einen Gewinn abwirft und gleichzeitig ein begrenztes Risiko aufweist. Ferner rechnet er mit einer sinkenden Marktvolatilität, von der er mit dieser Position ebenfalls profitieren möchte.

	A	B	C	D	E	F	I	J	K	L	M	N
1		Ansicht	Einstellungen	Aktualisieren		www.easyOPTIONS.de						
2												
3		Heute	28.12.99		Delta	-44,20						
4		PositionsWert	2.243		Gamma	-21,47						
5		Underlying	67,0		Theta	16,67						
6		Position			Vega	-32,02						
7							CALLS					
8			Verfall	Strike	UverVola		Kontrakte	FairValue	Delta	Gamma	Theta	Vega	PositionsWert
9			18.02.00	55,0	39,2%			12,67	0,00	0,00	0,00	0,00	0
10			18.02.00	60,0	38,7%		20	8,47	1616,25	56,06	-62,15	144,22	16941
11			18.02.00	65,0	38,0%		-40	5,07	-2509,93	-158,72	157,98	-374,78	-20261
12			18.02.00	70,0	38,3%		20	2,78	849,48	81,20	-79,16	198,54	5563
13			18.02.00	75,0	39,0%			1,42	0,00	0,00	0,00	0,00	0
14			01.01.00	160,0	37,9%			0,00	0,00	0,00	0,00	0,00	0

Position

Hücking benötigt eine Short-Position in Optionen mit dem Basispreis, welchen er als Kursziel für die DaimlerChrysler-Aktie in den nächsten Wochen ansieht. Geht die Spekulation auf, so stehen die Optionen dann at-the-money. Der hohe Zeitwertverfall von At-the-money-Optionen würde sich besonders günstig auf die Position auswirken.

Hücking: „Verkaufen Sie Optionen mit dem Basispreis, der dem Kursziel Ihrer Aktie entspricht!"

182

Die Aktie notiert bei 67 €. Hücking verkauft zwei 65er-Calls. Um das Verlustpotential sowohl bei stark steigenden als auch bei stark sinkenden Kursen abzusichern, kauft Hücking noch einen In-the-money-Call und einen Out-of-the-money-Call.

Damit hat Hücking einen phantasievoll klingenden Long Butterfly aufgebaut.

Verkauf	40	Februar-65-Call	5,07 €	2243 € Nettoausgabe	Long Butterfly
Kauf	20	Februar-70-Call	2,78 €		
Kauf	20	Februar-60-Call	8,47 €		

Bei einer Kontraktzahl von 20 kostet der Butterfly 2.243 €. Der untere Basispreis entspricht der unteren Grenze des Kurskorridors (der Unterstützungslinie), in dem sich die DaimlerChrysler-Aktie bewegen soll. Der mittlere Basispreis entspricht dem erwarteten Marktpreis der Aktien und der obere Basispreis entspricht der oberen Grenze des Kurskorridors.

Gewinn- und Verlustpotential

Hückings Break-Even-Punkte per Fälligkeit liegen bei (60 + 1,12 =) 61,12 €, und (70 – 1,12 =) 68,88 €.

Best Case
Sein maximaler Gewinn per Verfallsbetrachtung liegt bei 7.757 €. Den Gewinn kann er aber nur dann verbuchen, wenn Daimler-Chrysler am Verfallstag der Optionen genau bei 65 € notiert.
Während der Laufzeit ist ein Szenario günstig, in dem die Aktie bei 65 € verweilt und gleichzeitig die impliziten Volas der At-the-money-Optionen sinken.

Worst Case
Der maximale Verlust dieser Position bleibt auf die gezahlte Prämie beschränkt. Im Gegensatz zum Short Straddle sorgen die gekauften Optionen dafür, dass die Verlustmöglichkeit „gecapped" wird.

Wie ist es Bauer Hücking nun ergangen?

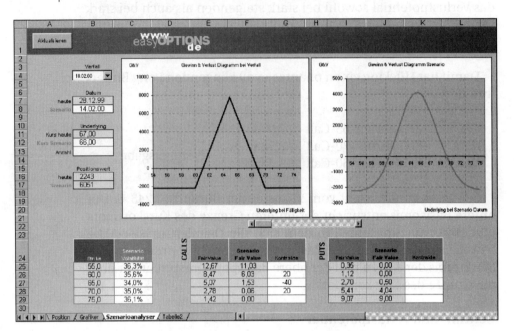

Am 14. Februar notiert DaimlerChrysler bei 66 €. Der Trade hat sich gelohnt. Die verkauften Optionen sind näher an ihren At-the-money-Punkt gerückt und zusätzlich sanken die Volatilitäten, was einen weiteren Druck auf die Call-Preise ausübt. Insgesamt hat die Position heute einen Wert von 6.051 €, was einer Rendite von knapp 170 % entspricht.

Da die Position sich bis zum Verfall der Optionen nur noch maximal auf 10.000 € verteuern kann, gleichzeitig aber ein immer höheres Risiko beinhaltet (ausgedrückt in den Sensitivitätskennzahlen), entscheidet sich Hücking für das Liquidieren der Position.

Der Long Butterfly ist eine Kombination aus einem Bull und einem Bear Credit Spread. Die Position kann sowohl mit Calls als auch mit Puts aufgebaut werden, wobei in beiden Fällen drei verschiedene Basispreise verwendet werden und die gleiche Anzahl an Optionen zu kaufen wie zu verkaufen ist. Der „Körper" der Position besteht aus verkauften Optionen, deren Basispreis dem erwarteten Kurs des Underlyings zum Laufzeitende der Optionen entspricht. Die „Flügel" bestehen aus gekauften Optionen, deren Basispreise den Grenzen des Kurskorridors entsprechen. Bei einer Kursstagnation des Basiswertes weist die Option mit dem tiefsten Basispreis beim Verfall einen inneren Wert auf, wenn die Position mit Calls aufgebaut wird. Die anderen Optionen verfallen wertlos. Werden Puts eingesetzt, gerät lediglich die Option mit dem höchsten Basispreis ins Geld.

Ein Long Butterfly ist eine beliebte Strategie, die sich den abnehmenden Zeitwert der geschriebenen Optionen zunutze macht. Um den höchstmöglichen Zeitwertverfall zu realisieren, sollten Optionen mit kurzer Restlaufzeit gewählt werden. Der Erfolg dieser Optionskombination hängt entscheidend von dem Verhalten der Volatilität ab. Mit einem Long Butterfly spekulieren Sie auf die Ausprägung eines Smiles. Da dieser sich meist mit abnehmender Restlaufzeit verstärkt, brauchen Sie also nichts weiter zu tun, als abzuwarten und darauf zu hoffen, dass der Aktienkurs tatsächlich am mittleren Basispreis „festklebt".

Hücking: „Mit dieser Position spekulieren Sie auf eine Seitwärtsbewegung der Aktie. Befindet sich der Wert jedoch schon seit längerer Zeit in einem Seitwärtsmarkt, so werden die Volatilitäten entsprechend gering sein. Eine lohnende Prämieneinnahme aus dem Verkauf des „Körpers" lässt sich dann eventuell nur durch eine längere Restlaufzeit realisieren."

4.4.2 Long Condor

Anstatt des Long Butterflys aus dem letzten Beispiel kann alternativ die folgende Position aufgebaut werden:

Kauf	1	Februar-55-Call	12,67 €		
Verkauf	1	Februar-60-Call	8,47 €	191 €	Long Condor
Verkauf	1	Februar-65-Call	5,07 €	Nettoausgabe	
Kauf	1	Februar-70-Call	2,78 €		

Bei dieser Position, einem Long Condor, wird die profitable Zone weiter auseinander gezogen. Der Zielbereich des Aktienkurses liegt hier zwischen den Basispreisen der verkauften Optionen.

Ein Long Condor kann als Butterfly Spread mit einem zusätzlich geshorteten Basispreis oder als Kombination aus einem Bull Spread und einem Bear Spread aufgefasst werden. Wie ein Long Butterfly kann auch ein Long Condor ausschließlich aus Put-Op-

B. Optionen

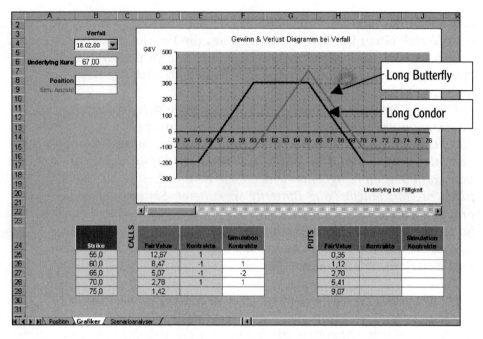

Ausbeuten erwarteter Kursbewegungen

tionen aufgebaut werden. Dabei werden die zwei inneren Basispreise, die den „Körper" des Condors bilden, um die Zeitprämie einzunehmen, verkauft und gleichzeitig die „Flügel" gekauft.

Voraussetzung für den erfolgreichen Einsatz eines Butterflys und eines Condors ist eine möglichst exakte Prognose des Kursniveaus am Verfallstag. Diese Optionskombinationen werden hauptsächlich in der Erwartung stagnierender Kurse eingesetzt. Sie bieten Ihnen gleichzeitig genügend Flexibilität, um von leichten Kursbewegungen zu profitieren: Wenn Sie mit einem Kursanstieg rechnen, wählen Sie für den „Körper" der Position Basispreise, die über dem aktuellen Kurs des Basiswerts liegen. Gehen Sie von einem sinkenden Markt aus, wählen Sie unter dem aktuellen Marktniveau liegende Basispreise für den Mittelteil der Position.

5. Optionsstrategien auf einen Blick

Strategie	Position	Markteinschätzung	Gewinnpotential	Verlustpotential	Einfluss des Zeitwerts	Seite
Long Call	+1 C	bullish	unbegrenzt	begrenzt	nachteilig	47
Short Call	-1 C	moderat bearish	begrenzt	unbegrenzt	vorteilhaft	49
Long Put	+1 P	bearish	unbegrenzt	begrenzt	nachteilig	52
Short Put	-1 P	moderat bullish	begrenzt	unbegrenzt	vorteilhaft	54
Long Straddle	+1 Atm C +1 Atm P	volatil	unbegrenzt	begrenzt	nachteilig	128
Short Straddle	-1 Atm C -1 Atm P	stabil	begrenzt	unbegrenzt	vorteilhaft	135
Long Strangle	+1 Otm C +1 Otm P	volatil	unbegrenzt	begrenzt	nachteilig	133
Short Strangle	-1 Otm C -1 Otm P	stabil	begrenzt	unbegrenzt	vorteilhaft	141
Bull Call Spread	+1 NC -1 HC	bullish	begrenzt	begrenzt	verschieden	145
Bull Put Spread	+1 NP -1 HP	moderat bullish	begrenzt	begrenzt	verschieden	150
Bear Call Spread	-1 NC +1 HC	moderat bearish	begrenzt	begrenzt	verschieden	158

Optionsstrategien auf einen Blick

Strategie	Position	Markt-einschätzung	Gewinn-potential	Verlust-potential	Einfluss des Zeitwerts	Seite
Bear Put Spread	+1 HP -1 NP	bearish	begrenzt	begrenzt	verschieden	155
Ratio Call Spread	+1 NC -2 HC	moderat bullish/stabil	begrenzt	unbegrenzt	verschieden	167
Ratio Put Spread	+1 HP -2 NP	moderat bearish/stabil	begrenzt	unbegrenzt	verschieden	173
Call Ratio Backspread	-1 NC +2 HC	stark bullish	unbegrenzt	begrenzt	verschieden	176
Put Ratio Backspread	-1 HP +2 NP	stark bearish	unbegrenzt	begrenzt	verschieden	180
Long Butterfly	+1 NC -2HC+ 1 HC oder +1 NP-2HP+ 1 HP	stabil	begrenzt	begrenzt	vorteilhaft	181
Long Condor	+1 NC – 1 HC -1 HC +1 HC oder +1 NP -1HP -1 HP +1 HP	stabil	begrenzt	begrenzt	vorteilhaft	185

Legende

C	Call	Itm	In-The-Money
P	Put	Atm	At-The-Money
+	Kauf	Otm	Out-of-The-Money
-	Verkauf		

HC	Call mit höherem Strike
NC	Call mit niedrigerem Strike
HP	Put mit höherem Strike
NP	Put mit niedrigerem Strike

Bei einem 'unbegrenzten' Gewinn- oder Verlustpotenzial ist zu beachten, dass Aktienkurse theoretisch unbegrenzt ansteigen, jedoch nur bis auf null absinken können

6. Optionsstrategien – Gewinn, Risiko, Break Even

Die unten stehende Übersicht der vorgestellten Optionsstrategien bezieht sich auf Aktienoptionen mit einer Kontraktgröße von 100. Zur Berechnung der Break-Even-Punkte ist die Prämieneinnahme oder -ausgabe um die Kontraktgröße zu korrigieren.

Long Call

Position	Kauf eines Calls
Markterwartung	Bullisher Markt, bei dem der Kurs des Basiswerts über den Break-Even-Punkt ansteigt.
Maximales Risiko	Begrenzt auf die Prämienausgabe.
Maximaler Gewinn	Unbegrenzt, sobald die Aktie über den Break-Even-Kurs steigt.
Break Even	Basispreis + (Prämienausgabe/100)

Short Call

Position	Verkauf eines Calls
Markterwartung	Stabiler oder bearisher Markt, bei dem der Kurs des Basiswerts unter den Break-Even-Punkt sinkt.
Maximales Risiko	Unbegrenzt bei einem über den Break Even steigenden Aktienkurs.
Maximaler Gewinn	Begrenzt auf die Prämieneinnahme.
Break Even	Basispreis + (Prämienausgabe/100)

Long Put

Position	Kauf eines Puts
Markterwartung	Bearisher Markt, bei dem der Kurs des Basiswerts unter den Break-Even-Punkt sinkt.
Maximales Risiko	Begrenzt auf die Prämienausgabe.
Maximaler Gewinn	Sobald der Basiswert unter den Break Even fällt und bis ein Aktienkurs von null erreicht ist.
Break Even	Basispreis – (Prämienausgabe/100)

Short Put

Position	Verkauf eines Puts
Markterwartung	Stabiler oder bullisher Markt, bei dem der Kurs des Basiswerts über den Break-Even-Punkt steigt.
Maximales Risiko	Sobald der Basiswert unter den Break Even fällt und bis ein Aktienkurs von null erreicht ist.
Maximaler Gewinn	Begrenzt auf die Prämieneinnahme.
Break Even	Basispreis – (Prämienausgabe/100)

Long Straddle

Position	Kauf eines ATM-Calls und Kauf eines ATM-Puts mit gleichem Basispreis und gleicher Laufzeit.
Markterwartung	Erwartung eines Volatilitätsanstiegs und einer Kursbewegung, wobei die Richtung ungewiss ist.
Maximales Risiko	Begrenzt auf Prämienausgabe.
Maximaler Gewinn	Nach oben unbegrenzt, sobald der Kurs des Basiswerts über den Break Even ansteigt, nach unten hin Gewinne, bis der Kurs des Basiswerts auf null abfällt.
Oberer Break Even	ATM Basispreis + (Prämienausgabe/100)
Unterer Break Even	ATM Basispreis − (Prämienausgabe/100)

Short Straddle

Position	Verkauf eines ATM-Calls und Verkauf eines ATM-Puts mit gleichem Basispreis und gleicher Laufzeit.
Markterwartung	Absinken der Volatilität und stagnierende Aktienkurse.
Maximales Risiko	Nach oben hin unbegrenzt, nach unten hin Verluste, bis der Kurs des Basiswerts auf null sinkt.
Maximaler Gewinn	Begrenzt auf die Prämieneinnahme. Gewinn wird erzielt, wenn der Basiswert beim Verfall zwischen den Break-Even-Punkten notiert.
Oberer Break Even	ATM Basispreis + (Prämieneinnahme/100)
Unterer Break Even	ATM Basispreis − (Prämieneinnahme/100)

Long Strangle

Position	Kauf eines OTM-Calls und Kauf eines OTM-Puts mit gleichem Basispreis und gleicher Laufzeit.
Markterwartung	Erwartung eines Volatilitätsanstiegs und einer Kursbewegung, wobei die Richtung ungewiss ist.
Maximales Risiko	Begrenzt auf die Prämienausgabe.
Maximaler Gewinn	Nach oben unbegrenzt, wenn der Kurs des Basiswerts über den Break Even ansteigt, nach unten hin Gewinne, bis der Kurs des Basiswerts auf null abfällt.
Oberer Break Even	Basispreis des Calls + (Prämienausgabe/100)
Unterer Break Even	Basispreis des Puts − (Prämienausgabe/100)

B. Optionen

Short Strangle

Position	Verkauf eines OTM-Calls und Verkauf eines OTM-Puts mit gleichem Basispreis und gleicher Laufzeit.
Markterwartung	Absinkende Volatilität und stagnierende Aktienkurse.
Maximales Risiko	Nach oben hin unbegrenzt, nach unten hin entstehen Verluste, bis der Kurs des Basiswerts auf null sinkt.
Maximaler Gewinn	Begrenzt auf die Prämieneinnahme. Gewinn wird erzielt, wenn der Basiswert beim Verfall zwischen den Break-Even-Punkten notiert.
Oberer Break Even	Basispreis des Calls + (Prämieneinnahme/100)
Unterer Break Even	Basispreis des Puts − (Prämieneinnahme/100)

Bull Call Spread

Position	Kauf eines Calls mit niedrigerem Strike und Verkauf eines Calls mit höherem Strike bei gleichem Verfallstermin.
Markterwartung	Erwartung eines bullishen Marktes mit einem moderaten Kursanstieg des Basiswerts über den Basispreis des verkauften Calls.
Maximales Risiko	Begrenzt auf die Prämienausgabe.
Maximaler Gewinn	Begrenzt auf die Differenz der Basispreise abzüglich der Prämienausgabe.
Break Even	Basispreis des Long Calls + (Prämienausgabe/100)

Bull Put Spread

Position	Kauf eines Puts mit niedrigerem Strike und Verkauf eines Puts mit höherem Strike bei gleichem Verfallstermin.
Markterwartung	Erwartung eines moderat bullishen Marktes mit einem Kursanstieg des Basiswerts über den Basispreis des verkauften Puts.
Maximales Risiko	Begrenzt auf die Differenz der Basispreise abzüglich der Prämieneinnahme.
Maximaler Gewinn	Begrenzt auf die Prämieneinnahme.
Break Even	Basispreis des Short Puts − (Prämienausgabe/100)

Bear Call Spread

Position	Kauf eines Calls mit höherem Strike und Verkauf eines Calls mit niedrigerem Strike bei gleichem Verfallstermin.
Markterwartung	Moderat bearish. Absinken des Basiswerts unter den Basispreis des verkauften Calls.
Maximales Risiko	Begrenzt auf die Differenz der Basispreise abzüglich der Prämieneinnahme.
Maximaler Gewinn	Begrenzt auf die Prämieneinnahme.
Break Even	Basispreis des Short Calls + (Prämieneinnahme/100)

Bear Put Spread

Position	Kauf eines Puts mit höherem Strike und Verkauf eines Puts mit niedrigerem Strike bei gleichem Verfallstermin.
Markterwartung	Absinken des Basiswerts unter den Basispreis des verkauften Puts.
Maximales Risiko	Begrenzt auf die Prämienausgabe.
Maximaler Gewinn	Begrenzt auf die Differenz der Basispreise abzüglich der Prämienausgabe.
Break Even	Basispreis des Long Puts – (Prämienausgabe/100)

Ratio Call Spread

Position	Kauf eines Calls mit niedrigerem Strike bei gleichzeitigem Verkauf einer größeren Anzahl von Calls mit höherem Strike.
Markterwartung	Erwartung stagnierender, leicht absinkender oder leicht ansteigender Kurse, wobei der Basispreis der verkauften Calls nicht überschritten wird.
Maximales Risiko	Unbegrenzt bei über den Break Even ansteigenden Kursen.
Maximaler Gewinn	Begrenzt [# der Long Calls x (Differenz der Basispreise x 100) + Prämieneinnahme oder – Prämienausgabe]
Unterer Break Even (bei Debit Spreads)	[Unterer Basispreis + (Nettoausgabe / (# Long Calls x 100))]
Oberer Break Even	{[# Short Calls x (Prämie der Short Calls + Basispreis Short Calls) – # Long Calls x (Prämie der Long Calls + Basispreis Long Calls)] / (# Short Calls – # Long Calls)}

B. Optionen

Ratio Put Spread

Position	Kauf eines Puts mit höherem Strike bei gleichzeitigem Verkauf einer größeren Anzahl von Puts mit niedrigerem Strike.
Markterwartung	Erwartung stagnierender, leicht ansteigender oder leicht absinkender Kurse, wobei der Basispreis der Short Puts nicht unterschritten wird.
Maximales Risiko	Bei unter den Break Even bis auf null absinkenden Kursen.
Maximaler Gewinn	Begrenzt [# der Long Puts x (Differenz der Basispreise x 100) + Prämieneinnahme oder – Prämienausgabe]
Unterer Break Even	[(# Short Puts x (Basispreis Short Puts – Prämie der Short Puts) – # Long Puts x (Basispreis Long Puts – Prämie der Long Puts)] / (# Short Puts – # Long Puts)
Oberer Break Even (bei Debit Spreads)	[Oberer Basispreis – (Nettoausgabe / (# Long Puts x 100))]

Call Ratio Backspread

Position	Verkauf von Calls mit niedrigerem Strike und Kauf einer größeren Anzahl von Calls mit höherem Strike.
Markterwartung	Erwartung ansteigender Volatilität sowie stark ansteigender Kurse.
Maximales Risiko	Begrenzt (# der Short Calls x Differenz der Basispreise x 100 – Prämieneinnahme oder + Prämienausgabe)
Maximaler Gewinn	Bei über den oberen Break Even steigenden Kursen des Basiswerts unbegrenzt. Nach unten hin auf die eventuelle Nettoeinnahme beschränkt.
Oberer Break Even	Basispreis Long Call + {[(Differenz der Basispreise x # Short Calls) + (Prämienausgabe / 100) oder – (Prämieneinnahme / 100)] / (# Long Calls – # Short Calls)}
Unterer Break Even	Bei einer Nettoeinnahme berechnet sich der untere Break Even als {Basispreis Short Call + [(Nettoeinnahme / 100) / # Short Calls]}.

Put Ratio Backspread

Position	Verkauf von Puts mit höherem Strike und Kauf einer größeren Anzahl von Puts mit niedrigerem Strike.
Markterwartung	Erwartung stark fallender Kurse und steigender Volatilität.
Maximales Risiko	Begrenzt [(# der Short Puts x Differenz der Basispreise x 100) – Prämieneinnahme oder + Prämienausgabe]
Maximaler Gewinn	Bei unter den unteren Break Even fallenden Kursen des Basiswerts. Nach oben hin auf die eventuelle Nettoeinnahme beschränkt.
Oberer Break Even	Bei einer Nettoeinnahme berechnet sich der untere Break Even als {Basispreis Short Put – [(Nettoeinnahme / 100) / # Short Puts]}.
Unterer Break Even	Basispreis Long Put – {[(Differenz der Basispreise x # Short Puts) – (Prämieneinnahme / 100) oder + (Prämienausgabe / 100)] / (# Long Puts – # Short Puts)}

Optionsstrategien – Gewinn, Risiko, Break Even

Long Butterfly

Position	Kauf einer Option mit niedrigem Strike, Verkauf zweier Optionen mit höherem Basispreis und Kauf einer Option mit noch höherem Basispreis (ausschließlich Calls oder Puts).
Markterwartung	Der Kurs des Basiswerts wird zwischen den Break-Even-Punkten schwanken.
Maximales Risiko	Begrenzt auf die Nettoausgabe.
Maximaler Gewinn	Begrenzt auf die Anzahl der Optionen mit niedrigstem Strike x Abstand der Strikes x 100 abzüglich der Prämienausgabe.
Oberer Break Even	Höchster Basispreis – [Nettoausgabe / (# der Optionen mit höchstem Basispreis x 100)]
Unterer Break Even	Niedrigster Basispreis + [Nettoausgabe / (# der Optionen mit niedrigstem Basispreis x 100)]

Long Condor

Position	Kauf einer Option mit niedrigem Strike, Verkauf einer Option mit höherem Strike, Verkauf einer Option mit noch höherem Basispreis und Kauf einer Option mit noch höherem Basispreis (ausschließlich Calls oder Puts).
Markterwartung	Erwartung, dass der Kurs des Basiswerts zwischen den Break-Even-Punkten schwanken wird.
Maximales Risiko	Begrenzt auf die Nettoausgabe.
Maximaler Gewinn	Begrenzt auf die Anzahl der Optionen mit niedrigstem Strike x Abstand der Strikes x 100 abzüglich der Nettoausgabe.
Oberer Break Even	Höchster Basispreis – [Nettoausgabe / (# der Optionen mit dem höchsten Basispreis x 100)]
Unterer Break Even	Niedrigster Basispreis + [Nettoausgabe / (# der Optionen mit niedrigstem Basispreis x 100)]

7. Follow-up-Strategien

Die Follow-up-Strategien geben einen Überblick über mögliche Optionsstrategien bei unterschiedlichen Markt- und Volatilitätsszenarien. Wenn Sie basierend auf Ihrer Markteinschätzung eine bestimmte Optionsposition eingegangen sind, werden Sie sich leider nicht immer zurücklehnen können, um auf die Gewinne zu warten. Angenommen Sie kaufen in Erwartung ansteigender Kurse und steigender Volatilität einen Call. Nach kurzer Zeit steigt die Marktvolatilität stark an, Sie sind sich allerdings nicht sicher, in welche Richtung sich der Markt bewegen wird. Die Position sollte nun durch Zukäufe oder Verkäufe von Optionen an die neue Marktsituation angepasst werden. Sie benötigen also eine entsprechende Folgestrategie.

Die Übersicht ist folgendermaßen zu benutzen:

1. Sie gehen bspw. von steigenden Kursen und steigender Volatilität aus.

    Die für dieses Szenario geeigneten Optionspositionen findet sich unter „**1. Ausgangsstrategien**" in dem Feld „**Markterwartung Bullish**" und „**Steigende Volatilität**".

2. Sie entscheiden sich für einen Long Call. Die Volatilität zieht wie erwartet an, doch Sie sind sich über die Richtung der Kursausschläge nicht mehr sicher.

    Finden Sie eine geeignete Follow-up-Strategie. Schauen Sie dazu unter „**2. Follow-up-Strategien**", „**Long Call**" in dem Feld „**Markterwartung – neutral**" und „**Steigende Volatilität**" nach.

3. Um auch von eventuell sinkenden Kursen zu profitieren, kaufen Sie einen Put mit gleichem Basispreis dazu. Die Long-Call-Position wurde nun entsprechend der veränderten Marktsituation in einen Long Straddle umgewandelt.

Follow-up-Strategien

Diese Übersicht ist nicht als umfassender Ratgeber, sondern als Hilfestellung bei der Wahl der richtigen Optionsposition konzipiert. Beachten Sie, dass Optionskombinationen einer bestimmten Markt- und Volatilitätseinschätzung nicht immer exakt zuzuordnen sind. Dies trifft insbesondere für Ratio Spreads und Ratio Backspreads zu. Simulieren Sie stets das Gewinn- und Verlustverhalten dieser Positionen in verschiedenen Marktsituationen.

1. Ausgangsstrategien

Markt- erwartung	Bullish	Neutral	Bearish
Steigende Volatilität	**Long Call** Kauf eines Calls **Ratio Call Backspread** Verkauf eines Calls und Kauf zweier Calls mit höherem Strike	**Long Straddle** Kauf eines Calls und eines Puts mit gleichem Strike **Long Strangle** Kauf eines Calls und Kauf eines Puts mit unterschiedlichem Strike	**Long Put** Kauf eines Puts **Put Ratio Backspread** Verkauf eines Puts und Kauf zweier Puts mit niedrigerem Strike
Neutrale Volatilität	**Bull Spread** Kauf eines Calls und Verkauf eines Calls mit höherem Strike oder Kauf eines Puts und Verkauf eines Puts mit höherem Strike		**Bear Spread** Kauf eines Puts und Verkauf eines Puts mit niedrigerem Strike oder Kauf eines Calls und Verkauf eines Calls mit niedrigerem Strike
Sinkende Volatilität	**Short Put** Verkauf eines Puts **Ratio Call Spread** Kauf eines Calls und Verkauf zweier Calls mit höherem Strike	**Short Straddle** Verkauf eines Calls und Verkauf eines Puts mit gleichem Strike **Short Strangle** Verkauf eines Calls und Verkauf eines Puts mit unterschiedlichem Strike	**Short Call** Verkauf eines Calls **Ratio Put Spread** Kauf eines Puts und Verkauf zweier Puts mit niedrigerem Strike

2. Follow-up-Strategien

Long Call

Markt- erwartung	Bullish	Neutral	Bearish
Steigende Volatilität	**Long Call** Bisherige Position halten	**Long Straddle** Kauf eines Puts mit gleichem Strike **Long Strangle** Kauf eines Puts mit unterschiedlichem Strike	**Long Put** Verkauf des Calls und Kauf eines Puts
Neutrale Volatilität	**Bull Spread** Verkauf eines Calls mit höherem Strike	Position liquidieren	**Bear Spread** Verkauf eines Calls mit niedrigem Strike
Sinkende Volatilität	**Short Put** Liquidation des gekauften Calls und Verkauf eines Puts **Ratio Call Spread** Verkauf zweier Calls mit höherem Strike	**Short Straddle** Verkauf zweier Calls und Verkauf eines Puts mit gleichem Strike **Short Strangle** Verkauf zweier Calls und Verkauf eines Puts mit unterschiedlichem Strike	**Short Call** Verkauf von zwei Calls

Short Call

Markterwartung	Bullish	Neutral	Bearish
Steigende Volatilität	**Long Call** Kauf von zwei Calls **Call Ratio Backspread** Kauf zweier Calls mit höherem Strike	**Long Straddle** Kauf zweier Calls und Kauf eines Puts mit gleichem Strike **Long Strangle** Kauf zweier Calls und Kauf eines Puts mit unterschiedlichem Strike	**Long Put** Verkauften Call zurückkaufen und einen Put kaufen
Neutrale Volatilität	**Bull Spread** Kauf eines Calls mit niedrigem Strike	Position liquidieren	**Bear Spread** Kauf eines Calls mit höherem Strike
Sinkende Volatilität	**Short Put** Verkauften Call zurükkkaufen und Put verkaufen	**Short Straddle** Verkauf eines Puts mit gleichem Strike **Short Strangle** Verkauf eines Puts mit unterschiedlichem Strike	**Short Call** Bisherige Position halten

B. Optionen

Long Put

Markterwartung	Bullish	Neutral	Bearish
Steigende Volatilität	**Long Call** Verkauf des Puts und Kauf eines Calls	**Long Straddle** Kauf eines Calls mit gleichem Strike **Long Strangle** Kauf eines Calls mit unterschiedlichem Strike	**Long Put** Bisherige Position halten
Neutrale Volatilität	**Bull Spread** Verkauf eines Puts mit höherem Strike	Position liquidieren	**Bear Spread** Verkauf eines Puts mit niedrigerem Strike
Sinkende Volatilität	**Short Put** Verkauf zweier Puts	**Short Straddle** Verkauf zweier Puts und Verkauf eines Calls mit gleichem Strike **Short Strangle** Verkauf zweier Puts und Verkauf eines Calls mit unterschiedlichem Strike	**Short Call** Liquidation des gekauften Puts und Verkauf eines Calls **Ratio Put Spread** Verkauf zweier Puts mit niedrigerem Strike

Short Put

Markt-erwartung	Bullish	Neutral	Bearish
Steigende Volatilität	**Long Call** Liquidation des verkauften Puts und Kauf eines Calls	**Long Straddle** Kauf zweier Puts und Kauf eines Calls mit gleichem Strike **Long Strangle** Kauf zweier Puts und Kauf eines Calls mit gleichem Strike	**Long Put** Kauf zweier Puts **Put Ratio Backspread** Kauf zweier Puts mit niedrigerem Strike
Neutrale Volatilität	**Bull Spread** Kauf eines Puts mit niedrigerem Strike	Position liquidieren	**Bear Spread** Kauf eines Puts mit höherem Strike
Sinkende Volatilität	**Short Put** Position halten	**Short Straddle** Verkauf eines Calls mit gleichem Strike **Short Strangle** Verkauf eines Calls mit unterschiedlichem Strike	**Short Call** Liquidation des Short Puts und erkauf eines Calls

Long Straddle

Markterwartung	Bullish	Neutral	Bearish
Steigende Volatilität	**Long Call** Liquidation des gekauften Puts	**Long Straddle** Position halten	**Long Put** Liquidation des gekauften Calls
Neutrale Volatilität		Position liquidieren	
Sinkende Volatilität	**Short Put** Liquidation des gekauften Calls und Verkauf zweier Puts	**Short Straddle** Verkauf zweier Calls und Verkauf zweier Puts	**Short Call** Liquidation des gekauften Puts und Verkauf zweier Calls

Short Straddle

Markterwartung	Bullish	Neutral	Bearish
Steigende Volatilität	**Long Call** Kauf zweier Calls und Liquidation des verkauften Puts	**Long Straddle** Kauf zweier Calls und Kauf zweier Puts	**Long Put** Kauf zweier Puts und Liquidation des verkauften Calls
Neutrale Volatilität		Position liquidieren	
Sinkende Volatilität	**Short Put** Liquidation des verkauften Calls	**Short Straddle** Position halten	**Short Call** Liquidation des verkauften Puts

B. Optionen

Long Strangle

Markt- erwartung	Bullish	Neutral	Bearish
Steigende Volatilität	Long Call Liquidation des gekauften Puts	Long Strangle Position halten	Long Put Liquidation des gekauften Calls
Neutrale Volatilität		Position liquidieren	
Sinkende Volatilität	Short Put Verkauf zweier Puts und Liquidation des gekauften Calls	Short Strangle Verkauf zweier Calls und Verkauf zweier Puts	Short Call Verkauf zweier Calls und Liquidation des gekauften Put

Short Strangle

Markterwartung	Bullish	Neutral	Bearish
Steigende Volatilität	Long Call Kauf zweier Calls und Liquidation des verkauften Puts	Long Strangle Kauf zweier Calls und Kauf zweier Puts	Long Put Kauf zweier Puts und Liquidation des verkauften Calls
Neutrale Volatilität		Position liquidieren	
Sinkende Volatilität	Short Put Liquidation des verkauften Calls	Short Strangle Position halten	Short Call Liquidation des verkauften Puts

Bull Spread

Markt- erwartung	Bullish	Neutral	Bearish
Steigende Volatilität	**Long Call** Besteht der Bull Spread aus Calls: Liquidation des Short Calls. Besteht der Bull Spread aus Puts: Liquidation der Position und Kauf eines Calls	**Short Butterfly** Hinzufügung eines Bear Spreads mit niedrigen Strikes	**Long Put** Besteht der Bull Spread aus Puts: Liquidation des Short Puts. Besteht er aus Calls: Liquidation der Position und Kauf eines Puts
Neutrale Volatilität	**Bull Spread** Position halten	Position liquidieren	
Sinkende Volatilität	**Short Put** Besteht der Bull Spread aus Puts: Liquidation des gekauften Puts. Besteht er aus Calls: Liquidation der Position und Verkauf eines Puts	**Long Butterfly** Hinzufügung eines Bear Spreads mit höheren Strikes	**Short Call** Besteht der Bull Spread aus Calls: Liquidation des gekauften Calls. Besteht der Bull Spread aus Puts: Liquidation der Position und Verkauf eines Calls

Bear Spread

Markt-erwartung	Bullish	Neutral	Bearish
Steigende Volatilität	**Long Call** Besteht der Bear Spread aus Calls: Liquidation des Short Calls. Besteht der Bear Spread aus Puts: Liquidation der Position und Kauf eines Calls	**Short Butterfly** Hinzufügung eines Bull Spreads mit höheren Strikes	**Long Put** Besteht der Bear Spread aus Puts: Liquidation des Short Puts. Besteht der Bear Spread aus Calls: Liquidation der Position und Kauf eines Puts
Neutrale Volatilität		Position liquidieren	**Bear Spread** Position halten
Sinkende Volatilität	**Short Put** Besteht der Bear Spread aus Puts: Liquidation des gekauften Puts. Besteht der Bear Spread aus Calls: Liquidation der Position und Verkauf eines Puts.	**Long Butterfly** Hinzufügung eines Bull Spreads mit niedrigeren Strikes	**Short Call** Besteht der Bear Spread aus Calls: Liquidation des Long Calls. Besteht der Bear Spread aus Puts: Liquidation der Position und Verkauf eines Calls

Ratio Call Spread

Markt-erwartung	Bullish	Neutral	Bearish
Steigende Volatilität	**Long Call** Liquidation der beiden verkauften Calls	**Long Straddle** Liquidation der beiden verkauften Calls und Kauf eines Puts mit gleichem Strike wie der ursprünglich gekaufte Call	**Long Put** Liquidation der Position und Kauf eines Puts
Neutrale Volatilität	**Bull Spread** Liquidation eines verkauften Calls	Position liquidieren	
Sinkende Volatilität	**Ratio Call Spread** Position halten	**Short Straddle** Verkauf eines Puts mit gleichem Strike wie der ursprünglich gekaufte Call **Long Butterfly** Kauf eines Calls mit höherem Strike als bei der ursprünglichen Position	**Short Call** Liquidation des gekauften Calls und eines verkauften Calls

Ratio Put Spread

Markterwartung	Bullish	Neutral	Bearish
Steigende Volatilität	**Long Call** Liquidation der Position und Kauf eines Calls	**Long Straddle** Liquidation der beiden verkauften Puts und Kauf eines Calls mit gleichem Strike wie der ursprüngliche gekaufte Put	**Long Put** Liquidation der verkauften Puts
Neutrale Volatilität		Position liquidieren	**Bear Spread** Liquidation eines verkauften Puts
Sinkende Volatilität	**Short Put** Liquidation eines verkauften Puts und des gekauften Puts	**Short Straddle** Verkauf eines Calls mit gleichem Strike wie der ursprünglich gekaufte Put **Long Butterfly** Kauf eines Puts mit einem niedrigeren Strike als bei der ursprünglichen Position	**Ratio Put Spread** Position halten

Call Ratio Backspread

Markt-erwartung	Bullish	Neutral	Bearish
Steigende Volatilität	Call Ratio Backspread Position halten	Long Straddle Kauf eines Puts mit gleichem Strike wie der ursprünglich verkaufte Call	Put Ratio Backspread Kauf eines Puts mit gleichem Strike wie der verkaufte Call und Verkauf eines Calls mit einem höheren Strike als die ursprüngliche Position Short Butterfly Verkauf eines Calls mit höherem Strike als die ursprüngliche Position
Neutrale Volatilität		Position liquidieren	Bear Spread Liquidation eines gekauften Calls
Sinkende Volatilität	Short Put Position liquidieren und Put verkaufen	Short Straddle Liquidation zweier Long Calls und Verkauf eines Puts mit gleichem Strike wie der Short Call Short Strangle Liquidation zweier Long Calls und Verkauf eines Puts mit anderem Strike als der Short Call	Short Call Liquidation des zwei gekauften Calls

Put Ratio Backspread

Markt-erwartung	Bullish	Neutral	Bearish
Steigende Volatilität	**Call Ratio Backspread** Kauf eines Calls mit gleichem Strike wie der verkaufte Put und Kauf eines Puts mit niedrigerem Strike als die ursprüngliche Position	**Long Straddle** Kauf eines Calls mit gleichem Strike wie der ursprünglich verkaufte Put **Short Butterfly** Verkauf eines Puts mit niedrigerem Strike als die ursprüngliche Position	**Put Ratio Backspread** Position halten
Neutrale Volatilität	**Bull Spread** Liquidation eines Long Puts	Position liquidieren	
Sinkende Volatilität	**Short Put** Zwei gekaufte Puts liquidieren	**Short Straddle** Liquidation zweier Long Puts und Verkauf eines Calls mit gleichem Strike wie der Short Put **Short Strangle** Liquidation zweier Long Puts und Verkauf eines Calls mit anderem Strike als der Short Put	**Short Call** Liquidation der Position und Verkauf eines Calls

C | Futures

C. Futures

1. Der Einstieg ins Futures-Trading

Bücher über Optionen und Futures beinhalten größtenteils theoretische und wenig erfrischende Abhandlungen über Preistheorien, Annahmen und Formeln. Dabei entsteht bei Privatanlegern oftmals der Eindruck, dass derjenige, der keine sechs Semester Finanzheorie studiert hat, hoffnungslos überfordert würde und somit nicht erfolgreich an einer Terminbörse agieren könne. Wieso das Ganze? Wieso sollte es nicht ausreichen, entsprechend der Geldanlage in Aktien lediglich zwei Transaktionen zu beherrschen: Kaufen, wenn die Kurse steigen und verkaufen, wenn sie wieder fallen?

Financial Futures bieten diese Möglichkeit. Wie bei Aktien auch kauft man hier das Produkt in der Hoffnung auf steigende Notierungen und wirft es bei drohenden Kursverlusten wieder auf den Markt.

Dabei ist Kursverhalten eines Futures eindeutig zu bestimmen, wenn man einige wenige Einflussfaktoren kennt. Ein Anleger der diese Hintergründe versteht und beherrscht, wird dauerhaft erfolgreicher sein als sein unwissender Kollege. Darüber hinaus erlauben diese Produkte viel weitreichendere Anwendungsmöglichkeiten. Beispielsweise können wir mit Futures ohne Probleme auf einen Kursverfall spekulieren. Was das Gesetz bei Aktien für den privaten Anleger verbietet, ist mit Futures möglich. Sollten wir also von einem morgigen Crash der Weltbörsen ausgehen, wäre ein Shorten diverser Aktienindexfutures eine mögliche und viel versprechende Spekulation. Doch welchen Future nimmt man? Welche Handelsstrategien sind erfolgreich? Und wie läuft der Handel in Financial Futures überhaupt ab? Diese Fragen werden im folgenden Kapitel beantwortet.

1.1 Was sind Forwards und Futures?

Forwards = individuelle Vereinbarung

Futures = standardisierte Forwards an Terminbörsen

Grundsätzlich beinhalten Forwards die gleichen Rechte und Pflichten wie Futures. Sie unterscheiden sich allerdings in der Art und Weise, wie sie gehandelt werden. Futures sind standardisiert und somit austauschbar wie Aktien. Sie werden an Terminbörsen wie der Eurex oder der LIFFE gehandelt. Forwards sind Vereinbarungen zwischen zwei Parteien, unabhängig von Dritten, und können aufgrund der Vertragsfreiheit auf alle denkbaren Güter lauten. Im Kapitel „Futures in der Praxis" werden wir näher auf diesen Unterschied eingehen, der aber zunächst nicht die grundlegende Funktionsweise der beiden Instrumente beeinflusst.

Die Bezeichnungen „Forwards" und „Futures" lassen erkennen, dass es sich bei den Instrumenten um eine Spekulation mit der Zukunft handelt. Jeder von uns hat schon einmal Termingeschäfte abgeschlossen, was uns beim Durchführen des Geschäftes vielleicht gar nicht bewusst wurde. Beispielsweise ist der Neukauf eines Autos in den meisten Fällen ein reines Termingeschäft. Beim Abschluss des Vertrages wird vereinbart, zu welchen Konditionen das Auto gekauft wird. Die Abnahme und die Bezahlung erfolgen meist bei Lieferung, also in der Zukunft. Zwischen den Zeitpunkten des Vertragsabschlusses und der Lieferung könnte sich der Preis des Autos ändern, was für uns allerdings nicht relevant ist, da wir den Kaufpreis ja bereits vertraglich fixiert haben. Da es sich bei einem Autokauf um eine individuelle Vereinbarung zwischen zwei Parteien handelt, kann das Geschäft als Forward angesehen werden. Auch andere alltägliche Geschäftsvorfälle wie das Buchen einer Reise, der Kauf einer Telefonkarte oder Briefmarke entpuppen sich beim genaueren Analysieren als Termingeschäfte, da zwischen dem Abschluss und der Erfüllung des Geschäftes eine Zeitspanne liegt.

Autokauf mit Lieferfrist ist ein Forward

Mit Hilfe von Forwards und Futures lässt sich der zukünftige Preis eines Gegenstandes, eines Finanzinstrumentes oder eines Rohstoffs schon heute vertraglich festlegen. Dazu werden zwei Kontrahenten benötigt, die sich zunächst über den Preis einigen. Im Anschluss verpflichtet sich eine Partei zur Lieferung des Gegenstands und die andere zur Zahlung des Kaufpreises.

Ein Financial Future/-Forward beinhaltet die vertragliche Verpflichtung zur Lieferung (Verkäufer) bzw. zur Abnahme (Käufer) eines Finanzinstruments

- **zu einem bestimmten Termin,**
- **zu einer bestimmten Qualität,**
- **zu einer bestimmten Menge,**
- **zu einem bestimmten Preis.**

Definition Future und Forward

Im Gegensatz zu Optionen beinhalten Forwards und Futures eine beidseitige Verpflichtung. Sie können also beim Kauf oder Verkauf eines Forwards oder Futures Ihr Recht nicht einfach verfallen lassen, sondern sind an die vorher vertraglich festgelegte Verpflichtung gebunden. Der einzige Weg aus dieser Verpflichtung ist das entsprechende Gegengeschäft (Glattstellung).

1.2 Eine Milchkuh auf Termin

Bauer Hücking schließt einen Milchkuh-Forward mit seinem Nachbarn Botzberg ab. Hierin verpflichtet sich Hücking zur Lieferung einer Milchkuh in genau einem Jahr. Botzberg sagt ihm dafür eine Zahlung von 1.000 € zu.

Nachdem Bauer Hücking und Botzberg den Vertrag per Handschlag rechtskräftig besiegelt haben, ergeben sich zwei mögliche Szenarien.

- Im ersten Fall steigt der Preis von Milchkühen innerhalb des Jahres auf 1.100 €. Am Tag der Lieferung erscheint Bauer Hücking mit verkniffenem Gesicht auf dem Hof von Botzberg und liefert die Kuh gegen Zahlung der vereinbarten 1.000 €. Da der aktuelle Preis einer Kuh bei 1.100 € liegt, hätte Bauer Hücking ohne Abschluss des Forward-Vertrages heute 100 € mehr erhalten. Botzberg hingegen hat gut lachen. Er braucht eigentlich gar keine Kühe und verkauft das Tier deshalb noch am gleichen Tag zu 1.100 €.
- In der zweiten Variante kommt es zu einem Preisverfall auf dem Tiermarkt. Nach einem Jahr kostet eine Kuh nur noch 900 €. Bauer Hücking verfällt in Sektlaune, während er die Kuh am Erfüllungstag gegen die vereinbarten 1.000 € eintauscht. Durch

den Abschluss des Forwards hat er sich gegen den Preisverfall absichern können.

Die Wirkungsweise eines Forwards wurde anhand des einfachen Beispiels deutlich. Kaufen wir einen Forward, so gehen wir von steigenden Preisen aus oder wollen einen zukünftigen Bedarf schon heute preislich fixieren. Beim Verkauf des Instruments spekulieren wir entweder auf einen Preisverfall oder fixieren einen zukünftigen Verkaufspreis bereits heute, wenn wir das zugrunde liegende Instrument in unserem Besitz haben.

Hücking: „Mit Forwards und Futures kann ich ungewisse zukünftige Preise schon heute fixieren!"

1.3 Pricing von Forwards und Futures

Forwards und Futures sind Ableitungen. Sie lassen sich durch die Kombination anderer Instrumente künstlich (synthetisch) nachbilden. Da die Preisbildung von Futures und Forwards identisch ist, verwenden wir im Folgenden der Einfachheit halber nur noch den Begriff Forward.

Angenommen, wir könnten den Preis der so erstellten Kopie kalkulieren, so müsste der Preis des Forwards dem Wert dieser Kopie entsprechen. Andernfalls könnten wir den Preisunterschied durch entsprechende Gegengeschäfte ausnutzen.

Wie lässt sich nun einen Forward mit anderen Mitteln nachbilden? Zu diesem Zweck schauen wir uns die Milchkuh von Bauer Hücking noch einmal genauer an. Der finanzielle Unterschied zwischen dem heutigen Besitz der Kuh und dem Besitz in einem Jahr liegt in den Kosten und den Erträgen, die uns das Tier innerhalb dieses Jahres einbringt. Verrechnet man die beiden Posten miteinander, so erhält man die Haltekosten (Cost of Carry) einer Milchkuh bezogen auf ein Jahr. Sind die Erträge höher als die Kosten, so muss der Preis der Kuh in einem Jahr über dem jetzigen Preis notieren. Sind die Erträge niedriger, liegt der Preis in einem Jahr unterhalb des aktuellen Preises. Demnach notiert ein Forward über den aktuellen Notierungen (Kassa- oder Spotpreisen), wenn das Halten des Instruments über die Laufzeit des Forwards etwas „kostet".

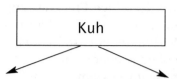

Kosten: 100 €
Futterkosten: 50 €
Stallmiete 20 €
Finanzierungskosten: 20 €
Pflege: 10 €

Erträge: 200 €
Milch: 180 €
Dünger 20 €

Forward auf Milchkühe

Um also den Preis des Milchkuh-Forwards mit Laufzeit von einem Jahr zu kalkulieren, müssen wir herausfinden, wie viel Milch und Dünger die Kuh produziert und wie viel Futterkosten, Stallmiete etc. anfallen.

Cost of Carry

Kosten − Erträge = Cost of Carry
100 € − 200 € = -100 €

Future- oder Forward-Preis

Kassainstrument + Cost of Carry = Future oder Forward Preis
1000 € − 100 € = 900 €

Wenn der heutige Wert einer Kuh 1.000 € beträgt, dann kostet der 1-Jahres-Forward nach unserer Kalkulation 900 € Das heißt nun allerdings nicht, dass der Preis in einem Jahr tatsächlich bei 900 € liegen muss. Vielmehr ist dies der heutige Zukunftswert, also der Terminkurs einer Kuh, basierend auf den aktuellen Haltekosten bzw. Erträgen.

C. Futures

Kassakurs

Der Kassakurs ist der derzeitige Preis des zugrunde liegenden Instruments. Dabei kann es sich um eine Währung, eine Aktie oder ein festverzinsliches Wertpapier ebenso handeln wie um Commodities (bspw. Schweinebäuche oder Getreide) oder um Gold. Wichtig ist, dass sich die Preise im Kassamarkt auf Geschäfte beziehen, bei denen Abschluss und Lieferung nahezu gleichzeitig stattfinden. Beispielsweise zählt ein Aktienkauf zu einem Kassageschäft, obwohl zwischen dem Abschluss des Handels und der Belastung des Kontos in Deutschland zwei Bankarbeitstage liegen.

Terminkurs

Terminkurse sind die Preise für Forwards und Futures. Im Terminmarkt fallen die Zeitpunkte der Bezahlung und der Lieferung auseinander. Aber nicht immer fließt bereits beim Geschäftsabschluss Geld zwischen den Kontrahenten. Möglich ist auch die Vereinbarung einer zukünftigen Bezahlung.

Positive und negative Haltekosten

Die Cost of Carry ist positiv, wenn die Kosten über den Erträgen liegen. Umgekehrt ist die Cost of Carry negativ, wenn die Erträge über den Kosten liegen.

1.4 Gewinn ohne Risiko – Arbitrage

Mit der Kalkulation der Kosten und Erträge sind wir nun in der Lage, einen fairen Preis (Fair Value) für Forwards und Futures zu berechnen. Im alltäglichen Handel weicht der tatsächlich gehandelten Preis oftmals vom fairen Preis ab. Wie lässt sich eine solche Marktsituation gewinnbringend nutzen?

Bauer Hücking steigt in die Finanzmärkte ein. Der letzte Deal mit seiner Kuh war erfolgreich und nun versucht er sich an Aktien. An der Börse wird seine Lieblingsaktie momentan bei 400 € gehandelt. Der Einjahres- Terminkurs lautet auf 424 €. Hücking kalkuliert. Da er keine Barreserven verbrauchen möchte, hat er den Aktienkauf zu einem Zinssatz von 5 % für ein Jahr zu finanzieren. Hücking entscheidet sich für die folgende Transaktion:

Kredit über:	400 €
Kauf der Aktie im Kassahandel zu:	400 €
Verkauf des Forwards zu:	424 €

Um den Kauf der Aktie zu finanzieren, nimmt Hücking einen Kredit bei seiner Bank auf. Bei 5 % Zinsen kostet ihn das Halten der Aktie 20 €. Dividenden werden von der AG nicht gezahlt. Ein Jahr später, bei Fälligkeit des Forwards, schließt Hücking die Transaktion:

Lieferung der Aktie zu:	+ 424 €
Tilgung des Kredites:	– 400 €
Haltekosten	
Zinszahlung an Bank:	– 20 €
Gewinn:	+ 4 €

Hücking hat damit seinen ersten risikolosen Gewinn mit Forwards gemacht. Als der Kassapreis der Aktie bei 400 € und der Terminkurs zur gleichen Zeit bei 424 € stand, existierte ein Ungleichgewicht zwischen dem Kassa- und dem Terminmarkt. Genauer gesagt: Die Basis, also die Differenz zwischen Kassa und Termin, betrug 24 €, hätte aber nur 20 € betragen dürfen. Damit notierte entweder der Terminkurs zu hoch oder der Kassapreis zu niedrig. Durch den Kauf der Aktie und den sofortigen Verkauf per Termin konnte Hücking einen Arbitragegewinn von 4 € pro Aktie erzielen.

Die Basis ist die Differenz zwischen Kassa- und Terminkurs

Der erfolgreiche Deal ruft Botzberg auf den Plan. Er hatte das Gerücht gehört, Hücking spekuliere in Aktien und könne risikolose Gewinne erzielen. Demnach müsste die Aktie steigen, folgert Botzberg naiv und streut umgehend gewaltige Kauforders in den Markt. Durch seine Aktivität steigt die Notierung im Kassamarkt schlagartig von 400 € auf 410 €.

Bauer Hücking erkennt schon wieder ein Ungleichgewicht. Nur diesmal müsste er die Aktie im Kassahandel verkaufen und gleichzeitig per Termin kaufen. Er agiert folgendermaßen:

Verkauf der Aktie im Kassahandel zu:	410 €
Geldanlage:	410 €
Kauf des Forwards zu:	424 €

Aus dem Verkauf der Aktien erhält Hücking den Kaufpreis, den er wiederum bei seiner Bank zu 5 % Zinsen anlegt. Nach einem Jahr erfüllt er seine Terminverpflichtung:

Auszahlung von der Bank:	+ 410 €
Erhalt der Aktien und Zahlung laut Termingeschäft:	– 424 €
Erträge	
Zinsen:	+ 20,50 €
Gewinn:	+ 6,50 €

In diesem Beispiel wurde ein weiteres Preisungleichgewicht ausgenutzt. Diesmal war die Basis, also die Differenz zwischen dem Kassa- und dem Terminkurs zu gering. Da der Terminkurs lediglich 14 € über dem Kassakurs lag, hätte die Cost of Carry nur 14 € kosten dürfen. Tatsächlich jedoch betrugen die Haltekosten 20,50 €.

1.5 Die Geldmaschine

Das Vorgehen der Marktakteure zum Ausnutzen von Preisungleichgewichten liefert ein nachvollziehbares Modell zur Preisbestimmung von Forwards und Futures. Im obigen Beispiel wich der Terminkurs der Aktie zweimal von seiner fairen Bewertung ab.

Im ersten Fall notierte der Kurs zu hoch, da die Cost of Carry geringer ausfiel als der Terminaufschlag auf den Kassapreis der Aktie. Für das Ausnutzen dieses Missverhältnisses war noch nicht einmal Kapital notwendig, da das Investment finanziert wurde und die Finanzierungskosten in die Berechnung der Haltekosten einflossen. Um Ungleichgewichte dieser Art auszugleichen, muss der Preis des Forwards gleich oder kleiner dem Kassapreis der Aktie zuzüglich der Cost of Carry bis zum Verfall sein.

Im zweiten Beispiel reagierte der Terminkurs nicht auf den stark ansteigenden Aktienkurs und notierte damit zu niedrig. Auch hierbei entsprach das Verhältnis von Kassa- zu Terminkurs nicht dem Cost-of-Carry-Modell und eröffnete somit wiederum risikolose Arbitragemöglichkeiten. Das aus dem Verkauf der Aktie gewonnene Kapital wurde umgehend zinsbringend angelegt.

Cost-of-Carry-Modell

Arbitragemöglichkeiten entstehen also entweder, wenn ein Forward im Vergleich zum Kurs der Aktie zu billig notiert oder wenn der Forward zu hoch notiert.

Aus diesem Zusammenhang lässt sich eine Gleichung ableiten, mit deren Hilfe der faire Preis eines Forwards eindeutig bestimmt werden kann.

Mathematisch ausgedrückt lautet die Gleichung:

$F_{0,t} = A_0 (1 + C)$

wobei:

A_0 = aktueller Kurs der Aktie in t=0
C = Cost of Carry als Differenz von Haltekosten und Erträgen

Jedes Mal, wenn Marktpreise dieses Modell verletzen, entstehen Arbitragemöglichkeiten, die in der Praxis von den Tradern der quantitativen Arbitrage-Desks blitzschnell ausgenutzt werden. Die folgende Abbildung fasst die Transaktionen zusammen, die zur Cash-and- Carry-Strategie und zur entgegengesetzten Transaktion, der Reverse-Cash- and-Carry-Strategie notwendig sind.

Markt	Cash and Carry	Reverse Cash and Carry
Geldmarkt	Geldaufnahme	Geldanlage aus Leerverkauf der Aktie
Aktienbörse	Kauf der Aktie, Halten bis zum Verfall und Lieferung gegen den Terminverkauf	Leerverkauf (Shorten) der Aktie
Terminbörse	Verkauf Futures	Kauf Futures, Warten bis zur Andienung beim Verfall, Ausgleich des Leerverkaufs der Aktie

1.5.1 Verschiedene Laufzeiten – Arbitrage einmal anders

Um den Bedürfnissen der Handelsteilnehmer nachzukommen, werden an der Eurex und anderen Futuresmärkten Kontrakte mit unterschiedlichen Laufzeiten zum Handel angeboten. Mit Hilfe des Arbitrageansatzes ist es ebenfalls möglich, die Preise von Kontrakten mit verschiedenen Laufzeiten zu ermitteln. Darüber lässt sich die Differenz zwischen den einzelnen Terminkontrakten bestimmen und bei eventuellen Preisungleichgewichten ausnutzen. Dazu brauchen wir nun allerdings keine Kassatransaktionen mehr vorzunehmen, sondern können die verschiedenen Futures gegeneinander ausspielen.

1.5.1.1 Kurz gegen lang

Bauer Hücking betrachtet die Notierungen seiner Lieblingsaktie. Der einjährige Terminkurs liegt bei 400 € und der zweijährige Terminkurs bei 430 €. Dazu ist bekannt, dass die Aktie keine Dividende zahlt und der aktuelle Zinssatz für ein und für zwei Jahre bei fünf Prozent steht. Hücking hält den Future mit Fälligkeit in zwei Jahren für überbewertet und führt die folgende Transaktion durch:

Heute:	
Kauf des Futures mit Fälligkeit in 1 Jahr:	400 €
Verkauf des Futures mit Fälligkeit in 2 Jahren:	430 €

Da die Verpflichtung zur Abnahme der Aktie (Future-Kauf) erst in einem Jahr gilt bzw. die Verpflichtung zur Lieferung (Future-Verkauf) erst in zwei Jahren, fließt heute, beim Abschluss des Geschäftes noch kein Geld. Nach Ablauf von einem Jahr verfällt der erste Future und Hücking wird von der Terminbörse zur Abnahme der Aktie zum Preis von 400 € aufgefordert.

In einem Jahr:	
Kreditaufnahme zur Finanzierung der Aktie:	400 €
Erhalt der Aktie zum vereinbarten Preis von:	400 €
Cash Flow	0

In der Zwischenzeit wird sich der Kurs der Aktie natürlich an der Kassabörse frei bewegen. Da Hücking die Kauf- und Verkaufspreise über die Futures-Transaktionen fixiert hat, interessieren ihn zwischenzeitliche Kursveränderungen nicht mehr.

In zwei Jahren:	
Lieferung der Aktie zum vereinbarten Preis von:	+ 430 €
Rückzahlung des Kredites:	− 400 €
zuzüglich der Zinsen (1 Jahr: 0,05 • € 400)	− 20,00 €
Gewinn	+ 10,00 €

Aus der Cost-of-Carry-Regel lässt sich der folgende Zusammenhang ableiten: Auf vollkommenen Märkten muss der Preis eines langfristigen Terminkontraktes weniger oder gleich dem Preis eines kurzfristigen Kontraktes zuzüglich der Cost of Carry vom ersten bis zum zweiten Fälligkeitsdatum sein. Mit anderen Worten: Die Differenz der beiden Futures sollte weniger oder gleich der Differenz der beiden Aufschläge zum Kassapreis der Aktie sein.

Sobald dieser Zusammenhang durch Ungleichgewichte auf dem Markt gestört wird, kann ein Händler durch den Kauf des kurz laufenden Futures und den gleichzeitigen Verkauf des lang laufenden Futures Arbitrage betreiben.

1.5.1.2 Lang gegen kurz

Hücking erkennt eine neue Gelegenheit zum Free Lunch. Der einjährige Terminkurs seiner Aktie ist auf 420 € angestiegen, während der zweijährige unverändert bei 430 € notiert. Diesmal vollzieht er die umgedrehte Finanztransaktion:

Heute:	
Verkauf des Futures mit Laufzeit 1 Jahr:	420 €
Kauf des Futures mit Laufzeit 2 Jahre:	430 €

Auch in diesem Beispiel hat Hücking lediglich zwei Verträge abgeschlossen, die zunächst keinen geldmäßigen Austausch beinhalten. Beim Verfall des ersten Futures muss er allerdings seiner Verpflichtung zur Lieferung nachkommen:

In einem Jahr:
Lieferung der Aktie wie
vereinbart zu: + 420 €
Anlage des Kapitals zu 5 % für 1 Jahr − 420 €
Cash Flow 0

Die Lieferung der Aktie nach einem Jahr entspricht einem Leerverkauf. Ohne den Wert im Depot gehabt zu haben, kann Hücking laut der Modellannahme die Aktie verkaufen bzw. andienen. In der Praxis ist dies für professionelle Marktteilnehmer ohne weiteres möglich.

In zwei Jahren:
Erhalt der Aktie
zum vereinbarten Preis von: − 430 €
Auszahlung der Anlage: + 420 €
zuzüglich der Zinsen
(1 Jahr: 0,05 · 420 €) + 21 €
Gewinn + 11 €

Aus den letzten beiden Beispielen ergibt sich ein Zusammenhang, der sich nur auf Terminkontrakte bezieht. Der Preis eines Futures mit längerer Laufzeit ist demnach gleichzusetzen mit dem Preis eines entsprechenden kürzeren Futures zuzüglich der Cost of Carry, die vom Verfall des kurzen Kontraktes bis zum Verfall des langen Kontraktes entsteht. Mathematisch ausgedrückt lautet diese Regel:

$F_{0,l} = F_{0,k} (1 + C)$, d größer n

wobei:

$F_{0,l}$ = Futurespreis bei t = 0 mit Fälligkeit bei t = l

$F_{0,k}$ = Futurespreis bei t = 0 mit Fälligkeit bei t = k

C = Cost of Carry von t = n bis t = d, prozentual ausgedrückt

Zusammenfassung:

Alle bisherigen Cost-of-Carry-Zusammenhänge gehen von einem perfekten Finanzmarkt aus. Die folgenden Annahmen sind dabei unterstellt:

- Keine Transaktionskosten
- Unbeschränktes Leerverkaufen von Aktien im Kassamarkt möglich
- Keine Sicherheitsleistungen
- Kredit- und Anlagezinsen sind identisch und ändern sich nicht
- Die Carry-Erträge sind allen Marktteilnehmern bekannt und bleiben konstant

Die Realität ist jedoch von dieser theoretischen Annahmen weit entfernt. Leerverkäufe sind bspw. bisher nur professionellen Marktteilnehmern vorbehalten. Finanztransaktionen ohne Provisionen und Maklergebühren durchführen zu können wäre der Traum jedes Anlegers. Obwohl die grundsätzlichen Annahmen des Modells bestehen bleiben, schränkt die Annahme eines perfekten Marktes die Anwendbarkeit der Cost-of-Carry-Gleichungen für die Praxis ein. Daher müssen Einflussfaktoren wie Transaktionskosten, Zinssätze und Sicherheiten mit in das Modell eingebaut werden.

1.5.2 Transaktionskosten

Sowohl Privatanlegern als auch institutionellen Marktakteuren entstehen in der Realität für Finanztransaktionen verschiedene Kosten. Zusätzlich zu den Gebühren erschwert der Bid Ask Spread einen profitablen Handel. Unter dem Bid Ask Spread versteht man die Differenz zwischen dem Geldkurs, zu dem Akteure kaufen möchten (Bid-Preis), und dem Briefkurs, zu dem Teilnehmer verkaufen wollen (Ask-Preis).

Bid = Geldkurs
Ask = Briefkurs

Wollen wir tatsächlich Arbitragegeschäfte mit Futures durchführen, so müssen wir den Einfluss der Transaktionskosten auf unsere Geldmaschine, der Cost-of-Carry-Gleichung berücksichtigen. Das Beispiel des ersten Arbitragegeschäfts von Hücking muss folgendermaßen angepasst werden:

Hücking kaufte die Aktie im Kassahandel zu 400 € und verkaufte gleichzeitig den einjährigen Future zu 424 €. Dazu kommen nun Transaktionskosten (T) für den Kauf der Aktie, die 1 Prozent bezogen auf den Handelspreis betragen. Folglich kostet der Aktienkauf 400 € (1 + T) = 404 €. Der Aktienkauf ist zuzüglich der Gebühren bis zur Fälligkeit des Futures zu 5 Prozent zu finanzieren: 404 € (1,05) = 424,20 €. Bei Fälligkeit des Futures liefert Hücking die Aktie zu 424 €. Durch die Transaktionskosten führt die ursprünglich gewinnbringende Cash-and- Carry-Transaktion plötzlich zu einem Verlust in Höhe von 0,20 €.

Hücking: „Achten Sie auf Ihre Transaktionkosten!"

Bei Transaktionskosten von 1 Prozent und einem Kassapreis der Aktie von 400 € läge die Gewinn-/Verlust-Grenze der Cash-and-Carry-Transaktion bei 424,20 €. Erst ab diesem Futurespreis wäre Arbitrage profitabel. Unter Beachtung der Cost-of-Carry-Regel muss daher der Future zu diesem Preis oder darunter notieren.

Bei der Reverse-Cash-and-Carry-Transaktion, bei der die Aktie verkauft und der Future gekauft wird, kommen ebenfalls die Transaktionskosten zum Tragen. In unserem Beispiel verkaufte Bauer Hücking die Aktie im Kassahandel, legte das so erhaltene Geld an und kaufte gleichzeitig den einjährigen Future. Beim Verfall glich er seine Short-Position mit der erhaltenen Aktie aus dem Future aus. Sein Gewinn war die Differenz zwischen den Zinserträgen und dem Aufschlag des Futures auf den Kassakurs der Aktie. Wenn wir nun das Beispiel mit Transaktionskosten wiederholen, so ergibt sich zwar noch ein Gewinn, er fällt allerdings deutlich geringer aus als im obigen Beispiel. Der Break Even, ab dem sich die Reverse-Cash-and-Carry noch als profitabel erweist, ergibt sich durch die Gleichung:

$$F_{0,t} = S_0(1-T)(1+C)$$

Werden nun beide Beispiele kombiniert, so ergibt sich:

$$S_0(1-T)(1+C) \leq F_{0,t} \leq S_0(1+T)(1+C)$$

Diese Formel definiert eine Bandbreite, in der sich die Preise von Futures oder Futures bewegen können, ohne dass Arbitrage möglich ist. Während wir in perfekten Märkten ohne Transaktionskosten einen einzigen fairen Preis ermitteln konnten, existiert bei genauerem Hinsehen eine Ober- und eine Untergrenze. Erst wenn der Terminkurs diese Grenzen unter- bzw. überschreitet, stürzen sich Trader auf die Preise und agieren solange als Arbitrageure, bis der Terminkurs wieder in die Bandbreite zurückgeführt ist.

Bezogen auf unser Beispiel ergeben sich folgende Grenzen, in denen sich der Terminkurs frei bewegen kann:

Kassakurs Aktie:	400 €
Future:	424 €
Transaktionskosten:	1 %
Zins	5 %

Fairer Futures-Kurs ohne Transaktionskosten

$F_{0,t} = S_0(1 + C) = 400 € (1,05) = 420 €$

Obere arbitragefreie Grenze mit Transaktionskosten

$F_{0,t} = S_0(1 + T)(1 + C) = 400 € (1,01)(1,05) = 424,20 €$

Untere arbitragefreie Grenze mit Transaktionskosten

$F_{0,t} = S_0(1 - T)(1 + C) = 400 € (0,99)(1,05) = 415,80 €$

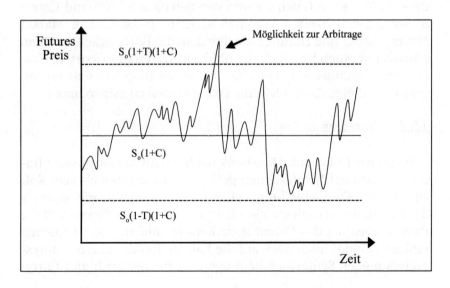

Die arbitragefreie Bandbreite kann grafisch dargestellt werden. Die horizontale Linie entspricht dem fairen Terminkurs in einem Markt ohne Transaktionskosten. Der zugrunde liegende Kassapreis der Aktie ändert sich in diesem Zeitausschnitt nicht. Sobald der Futureskurs die Bandbreite verlässt, ergeben sich risikolose Arbitragemöglichkeiten, die unverzüglich ausgenutzt werden. Je höher die Transaktionskosten, desto größer wird die Bandbreite.

In diesem Modell wird unterstellt, dass alle Marktteilnehmer dieselben Transaktionskosten zu tragen haben. Diese Annahme ist in der Realität nicht haltbar, da bspw. Privatanleger höhere Gebühren zu zahlen haben als professionelle Akteure. Daher zeigt die Grafik lediglich die Arbitragegrenzen eines bestimmten Akteurs, bei dem Transaktionskosten in einer bestimmten Höhe anfallen. Ein Privatanleger wird möglicherweise mit doppelt so hohen Kosten konfrontiert. Damit liegen die Grenzen des privaten Investors auch zweimal so weit auseinander. Unterstellt man nun, dass der Futurespreis aufgrund der Arbitragemöglichkeit innerhalb der Grenzen gehalten wird, so wird stets derjenige Akteur als erster Arbitrageur auftreten, der die geringsten Transaktionskosten zu zahlen hat. Dieser Marktteilnehmer bewirkt mit seiner Tätigkeit aber auch, dass der Futurespreis sich nicht weiter von seinen Grenzen entfernen wird. Da Privatanleger sicherlich nicht zur Gruppe mit den geringsten Transaktionskosten zählen, kann man davon ausgehen, dass sie (fast) nie in den Genuss von risikolosen Cash-and-Carry-Arbitragemöglichkeiten kommen werden. Insbesondere Market Maker, Makler und Händler, die direkt an der Börse agieren, zahlen oftmals nur einen Bruchteil der üblichen Transaktionskosten. Nutzen diese Akteure Preisungleichgewichte aus, so spricht man oft von Quasi-Arbitrage, da sie nicht die vollen Kosten zu zahlen haben.

1.5.3 Zinssätze

Wenn wir in unserer Hausbank nach einem Anlagezinssatz fragen, so wird der Berater einen geringen Satz nennen als sein Kollege aus der Kreditabteilung. Leider ist der Anlagesatz niedriger als der Kreditzinssatz mit gleicher Laufzeit. Von der Differenz will die Bank schließlich das Gehalt ihrer Berater zahlen. Diese Differenz schlägt sich natürlich auch auf die Kalkulation des fairen Futurespreises nieder. Schließlich benötigen wir bei der Cash-and-Carry-

Arbitrage einen Kredit und legen bei der Reverse- Cash-Carry-Arbitrage Geld an. In unserem Beispiel haben wir sowohl den Kreditsatz als auch den Anlagezinssatz mit 5 Prozent angenommen.

In der Realität gibt es aber zwei unterschiedliche Zinssätze. Daher muss die Formel unserer Arbitrage-Geldmaschine noch weiter verfeinert werden. Da der Zinssatz für die Anlage geringer sein wird als der Satz für eine Ausleihe verlagern sich die arbitragefreien Grenzen noch weiter nach außen. Je größer dabei der Unterschied zwischen den Zinssätzen ist, desto weiter liegen die Grenzen auseinander. Auch dieser Effekt begünstigt große Marktteilnehmer, da bspw. Finanzinstitute im Interbankenmarkt zu nahezu identischen Zinssätzen Geld aufnehmen und anlegen können.

1.5.4 Leerverkauf von Aktien

„Shortgehen" oder einfach „Shorten" beschreibt eine Transaktion, bei der eine Aktie oder ein anderes Finanzinstrument am Markt verkauft wird, ohne dass es der Verkäufer zuvor in seinem Depot hatte. In der Regel verkaufen Händler eine Aktie „leer", wenn sie von fallenden Kursen ausgehen. Sie hoffen, das Papier später zu einem niedrigeren Kurs wieder zurückkaufen zu können. Um dieses Geschäft zu vollziehen, leiht sich ein Aktienhändler die Aktie bei seiner Clearingstelle, beispielsweise einer Bank. Dafür zahlt er eine geringe prozentuale Leihgebühr. Nun kann er diese Aktie am Markt zu ihrem aktuell gültigen Kurs verkaufen. Aus der Sicht der Bank beinhaltet die Aktienleihe allerdings ein Risiko. Was passiert, wenn der Aktienkurs steigt und dem Händler das Geld zur Glattstellung der Position fehlt? Aus diesen Gründen verlangt eine Bank für die Aktienleihe Sicherheiten. Diese können in Form von Wertpapieren, Barpositionen oder als Abschlag auf den Preis des Aktienleerverkaufs gestellt werden. Im letzteren Fall wird anstatt des vollen Aktienpreises lediglich ein bestimmter Prozentsatz an den Händler ausbezahlt und der Rest als Sicherheit einbehalten.

Shorten = Leerverkauf einer Aktie

Damit unsere Geldmaschine auch diese Einschränkung beachtet, ist die Berechnung der unteren arbitragefreien Grenze zu erweitern. Die Berechnung der Obergrenze kann beibehalten werden, da die zugrunde liegende Transaktion keinen Leerverkauf von Aktien beinhaltet.

Als neue Formel für den arbitragefreien Bereich ergibt sich:

$$S_0(1-T)(1+rC_A) = F_{0,t} = S_0(1+T)(1+C_K)$$

r = Anteil des freien Kapitals aus dem Leerverkauf

Der Anteil r liegt zwischen eins und null. In einem perfekten Markt, der unbeschränktes Short Selling zulässt, beträgt r = 1,0. Ebenso wie unterschiedliche Zinssätze und Transaktionskosten vergrößert der Anteil des freien Kapitals aus dem Shorten von Aktien den arbitragefreien Raum. In diesem Fall wird allerdings nur die Untergrenze ausgeweitet.

Für Privatanleger ist das Leerverkaufen von Aktien in Deutschland nicht erlaubt. Im Gegensatz zu anderen Ländern wie bspw. den USA oder Großbritannien können hierzulande Aktienleerverkäufe nur von professionellen Marktteilnehmern vorgenommen werden.

Tipp:
Anstatt eine Aktie leer zu verkaufen, können Privatanleger ganz einfach Call-Optionen mit dem Basispreis von 1 Euro verkaufen (LEPOs).

Cash- und-Carry-Arbitrage auf einen Blick

Kassakurs Aktie:	400 €
Transaktionskosten:	1 %
Kreditzins:	6 %
Anlagezins:	4 %
Kapitalrate aus Aktienleihe:	60 %

Fairer Futures-Kurs in einem perfekten Markt (Zins = 5 %)

$$F_{0,t} = S_0(1+C) = 400\text{ €} \cdot (1,05) = 420\text{ €}$$

Arbitragefreie Zone mit Transaktionskosten

Obere Grenze: $S_0(1+T)(1+C) = F_{0,t} = 400\text{ €} \cdot (1,01)(1,05) = 424,20\text{ €}$

Untere Grenze: $S_0(1-T)(1+C) = F_{0,t} = 400\text{ €} \cdot (0,99)(1,05) = 415,80\text{ €}$

Arbitragefreie Zone mit Transaktionskosten und unterschiedlichen Zinsen

Obere Grenze: $S_0(1 + T)(1 + C_K) = F_{0,t} = 400\ € \ (1,01)\ (1,06) = 428,24\ €$

Untere Grenze: $S_0(1 - T)(1 + C_A) = F_{0,t} = 400\ € \ (0,99)\ (1,04) = 411,84\ €$

C_K = Kreditzinssatz
C_A = Anlagezinssatz

Arbitragefreie Zone mit Transaktionskosten, unterschiedlichen Zinsen und der Kapitalrate aus der Aktienleihe

Obere Grenze: $S_0(1 + T)(1 + C_K) = F_{0,t} = 400\ € \ (1,01)\ (1,06) = 428,24\ €$

Untere Grenze: $S_0(1 - T)(1 + rC_A) = F_{0,t} = 400\ € \ (0,99)\ (1 + (0,6 \cdot 0,04))$
$= 405,50\ €$

1.6 Dividendeninsiderinfos erfolgreich nutzen

Bei den bisherigen Beispielen sind wir davon ausgegangen, dass die Cost of Carry lediglich aus den Finanzierungskosten der Aktie besteht. Wie steht es aber um eine Dividende, die möglicherweise von der Aktiengesellschaft an ihre Aktionäre bezahlt wird?
Dazu betrachten wir das folgende Beispiel.
Die Aktie der Acid AG zahlt seit Jahren eine Bardividende in Höhe von 2 €. Die AG ist im Chemiesektor angesiedelt und sowohl das Publikum als auch die Analysten gehen von nur leicht steigenden Erträgen des Unternehmens aus. Bauer Hücking pflegt gute Kontakte zur Düngemittelindustrie, und sein Freund, ein Mitarbeiter im Rechnungswesen der Acid AG, berichtet ihm eines Tages Folgendes:

„Hücking! Nur als Hinweis ... Acid wird dieses Jahr wahrscheinlich statt 2 € eine Dividende in Höhe von 4 € zahlen. Das Betriebsergebnis hat sich aufgrund überraschend guter Absatzzahlen mehr als verdoppelt."

Diese Insiderinformation kann von Hücking ausgenutzt werden. Er könnte die Aktie kaufen, würde sich damit allerdings einem Aktienkursrisiko aussetzen. Daher überlegt sich Hücking eine Strategie, mit der er einen risikolosen Gewinn verbuchen kann. Er betrachtet den Terminkurs der Acid AG.

Heute:	
Aktienkurs Acid AG:	90,00 €
Terminkurs mit Fälligkeit in einem Monat:	88,45 €
Erwartete Dividende in einem Monat:	2,00 €
Kreditzinssatz für einen Monat:	6 % p. a.

Der Future wird mit einem Abschlag auf den Kassakurs der Aktie in Höhe von 1,55 € gehandelt. Dieser Abschlag entspricht der Cost of Carry und setzt sich aus zwei Komponenten zusammen. Einerseits sind die 90 € für den Kauf der Aktie für einen Monat zu 6 % Zinsen zu finanzieren. Die Zinskosten berechnen sich mit ((90 € · 30 · 6)/360 · 100) = 0,45 €. Andererseits erwarten die Marktteilnehmer in der Zwischenzeit eine Dividende in Höhe von 2 €. Dieser Betrag stünde allen Aktionären zu und entspräche einem Halteertrag. Die Differenz der beiden Positionen ergibt die Cost of Carry von (0,45 € – 2,00 € =) –1,55 €.

Hücking verfügt über einen Wissensvorsprung gegenüber allen unwissenden Marktteilnehmern. In einem von Ökonomen angenommenen perfekten Markt hätten sämtliche Marktteilnehmer unverzüglich Zugang zu der Information. Die Realität sieht aber anders aus. Hücking wird seinen eigenen fairen Futurespreis kalkulieren. Für ihn errechnet sich die Cost of Carry aus der Differenz von Finanzierungskosten und der Dividende von 4 €. Somit beträgt sein theoretischer Terminkurs (90 € + 0,45 € – 4 €) = 86,45 €.

Hücking schlägt Kapital aus seinem Vorteil, indem er zwei einander entgegengesetzte Geschäfte tätigt.

Heute:	
Kredit über:	+ 90,00 €
Kauf Aktie Acid AG zu:	– 90,00 €
Verkauf Future mit Fälligkeit in einem Monat:	+ 88,45 €

Nach Abschluss dieser Transaktion kann er nur noch hoffen, dass die Insiderinformation richtig war. Ein Kursverfall interessiert Hücking nun nicht mehr, da ein potentieller Kursverlust der Aktie durch die Short- Position im Future aufgefangen wird. Einen Monat später wird in einer von Hücking mit Spannung erwarteten Pressekonferenz eine Dividendenzahlung von 4 € vorgeschlagen, die später auf der HV beschlossen wird. Hückings Strategie ging auf.

In einem Monat:	
Kreditzinsen 6 % für 90 €:	− 0,45 €
Kredittilgung:	− 90,00 €
Erhalt der Dividende:	+ 4,00 €
Lieferung der Aktie zu:	+ 88,45 €
Gewinn:	+ 2,00 €

In der Realität ist die Annahme einer unverzüglichen Informationsverbreitung nicht immer erfüllt. Tatsächlich verfügen viele Mitarbeiter in Führungsebenen über Zugang zu Unternehmensinformationen, die kursbeeinflussend sein können. Tätigen sie aufgrund der Informationen Finanzgeschäfte, können sie unter Umständen gegen das Wertpapierhandelsgesetz verstoßen, nach dem Insiderhandel verboten ist.

1.7 Indexarbitrage mit dem DAX-Future

Der Handel des DAX-Futures an der Eurex ist vergleichbar mit dem Handel von Aktien. Futures werden in der Regel auf einen Aktienindex oder eine standardisierte Anleihe gehandelt. Auch hier kann der faire Wert des Futures durch unsere Cost-of-Carry-Kalkulation berechnet werden. Sobald am Markt andere Preise als die des Cost-of-Carry-Modells auftreten, wird durch eine Vielzahl von Einzeltransaktionen arbitriert. Notiert der DAX-Future beispielsweise zu hoch, so könnten wir die 30 im Index enthaltenen Aktien kaufen und den DAX-Future verkaufen. Nach diesen beiden entgegengesetzten Transaktion brauchen wir nur noch bis zum Verfall des Futures abwarten. Da wir uns durch den Verkauf des Futures zur Lieferung der 30 Aktien per Verfall verpflichtet haben, lösen sich die beiden Positionen gegenseitig auf.

Cash-and-Carry-Arbitrage mit dem FDAX

Heute:
Kauf der 30 DAX-Werte entsprechend der Indexgewichtung
Verkauf – DAX-Future

Beim Verfall des DAX-Futures:
Lieferung des Indexportfolios zum festgesetzten Betrag

Im umgekehrten Fall notiert der Future relativ zum Aktienindex zu billig, oder, je nach Blickwinkel, die Aktien im Vergleich zum Future zu teuer. Um dieses Marktungleichgewicht auszunutzen, müssten wir sämtliche 30 DAX-Werte verkaufen und den DAX-Future kaufen. Das durch den Verkauf der Aktien erhaltene Geld könnten wir zusätzlich zinsbringend am Geldmarkt anlegen.

Reverse-Cash-and-Carry-Arbitrage mit dem FDAX

Heute:
Leerverkauf der 30 DAX-Werte entsprechend der Indexgewichtung
Kauf – DAX-Future

Beim Verfall des DAX-Futures:
Annahme des Indexportfolios zum festgesetzten Betrag

Durch diese beiden Ausgleichsventile ist gewährleistet, dass sich der Preis des Futures immer in einem nachvollziehbaren Verhältnis zum tatsächlichen Aktienmarkt bewegt.

Die folgende Grafik zeigt ein Berechnungstool von Bloomberg zur Ermittlung des Fair Value des DAX-Futures. Sollte die aktuelle Basis über den theoretischen oberen No-Arbitrage-Bounds notieren, so ist die Cash-and-Carry-Arbitrage profitabel.

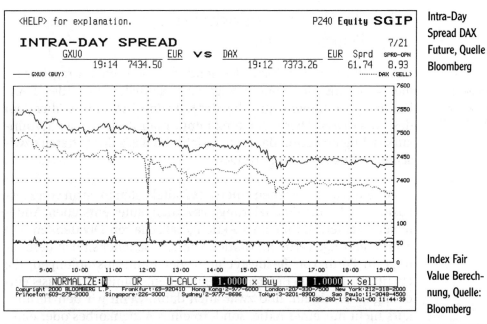

Intra-Day Spread DAX Future, Quelle Bloomberg

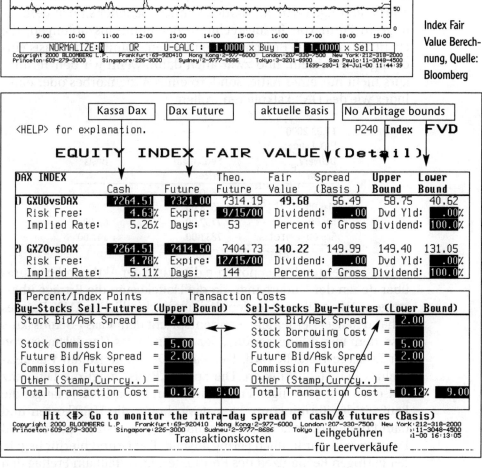

Index Fair Value Berechnung, Quelle: Bloomberg

1.8 Der Unterschied zwischen Spot- und Futurespreisen

Spotpreis = Preis für ein Kassageschäft

Auf dem Kurs-Laufband des Senders n-tv erscheint regelmäßig die Notierung des DAX gefolgt vom aktuellen Kurs des DAX-Futures. Fast immer liegt dabei der Kurs des DAX-Future über dem des Kassa-DAX. Diese Differenz nennt man Basis. Ist der Terminkurs richtig bewertet, dann entspricht die Basis der Differenz zwischen Haltekosten und Erträgen.

Für eine Aktie bestehen einerseits Haltekosten in Form von Zinskosten, die für die Finanzierung des Aktienkaufes entstehen. Andererseits zahlen die meisten Aktiengesellschaften Dividenden, die als Halteerträge verbucht werden können. Seltener sind andere Erträge in Form von Bezugsrechten oder Bonusauszahlungen, die ebenfalls mit in die Berechnung einfließen. Somit ist die Basis eindeutig zu ermitteln, und zwar auch dann, wenn wir den Terminkurs nicht nur einer Aktie, sondern eines Aktienkorbes oder eines Index wie des DAX kalkulieren wollen.

13.03.2000
DAX-Futures:

Delivery Month	Settlement Price	Basis
Kassa	7690.00	
Mar 00	7693.00	3.00
Jun 00	7752.00	62.00
Sep 00	7831.00	141.00

In den meisten Fällen notieren die Kurse der Aktienindexfutures über denen der Underlyings, da die Haltekosten die Erträge übersteigen. An der Eurex werden drei unterschiedlichen DAX-Futures gehandelt. Der Settlement-Preis entspricht dem Kassa-Schlusskurs bzw. dem fairen Futures-Kurs, der am Ende des Handelstages von der Eurex festgestellt wird. Der Kassa-DAX notierte am Handelsschluss bei 7.690 Punkten. Die Spalte „Basis" zeigt die Differenz zwischen dem jeweiligen Future und dem Kassa-DAX. Je länger die Laufzeit des Terminkontraktes, desto höher die Haltekosten und damit die Basis. Es fällt auf, dass die Basis des ersten Futures mit 3 Punkten außerordentlich gering ausfällt. Der Grund hierfür liegt in der geringen Restlaufzeit des Kontraktes. Er verfällt am Freitag den

17.3. und läuft damit nur noch vier Tage. Zum Zeitpunkt des Verfalls am Freitag gegen 13.00 Uhr wird die Notierung des Futures nahezu identisch mit der des Kassa-DAX sein, da weder Kosten noch Erträge auftreten können. Eventuelle kleine Differenzen lassen sich mit unterschiedlichen Transaktionskosten erklären. Damit strebt die Basis beim Verfall gegen null, und zwar nicht nur in diesem Beispiel, sondern bei allen Futures.

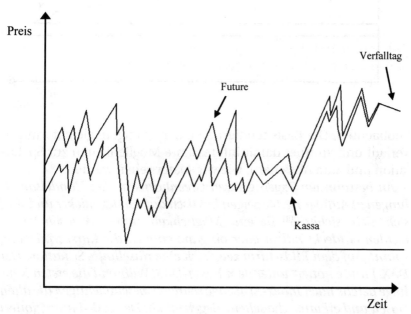

Das Verhalten der Basis im Ablauf der Zeit nennt man Konvergenz. In der nächsten Abbildung ist ein möglicher Verlauf dargestellt, in dem die Basis negativ ist, d. h. der Futures-Preis über dem des Kassa-Index notiert. Die Schere zwischen den Kursverläufen nimmt im Verlauf der Zeit immer mehr ab, bis sich die beiden Verläufe letztendlich in einem Punkt treffen. An diesem Punkt verfällt der Future und die Basis ist Null.

Im unteren Teil der Abbildung ist der Verlauf der Basis, also der Differenz zwischen dem Kassa- und dem Futurespreis zu sehen. Bemerkenswert ist hierbei, dass die Basis im Gegensatz zum schwankungsreichen Auf und Ab des Index und des Futures einen stetigen Verlauf nimmt. Fast wie an einem Lineal gezogen, strebt der Verlauf der Basis gegen null. Dieses Verhalten ist fast immer zu

C. Futures

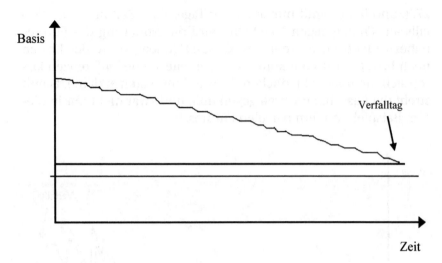

beobachten. Die Basis tendiert zu einem stetigen, gleichförmigen Verlauf und eröffnet damit interessante Möglichkeiten zur Spekulation und zum Absichern, wie wir später sehen werden.

An bestimmten Tagen geraten Greenhorns in den Handelsabteilungen in Aufregung. Sie zeigen hektisch auf den Kursticker und sind sich nicht sicher, ob sie eine Möglichkeit zum risikolosen Reichwerden entdeckt haben oder ob ganz einfach die Kursverpflegung spinnt. Auf dem Bildschirm zeigt sich eine rätselhafte Situation: Der DAX-Future notiert unter dem Kassa-DAX! Während die ersten Neulinge bereits nach Index-Arbitrage schreien, beschwichtigen die alten Hasen und erklären die seltene Begebenheit: Der DAX-Future notiert unter dem Kassa-DAX, weil die Erträge aus dem Halten der 30 DAX-Werte bis zum Verfall die Zinskosten übersteigen. Dieses Phänomen kommt immer dann vor, wenn in kurzer Zeit sehr viele Dividendentermine der DAX-Werte anstehen. Damit reagiert der DAX-Future entsprechend unserer Cost-of-Carry-Annahme.

1.8.1 Basis und Cost of Carry im Devisenmarkt

Im Devisenmarkt sind die Cost of Carry Zinskosten für das Leihen der entsprechenden Währung. Angenommen, ein deutsches Unternehmen benötigt in drei Wochen US-Dollars, um eine Lieferung aus den USA zu bezahlen. Um sich vor eventuellen Kurssteigerungen des US-Dollars gegenüber dem Euro abzusichern, kauft das Unternehmen die US-Dollars auf Termin.

Für den Terminkauf von US-Dollars müssen Euros verkauft werden. Die benötigten Euros zahlt das Unternehmen entweder vom Bankkonto, dann entgehen ihm Zinsen, oder es nimmt einen Kredit auf, wodurch Zinszahlungen anfallen. In jedem Fall entstehen hier Haltekosten. Das Unternehmen erhält die US-Dollars. Diese können in Amerika angelegt werden und generieren Zinserträge. Verrechnet man die Zinsaufwendungen mit den Zinserträgen, so erhält man die Basis.

Liegen im Devisenmarkt die Terminkurse über den Kassapreisen, so sind die Halteerträge (Carry-Erträge) größer als die Haltekosten. Demnach müssen die Zinsen der ausländischen Währung über denen der Heimatwährung liegen. Umgekehrt liegt der Terminkurs unter den Kassanotierungen, wenn die ausländischen Zinsen unter den inländischen liegen.

1.8.2 Basis und Cost of Carry im Bondmarkt

Den Terminkurs einer Anleihe berechnen wir wieder durch Aufrechnen von Kosten und Erträgen für das Halten eines Bonds. Die Haltekosten sind die Zinsen oder Finanzierungskosten. Demgegenüber erhalten wir Erträge aus der Anleihe in Form von Kuponzahlungen. Nehmen wir den Kassapreis der Anleihe und addieren die Basis, so erhalten wir den Terminkurs.

1.9 Futures an der Terminbörse

Nachdem wir nun wissen, wie der Preis eines Forwards oder eines Futures berechnet wird, wird es Zeit, die Instrumente selbst zu handeln!

Forwards werden zwischen zwei Parteien unabhängig von Dritten (bspw. einer Terminbörse) abgeschlossen. Ein Forward kann sich dabei auf theoretisch alle denkbaren Underlyings beziehen. Auch die Ausgestaltungsmöglichkeiten wie Preis, Laufzeit oder andere Bedingungen sind frei aushandelbar. Dadurch entsteht eine bedeutende Einschränkung gegenüber Futures. Forwards sind nicht austauschbar (fungibel). Daher kann der Ausgleich oder die Erfüllung ebenfalls nur zwischen den beiden Kontrahenten erfol-

Forwards sind nur etwas für Profis

gen. Für beide Parteien besteht ein nicht zu unterschätzendes Ausfallrisiko des Kontraktpartners, weshalb Forwards in der Regel nur zwischen institutionellen Adressen und Banken abgeschlossen werden.

Handel von Futures an einer Terminbörse

Futures können an der Terminbörse gehandelt werden

Futures werden über eine Terminbörse abgewickelt. Für das Zustandekommen eines Geschäftes bedarf es ebenfalls zweier Parteien, die jedoch nicht direkt in Kontakt treten, da sie ihr Geschäft über eine Bank oder einen Broker abwickeln. Diese wiederum haben Zugangswege zur Börse und platzieren dort die entsprechende Order. Der Ablauf erfolgt also ähnlich einer „normalen" Aktienorder im Kassahandel. Damit aber das Ausfallrisiko der einzelnen Parteien kontrolliert werden kann, schalten Terminbörsen die so genannte Clearingstelle ein. Für die einzelnen Kontraktpartner ergibt sich nun lediglich die unzweifelhafte Kreditwürdigkeit der Clearingstelle.

Futures sind standardisierte Instrumente

Von der Terminbörse werden bestimmte Kontraktspezifikationen vorgegeben und in den Handel eingeführt. Die einzigen Variablen, die von den Marktteilnehmern bestimmt werden, sind der Preis eines Kontraktes und die Anzahl der Kontrakte. Alle anderen Merkmale, wie das zugrunde liegende Kassainstrument, Laufzeit, Kontraktgröße und Art der Preisabrechnung sind festgelegt. Dadurch können Futures-Kontrakte frei gehandelt werden. Wir können einen Kontrakt kaufen und ihn später an jemanden anders weiter verkaufen. Damit haben wir uns wie bei einem Aktienverkauf glattgestellt, denn die Clearingstelle übernimmt bei jedem Geschäft die andere Seite der Verpflichtung. Halten wir dagegen einen gekauften Future bis zum Verfall, so wird die Clearingstelle beim Settlement denjenigen in die Pflicht nehmen, der den Futures-Kontrakt verkauft hat, also short ist.

Die Abrechnung von Futures

Ein weiterer Unterschied zwischen Forwards und Futures ist die Art der Abrechnung. Während beim Forward-Geschäft erst am Ende, also bei Fälligkeit des Geschäfts ein finanzieller Ausgleich fließt, passiert dies bei Futures bereits während der Laufzeit. Beim Abschluss eines Futures-Geschäftes wird eine bestimmte Sicherheit hinterlegt, um zu vermeiden, dass ein Kontrahent seine Verpflichtungen nicht erfüllen kann.

Darüber hinaus wird am Ende jedes Börsentages eine vorläufige Verrechnung vorgenommen. Diese Verrechnung ist vergleichbar mit einer Zwischenabrechnung. Es wird so getan, als ob am Ende jedes Handelstages die Positionen glattgestellt würde. Damit werden alle aufgelaufenen Verluste und Gewinne berechnet. Dieses System soll noch einmal für zusätzliche Sicherheit während der Laufzeit sorgen. Es hat allerdings den Nachteil, dass wir als Handelsteilnehmer Sicherheiten hinterlegen müssen und darüber hinaus gewissen ständigen Auf- und Abflüssen auf unserem Ausgleichskonto ausgeliefert sind. Im Kapitel „Margin-Arten bei Futures" wird darauf näher eingegangen.

2. Trading mit Aktienindexfutures

2.1 Aktienindizes

2.1.1 Wissen Sie wirklich, was ein Aktienindex ist?

Die Bezeichnungen DAX, Dow Jones, Euro Stoxx, SMI, Nemax, Nasdaq, Standard and Poor´s und Nikkei tauchen tagtäglich in der Finanzpresse auf. Die für Laien seltsam klingenden Abkürzungen stehen für einen Durchschnittswert eines bestimmten Korbes an Aktien. Allerdings sind die Zusammensetzungen und die Berechnungsweisen der jeweiligen Indizes unterschiedlich. Obwohl viele Spekulanten ihre Meinung bezüglich der zukünftigen Kursentwicklung eines Index kundtun, wissen nur die wenigsten, wie ein Index überhaupt berechnet wird.

Eine Standardfrage bei der staatlichen Börsenhändlerprüfung in Frankfurt ist deshalb die vermeintlich simple Frage nach der Zusammensetzung des DAX. So mancher Aspirant kommt bei der Beantwortung ins Schleudern und konstruiert dabei unbeabsichtigt einen völlig neuen Index. Die Kenntnis über die Zusammensetzung und Berechnung dieser Börsenbarometer kann für den erfolgreichen Handel von Indexfutures und Indexoptionen von entscheidender Bedeutung sein.

Grundsätzlich kann ein Aktienindex als ein reiner Preisindex oder basierend auf einer Wertgewichtung berechnet werden.

Preisindex
Ein Preisindex entsteht aus der simplen Addition der im Index enthaltenen Aktienpreise. Jede Aktie wird mit dem Gewicht beachtet, welches dem Preis im Verhältnis zum Indexpreis entspricht. Die Index-"Dinosaurier" Dow Jones und Nikkei 225 werden nach dieser simplen Methode berechnet.

Gewichteter Index
In einem wertgewichteten Index wird die Größe, also der Wert einer Aktiengesellschaft, gemessen an ihrer Marktkapitalisierung

bzw. ihrem Free Float, in Betracht gezogen. Die Aktienkursänderung einer großen Aktiengesellschaft wird den Indexwert hierbei stärker beeinflussen als die einer kleinen AG. In einem wertgewichteten Index haben bspw. die Aktien der Porsche AG und der Pro Sieben AG einen vergleichbar großen Anteil, da ihr Börsenkapital in etwa gleich hoch ausfällt. In einem reinen Preisindex hingegen fände Porsche eine ungleich höhere Beachtung aufgrund des optisch teureren Aktienkurses.

Flee Float = Streubesitz

Der amerikanische Dow-Jones- und der japanische Nikkei-Index werden als Preisindex berechnet, während der DAX, Euro Stoxx, MSCI, Finnish Stock Index, Dow Jones Nordic Stoxx 30, SMI, S&P 500 als kapitalgewichtete Durchschnitte ermittelt werden.

Da Indizes die jeweilige Marktentwicklung möglichst repräsentativ darstellen sollen, stellt sich Frage, inwieweit Dividendenzahlungen der enthaltenen Aktien beachtet werden.

Welchen Einfluss haben Dividenden?

Performanceindex
Ein Performanceindex oder Total Return Index beinhaltet neben den Kursveränderungen auch sämtliche Erträge der enthaltenen Aktie. Dies können sowohl Dividenden als auch Erlöse aus Bezugsrechten sein. Dabei werden alle anfallenden Erträge wieder in die jeweiligen Werte reinvestiert.

Kursindex
Die reinen Kursindizes missachten alle Dividenden- und sonstigen Erträge. Daher wird der Dividendenabschlag, der den Kurs einer Aktie am Tag der Dividendenzahlung verbilligt, zu einem Rückgang des Kursindex führen. Dies hat zur Folge, dass nicht die volle Marktperformance über einen bestimmten Zeitraum widergespiegelt wird. So beinhaltet der DAX- Kursindex, anders als der bekannte DAX-Performanceindex, keine Dividendenzahlungen. Seit der ersten Berechnung der Indexbasis von 1.000 Punkten hat sich so eine beträchtliche Differenz zwischen den beiden Indizes entwickelt.

C. Futures

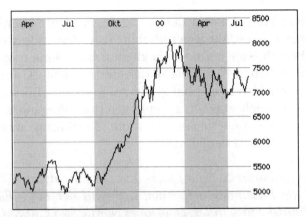

DAX-Performanceindex (WKN 846744),
Quelle: Deutsche Börse

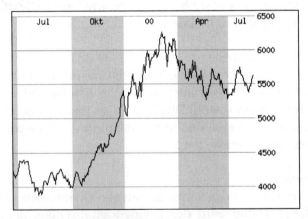

DAX-Kursindex (WKN 846400),
Quelle: Deutsche Börse

2.1.2 Handelbare Aktienindizes

Index	Charakteristik	Terminbörse	Infos
DEUTSCHLAND			
DAX	Deutscher Aktienindex, beinhaltet 30 deutsche Standardwerte. Auswahlkriterium sind Börsenkapitalisierung und Umsatz. Wird als gewichteter Performanceindex berechnet. Indexbasis war am 30.12.1987 1000.	Eurex	www.ip.exchange.de
NEMAX50	Der Neuer Markt Index Blue Chip Index beinhaltet die 50 größten Werte aus dem wachstumsorientiertem Sektor. Der Index wurde per Schlusskurs 30. Dezember 1997 auf 1000 Punkte basiert.	Eurex	www.ip.exchange.de
EUROPA			
Dow Jones Euro Stoxx 50	Umfasst 50 europäische Blue Chip Titel aus den 11 Euro Ländern, ausgewählt nach Börsenkapitalisierung aller Aktien und Beteiligungspapiere. Der Index wird berechnet als gewichteter Kursindex. Indexbasis war am 31.12.1991 1000	Eurex, Matif, MEFF	www.stoxx.com
Dow Jones STOXX 50	Beinhaltet 50 europäische Blue Chips aus Staaten der gesamten EU. Berechnungscharakteristik siehe DJ Euro STOXX 50.	Eurex, Matif, MEFF	www.stoxx.com
SCHWEIZ			
Swiss Market	Der SMI beinhaltet Schweizer Standardwerte, die an den Börsen Zürich, Genf und Basel gehandelt werden. Index SMI Ausgewählt werden die Werte nach Börsenkapitalisierung und früher Verfügbarkeit der Eröffnungskurse. Indexbasis war am 30.6.1988 1500	Eurex	www.swx.com
SPANIEN			
IBEX 35	Basiert auf den 35 wichtigsten Standardwerten, die an vier spanischen Wertpapierbörsen gehandelt werden. Auswahlkriterien sind Börsenkapitalisierung und Liquidität. Derivate auf den Index werden an der Spanischen Financial Future&Options Exchange gehandelt. Indexbasis war am 29.12.1987 3000	MEFF	www.meffrv.es

C. Futures

GROßBRITANNIEN

FTSE 100	FTSE steht für Financial Times und London Stock Exchange. Der Index wird von den beiden Londoner Institutionen berechnet. Der unter Tradern als "Footsie" bekannte Index beinhaltet 100 der wichtigsten börsennotierten Gesellschaften des Königreiches. Auswahlkriterium ist die Börsenkapitalisierung. Indexbasis war am 31.12.1992 1000	LIFFE	www.liffe.co.uk, www.ftse.com

FRANKREICH

CAC 40	Der Cotation Assistëe en Continu 40 Index berechnet den Durchschnitt der 40 umsatzstärksten Werte, die an der Pariser Aktienbörse amtlich gehandelt werden. Indexbasis war am 30.12.1987 1000	MATIF, Monep	www.matif.com

ÖSTERREICH

ATX	Der Austrian Traded Index beinhaltet die wichtigsten österreichischen Titel. Er wird als kapitalgewichteter Kursindex errechnet. Indexbasis war der 2.1.1991 mit 1000 Punkten.	Börse Wien	www.wbag.at

HOLLAND

AEX	AEX steht für den Index der Amsterdam Stock Exchange. Der Index umfaßt 25 wichtige Unternehmen, ausgewählt nach Börsenkapitalisierung. Indexbasis am 1.5.83 war 100	AEX	www.aex.nl

USA

NASDAQ	Der Nasdaq Composite Index beinhaltet ca. 3000 der an der elektronischen Technologie Börse gehandelten Werte. Indexbasis war am 5.2.1971 100.	CME	www.nasdaq.com
S&P 500	Der marktbreite Aktienindex wird von Standard & Poor`s berechnet. Ausgewählt werden die Titel nach Börsenkapitalisierung. Der Basiszeitpunkt wurde mehrfach geändert und basiert momentan auf dem 1.3.1957 mit einem Punktestand von 10.	CME	www.proinvestor.com

JAPAN

Nikkei 225	Der Nikkei gilt als Maßstab für die 225 Werte der ersten Sektion der Tokyo Stock Exchange. Der Nikkei wird seit 1949 als preisgewichteter Kursindex berechnet.	SIMEX	www.nni.nikkei.co.jp, www.simex.com.sg

Aktienindexfutures mit Berechnung des theoretischen Fair Values:

FTSE 100   6.380,4

	Future close	Fair Value	Th Future	Divs	Yield (Annual)	Rate	Days	Spreads	Actl spread	Op Interest
15-Sep-00	6.405,0	11,62	6.392,0	25,30	4,13%	5,95%	35			271733
15-Dez-00	6.486,0	91,06	6.471,5	46,31	2,10%	6,17%	126	79,44	81,00	6771
16-Mrz-01	6.547,0	147,79	6.528,2	90,76	2,39%	6,25%	217	136,17	142,00	3115

CAC40   6.538,00

	Future close	Fair Value	Th Future	Divs	Yield (Annual)	Rate	Days	Spreads	Actl spread	Op Interest
31. Aug 00	6581,5	23,10	6561,1	0,00	0,00%	4,39%	29			239138
29. Sep 00	6585,5	27,03	6565,0	0,22	0,03%	4,41%	34	3,92	4,0	108039
31. Okt 00	6610,0	52,30	6590,3	0,85	0,06%	4,57%	64	29,20	28,5	0
29. Dez 00	6659,5	106,30	6644,3	1,63	0,07%	4,85%	158	83,20	78,0	6062

DAX   7.254,05

	Future close	Fair Value	Th Future	Divs	Yield (Annual)	Rate	Days	Spreads	Actl spread	Op Interest
15-Sep-00	7.306,5	31,48	7.285,5	0,00	0,00%	4,46%	35			163452
15-Dez-00	7.396,0	120,23	7.374,3	1,91	0,08%	4,77%	126	88,74	89,50	2777
16-Mrz-01	7.492,5	214,16	7.468,2	3,98	0,09%	4,94%	217	214,16	186,00	243

SMI   8.203,2

	Future close	Fair Value	Th Future	Divs	Yield (Annual)	Rate	Days	Spreads	Actl spread	Op Interest
15-Sep-00	8.201,0	24,72	8.227,9	0,00	0,00%	3,10%	35			131396
15-Dez-00	8.266,0	82,17	8.285,3	16,80	0,59%	3,45%	126	57,45	65,00	10905
16-Mrz-01	8.396,0	161,17	8.364,3	16,80	0,34%	3,60%	217	136,45	195,00	3644

IBEX35   11.171,9

	Future close	Fair Value	Th Future	Divs	Yield (Annual)	Rate	Days	Spreads	Actl spread	Op Interest
18. Aug 00	11110,5	9,44	11.181,4	0,00	0,00%	4,34%	7			32382
15. Sep 00	11142,5	47,95	11.219,9	0,54	0,05%	4,46%	35	38,51	32,0	10561
20. Okt 00	11188,0	88,62	11.260,5	11,78	0,55%	4,62%	70	79,18	77,5	0
15. Dez 00	11244,0	157,19	11.329,1	23,53	0,78%	4,71%	98	147,75	133,5	2589

AEX   682,17

	Future close	Fair Value	Th Future	Divs	Yield (Annual)	Rate	Days	Spreads	Actl spread	Op Interest
18. Aug 00	684,7	-0,58	681,6	1,16	8,87%	4,34%	7			32632
15. Sep 00	684,5	0,33	682,5	2,63	4,02%	4,46%	35	0,92	-0,2	4249
20. Okt 00	687,5	3,35	685,5	2,78	2,13%	4,62%	70	3,93	2,8	1133
15. Dez 00	695,0	8,16	690,3	3,23	1,37%	4,77%	126	8,75	10,3	687

OMX   1.279,52

	Future close	Fair Value	Th Future	Divs	Yield (Annual)	Rate	Days	Spreads	Actl spread	Op Interest
25. Aug 00	1295,0	1,92	1.281,4	0,00	0,00%	3,87%	14			187746
22. Sep 00	1294,3	5,42	1.284,9	0,46	0,31%	3,94%	42	3,49	-0,8	5614
20. Okt 00	1311,0	9,35	1.288,9	0,54	0,22%	3,98%	70	7,43	16,0	2182

EuroSTXX50   5.163,4   100%   100%

	Future close	Fair Value	Th Future	Divs	Yield (Annual)	Rate	Days	Spreads	Actl spread	Op Interest
15-Sep-00	5.214,0	17,60	5.181,0	3,55	0,72%	N/A	N/A			432489
15-Dez-00	5.274,0	76,59	5.240,0	6,23	0,35%	N/A	N/A	58,99	60,00	37768
16-Mrz-01	5.340,0	140,75	5.304,2	9,52	0,31%	N/A	N/A	123,15	126,00	7363

Aktienindexfutures, Quelle: Eurex

2.1.3 Der Deutsche Aktienindex

Seit 1987 berechnet die Deutsche Börse den allseits bekannten Deutschen Aktienindex, kurz DAX genannt. Der Index gilt als repräsentatives Kursbarometer und gibt Aufschluss über die Stimmungslage am deutschen Aktienmarkt. Die 30 im DAX enthaltenen Aktienwerte werden nach bestimmten Kriterien ausgewählt und seine Zusammensetzung wird von Zeit zu Zeit überprüft und angepasst. Der DAX wird als Realtime- Performanceindex berechnet, wobei die 30 Aktientitel nach den Kriterien

- Börsenumsatz (Orderbuchumsatz) und
- Börsenkapitalisierung

ausgewählt werden. Anschließend werden die AGs anhand ihres börsennotierten Grundkapitals gewichtet. Die Gewichtung berechnet sich aus dem Preis der Aktie, also dem aktuellen Börsenkurs, multipliziert mit der Stückzahl der umlaufenden Aktien. Wichtig hierbei ist, dass die Anteile am Index aufgrund der sich ändernden Aktienpreise schwanken. Beispielsweise stieg Anfang 2000 durch die Hausse der Technologiewerte der Aktienkurs der Telekom überdurchschnittlich stark an. Damit erhöhte sich ihre Marktkapitalisierung derart, dass die Gesellschaft über 20 % des DAX ausmachte. Der Einfluss der Telekom als Indexschwergewicht überschattete in dieser Zeit die Bewegungen anderer Aktien. Obwohl sich viele Standardwerte kaum bewegten, erklomm der DAX neue Höchststände, getrieben von den Kurssteigerungen der Telekom. Eine derartige Verschiebung innerhalb des Index gefährdet den Anspruch, den Aktienmarkt repräsentativ widerzuspiegeln.

Bedeutung des DAX
Der DAX (Performanceindex) simuliert ein tatsächliches Portfolio mit den 30 enthaltenen Aktienwerten. Kommt es zu Dividendenausschüttungen, so wird der Betrag in Höhe der Bardividende umgehend in den Aktienwert reinvestiert, aus dem die Dividende stammt.

Somit berechnet der DAX den absoluten Wert eines Portfolios im Gegenwert von 1.000 DM, welches sich am 31.12.1987 aus den zu jener Zeit im DAX enthaltenen Aktien zusammensetzte. Hätte man ein Portfolio entsprechend der jedes Jahr im September angepassten DAX-Komposition ausgerichtet und jegliche Erlöse reinvestiert, so entspräche der heutige DAX-Stand dem Depotwert.

Aufgrund seiner Berechnungsweise, der breiten Akzeptanz und seiner Marktbreite eignet sich der DAX hervorragend als Benchmark für Portfolios mit deutschen Aktientiteln. Die Funktion einer Benchmark ist insbesondere für Fonds- und Portfoliomanager von Bedeutung, die ihre Strategie anhand eines vordefinierten Investmentuniversums ausrichten. Sie vergleichen dabei die Performance ihres Portefeuilles mit der des DAX und stellen daran fest, ob sie den DAX „outperformed" oder „underperformed" haben. Tatsache ist, dass viele Portfoliomanager trotz Kompetenz und ausgeklügelter Systeme schlechter abschneiden als ihre entsprechende Benchmark. Dieses Risiko umgehen die sog. Index-Tracker. Hierbei handelt es sich um Portfoliomanager, die ihre Anlageentscheidung entsprechend der Zusammensetzung des Index fällen. Durch diese Vorgehensweise nehmen sie sich aber die Chance, den Index zu schlagen.

Im Kapitel „Wir basteln ein Indexzertifikat" werden wir Möglichkeiten zur Indexnachbildung mit Derivaten besprechen.

Neben der Funktion des Index als Vergleichsmaßstab existieren mittlerweile vielfältige Formen von abgeleiteten Produkten, die sich alle auf den DAX beziehen, so bspw. DAX-Futures, DAX-Optionen, DAX-Optionsscheine, DAX-Indexzertifikate oder DAX-Linked-Bonds.

2.1.4 DAX-Berechnung in Excel

Die Kenntnis der aktuellen Notierungen der 30 DAX-Werte und einiger Faktoren zur Indexberechnung vorausgesetzt, lässt sich der DAX relativ einfach in einem Excel Spreadsheet berechnen. Die Angaben zur Indexkalkulation sind kein Geheimnis, sondern werden von der Deutschen Börse veröffentlicht. Eine Berechnung des DAX gibt uns die Möglichkeit, einzelne Kursbewegungen zu simulieren und deren Einfluss auf den Index zu ermitteln.

C. Futures

	A	B	C	D	E	F	G
1	DAX Berechnung	Kt Perform	0,9748087				
2		Kt Price	0,7574245				
3	Aktie	pio	pit	ci	qio	qit	
4	ADIDAS-SALOMON AG O.N.	37,94	57,00	1	45.349.200	45.349.200	
5	ALLIANZ AG O.N.	584,92	416,45	1	15.000.000	245.270.000	
6	BASF AG O.N.	130,64	48,80	1	55.483.587	629.021.350	
7	BAYER AG O.N.	134,88	46,95	1	62.426.957	730.341.920	
8	BAY.MOTOREN WERKE AG ST	228,55	33,15	1	15.000.000	669.165.640	
9	COMMERZBANK AG O.N.	109,42	39,60	1	20.799.181	522.618.842	
10	DEUTSCHE BANK AG NA O.N.	198,38	73,97	1	35.452.626	614.342.520	
11	DAIMLERCHRYSLER AG NA O.N	293,99	69,70	1	42.313.132	1.013.733.220	
12	DEGUSSA-HUELS AG O.N.	161,57	32,85	1	7.300.000	156.139.500	
13	DRESDNER BANK AG NA O.N.	118,62	45,30	1	26.231.464	546.773.083	
14	DT TELEKOM AG NA	16,97	75,45	1	1.000.000.000	1.611.382.787	
15	EPCOS AG NA O.N.	32,50	131,00	1	65.300.000	65.300.000	
16	FRESEN.MED.CARE AG O.N.	65,45	76,95	1	34.790.000	79.023.341	
17	HENKEL KGAA VZO O.N.	248,49	57,01	1	3.500.000	145.986.250	
18	BAY.HYPO-VEREINSBK.O.N.	161,57	62,25	1	9.860.676	394.527.310	
19	KARSTADT QUELLE AG O.N.	218,32	31,75	1	7.200.000	84.000.000	
20	LUFTHANSA AG VNA O.N.	69,28	24,48	1	24.000.000	381.600.000	
21	LINDE AG O.N.	266,89	44,70	1	4.759.456	119.262.134	
22	MAN AG ST O.N.	71,07	38,00	1	13.490.970	154.200.000	
23	METRO AG ST O.N.	213,31	42,99	1	7.784.679	326.987.495	

1. Zunächst benötigen wir aus dem Internetangebot der „Information Products" der Deutschen Börse (www.ip.exchange.de) die aktuellen Kennzahlen zur Indexberechnung.

Kt Perfom	Verkettungsfaktor zur Berechnung des DAX-Perfomanceindex
Kt Price	Verkettungsfaktor zur Berechnung des DAX-Kursindex (Ohne Reinvestition der Dividenden)
pi_0	Kurs einer Gesellschaft am 30.12.1987
pit	Aktueller Börsenkurs einer Gesellschaft
ci	Aktueller Bereinigungsfaktor einer Gesellschaft
qi_0	Anzahl der Aktien einer Gesellschaft am 30.12.1987
qit	Anzahl der Aktien einer Gesellschaft am Verkettungstag

2. Nachfolgend errechnen wir die bereinigte Marktkapitalisierung der einzelnen Gesellschaften sowie die Summe aller Marktkapitalisierungen. Dazu eröffnen wir eine neue Spalte und geben hier die folgende Formel ein. Die Formel wird für alle Zeilen kopiert und die einzelnen Werte unten summiert.

Bereinigte Marktkapitalisierung = $p_{it} \times q_{it1} \times c_i$

mit

p_{it} = Aktueller Kurs der Gesellschaft i
q_{it1} = Anzahl der Aktien der Gesellschaft i am Verkettungstag
c_i = Aktueller Bereinigungsfaktor der Gesellschaft i

BW			=C4*F4*D4	
C	D	E	F	G
0,9748087				
0,7574245				
pit	ci	qio	qit	Bereinigte Marktkap.
57,00	1	45.349.200	45.349.200	=C4*F4*D4
416,45	1	15.000.000	245.270.000	
48,80	1	55.483.587	629.021.350	
46,95	1	62.426.957	730.341.920	

Der Faktor c_i wird deshalb Bereinigungsfaktor genannt, weil er den Index von eventuell auftretenden Aktienkursabschlägen bereinigt. Diese Abschläge auf einen Kurs einer Aktie können auftreten bei

- Dividendenzahlungen (Kurszusatz exD),
- der Ausgabe von jungen Aktien (Kurszusatz exB) oder
- bei der Ausgabe von Berichtigungsaktien (Kurszusatz exBA).

Ohne Bereinigung würde der Index in diesen Situationen unkontrolliert nach unten fallen. Darum bewirkt der Faktor eine rechnerische Aufwertung des Aktienkurses.

Beispiel

Die Cameretti AG, deren Aktien momentan bei 100 € notieren, zahlt am morgigen Tag eine Dividende von 10 €. Damit wird der Kurs der Aktie durch den Dividendenabschlag um 10 € sinken.

$$Ci = \frac{\text{Letzter Kurs}}{\text{Letzter Kurs} - \text{rechnerischer Abschlag}} = \frac{100}{100 - 10} = 1,11$$

Durch den Bereinigungsfaktor von 1,11, der mit niedrigerem Kurs von 90 € multipliziert wird, ergibt sich wieder der ursprüngliche Wert der Aktie.

C. Futures

3. Im nächsten Schritt errechnen wir den Anteil der einzelnen Unternehmen am DAX. Hierzu setzen wir die einzelnen bereinigten Marktkapitalisierungen ins Verhältnis zur Gesamtsumme. Die Addition aller Marktkapitalisierungen wird zuvor in Zelle G34 berechnet

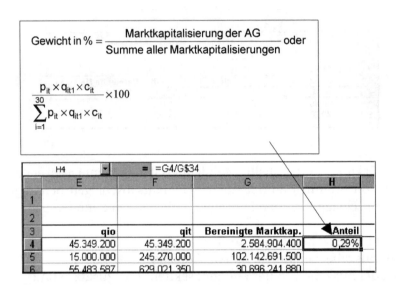

Danach kopieren wir wieder die Formel in die 29 verbleibenden Zellen. Um dabei den Bezug zur Zelle mit der Gesamtsumme nicht zu verändern, sollte ein $-Zeichen vor die Zeilenangabe eingegeben werden.

4. Um den DAX selbst zu berechnen, wird die Summe der Marktkapitalisierungen im Bewertungszeitraum in Relation zur Summe der Marktkapitalisierung im Basiszeitpunkt am 31.12.1987 gesetzt. Multipliziert man diesen Wert mit 1.000, der Indexbasis, so erhält man den aktuellen DAX-Wert. Dazu eröffnen wir zunächst eine neue Spalte, in die wir die bekannte Marktkapitalisierungsberechnung einfügen, nur diesmal mit den Zahlen vom Gründungsdatum des DAX. Nach der Berechnung der jeweiligen Summen bestücken wir eine weitere Zelle mit der finalen DAX-Formel.

$$DAX_t = K_{tl} \times \frac{\sum_{i=1}^{30} p_{it} \times q_{it} \times c_{it}}{\sum_{i=1}^{30} p_{i0} \times q_{i0}} \times 1000$$

mit

t_0 = 30.12.1987
t_1 = Verkettungstag
p_{it} = Aktueller Kurs der AG
q_{it1} = Anzahl der Aktien der Gesellschaft i am Verkettungstag
p_{i0} = Kurs der Gesellschaft i am 30.12.1987
q_{i0} = Anzahl der Aktien der Gesellschaft i am 30.12.1987
c_{it} = Aktueller Bereinigungsfaktor der Gesellschaft i
K_{tl} = Verkettungsfaktor

F1		=	=C1*G34/I34*1000			
C	D	E	F	G	H	I
0,9748087		DAX (Perform)	7429,22			
0,7574245		DAX (Price)	5772,49			
pit	ci	qio	qit	Marktkapitalisierung	Anteil	pio x qio
57,00	1	45.349.200	45.349.200	2.584.904.400	0,29	1.720.548.648
416,45	1	15.000.000	245.270.000	102.142.691.500	11,41	8.773.800.000
48,80	1	55.483.587	629.021.350	30.696.241.880	3,43	7.248.375.806

Als Ergebnis erhalten wir den bekannten Performanceindex DAX sowie den DAX als Kursindex. Man erkennt, wie groß der Unterschied zwischen den beiden Berechnungsmethoden ausfällt.

Mit dem Excel-Tool können verschiedene Simulationen vorgenommen werden. Beispielsweise können wir bei einer Veränderung eines einzelnen Aktienkurses den Einfluss auf den Gesamtindex errechnen. Dazu geben wir ganz einfach den neuen Kurs in das Feld pit ein, woraufhin Excel den neuen DAX-Stand berechnet. Bei einer Anbindung an einen Datenlieferanten wie Reuters oder WinBIS können die Kurse auch automatisch per Realtime-Feed in die Zellen gezogen werden.

2.1.5 Der DAX-Future

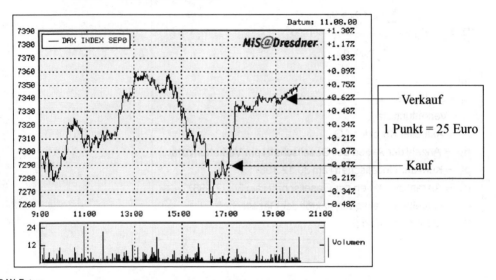

DAX Future,
Quelle:
Dresdner Bank

Dax von Gewinnmitnahmen und US-Daten belastet

Frankfurt, 11. Aug (Reuters) – Nach einem zunächst freundlichen Verlauf haben die deutschen Standardwerte am Freitagnachmittag – belastet von Gewinnmitnahmen und von höher als erwartet ausgefallenen US-Konjunkturdaten – schwächer tendiert. Der Deutsche Aktienindex (DAX) notierte gegen 16.30 Uhr MESZ um 0,34 Prozent niedriger bei 7.256,18 Punkten. Von den 30 gehandelten Topwerten zeigten sich 13 mit Auf- und 17 mit Abschlägen. Bis zum Nachmittag wechselten rund 26 Millionen DAX-Aktien ihren Besitzer. Nach den Gewinnen im Wochenverlauf setzten nun die Gewinnmitnahmen ein, sagte ein Börsianer. Es sei eine typische „Freitagsbörse", hieß es. Händler erklärten, es sei ruhig und der Markt sehr indifferent. Die Anleger wüssten derzeit nicht genau, wo sie investieren sollten.

(Quelle: Yahoo! Deutschland Finanzen)

Der DAX-Future ist der am meisten gehandelte Aktienindexfuture der Eurex. Er bietet die Möglichkeit, durch Kauf- oder Verkauf auf eine Kursveränderung des DAX-Index zu setzen. Aufgrund der im Vergleich zum Kauf der 30 Einzelwerte geringen Kapitalbelastung ermöglicht der Future eine gehebelte Spekulation.

Leverage =
wenig Kapital
aber große
Wirkung

Daneben ermöglicht das Derivat aber auch Absicherungsstrategien und Erwerbsvorbereitungen. Ein großes Portfolio, welches aus

DAX-Werten besteht, kann mit dem Verkauf einer entsprechenden Anzahl von DAX-Futures gegen kurzfristige Kursrückschläge abgesichert werden.

Erwarten wir einen Zahlungseingang der in DAX-Werte investiert werden soll, so entspricht der „vorläufige" Kauf des DAX-Futures einer Erwerbsvorbereitung. Sollte der DAX in der Zwischenzeit steigen, so partizipieren wir über unsere Long-Position im Future bereits an diesem Anstieg.

Beispiel:
Kauf von 10 DAX-Futures zu 7.290 Punkten } Differenz:
Verkauf 10 DAX-Futures zu 7.340 Punkten } 50 Punkte

Gewinn: 10 Kontrakte • 25 € • 50 Punkte = 12.500 €

Die Kursnotierung des DAX-Futures erfolgt in Punkten wie beim DAX- Kursindex. Die kleinste Veränderung beträgt 0,5 Punkte, wobei jeder Punkt laut Kontraktspezifikation 25 € wert ist. Kaufen wir also einen DAX-Future, so entspricht unser Gewinn- und Verlustpotential einer Position von 25 mal den DAX. Eine Schwankung von 100 Punkten im DAX entspräche bei einem Kontrakt einer P & L-Veränderung von 2.500 €. Damit wird klar, dass der DAX-Future einen gewaltigen Kapitalhebel besitzt.

Der kurz laufende Kontrakt weist die höchste Liquidität auf

Delivery Month	Opening Price	Daily High	Daily Low	Closing Price	Settlement Price	Traded Contracts	Open(*) Interests
Sep 00	7300.00	7362.00	7256.00	7351.00	7351.00	25752	163'499
Dec 00	7382.50	7440.50	7364.00	7378.00	7440.00	193	2881
Mar 01	7498.00	7498.00	7497.50	7497.50	7537.50	3	244
Total						25'948	166'624

DAX Futures-Quotierungen, Quelle: Eurex

Die Eurex stellt stets drei verschiedene Fälligkeiten des DAX-Futures zur Verfügung, wobei der Kontrakt mit der kürzesten Laufzeit in der Regel die höchste Liquidität aufweist. Anhand der offenen Kontrakte lässt sich dies ablesen.

offene Kontrakte = Open Interest

2.2 Position Trading

Position Trader halten ihre Futures-Position über einen längeren Zeitraum. Oftmals spekulieren sie durch den geschickten Einsatz von Futures unterschiedlicher Fristigkeit, ohne dabei ein übermäßiges Risiko einzugehen. Spread Trading nennt man das praktische Ausnutzen des Cost-of-Carry-Zusammenhangs, den wir im Kapitel „Der Einstieg ins Futures- Trading" beleuchtet haben. Dabei kaufen Trader einen Future und verkaufen einen gleichen Future mit anderer Laufzeit und spekulieren damit weniger auf eine Kursentwicklung als vielmehr auf eine Veränderung der Basis. Die unterschiedlichen Strategien werden im Folgenden näher erklärt.

Klassisches Spread Trading wird von vielen professionellen Marktteilnehmern mittels Werten von Unternehmen durchgeführt, die Stamm- und Vorzugsaktien emittiert haben. Der Unterschied der Papiere liegt in ihrer rechtlichen Ausgestaltung und differiert von Aktiengesellschaft zu Aktiengesellschaft. Grundsätzlich jedoch berechtigt eine Stammaktie zur Ausübung des Stimmrechts auf der Hauptversammlung, während Vorzugsaktien meistens stimmrechtslos sind, dem Anleger dafür aber Vorrechte bei der Verteilung des Unternehmensgewinns zusichern. Daher liegt der Dividendensatz der Vorzüge in der Regel über dem der Stämme. Profis beobachten nun die Differenz zwischen den beiden stark korrelierenden Aktien und entdecken oftmals Fehlbewertungen, die sich nicht selten über sehr lange Zeiträume hinweg halten. Damit ist diese Art der Spekulation eher langfristig ausgerichtet.

2.2.1 Spreadtrading

Futures an der Eurex werden mit unterschiedlichen Fälligkeiten gehandelt. Die Differenz zwischen den einzelnen Kontrakten sollte immer den Haltekosten für den Zeitraum zwischen den Fälligkeiten entsprechen. Nehmen wir nun den folgenden Zusammenhang an: Die tatsächlichen Kosten und Erträge für das Halten des DAX zwischen den Fälligkeiten ändern sich dann, wenn Dividendenerträge oder Erträge aus der Ausgabe von Bezugsrechten von der allgemeinen Annahme abweichen. Je höher (geringer) die Erträge sind, desto billiger (teurer) werden die länger laufenden FDAX-Kontrakte relativ zu kürzer laufenden FDAX-Kontrakten. Eine andere Einflussgröße für die Cost of Carry ist der Zinsaufwand, der für die

Finanzierung der 30 im DAX enthaltenen Aktientitel von der einen bis zur anderen Fälligkeit zu erbringen ist. Je höher (niedriger) der entsprechende Zinssatz, desto teurer (billiger) werden länger laufende FDAX-Kontrakte relativ zu den Kontrakten mit kürzerer Laufzeit. Theoretisch machen Time Spreads im FDAX daher Sinn, wenn von einer Veränderung der Dividendenerträge und/oder des Zinssatzes zwischen den Fälligkeiten ausgegangen wird.

In der Praxis werden Time Spreads im DAX-Future zumeist aus anderen Gründen abgeschlossen. Es existiert noch eine Reihe weiterer Faktoren, die Einfluss auf die Basis haben. Interessant ist das Verhalten der Marktteilnehmer an einem Fälligkeitstermin der Futures, von Händlern ehrfurchtsvoll „Hexensabbat" genannt. Viermal im Jahr, im März, Juni, Oktober und Dezember, verfallen die Aktienindexfutures. Die Mehrheit der Marktteilnehmer konzentriert ihren Futureshandel auf den Kontrakt mit der kürzesten Fälligkeit, was zweifelsfrei am Umsatz und Open Interest der drei Fälligkeiten des DAX-Futures abgelesen werden kann. Kurz vor dem Auslaufermin eines DAX-Futures verbreitet sich jedes Mal Nervosität unter den Akteuren.

Hexensabbat = Verfallstermin der Aktienindexfutures

Hücking: „Was passiert bei Fälligkeit des Futures?"

Der Fondsmanager eines großen Publikumsfonds, der in deutsche Standardwerte investiert, rechnet mit einem Kursrückgang des DAX. Aufgrund der Transaktionskosten und des hohen Volumens kommt ein Verkauf seines Aktienbestandes nicht in Frage. Stattdessen verkauft er einige DAX-Futures mit Fälligkeit 17. März. Sollte der DAX wirklich sinken, so würde der Gewinn aus der Transaktion dem sinkenden Wert seiner Aktien entgegenwirken. Kurz vor Laufzeitende des Futures hat der Fondsmanager eine Entscheidung zu treffen: Seine Marktmeinung ist immer noch bearish. Allerdings verfällt der März-Future in Kürze. Daher stellt er seine Futuresposition mit Fälligkeit März glatt und verkauft umgehen Futures mit Fälligkeit Juni. Damit „rollt" er seine Position in die nächste Fälligkeit hinüber.

In fast allen Terminkontrakten ist dieses Vorgehen der Hedger und Position Trader zu beobachten. Die folgende Abbildung zeigt den Verlauf der Open Interests der beiden Verfallstermine. Während in der Woche bis zum 10. März noch ein gleichförmiges Ansteigen des Open Interests der beiden Kontrakte zu erkennen ist, konzentrieren sich die offenen Positionen in der darauf folgenden Woche auf den Juni-Kontrakt, wohingegen die Höhe der offenen Kontrakte des März-Futures abnimmt. Scherenförmig schneiden sich die Verläufe, bis schließlich am 17.3. der März-Kontrakt verfällt.

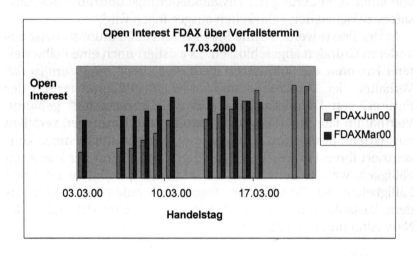

Die Angaben signalisieren, dass ein beträchtlicher Teil der Marktteilnehmer die Position in den Juni-Kontrakt rollt. Dieses Vorgehen hat natürlich auch Einfluss auf das Angebots- und Nachfrageverhalten. Sind viele Hedger im Markt, so ist davon auszugehen, dass sie kurz vor dem Verfall März-Kontrakte zurückkaufen und gleichzeitig den Juni-Kontrakt verkaufen werden. Durch die steigende Nachfrage nach dem kurzen und erhöhten Verkaufsdruck auf den langen Kontrakt wird die Differenz der beiden abnehmen.

Eine gelungene Spekulation auf dieses Marktverhalten wäre der frühzeitige Verkauf eines Time Spreads zwischen den beiden Kontrakten. Genauer gesagt, der Kauf des März-FDAX und Verkauf des Juni-FDAX.

Kurz vor dem Verfall, wenn viele Teilnehmer unter Zugzwang stehen und die gegenteilige Transaktion vornehmen, schließen wir die Positionen wieder.

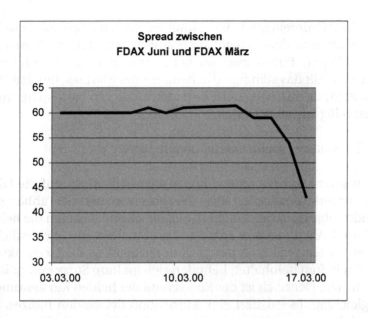

Diese Art der Spekulation hat diverse Vorteile. Zum einen reduziert der gleichzeitige Kauf und Verkauf der Futures das Kursrisiko fast vollständig. Dies honoriert die Eurex, indem sie wesentlich geringere Sicherheitsleistungen als bei einer einzelnen (outright) Futuresposition fordert. Dabei unterscheidet sie bei einigen Produkten noch einmal unter „spot months" und „back months", wobei mit „spot months" der Spread zwischen den ersten beiden Fälligkeiten und mit „back months" der Spread zwischen den letzten beiden Kontrakten gemeint ist.

Ein weiterer Vorteil des Spread Tradings entsteht durch die Möglichkeit der Eingabe von kombinierten Aufträgen in das Eurex-Handelssystem. Somit kann das Risiko einer nur teilweisen Ausführung des Auftrages umgangen werden.

Delivery Month	Opening Price	Daily High	Daily Low	Closing Price	Settlement Price	Traded Contracts	Open(*) Interests
Sep 00	7300.00	7362.00	7256.00	7351.00	7351.00	25752	163'499
Dec 00	7382.50	7440.50	7364.00	7378.00	7440.00	193	2881
Mar 01	7498.00	7498.00	7497.50	7497.50	7537.50	3	244
Total						25'948	166'624

DAX-Futures-Quotierungen, Quelle: Eurex

Bei der Ordereingabe muss somit lediglich die Spanne zwischen dem Kauf- und dem Verkaufspreis angegeben werden. Zu welchen tatsächlichen Futurespreisen gehandelt wird, ist unerheblich. Somit entfällt das ständige Überwachen des Marktes, um den Time Spread zu Beginn möglichst teuer zu verkaufen bzw. später möglichst billig zurückzukaufen.

2.2.2 Trade – „Deutschland gegen Europa"

Ein Inter Contract Spread bietet die Möglichkeit, auf die Differenz unterschiedlicher, aber teilweise voneinander abhängiger Handelsobjekte zu spekulieren. Beispielsweise basieren die beiden Indizes DAX und Euro Stoxx auf größtenteils unterschiedlichen Aktienwerten. Während der DAX ausschließlich deutsche Aktiengesellschaften beinhaltet, befinden sich im Euro Stoxx europäische Topfirmen. Dennoch ist der Kursverlauf der beiden Kursbarometer vergleichbar. Es existiert eine Korrelation der beiden Indizes. Um beispielsweise nach einem Auseinanderdriften auf eine erneute Annäherung zu spekulieren, können wir durch den Kauf und Verlauf auf eine Verringerung des Spreads setzen.

Beispiele

Spread – „Deutschland gegen Europa"

EuroStoxx gegen DAX, Quelle: Handelsblatt

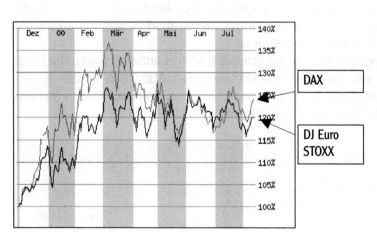

Spread – „Alte Welt" gegen „Neue Welt"

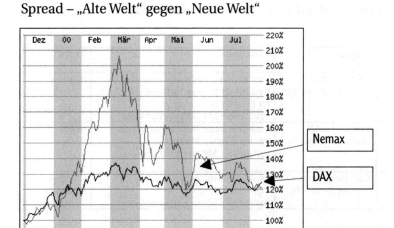

NEMAX gegen DAX, Quelle: Handelsblatt

2.2.3 Arbitrage an unterschiedlichen Handelsplätzen

Mit Inter Market Spreads lassen sich eventuelle Ineffizienzen der Märkte ohne Marktrisiko ausnutzen. Ein Inter Market Spread ist ein Arbitrage-Spread, bei dem ein Future an einem Handelsplatz gekauft und gleichzeitig an einem anderen verkauft wird. Diese Art Arbitrage ist sicherlich eine der ältesten und einfachsten in Kapitalmärkten. Futures auf den Euro STOXX werden beispielsweise an der Eurex, aber auch an der französischen Matif und der spanischen MEFF gehandelt. Hat man schnelle Marktzugänge zu allen drei Börsen, so kann es profitabel sein, ein permanentes Arbitragesystem zu managen. In Investmentbanken befassen sich Abteilungen mit der Bezeichnung „Quantitative Arbitrage" mit dieser Möglichkeit des Geldverdienens.

Übersicht – Spread Trading im Futureshandel

Bezeichnung Spread	Beispiel	Spekulation	Risiko
Time/ Intra Delivery	Kauf FDAX-Jun. Verkauf FDAX-Sep.	Zinsstruktur wird flacher, d. h. der Zins für Laufzeit bis Sep. sinkt und/oder Zins für Laufzeit bis Sep. steigt, bestehendes Marktungleichgewicht	Begrenzt
Inter Contract	Verkauf FDAX Kauf Euro Stoxx 50	Euro-Wirtschaft steigt stärker als die innerhalb Deutschlands, bestehendes Marktungleichgewicht	Höher
Inter Market	Kauf Bund Eurex Verkauf Bund Liffe	Quasi-Arbitrage durch günstige Transaktionskosten o. Ä., bestehendes Marktungleichgewicht	Niedrig/nicht vorhanden

2.2.4 Tipp: Geldverdienen während einer Übernahmeschlacht

Panikartig kauft die Masse Aktien, die aufgrund von Fusions- oder Übernahmegerüchten in das Gesprächsfeld der Börse geraten. Frei nach dem Motto: „Gerüchte sind die Rauchfahnen der Wahrheit" spekulieren viele auf das Zustandekommen des Zusammenschlusses. Man glaubt, der Erste im Rennen zu sein und kauft den schon ansteigenden Wert in der Annahme, die Großzahl der Anleger würde noch einsteigen. Wird der Deal offiziell bestätigt, so fallen die Kurse der Übernahmeaktien durch Gewinnmitnahmen oftmals wieder in sich zusammen. Durch zu spätes Einsteigen und zu frühes Aussteigen besteht die Gefahr, ohne Gewinn oder sogar mit Verlust die Transaktion zu schließen.

Hücking: *„Buy the rumours. Sell the facts!"*

Eine raffinierte und weitaus risikoärmere Version, an einer Übernahme zu verdienen, wird im Folgenden präsentiert.

Der Jahreswechsel 1999/2000 war geprägt von der bis dahin größten Übernahmeschlacht der Wirtschaftswelt. Nachdem der Telekommunikationsgigant Mannesmann das britische Mobilnetz Orange gekauft hatte, schlägt Chris Gent, Chairman von Vodafone, zurück und legt ein Übernahmeangebot für Mannesmann vor.

Am Morgen des 19.11.00 schreibt Der Spiegel Online:

„Vodafone bietet 242,5 Milliarden Mark für Mannesmann

Der britische Mobilfunkanbieter Vodafone AirTouch, der den Mannesmann-Konzern übernehmen will, hat sein neues Angebot vorgelegt: 242,5 Milliarden Mark – in Aktien.

London – Vodafone legte am Freitagmorgen ein Tauschangebot von 53,7 eigenen Aktien für eine Mannesmann-Aktie vor. Damit würde eine Mannesmann-Aktie gut 240 € wert sein. Die Mannesmann-Aktionäre würden 47,2 Prozent des neuen Gesamtkonzerns halten.

Bei einem Erfolg der Übernahme will Vodafone die Festnetz- Telefongesellschaften Mannesmann Arcor und Infostrada sowie die Mannesmann-Sparten Maschinenbau und Autotechnik an die Börse bringen. Vodafone erklärte, die Fusion würde Einsparungen von 500 Millionen Pfund Sterling im Jahre 2003 ermöglichen. Ein Jahr darauf könnten sogar 600 Millionen Pfund eingespart werden."

Hücking liest den Artikel. Er ist sich zwar nicht ganz sicher, ob die Übernahme gelingt. Aber eines ist ihm klar:

Hücking: „Wenn jemand 6 Mark für ein Kilo Tomaten bietet und der Preis auf dem Wochenmarkt bei 4 Mark steht, sind die Tomaten ein Kauf!"

Abgesehen von der Aussicht auf eine Kursrally der Mannesmann-Aktie beinhaltet das Angebot Vodafones eine phantastische Grundlage zum Spread Trading. Vodafones Offerte lautet auf 53,7 eigene Aktien für eine Mannesmann-Aktie. Damit steht fest, dass spätestens bei einer erfolgreichen Übernahme dieses Verhältnis von den Marktpreisen der Vodafone- und der Mannesmann-Aktie widergespiegelt werden muss.

Vodafone	Mannesmann
53,7 Stück	1 Stück

Marktpreise – Ende November

	Vodafone	Mannesmann
Ratio	53,7	1
Kurs (€)	4,50	200
Theor. Kurs MMN:	(4,50 x 53,7 =) 241,65	
Theor. Gewinn:	(241,65 – 200 =) 41,65	

Kurz nach Bekanntwerden des Umtauschangebotes notierte der Spread bei etwa 44,65 €. Hücking kauft 100 Mannesmann im Gegenwert von 20.000 € und verkauft gleichzeitig 5.370 Vodafone-Aktien für 24.165 € am englischen Markt.

Im Dezember werden fast täglich Pressemeldungen über den Kampf der zwei Telekom-Riesen veröffentlicht. Der gesamte deutsche Aktienmarkt haussiert. Verursacht durch das Kaufangebot, steigt die Mannesmann-Aktie auf 240 €. Aber nicht nur Mannesmann steigt, sondern auch Vodafone. Hücking kontrolliert fast täglich den Mannesmann-Vodafone-Spread. Anfang Februar scheint seine Strategie endlich aufzugehen und der Spread nähert sich dem Tauschverhältnis an. Teilweise liegt dabei der Mannesmann-Kurs sogar über dem rechnerischen Wert.

Marktpreise – Anfang Februar

	Vodafone	Mannesmann
Ratio	53,7	1
Kurs (€)	6,00	325
Theor. Kurs MMN:		322,2
Theor. Gewinn:		2,80

Hücking stellt seine Spread-Position glatt. Er kauft Vodafone zurück und verkauft seinen Bestand an Mannesmann-Aktien. Mit Vodafone realisiert er einen Verlust von 1,50 € • 5.370 = 8.055 €. Seine 100 Stück Mannesmann bescheren ihm einen Gewinn von 125 € • 100 Stück = 12.500 €. Die Differenz ist Hückings Reingewinn und lautet auf 4.445 €.

Ebenso hätte Hücking ganz einfach seine Mannesmann-Aktien entsprechend des Umtauschangebotes in Vodafone-Aktien umtauschen können. Die so gewonnenen Vodafone-Aktien hätten seine Short-Position exakt ausgeglichen. Doch Hücking realisiert Gewinne lieber heute als morgen.

Sicherlich hätte der einfache Kauf von Mannesmann-Aktien einen wesentlich höheren Ertrag gebracht. Allerdings beinhaltet der Outright- Kauf ein immenses Kursrisiko. Jeder Einbruch am Markt hätte sich voll auf das Ergebnis einer einzelnen Aktienposition ausgewirkt. Darüber hinaus brauchte Hücking für das Eingehen der Spread-Position kein Kapital, sondern erhält sogar die Differenz in Höhe von 41,65 € pro Aktie.

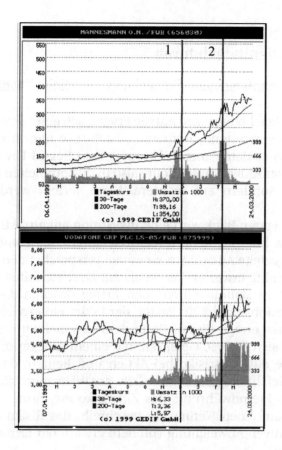

Aktienkurse von Mannesmann und Vodafone, Quelle: Consors

1. Eröffnen der Spread-Position (Ende November 1999)

Mannesmann	€ 200
Vodafone	€ 4,50
Kauf Mannesmann 100 Stück	- € 20.000
Verkauf Vodafone 5.370 Stück	+€ 24.165
Ergebnis	+€ 4.165

2. Schließen der Spread-Position (Anfang Februar 2000)

Mannesmann	€ 325
Vodafone	€ 6
Verkauf Mannesmann 100 Stück	+€ 32.500
Kauf Vodafone 5.370 Stück	- € 32.220
Ergebnis	+€ 280

Gesamtergebnis

Eröffnen des Spread	+€ 4.165
Schließen des Spread	+€ 280
Ergebnis	+€ 4.445

2.3 Portfoliomanagement mit Eurex-Aktienindexfutures

2.3.1 Eine interessante Entdeckung – Portfolio-Theorie

Jeder Anlageberater wird auf die Frage nach einer sinnvollen Anlagepolitik antworten: „Streuen! ... Nicht alle Eier in einen Korb legen!" Was er damit meint, ist unter dem Begriff Diversifikation bekannt. Das Anlagekapital sollte also nicht komplett in einen Wert investiert, sondern auf mehrere Werte verteilt werden. Wieso eigentlich?

Auf den ersten Blick wird eine Investition am attraktivsten sein, welche die höchste Rendite erwirtschaftet. Demzufolge könnte doch das gezielte Auswählen eines viel versprechenden Titels eine höhere Rendite erwarten lassen als ein Durchschnittsportfolio, in dem mehrere „lahme Enten" den Ertrag drücken. Gegen diese Argumentation spricht ein Faktor, der in der Finanzwelt am meisten Aufsehen erregt: Risiko! Unter dem allgemeinen Begriff Risiko verbergen sich diverse Gefahren, die einem Anleger drohen. Beispielsweise das Kursrisiko bei Aktien und Renten, das Bonitätsrisiko als Gefahr des Zahlungsausfalls, das Währungsrisiko bei Geldanlagen in Fremdwährung, das Zinsrisiko etc. Bringt man diese Gefahren auf einen Nenner, so beschreibt das Risiko die Gefahr einer negativen Abweichung von dem erwarteten Ertrag aus einer Geldanlage.

Ein erhöhtes Risiko bietet jedoch auch die Chance auf hohe Erträge. Das beste Beispiel hierfür ist der Neue Markt als Plattform für Risikokapital. Investitionen in Unternehmungen mit hohem Risiko würden niemals vorgenommen werden, wenn die Aussicht auf Ertrag nicht überdurchschnittlich wäre. Eine Aktie, die über eine lange Zeit hindurch fünf Prozent Verlust erzeugt, birgt allerdings kein Risiko, da der Ertrag nicht unsicher ist. Ein anderer Wert, der einmal mit plus fünf Prozent, dann mit minus zwei Prozent und wieder mit plus fünf Prozent rentiert, beinhaltet trotz positiver Gesamtrendite ein Risiko, da die Ergebnisse wesentlich unsicherer ausfallen. Ein Auswahlkriterium bei der Portfoliozusammenstellung bilden demnach die beiden Faktoren Rendite und Risiko. Je mehr Risiko ein Investor für eine Geldanlage übernimmt, desto höher wird in der Regel sein Ertrag sein.

Hohes Risiko = hohe Chance

Effizientes Portfolio – Analyse mit Excel

Das Geheimnis einer erfolgreichen Komposition eines Depots liegt in der Mischung der Anlageinstrumente, wobei die Faktoren Risiko und Rendite eine wichtige Rolle spielen. Bei einer bestimmten Kombination von risikoreichen und risikolosen Werten lässt sich ein Portfolio mit optimaler Chance-/Rendite-Konstellation bilden.

Mit Hilfe eines Excel Spreadsheets lässt sich auf eine einfache Art und Weise die optimale Risiko-/Ertragskombination eines Portfolios bestimmen. Dazu analysieren wir zunächst zwei Aktienwerte A und B.

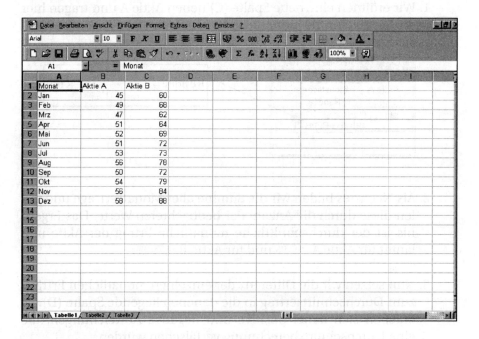

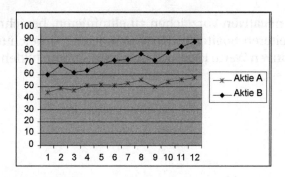

Die beiden Aktien A und B weisen innerhalb von 12 Monaten die in der Abbildung dargestellten Kurszeitreihen auf. Die Kursverläufe scheinen sich relativ gleichförmig zu verhalten, wobei sich hinsichtlich des Risikos allerdings auf den ersten Blick keine Aussage treffen lässt.

Um das Risiko der beiden Aktien zu ermitteln, berechnen wir in den folgenden Schritten die durchschnittliche Schwankungsstärke.

1. Wir eröffnen eine neue Spalte (C) neben Aktie A und tragen hier die Formel für die monatliche Rendite ein.

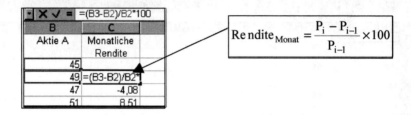

2. Als Nächstes bilden wir die Summe aller Monatserträge und teilen diese durch die Anzahl der beobachteten Werte. Das Ergebnis ist der durchschnittliche monatliche Ertrag der Aktie und lautet für Aktie A 2,5 % und für Aktie B 3,75 %.

3. Nun setzen wir die Differenz der einzelnen monatlichen Erträge zum Durchschnittsertrag in die daneben liegende Spalte (D). Es ergeben sich dabei positive und negative Abweichungen, die eine Durchschnittsberechnung verfälschen würden.

4. Um die negativen Vorzeichen zu eliminieren, berechnen wir in einer weiteren Spalte (E) das Quadrat der Abweichungen. Aus den positiven Werte lässt sich nun eine Summe bilden.

	A	B	C	D	E
1	Monat	Aktie A	Monatliche Rendite	Abweichung vom Mittel	Quadrat der Abweichung
2	Jan	45			
3	Feb	49	8,89	6,39	40,82
4	Mrz	47	-4,08	-6,58	43,32
5	Apr	51	8,51	6,01	36,13
6	Mai	52	1,96	-0,54	0,29
7	Jun	51	-1,92	-4,42	19,56
8	Jul	53	3,92	1,42	2,02
9	Aug	56	5,66	3,16	9,99
10	Sep	50	-10,71	-13,21	174,61
11	Okt	54	8,00	5,50	30,25
12	Nov	56	3,70	1,20	1,45
13	Dez	58	3,57	1,07	1,15
14			Mittel:	2,50	359,59

5. Teilen wir die Summe durch die Anzahl der 10 Zwischenschritte, so gelangen wir zu einer ersten Vergleichsgröße für das Risiko. Diese Größe nennt sich Varianz und berechnet sich für die Aktie A mit 35,96 und für Aktie B mit 45,65.

6. Die Standardabweichung ist die Wurzel der Varianz und lautet für die beiden Aktien unseres Beispiels:

Standardabweichung Aktie A = $\sigma_A = \sqrt{\sigma_A^2} = \sqrt{35,96} = 6,00$

Standardabweichung Aktie B = $\sigma_B = \sqrt{\sigma_B^2} = \sqrt{45,65} = 6,76$

Mit dieser Kennzahl und der mittleren Rendite lassen sich die beiden Aktientitel schon besser vergleichen. Es fällt auf, dass Aktie A ein geringeres Risiko in Form der Standardabweichung aufweist und gleichzeitig eine geringere durchschnittliche Rendite liefert. Eine Anlage in Aktie B erscheint lukrativer, da die mittlere Rendite hier höher ausfällt. Allerdings ist auch die Unsicherheit höher.

Aktie	Rendite	Standardabweichung
A	2,5 %	6 %
B	3,75 %	6,76 %

Die Rendite-/Risikostruktur der Aktien lässt sich in ein Koordinatensystem eintragen. Auf der horizontalen Achse wird die Standardabweichung und auf der vertikalen Achse die Höhe der Rendite festgehalten.

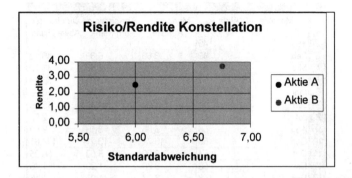

Je nach Risikobereitschaft setzen wir auf einen hohen Ertrag mit hohem Risiko oder geringeren Ertrag mit niedrigerem Risiko. Können wir zwischen zwei Anlageformen wählen, so ist diejenige die attraktivere, die

- bei gleichem Risiko eine höhere Rendite besitzt,
- bei gleicher Rendite ein geringeres Risiko aufweist oder
- eine höhere Rendite und ein geringeres Risiko besitzt.

Wie verhalten sich nun Rendite und Risiko des Portfolios, wenn wir die Anteile der Aktien A und B variieren?

7. Wir erweitern unsere Excel-Tabelle. Die erste neue Spalte (J) enthält den Kurswert des Depots. Dieser richtet sich nach der prozentualen Aufteilung des Portfolios in Aktie A und Aktie B. Der Wert des Portfolios in einem Monat entspricht (s. Grafik nächste Seite oben):

Die Berechnungen „Monatliche Rendite", „Abweichung vom Mittel" und „Quadrat der Abweichung" erfolgen wie in den vorherigen Schritten für eine einzelne Aktie.

Hücking: „Weniger Risiko und höherer Ertrag? Wie ist das möglich?"

Bei einer Aufteilung von 80 % Aktie A und 20 % Aktie B ergibt sich für das gesamte Portfolio eine Standardabweichung von 5,96 und eine mittlere Rendite von 2,81 Prozent. Damit bietet das Portfolio ein geringeres Risiko als ein Einzelengagement in Aktie A oder B

Trading mit Aktienindexfutures

$$\text{Kurswert}_{\text{Depot}} = (\text{Anteil}_{\text{Aktie A}} \times \text{Kurs}_{\text{Aktie A}}) + (\text{Anteil}_{\text{Aktie B}} \times \text{Kurs}_{\text{Aktie B}})$$

	BW	X ✓ =	=$K$16*B2+($K$17)*F2	
	J	K	L	M
1	Kurswert Depot	Monatliche Rendite	Abweichung vom Mittel	Quadrat der Abweichung
2	=$K$16*B2+($			
3	52,8	10,00	7,19	51,65
4	50,0	-5,30	-8,12	65,87
5	53,6	7,20	4,39	19,24
6	55,4	3,36	0,55	0,30
7	55,2	-0,36	-3,17	10,08
8	57,0	3,26	0,45	0,20
9	60,4	5,96	3,15	9,93
10	54,4	-9,93	-12,75	162,48
11	59,0	8,46	5,64	31,84
12	61,6	4,41	1,59	2,54
13	64,0	3,90	1,08	1,17
14		Mittel:	2,81	355,31
15				35,53
16	Anteil Aktie A	0,80	Stdabwg	5,96
17	Anteil Aktie B	0,20		

und gleichzeitig eine höhere Durchschnittsrendite als Aktie A. Hierbei zeigen sich erstmals die Vorteile der Diversifikation – ein Teil des Risikos kann eliminiert werden, da durch die Streuung Kursausschläge einer einzelnen Aktie nicht mehr so stark ins Gewicht fallen. Die Auswirkungen weiterer möglicher Mischungsverhältnisse der Aktien auf Rendite und Risiko lassen sich in Excel einfach berechnen.

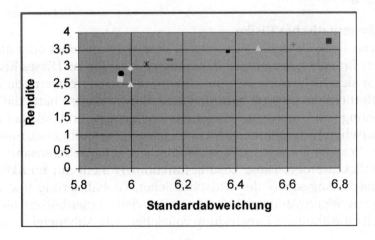

Die Form einer halb offenen Ellipse ist charakteristisch für verschiedene Kombinationen zweier Aktien. Die Endpunkte entsprechen einer vollständigen Investition in eine der beiden Aktien mit dem jeweiligen Rendite-/Risikoverhältnis der Aktie. Alle dazwischen liegenden Punkte repräsentieren verschiedene Anteile von Aktie A und Aktie B im Portfolio. Jeder dieser Punkte weist eine mittlere Rendite auf, die entsprechend der Gewichtung zwischen der maximalen Rendite (Aktie B 3,75 %) und der minimalen Rendite (Aktie A 2,5 %) liegt. Anders sieht dies beim Risiko aus: Durch das Wunder der Diversifikation erreichen gewisse Aktienkombinationen eine Reduzierung des Risikos bei gleichzeitiger Erhöhung der Rendite.

Unsystematisches Risiko

Wichtig für den langfristigen Anlageerfolg ist weniger der „Treffer" einer einzelnen erfolgreichen Aktie als vielmehr die richtige Zusammenstellung des Portfolios. Damit fällt das Risiko einer einzelnen Aktie weniger ins Gewicht. Dieses einzelne Risiko bezieht sich lediglich auf den Wert eines Unternehmens oder einer Branche und wird unsystematisches Risiko genannt. Beispielsweise betrifft es das Management oder die Geschäftspolitik einer Firma. Erweist sich der Vorstand einer AG als inkompetent, so wirkt sich dies sicherlich zunächst nur auf den Börsenkurs des Unternehmens aus, nicht aber auf andere Firmen. Die unsystematischen Risiken lassen sich durch Streuung des Kapitals diversifizieren. Und genau dieser Effekt ist in unserem Beispiel mit lediglich zwei Aktien zu Tage getreten.

Unsystematisches Risiko = diversifizierbares Risiko

Systematisches Risiko

Das Risiko, welches sich auf alle Unternehmen einer oder mehrerer Branchen bezieht, ist das systematische Risiko. Dieses Risiko lässt sich nicht ohne weiteres durch Streuung verringern, da alle Unternehmen hiervon betroffen sind. Beispielsweise hätte die Erhöhung von Unternehmenssteuern einen negativen Effekt auf alle deutschen Unternehmen. Um dieses Risiko zu minimieren, müsste das Portefeuille auch mit ausländischen Unternehmensanteilen bestückt werden. Diese Lösung funktioniert nicht nur im Aktienbereich. Angesichts der wirtschaftlichen Globalisierung und der gegenseitigen Abhängigkeiten werden viele Aktienbörsen dieser Welt eine ähnliche Entwicklung vollziehen. Die Abhängigkeit zeigt

Systematisches Risiko = nicht diversifizierbares Risiko

sich durch die Vorreiterfunktion der amerikanischen Leitbörse. Kommt es dort zu einem Crash, so wirkt sich diese Geldvernichtung auch auf europäische und asiatische Börsen aus.

Um dem Risiko einer globalen Rezession mit Aktienkursverlusten entgegenzuwirken, könnte das Portfolio auf Renten- und Immobilienwerte ausgedehnt werden. Sollte der schlimmste Fall, nämlich die Inflation eintreten, eignet sich Gold als Wertanlage. Ob diese Streuung wünschenswert ist, bleibt dem Anleger überlassen, denn eine zu breite Verteilung hätte auch die Senkung der Rendite zum Ergebnis.

Hücking: „Eine Steuerung der unsystematischen und der systematischen Risiken ist hervorragend mit derivativen Instrumenten wie Futures und Optionen möglich!"

Systematisches Risiko	Risiko, das eine gesamte Anlagekategorie betrifft, kann nur durch Wechsel in eine andere Anlagekategorie verringert werden.
Unsystematisches Risiko	Risiko, das nur eine bestimmte Anlage betrifft, kann durch Diversifikation verringert werden.

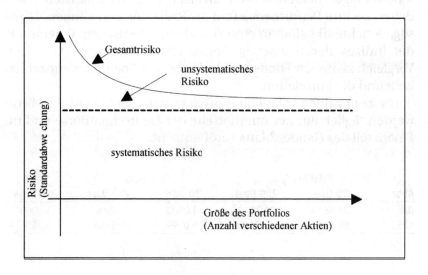

2.3.2 Wir spielen Fondsmanager

Das Angebot an Fonds scheint überwältigend: DAX-Fonds, East European Fonds, Tiger Fonds, Hightech-Fonds, Rentenfonds, Trading Fonds etc. werden tagtäglich beworben. Dabei unterscheiden sich Fonds zwar in der Wahl der Werte, in die sie investieren, aber ein grundlegendes Anlageziel lautet meistens:

Benheim: „Das Anlageziel eines Fondsmanagers ist stetiger und möglichst hoher Ertrag bei wenig Risiko."

Um Fonds miteinander vergleichbar zu machen, reicht es nicht aus, lediglich die am Jahresende ausgewiesene Rendite in Betracht zu ziehen. Ein hoch spekulativer Fonds, der in einer Hausse ausgezeichnete Ergebnisse erzielt, könnte durchaus nach der nächsten Abwärtsbewegung zum Preisträger der „Goldenen Zitrone" werden, da er aufgrund des hohen Risikos auch am Abschwung überproportional teilnimmt. Daher muss zusätzlich zur Rendite das mit einer Anlage in den Fonds verbundene Risiko berücksichtigt werden.

Um das Zusammenspiel von verschiedenen Investments bewerten zu können, wurde das Konzept des effizienten Portfolios mit systematischen und unsystematischen Risiken besprochen. Portfoliomanager bedienen sich diverser Vergleichsmaßstäbe, mit denen sie ihre Performance und ihr Risiko messen können. Diese sog. Benchmarks sind für eine Vielzahl von deutschen Aktienfonds die Indizes der deutschen Börse, allen voran der DAX. Den Vergleich zwischen Fonds und Index beschreiben die Kennzahlen Beta und die Korrelation.

Die Kennzahlen Volatilität, Korrelation und Beta der DAX-Werte werden täglich auf der Internetseite der Deutschen Börse und im Finanzteil des Handelsblatts veröffentlicht.

		Volatility (p.a. %)		Correlation		Beta
DAX-Kennzahlen, Quelle:	Abbr	30 Days	250 Days	30 Days	250 Days	250 Days
Deutsche Börse	DAX	25,58 %	21,70 %	1,0000	1,0000	1,0000
	ADS	65,19 %	43,74 %	0,0999	0,1754	0,3536

Beta

Das Beta einer Aktie drückt aus, wie sich ihre Tagesrendite im Verhältnis zu den Renditen der Benchmark in der Vergangenheit entwickelt hat.

Zur Berechnung des Betas werden in der Regel die letzten 250 Kursdaten der Aktie mit den jeweiligen Indexständen verglichen. Entscheidend dabei sind die Renditen der Aktie und des Index von einem Tag auf den anderen. Angenommen von einem Börsentag auf den anderen steigt Adidas um 2 %, während der DAX um 1,5 % ansteigt. Damit entsteht das Renditepaar
2 %/1,5 % für diesen Tag, welches sich in ein Diagramm eintragen lässt. Die x-Achse dient dabei den DAX-Renditen und die y-Achse steht für die Renditen der Adidas-Aktie.

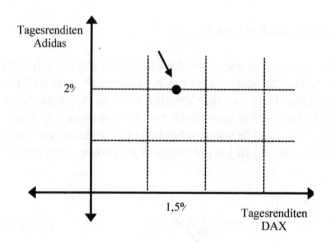

Nun tragen wir alle Wertepaare der letzten 250 Tage in das Diagramm ein.

Das Ergebnis ist eine Anhäufung von 250 Punkten. Der Trick besteht nun darin, eine Gerade durch die „Punktewolke" zu legen, welche die Richtung der Punkte möglichst gut wiedergibt. Diese Richtung wird Trend genannt.

Die Steigung dieser Gerade entspricht dem Beta der Aktie. Sie gibt an, wie stark eine Aktie im Vergleich zum Index steigt oder fällt. Hat eine Aktie bspw. ein Beta von 1,6, so schwankt sie durchschnittlich 1,6 mal so stark wie der Index.

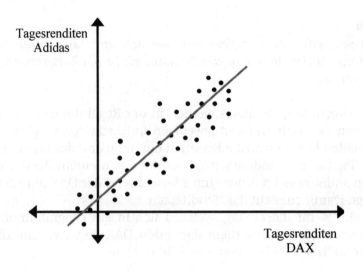

Wie wirkt sich das Beta aus?

Ein Beta von über 1 bedeutet, dass die Aktie stärker schwankt als die Benchmark. Kurssteigerungen wie -rückgänge wirken sich in der Aktie stärker aus. Damit ist ihre Volatilität höher. Fondsmanager versuchen, ihr Portefeuille aus Titeln mit einem Beta von über 1 zu komponieren, wenn sie von Kurssteigerungen ausgehen. Auf diese Weise können sie den Index bei einem Kursanstieg „outperformen".

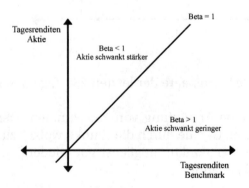

Liegt das Beta unter 1, so wirken sich Kursänderungen in der Aktie unterproportional zum Index aus. Die Volatilität der Aktie ist demnach geringer als die des Index. Portfoliomanager nutzen ein Beta von unter 1 für defensive Strategien. Rechnet der Manager mit sinkenden Notierungen, möchte aber dennoch im Aktienmarkt engagiert sein, so wird er in Werte mit geringem Beta umschichten. Bei einem Rückgang der Kurse erleidet seine Portfolio nur unterdurchschnittliche Verluste.

Ein Beta von 1 würde bedeuten, dass die Aktie gleich stark schwankt wie der Vergleichsmaßstab. Die Volatilitäten wären somit identisch. Auf der Übersicht der Kennzahlen erscheint das Beta des DAX immer mit 1, da aufgrund der Berechnungsweise der Index mit sich selbst verglichen wird.

Das Beta erinnert in seiner Charakteristik stark an den Hebel, der zur Bewertung von Optionsscheinen herangezogen wird. Bei beiden Kennziffern wird ein Vergleich zwischen zwei Instrumenten möglich. Der Optionstrader erkennt anhand des Hebels, wie stark sich der Wert seiner Optionsposition im Vergleich zum Underlying ändert. Ein Portfoliomanager sieht an seinem Beta, mit welcher Power er im Vergleich zu seiner Benchmark im Markt steht.

Allerdings kann das Beta nicht uneingeschränkt zum Risikomanagement benutzt werden. Die Konzeption hinkt, denn das Beta beschreibt lediglich die durchschnittliche Änderung der Aktie im Vergleich zum Index. Es vernachlässigt dabei die Genauigkeit der Übereinstimmung.

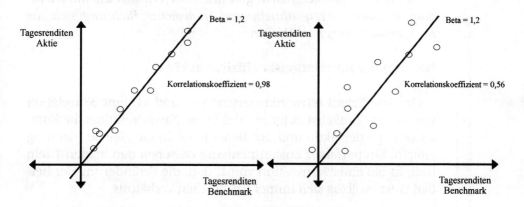

Die beiden Grafiken zeigen, dass der Kursverlauf zweier Werte mit identischem Beta nicht zwangsläufig parallel ausfallen muss. Aus diesem Grund ermittelt man zusätzlich zum Beta eine Parallelitätskennziffer, den so genannten Korrelationskoeffizienten.

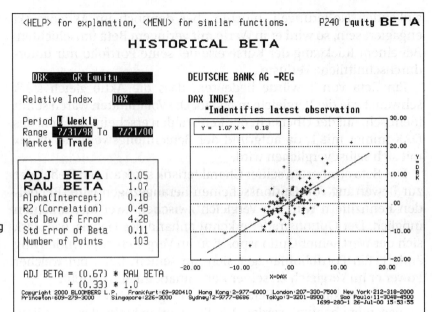

Betaberechnung Deutsche Bank gegen DAX, Quelle: Bloomberg

Korrelation
Der Korrelationskoeffizient gibt an, inwiefern sich die Kursbewegungen zweier Werte ähneln und in welcher Richtung sich die Kursveränderungen vollziehen.

Was sagt der Korrelationskoeffizient aus?

Der Koeffizient schwankt zwischen –1 und +1. Eine Korrelation von +1 sagt zunächst aufgrund des Vorzeichens aus, dass die Kursausschläge der Aktie und der Benchmark in die gleiche Richtung gingen. Ein perfekter Zusammenhang zwischen den beiden Titeln besteht bei einer Korrelation von 1, d. h. die Veränderung der beiden Werte vollzog sich immer im gleichen Verhältnis.

Ein Koeffizient von –1 signalisiert, dass zwar die Veränderung im gleichen Verhältnis ablief, aber die Richtung entgegengesetzt war. Jedes Mal, wenn der eine Wert stieg, sank der andere und umgekehrt.

Beträgt der Koeffizient 0, so bestand in der Vergangenheit kein Zusammenhang zwischen den beiden Werten. In diesem Fall ist der Kurs eines Titels im Verhältnis zum Kurs des anderen willkürlich gesunken und gestiegen.

Der Korrelationskoeffizient kann als „Gütesiegel" des Beta Faktors verstanden werden. Je höher die Korrelation, desto dichter liegen die Punkte in der Wolke zusammen und desto stärker ähnelt sich der Kursverlauf von Aktie und Benchmark.

Benheim: „Wie korrelieren Bikinis mit Regenschirmen?"

Betrachten wir zwei Aktiengesellschaften. Die eine ist ein Bikinihersteller und die andere produziert Regenschirme. Damit ist klar, dass bei Regen die Schirmfirma profitiert und die Bikinifirma das Nachsehen hat. Umgekehrtes gilt bei Sonnenschein. Damit korrelieren die beiden Werte perfekt, allerdings in entgegengesetzter Richtung.

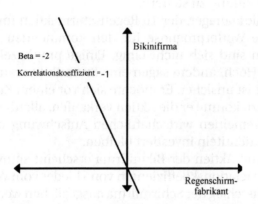

Der Korrelationskoeffizient wird bei –1 liegen. Damit ist aber nicht gesagt, dass auch die Höhe der Aktienkursausschläge, ausgedrückt im Beta, gleich sein muss. Angenommen die Aktien der Bikinifirma bewegen sich doppelt so stark wie die des Regenschirmwerks, dann lautet das Beta auf –2.

Als Nächstes soll das Kursverhalten der Aktie einer Internetagentur mit dem der Bikinifirma verglichen werden. Aufgrund der vorliegenden Daten kann überhaupt kein Zusammenhang erkannt werden. Weder die Höhe der Kursbewegungen noch die Richtung steht in einem Kontext, womit sowohl der Korrelationskoeffizient wie auch das Beta bei 0 liegen.

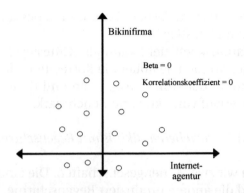

Mit den vorhandenen Kennziffern kann nun ein Portfolio aus den vorgestellten Aktienwerten gemanagt werden. Sinn und Zweck der Analysen ist es schließlich, durch geschickte Zusammenstellung eines Portfolios seine Risiken und Chancen optimal nach einer Marktmeinung zu steuern.

Ein Portfoliomanager, der 10 Regenschirmaktien im Depot hat, analysiert die Wetterprognose für den kommenden Monat. Die Meteorologen sind sich nicht einig. Einige prophezeien ein lang anhaltendes Hoch, andere sagen eine Sturmflut voraus. Der Portfoliomanager ist unsicher. Er möchte sich vor einem Kursrückgang schützen. Dazu könnte er die Aktien verkaufen, allerdings glaubt er an einen allgemeinen wirtschaftlichen Aufschwung und möchte deshalb in Aktientiteln investiert bleiben.

Der Kauf von Aktien der Bikinifirma erscheint sinnvoll, da aufgrund des Korrelationskoeffizienten von -1 jeder vom Wetter verursachte Kursausschlag der Schirmfirma ausgeglichen werden könnte. Da die Aktie des Bikiniherstellers bei einem Beta von −2 in die entgegengesetzte Richtung doppelt so stark schwankt, braucht der Manager nur halb so viele Aktien der Bikinifirma zu kaufen. Mit einer Order von 5 Aktien hat er sein Wetterrisiko gehedgt.

Die Kennzahlen für den DAX

Die Deutsche Börse veröffentlicht das 250-Tage-Beta und die 30- und 250-Tage-Korrelationskoeffizienten für alle DAX-Titel. Mit diesen Angaben können wir ein Aktien-Portfolio entsprechend unserer Risikoneigung zusammenstellen.

Trading mit Aktienindexfutures

Abbr	Volatility (p.a. %) 30 Days	250 Days	Correlation 30 Days	250 Days	Beta 250 Days
DAX	25,58%	21,70%	1,0000	1,0000	1,0000
ADS	65,19%	43,74%	0,0999	0,1754	0,3536
ALV	47,66%	34,38%	0,2763	0,5524	0,8753
BAS	31,04%	33,64%	0,0301	0,4100	0,6358
BAY	32,70%	31,55%	0,0711	0,4888	0,7109
BMW	58,31%	42,90%	-0,2265	0,3349	0,6621
CBK	44,91%	31,66%	0,3993	0,4914	0,7171
DBK	62,19%	38,66%	0,3452	0,5208	0,9280
DCX	40,18%	28,14%	0,0806	0,4889	0,6341
DHA	24,85%	37,12%	0,3995	0,3139	0,5370
DRB	74,09%	44,49%	0,3032	0,5058	1,0372
DTE	64,87%	47,80%	0,8230	0,6932	1,5273
EPC	87,32%	86,63%	0,6742	0,3753	1,4982
FME	38,74%	40,60%	0,0183	0,2937	0,5496
HEN3	51,40%	32,24%	-0,1694	0,2222	0,3303
HVM	49,81%	39,86%	0,2384	0,4631	0,8506
KAR	48,41%	45,93%	-0,1275	0,3029	0,6412
LHA	35,76%	32,96%	0,1844	0,2225	0,3381
LIN	49,49%	36,97%	-0,0152	0,2726	0,4644
MAN	44,20%	40,53%	0,2104	0,3412	0,6374
MEO	44,79%	35,65%	-0,0653	0,3560	0,5850
MUV2	43,85%	40,98%	0,2346	0,5309	1,0028
PRS	40,54%	38,24%	-0,1769	0,3971	0,7000
RWE	44,50%	33,15%	0,0300	0,2222	0,3396
SAP3	71,52%	56,06%	0,6358	0,5727	1,4796
SCh	33,36%	25,62%	0,1409	0,4276	0,5049
SIE	72,47%	41,23%	0,7433	0,6708	1,2749
TKA	48,97%	44,14%	0,1923	0,3024	0,6153
VEB	56,10%	37,31%	-0,0413	0,2040	0,3508
VIA	54,19%	40,86%	0,0120	0,2826	0,5322
VOW	39,15%	30,36%	-0,0284	0,4130	0,5779

DAX-Kennzahlen, Quelle: Deutsche Börse

Eine hohe Korrelation zum DAX besitzen stets die Werte mit hoher Marktkapitalisierung wie Deutsche Telekom oder SAP, deren Gewichtung im DAX entsprechend hoch ausfällt. Angenommen, wir stellen uns ein Portfolio aus diesen Werten zusammen. Aufgrund der 250-Tage- Korrelation von 0,69 bzw. 0,57 zum DAX hat sich unser Portfolio im Vergleich zu den anderen Aktien relativ gleichläufig bewegt. Bei einem Beta von ca. 1,5 ist unser Portfolio allerdings relativ zum DAX stärker ausgeschlagen. Viele Fonds- und Portfoliomanager werden in der Annahme steigender Notierungen diese Werte favorisieren. Dieser Hintergrund erklärt teilweise, warum bei freundlichem Umfeld insbesondere die Zugpferde des DAX gekauft werden. Ein Blick auf diese Kennziffern ist also auch für Privatanleger lohnenswert, um das Marktverhalten besser verstehen zu können.

Die beschriebenen Kennziffern werden, genau wie die historische Volatilität, aus Verhaltensweisen der Vergangenheit abgeleitet.

Damit ist leider nicht gesagt, dass die zukünftige Entwicklung entsprechend dieser Kennzahl ausfallen wird. Alle auf diesen Angaben basierenden Annahmen sind also mit Vorsicht zu genießen. Einen Anhaltspunkt für die Zuverlässigkeit der Kennzahl gibt der Vergleich des 30-Tage mit dem 250-Tage-Korrelationskoeffizienten, denn die Wahl eines aussagekräftigen Betrachtungszeitraumes ist oftmals entscheidend. Eine Betrachtung der 250-Tage-Werte macht Sinn, denn durch die höhere Datenmenge werden die Bewegungen geglättet und die letzten Schwankungen fließen mit einem deutlich geringeren Gewicht in die Berechnung ein. Bei kleinen Datenmengen können temporäre Ausschläge unter Umständen verzerrte Aussagen über die künftige Korrelation liefern.

2.3.3 Berechnung von Portfolio-Management-Kennzahlen

Zwei Kurszeitreihen, bestehend aus den zehn letzten Jahresschlusskursen eines Index und einer Aktie, sollen miteinander verglichen werden. Dazu wird das Risiko in Form der Standardabweichung sowie der Vergleich zwischen dem Index und der Aktie, ausgedrückt im Beta, ermittelt.

Jahr	Index	Aktie
1990	4180	109
1991	4312	120
1992	4482	133
1993	4533	140
1994	4825	180
1995	4974	199
1996	4880	181
1997	4922	198
1998	5262	225
1999	5568	255
2000	6220	288

Zunächst ermitteln wir die Kennzahlen des Index:

1. In Spalte C berechnen wir den Ertrag (E) des Index als prozentuale Veränderung und kopieren die Formel in die darunter liegenden Zellen.

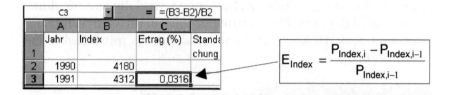

$$E_{Index} = \frac{P_{Index,i} - P_{Index,i-1}}{P_{Index,i-1}}$$

2. In Zeile 13 wird die Summe der einzelnen Jahreserträge gesetzt. Sie entspricht dem prozentualen Wertzuwachs innerhalb der 10 Jahre.

3. Darunter, in Zeile 14, setzen wir das arithmetische Mittel der 10 Einzelveränderungen.

4. In Spalte D wird die Differenz der jährlichen Erträge vom arithmetischen Mittel errechnet.

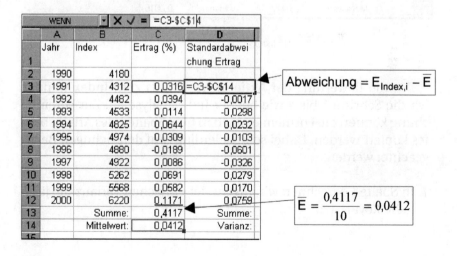

Abweichung $= E_{Index,i} - \bar{E}$

$$\bar{E} = \frac{0{,}4117}{10} = 0{,}0412$$

5. Als Nächstes setzen wir das Quadrat der Abweichung aus Spalte D in die Spalte E und erhalten damit die jährlichen Varianzen. Durch das Quadrieren werden mögliche negative Vorzeichen eliminiert. In der Zelle unterhalb der Kolonne wird die Summe gebildet.

6. Um die Varianz des Index zu berechnen, wird die Summe durch die Anzahl der Zwischenschritte dividiert, in unserem Fall also 9. Es sind zwar 10 Kurse vorhanden, allerdings mit 9 Zwischenschritten.

	A	B	C	D	E
1	Jahr	Index	Ertrag (%)	Standardabweichung Ertrag	Varianz Ertrag
2	1990	4180			
3	1991	4312	0,0316	-0,0096	=D3^2
4	1992	4482	0,0394	-0,0017	0,0000
5	1993	4533	0,0114	-0,0298	0,0009
6	1994	4825	0,0644	0,0232	0,0005
7	1995	4974	0,0309	-0,0103	0,0001
8	1996	4880	-0,0189	-0,0601	0,0036
9	1997	4922	0,0086	-0,0326	0,0011
10	1998	5262	0,0691	0,0279	0,0008
11	1999	5568	0,0582	0,0170	0,0003
12	2000	6220	0,1171	0,0759	0,0058
13		Summe:	0,4117	Summe:	0,0131
14		Mittelwert:	0,0412	Varianz:	0,0015

$(E_{Index,i} - \overline{E})^2$

$$\text{Varianz}_{Index} = \frac{0,0131}{9} = 0,0015$$

Für die Bewertung der Aktie im Verhältnis zum Index wenden wir die Schritte 1 bis 4 wie bei der Indexanalyse an. Zur Vereinfachung können die Formeln einfach in freie Spalten des Arbeitsblattes kopiert werden. Dabei sollte allerdings auf den richtigen Bezug geachtet werden.

7. In Spalte I berechnen wir anstatt der einfachen Varianz die jährliche Kovarianz.

8. Darunter errechnet sich die Gesamt-Kovarianz.

Aktie	Ertrag (%)	Standardabweichung Ertrag	Kovarianz Ertrag
109			
120	0,1009	-0,0047	0,0000
133	0,1083	0,0028	0,0000
140	0,0526	-0,0529	0,0016
180	0,2857	0,1801	0,0042
199	0,1056	0,0000	0,0000
181	-0,0905	-0,1960	0,0118
198	0,0939	-0,0117	0,0004
225	0,1364	0,0308	0,0009
255	0,1333	0,0278	0,0005
288	0,1294	0,0238	0,0018
Summe:	1,0557	Summe:	0,0211
Mittelwert:	0,1056	Covarianz:	0,0023

$(E_{Aktie,i} - \bar{E}_{Aktie})(E_{Index,i} - \bar{E}_{Index})$

$$\text{Kovarianz}_{Aktie/Index} = \frac{0,0211}{9} = 0,0023$$

Auch bei der Berechnung der Gesamt-Kovarianz teilen wir die summierten jährlichen Kovarianzen durch die 9 Zwischenschritte.

Da sich das Beta einer Aktie errechnet mit

$$\beta_{Aktie} = \frac{\text{Kovarianz}_{Aktie/Index}}{\text{Varianz } E_{Index}}$$

ergibt sich ein Beta für unsere Aktie mit

$$\beta_{Aktie} = \frac{0,0023}{0,0015} = 1,61$$

Damit hat unsere Aktie ein historisches Beta von 1,6. Um eine Aussage über die Parallelität der beiden Bewegungen zu machen, errechnen wir den Korrelationskoeffizienten mit

$$\frac{\text{Kovarianz}_{Aktie,Index}}{\sqrt{\text{Varianz}_{Aktie} \cdot \text{Varianz}_{Index}}}$$

Setzen wir die Daten unseres Beispiels ein, so erhalten wir

$$\text{Korrelationskoeffizient} = \frac{0{,}0015}{\sqrt{0{,}0024 \cdot 0{,}0011}} = 0{,}9190$$

Damit stellen wir fest, dass die Aktie in der Vergangenheit mit dem Faktor 1,6 im Vergleich zum Markt geschwankt hat. Der Koeffizient von 0,9190 deutet auf eine relativ hohe Korrelation hin. Mit anderen Worten, die Volatilität der Aktie ist höher als die des Index, wobei die Schwankung aber aufgrund der hohen Korrelation zumeist gleichgerichtet zum Markt aufgetreten ist.

2.4 Risikomanagement mit Aktienindexfutures

2.4.1 Absicherungsstrategien

Im letzten Abschnitt haben wir mit Hilfe von Beta und Korrelation verschiedene Kennzahlen kennen gelernt und ihre Anwendung bei der Zusammenstellung von Portfolios erprobt. Dabei ging es bisher um den Vergleich zwischen Aktien und Index. Durch das Einbeziehen von Aktienindexfutures kann ein Portfolio noch einfacher und flexibler gemanagt werden. Schließlich repräsentiert ein Indexfuture nichts anderes als ein perfektes Marktportfolio.

Im Gegensatz zum spekulativen Trader benutzt ein Hedger Futures-Märkte, um bestehende Risiken zu reduzieren. Ein Hedge sichert dabei stets eine bereits bestehende Kassa- oder Terminposition ab. Der Zeitraum bis zum Auflösen der risikoreduzierenden Position wird Hedging-Horizont genannt. Dieser kann von vornherein feststehen oder wird entsprechend der Marksituation angepasst.

Hücking: „Wie lassen sich Aktienindex-Futures zur Absicherung einsetzen?"

Long Hedge

Hücking analysiert seine Vermögensstruktur. Sein Wertpapierdepot beinhaltet ausgesuchte Technologiewerte und einige amerikanische Titel. Um sein Vermögen zu diversifizieren, hält Hücking ein Investment in europäische Unternehmen für sinnvoll. Allerdings ist Hücking momentan nicht liquide. Eine Einnahme in Höhe von 100.000 € steht erst Ende März an, wobei er den Betrag schon lieber heute als morgen investieren möchte.

Hücking studiert die Dow-Jones-Euro-Stoxx-Futures am 15. März:

Letzter Kurs-Index: 5.083

Delivery Month	Opening Price	Daily High	Daily Low	Closing Price	Settlement Price	Traded Contract	Open(*) Interests
Mar 00	5166.00	5175.00	5070.00	5084.00	5083.00	107'390	251'383
Jun 00	5169.00	5174.00	5065.00	5070.00	5078.00	81'406	172'284
Sep 00	5170.00	5207.00	5131.00	5132.00	5119.00	2'506	48'242
Total						191'302	471'909

Eurex-Futures-Quotierungen am 15. März, Quelle: Eurex

Durch einen Long Hedge kann sich Hücking gegen einen zwischenzeitlichen Kursaufschwung absichern. Nehmen wir an, die 100.000 € stünden bereits heute zur Verfügung, so könnte der Betrag zum Beispiel in Form eines Indexzertifikates vollständig in die Aktien des Dow Jones Euro Stoxx investieren werden. Wäre der Index handelbar, könnte Hücking theoretisch etwa 20 Stück beziehen (100.000/5.083).

Anders ausgedrückt: Jede Bewegung um einen Punkt im Index entspräche einer Wertveränderung seiner Investition um 20 €. Da der Kontraktwert pro Punkt im Dow-Jones-Euro-Stoxx-Future 10 € entspricht, kauft Hücking zwei Kontrakte des Juni-Futures zum aktuellen Kurs.

Es fällt auf, dass der Juni-Future des Dow Jones Euro Stoxx nahe am Kassaindex notiert. Die Begründung für diesen Umstand liegt in den anstehenden Dividendenterminen bis zum Juni. Die Zinskosten werden somit durch die Dividendenerträge aufgewogen und die Basis liegt nahe bei null.

Delivery Month	Opening Price	Daily High	Daily Low	Closing Price	Settlement Price	Traded Contracts	Open(*) Interests
Jun 00	5407.00	5456.00	5382.00	5416.00	5416.00	21'252	277'830
Sep 00	5439.00	5489.00	5424.00	5466.00	5455.00	387	50'207
Dec 00	5538.00	5540.00	5488.00	5503.00	5514.00	97	442
Total						21'736	328'479

Eurex-Futures-Quotierungen am 29. März, Quelle: Eurex

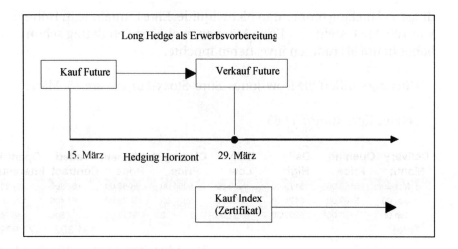

Durch den Long Hedge hat Bauer Hücking seine Investition schon heute getätigt. Er sichert sich somit das momentane Kursniveau und genießt damit alle Vor- und Nachteile einer Investition in den Euro Stoxx.

Am 29. März notiert der Juni-Future bei 5.416. Hücking verkauft seinen Future und kauft mit dem nun zur Verfügung stehenden Kapital den Index in Form von Zertifikaten. Das Vorgehen Hückings ist eine Erwerbsvorbereitung. Obwohl er das nötige Kapital noch gar nicht zur Verfügung hat, kann er durch den Kauf eines Futures einen tatsächlichen Kauf des zugrunde liegenden Basiswertes nachformen.

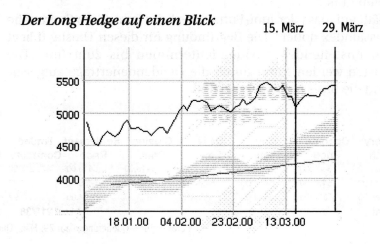

Kursverlauf des EuroStoxx während der Transaktion, Quelle: Deutsche Börse

Datum	Kassamarkt	Futures-Markt
15. März	Kaufentschluss DJ-Euro-Stoxx zum 15.3. zu einem angenommenen Kurs von 5.083 20 x 5.083 = € 101.660	Kauf 2 Kontrakte Dow-Jones-Euro-Stoxx 50-Future, Verfall Juni bei 5.083
29. März	Der Index notiert nun bei 5.416. Hücking investiert in 20 Zertifikate zu 5.416 = € 108.320 Entgangener Gewinn: - € 6.660	Verkauf 2 Kontrakte Dow-Jones-Euro-Stoxx 50-Future, Verfall Juni bei 5.416 Gewinn: € 333 x 2 Kontrakte x € 10 Kontraktwert = € 6.660

Short Hedge

Neben dem Long Hedge kommen in der Praxis wesentlich öfter Short Hedges vor. Diese Art Absicherung wird durch den Verkauf von Futures-Kontrakten erreicht.

Beispiel

Eine Portfoliomanagerin analysiert zusammen mit einigen technischen Analysten die momentane Situation am europäischen Aktienmarkt und kommt zu der Überzeugung, dass ein Verkauf ihrer Portefeuilles bestehend aus europäischen Titeln angebracht wäre. Ein direkter Verkauf der Aktien hätte allerdings diverse Nachteile. Dazu zählen steuerliche Aspekte, Transaktionskosten sowie anstehende Dividendenzahlungen. Ferner könnte der Verkauf einiger Aktien aufgrund mangelnder Liquidität problematisch werden. Ein weiterer Grund gegen den Verkauf der Aktien ist die Annahme der Managerin, dass ein Marktrückgang nicht von Dauer sein wird. Langfristig möchte sie an ihrem gut diversifizierten Portfolio festhalten.

Sie entscheidet sich am 15. März zum Verkauf von 200 DJ-Euro-Stoxx-Futures, da der Wert ihres Portfolios in etwa dem 2000fachen des aktuellen Indexstandes entspricht.

Die Portfoliomanagerin liegt mit ihrer Annahme fallender Aktienkurse falsch. Nachdem sie die Futures verkauft hat, steigt der Index und beschert ihr einen Verlust aus der Futuresposition, gleichzeitig aber einen Gewinn aus ihrem noch bestehenden Portfolio.

Datum	Kassamarkt	Futures-Markt
15. März	Bestehende Portefeuilles entsprechend dem 2000fachen des DJ-Euro-Stoxx zum Kurs von 5.083 2.000 x 5.083 = € 10.166.000	Verkauf 200 Kontrakte Dow-Jones-Euro-Stoxx 50-Future, Verfall Juni bei 5.083
29. März	Der Index notiert nun bei 5.416. Das Portfolio hat einen Wert von 2.000 x 5.416 = € 10.832.000 Gewinn: € 666.000	Kauf 200 Kontrakte Dow-Jones-Euro-Stoxx 50-Future, Verfall Juni bei 5.416 Verlust: - € 333 x 200 Kontrakte x € 10 Kontraktwert = - € 666.000

Die Wirkungsweise dieses Short Hedges ist der des Long Hedges exakt entgegengesetzt.

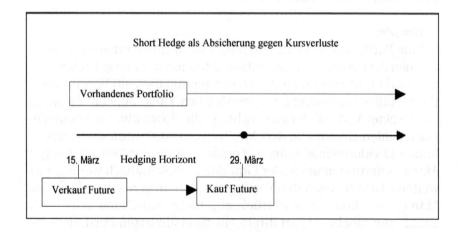

Cross Hedge

Die obigen Beispiele des Long Hedge und des Short Hedge zeigen eine exakte Übereinstimmung der Kassa- mit der Futuresposition: Zum einen entsprach die Zusammensetzung der Kassaposition in Form des diversifizierten Portfolios genau der Zusammenstellung des DJ-Euro-Stoxx-Index. Zum anderen konnte die Größe des Portfolios durch eine gerade Anzahl von Kontrakten eines Futures nachgebildet werden. Derart ideale Voraussetzungen sind in der Realität meistens nicht anzutreffen.

Differiert die Hedgeposition mit der abzusichernden Position in Form der

- abzusichernden Zeitspanne,
- der Kontraktgröße oder
- der Zusammensetzung,

so spricht man von einem Cross Hedge. Bei einem Cross Hedge entsprechen sich die Charakteristika der Kassa- und der Terminposition nicht exakt.

Für das Angebot der Eurex an Futureskontrakten gilt insbesondere die Kontraktgröße als problematisch für Privatanleger. Nehmen wir an, Bauer Hücking hätte im obigen Beispiel 130.000 € in den DJ-Euro-Stoxx investieren wollen. Bei einem Indexstand von 5.083 hätte er theoretisch 2,55 Kontrakte (130.000 €/(5.083 • 10 €)) des Futures kaufen müssen. Kauft er 3 Kontrakte, so entsteht bei einem Kursrückgang ein neues Risiko in Form von 0,45 Kontrakte • 10 € pro Indexpunkt. Das heißt, Hückings Position wäre zu stark gehedged. Kauft er hingegen lediglich 2 Kontrakte, so entsteht ein neues Risiko in Höhe von 0,55 Kontrakte • 10 € bei einem Kursanstieg.

Die folgende Tabelle zeigt die handelbaren Aktienindexfutures der Eurex. Auf der Basis des jeweiligen Settlement-Preises des Juni-Kontraktes am 15. März wird die Hedgegröße eines Kontraktes errechnet. Demnach entspricht das Chance-/Risikopotential eines Kontraktes des DJ-Euro-Stoxx 50-Futures (bei einem Settlement-Preis und einem Kontraktwert von 10 €) dem einer Investition von 51.760 € in die Werte des Index. Bei DAX-Futures sind sogar knapp 200.000 € notwendig, um mit der Power eines Kontraktes mitzuhalten.

Futures	Settlement-Preis Verfall Juni zum 15.3.2000	Kontraktwert	Portfoliowert (Preis x Kontraktwert)
Dow Jones Stoxx 50	5.176	€ 10	€ 51.760
Dow Jones Euro Stoxx 50	5.416	€ 10	€ 54.160
DAX	7.936	€ 25	€ 198.400
SMI	7.356	CHF 10	CHF 73.560
Nordic Stoxx 30 Index	8.255	€ 1	€ 8.255
Finnish Stock Index FOX	3.283	€ 10	€ 32.830

Auch wird in den seltensten Fällen das zu hedgende Portfolio der Zusammensetzung des Futures-Underlyings entsprechen. Ein durchschnittliches Portfolio wird nicht die gleiche breite Streuung von Aktienwerten wie ein Index aufweisen. so dass die Korrelation zwischen Portfolio und Futures oftmals zu schwach ausfällt.

Letztlich muss auch der Hedging-Horizont in Einklang mit den zur Verfügung stehenden Verfallsdaten der Futures gebracht werden. Die Eurex bietet nur standardisierte Verfallsmonate an, die unter Umständen ein Rollen von einen kurzen in den längeren Kontrakt notwendig machen.

Im Folgenden werden diese Probleme gelöst und darüber hinaus Möglichkeiten von maßgeschneiderten, intelligenten Finanzkonstruktionen vorgestellt.

2.4.2 Beta Hedging

In unseren letzten Beispielen zum Hedging entsprach die Zusammensetzung des Portfolios idealerweise der des Futures. Oder anders ausgedrückt, das Portfolio beinhaltete kein unsystematisches Risiko, denn das Beta des abzusichernden Portfolios zum Sicherungsinstrument entsprach 1. Mit Hilfe der Werkzeuge Beta und Korrelationskoeffizient werden wir nun Portfolios managen, die aus verschiedenen Aktientiteln bestehen und sich durchaus anders verhalten als der Index.

Beispiel:
Unser Portfolio hat einen momentanen Wert von 52 Mio €. Aufgrund einer hohen Diversifikation beinhaltet es nahezu ausschließlich systematisches Risiko. Wir entscheiden uns aufgrund negativer wirtschaftlicher Vorgaben zu einem vollständigen Hedge mit Aktienindexfutures. Die im Portefeuille enthaltenen Werte sind europäische Standardtitel und im Euro-Stoxx-Index enthalten. Daher wählen wir als Absicherungsinstrument den Dow-Jones-Euro-Stoxx 50-Future. Das errechnete 250-Tage-Beta des Portfolios zum Euro Stoxx beträgt 0,85.

Instrument	Kurs/Wert
Aktienportfolio	€ 52.000.000
Euro-Stoxx-50-Future	5.232

Bei dem bisher besprochenen Short Hedge richtete sich die Anzahl der Kontrakte nach dem Quotienten aus dem Portfoliowert und dem Wert des Futures:

$$\frac{\text{Portfoliowert}}{\text{Futureskurs} \cdot \text{Kontraktwert}} = \frac{52.000.000\ \text{€}}{5232 \cdot 10\ \text{€}} = 994\ \text{Kontrakte}$$

Bei einem Beta von 0,85 bewegt sich unser Portfolio nicht exakt gleichläufig mit dem Index. Damit es mit der richtigen Anzahl von Futures abgesichert wird, muss der Hedge entsprechend angepasst werden. Um die korrekte Anzahl an Futureskontrakten zu verkaufen, beziehen wir das Beta mit in die Kalkulation ein.

$$\frac{\text{Portfoliowert}}{\text{Futureskurs} \cdot \text{Kontraktwert}} \cdot \beta_{\text{Portfolio}}$$

Für unser obiges Portfolio ergeben sich demnach:

$$\frac{52.000.000\ \text{€}}{5.232 \cdot 10\ \text{€}} \cdot 0{,}85 = 845\ \text{Kontrakte}$$

die verkauft werden sollen.

Die Auswirkungen der Absicherung ohne Beta bzw. der um das Beta angepassten Absicherung lassen sich anhand der folgenden Szenarien einfach ermitteln.

1. Der Dow-Jones-Euro-Stoxx-Future fällt um 10 %

Hedging ohne Beta

Datum	Kassamarkt	Futures-Markt
Heute	Portfoliowert = € 52 Mio.	Verkauf 994 Kontrakte Dow-Jones-Euro-Stoxx-50-Future zu 5.232
Zukunft	Portfoliowert sinkt laut Beta nur um 0,85 x 10 %: € 52 Mio. - (€ 52 Mio. x 0,85 x 10 %) = € 47.580.000 Ergebnis: - € 4.420.000	Future sinkt um 10 %: 5.232 - (5.232 x 10 %) = 4.708,8 Ergeb.: (5.232 - 4.708,8) x 994 x € 10 Kontraktwert: + € 5.200.608
Differenz	€ 780.608	

Hedging mit Beta

Datum	Kassamarkt	Futures-Markt
Heute	Portfoliowert = € 52 Mio.	Verkauf 845 Kontrakte Dow-Jones-Euro-Stoxx-50-Future zu 5.232
Zukunft	siehe oben: Ergebnis: - € 4.420.000	Future sinkt um 10 %: 5.232 - (5.232 x 10 %) = 4.708,8 Ergeb.: (5.232 - 4.708,8) x 845 x € 10 Kontraktwert: + € 4.421.040
Differenz	€ 1.040	

2. Der Dow-Jones-Euro-Stoxx-Future steigt um 10 %

Hedging ohne Beta

Datum	Kassamarkt	Futures-Markt
Heute	Portfoliowert = € 52 Mio.	Verkauf 994 Kontrakte Dow-Jones-Euro-Stoxx-50-Future zu 5.232
Zukunft	Portfoliowert steigt laut Beta nur um 0,85 x 10 %: € 52 Mio. + (52 Mio. x 0,85 x 10 %) = € 56.420.000 Ergebnis: + 4.420.000	Future steigt um 10 %: 5.232 + (5.232 x 10 %) = 5.755,2 Ergeb.: (5.232 - 5.755,2) x 994 x € 10 Kontraktwert = - € 5.200.608
Differenz	€ 780.608	

Hedging mit Beta

Datum	Kassamarkt	Futures-Markt
Heute	Portfoliowert = € 52 Mio.	Verkauf 845 Kontrakte Dow-Jones-Euro-Stoxx-50-Future zu 5.232
Zukunft	siehe oben: Ergebnis: + € 4.420.000	Future steigt um 10 %: 5.232 - (5.232 x 10 %) = 5.755,20 Ergeb.: (5.232 – 5.755,20) x 845 x € 10 Kontraktwert = + € 4.421.040
Differenz	€ 1.040	

Aufgrund des Ergebnisses wird klar, dass eine wesentlich effektivere Absicherung erzielt wird, wenn die unterschiedliche Volatilität von Portfolio und Index beachtet wird. Die geringe Differenz von 1.040 € entsteht lediglich aufgrund der gerundeten Anzahl von Futureskontrakten.

Die Perfektion, die dieses Beispiel verspricht, wird die Praxis nicht ganz halten können. Für die Berechnung wurden zwei Annahmen unterstellt.

1. Das Portfolio verhält sich zum Index, wie es das aus historischen Daten berechnete Beta vorgibt.
2. Der Future korreliert perfekt mit dem Index.

Das Beta wurde im Vergleich zum Index berechnet. Der Hedge wird aber mit den Futures auf den Index abgeschlossen. Die Futures korrelieren nahezu perfekt mit dem Index, differieren aber mit der Basis, die wir bei der Berechnung nicht in Betracht gezogen haben. Das müssen wir auch nicht, wenn wir den Hedge bis zum Verfall des Futures aufrechterhalten, da die Basis bei Fälligkeit gleich 0 ist. Sollten wir aber den Hedge vor Fälligkeit auflösen, so können mögliche Schwankungen der Basis unser Hedge-Ergebnis beeinflussen. In der Regel sind diese Einschränkungen jedoch zu vernachlässigen.

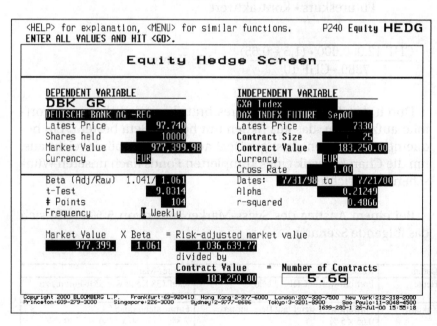

Hedging der Deutsche-Bank-Aktie mit Dax-Future, Quelle: Bloomberg

Anpassen des Betas am Beispiel eines SMI Aktienportfolios

Unser Aktienfonds ist seit geraumer Zeit mit defensiven Werten bestückt. Nun scheint sich die Marktsituation zu drehen. Von der Zinsfront kommt Entwarnung und außerordentlich viel Liquidität scheint im Markt zu sein. Im Vergleich zu unserer Benchmark, dem Schweizer Aktienindex SMI, hat unser Fonds ein Beta von 0,65. Nach unserer Marktanalyse möchten wir das Beta auf 1,5 anheben, um überproportional an einem Aufschwung teilzunehmen zu können. Dazu kaufen wir SMI-Futures an der Eurex.

Instrument	Kurs/Wert
Aktienportfolio	CHF 12.000.000
SMI-Future	7.380

Die Anzahl der erforderlichen Kontrakte bei einem erwünschen Beta von 1,5 errechnet sich mit:

$$\frac{\text{Portfoliowert} \cdot (\text{Beta}_{\text{erwünscht}} - \text{Beta}_{\text{Portfolio}})}{\text{Futureskurs} \cdot \text{Kontraktwert}} =$$

$$\frac{\text{CHF } 12.000.000 \cdot (1{,}5 - 0{,}65)}{7380 \cdot \text{CHF } 10} = 138 \text{ Kontrakte}$$

Durch den Einsatz von Futures brauchen wir kein neues Portfolio aufzubauen, das aus Aktien mit hohem Beta besteht. Ein bequemer und kostengünstiger Deal an der Terminbörse reicht aus, um die Charakteristik eines kompletten Fonds nach unseren Wünschen auszurichten.

Bei einem Anstieg des Swiss-Market-Index von 5 % ergibt sich das folgende Szenario:

Datum	Kassamarkt	Futures-Markt
Heute	Portfoliowert = CHF 12 Mio.	Kauf 138 Kontrakte SMI-Futures zu 7.380
Zukunft	Portfoliowert steigt laut Beta nur um 0,65 x 5 %: CHF 12 Mio. + (CHF 12 Mio. x 0,65 x 5 %) = CHF 12.390.000 Ergebnis: + CHF 390.000	Future steigt um 5 %: 7.380 + (7.380 x 5 %) = 7.749 Ergeb.: (7.380 - 7.749) x 138 x CHF 10 Kontraktwert = CHF 509.220
Gesamt:	CHF 899.220	

Nach unseren Vorstellungen sollte der Wert des Fonds im Vergleich zum Index 1,5 mal so stark steigen und sollte demnach um

CHF 12 Mio • 1,5 • 5 % = CHF 900.000

zuwachsen. Mit dem Ergebnis von CHF 899.220 können wir zufrieden sein. Die geringe Differenz im Wertzuwachs ergibt sich wie oben aus der gerundeten Anzahl von gekauften Futurskontrakten.

2.4.3 Risikosteuerung mit Excel

Die Auswahl von einzelnen Aktientiteln kann entweder aufgrund Technischer oder Fundamentaler Analyse erfolgen. Dabei versuchen, private wie professionelle Anleger durch „Stock Picking" diejenigen Werte zu finden, die im Vergleich zum Markt besser abschneiden werden.

Ein anderer Ansatz vernachlässigt ganz einfach die mühsame Auswahl einzelner Titel und konzentriert sich lediglich auf den Gesamtmarkt. Bei dieser Methode versucht der Manager, durch breites Streuen des Portfolios das unsystematische Risiko in Form von Risiken einzelner Unternehmen so weit wie möglich auszuschalten. Als Ergebnis erhält er ein langfristig ausgerichtetes Durchschnitts-Portefeuille, welches in vielen Fällen vergleichbar mit einem Aktienindex ist. Nun kann er mit Hilfe der Beta-Anpassung je nach Meinung mit Vollgas oder mit angezogener Handbremse durch die Markphasen steuern. Und genau diese Methode wenden wir im Folgenden an.

Eine Beta-Anpassung eines bestehenden Aktienportfolios, sei es zum Erhöhen oder Verringern des Betas, kann erstens durch geschickte Auswahl von Aktientiteln erreicht werden. Zweitens kann das Portfolio-Beta noch einfacher durch Kauf oder Verkauf von entsprechenden Futureskontrakten angepasst werden, wie wir in obigen Beispielen gesehen haben.

Voraussetzung für den Einsatz von Aktienindexfutures ist allerdings eine ausreichende Korrelation des Portfolios mit dem Index. Besteht ein Portfolio bspw. aus amerikanischen und europäischen Titeln, so kann ein einzelner Future diesen Cocktail nicht abdecken. Daher ist eine Aufteilung sinnvoll, um möglicherweise die Indexfutures des S&P und des Dow-Jones-Euro-Stoxx als Instrumente zu nutzen. Ein schlecht diversifiziertes Portfolio schwankt häufig unabhängig vom Index aufgrund vieler unsystematischer Faktoren. Aktienindexfutures können hier kaum Absicherungsarbeit leisten. Dafür eignen sie sich in diesem Fall zur Streuung des Portfolios.

Unser Beispiel-Portfolio besteht aus vier verschiedenen DAX-Titeln. Der Gesamtwert der Standardwerte beläuft sich auf knapp 500.000 €.

Aktie	Beta	Stück	Kurs	Volumen
Allianz	0,8753	300	433,5	130.050
Dt. Bank	0,9280	1.500	70,21	105.315
Dt. Telekom	1,5273	1.750	83,3	145.775
Siemens	1,2751	800	148,5	118.800
			Summe € :	499.940

1. Als ersten Schritt zur Analyse des Portfolios tragen wir die Beta-Faktoren der DAX-Titel (siehe Kapitel 2.3.2) in Spalte B ein.

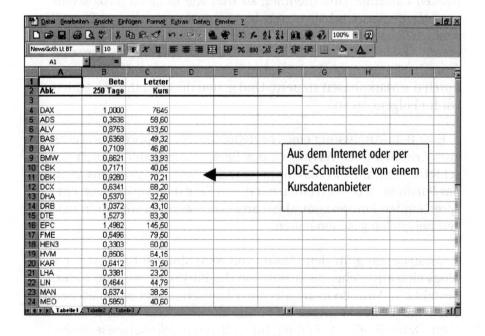

2. In Spalte C geben wir die aktuellen Kurse der Aktie bzw. des DAX ein. Falls eine Realtime-Datenanbindung vorliegt, kann dies auch per DDE-Schnittstelle erfolgen.

3. Die Spalte D und E enthalten die Stückzahl und Volumen unserer Portfoliowerte. Dazu geben wir in die Zeilen unserer Aktien (ALV, DBK, DTE, SIE) die entsprechende Stückzahl ein. In Spalte E errechnen wir das Produkt aus Stückzahl und Kurs. Die Gleichung wird in alle Zellen der Spalte kopiert. An das Ende der Spalte E, in Zeile 35, berechnen wir die Summe und kalkulieren damit den Gesamtwert unseres Portfolios

4. Um das Beta des Portfolios in Spalte F zu errechnen, muss das einzelne Beta einer Aktie mit der Stückzahl der Aktien gewichtet werden. Dazu benötigen wir die Formel:

$$\beta_{\text{gewichtet}} = \frac{\text{Stückzahl} \cdot \text{Kurs}}{\text{Gesamtvolumen}} \cdot \beta_{\text{Aktie}}$$

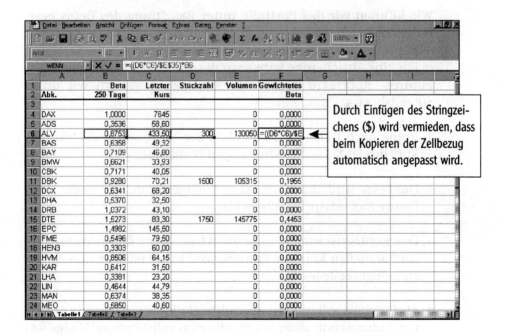

5. Die Summe aller gewichteten Betas ergibt unser Portfolio-Beta. Diese berechnen wir in Zelle F35.

Das Ergebnis unserer Portfolio-Anlayse lautet:

> Portfolio-Beta = 1,1715

Damit hat unser Portfolio in der Vergangenheit ein wenig stärker geschwankt als der DAX.

Mit Hilfe des Spreadsheets lässt sich das Gesamt-Beta bei verschiedenen Portfoliokombinationen einfach simulieren. In marktschwachen Phasen würde eine defensivere Ausrichtung des Portefeuilles zu geringeren Verlusten führen. Dies könnte durch einen Austausch der Telekom- und Siemens-Aktien gegen Aktien mit geringerem Beta erreicht werden. Andersherum wäre der Kauf von Aktien mit einem hohen Beta Teil einer eher aggressiven Strategie.

Wie können wir das Portfolio unter Beachtung des Betas bestmöglich absichern?

Für eine Absicherung haben wir die Anzahl der benötigten DAX-Futures- Kontrakte zu berechnen. Dazu erweitern wir unser Spreadsheet.

1. In die noch freien Spalten neben der Tabelle wird der aktuelle Kurs des DAX-Futures eingetragen (Zelle H4).

2. Daneben wird der Kontraktwert eingetragen, der beim DAX-Future 25 € entspricht (Zelle I4).

3. Das Kontraktvolumen, als Produkt aus dem Kontraktwert und dem aktuellen Kurs des Futures, wird in die nächste freie Spalte eingefügt (Zelle J4).

4. Als Ergebnis soll uns das Spreadsheet die entsprechende Anzahl von Futureskontrakten liefern, die zum vollständigen Hedge unseres Porfolios notwendig sind. Hierzu geben wir die Formel

Anzahl Kontrakte = $\dfrac{\text{Gesamtvolumen}_{\text{Portfolio}}}{\text{Kontraktvolumen}} \cdot \beta_{\text{Portfolio}}$

in die Zelle K4 ein.

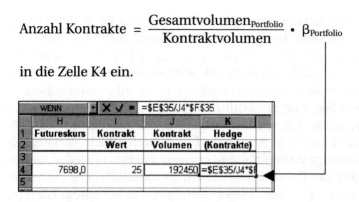

5. Weiterhin soll das Spreadsheet die Möglichkeit bieten, das Portfolio-Beta nach unseren Wünschen anzupassen. Wir benötigen dazu ein Eingabefeld, welches das erwünschte Beta enthält (Zelle I9).

6. Um die Anzahl von Futureskontrakten zu berechnen, die unserem Wunsch entspricht, setzen wir die Formel:

Anzahl Kontrakte = $\dfrac{\text{Gesamtvolumen}_{\text{Portfolio}} \cdot (\beta_{\text{erwünscht}} - \beta_{\text{aktuell}})}{\text{Kontraktvolumen}}$

in Zelle I10 ein.

Das Ergebnis kann so aussehen:

Excel errechnet bei einem gewünschten Portfolio-Beta für Hedge des Portfolios eine Anzahl von 3,04 Futureskontrakten. Leider ist die Kontraktgröße im DAX-Future mit 25 € relativ hoch, so dass sich die Frage stellt, ob man bei einer ungeraden Losgröße auf- oder abrundet und damit das Portfolio über- oder untersichert.

Beachten Sie, dass der Future in der Regel mit einem Aufschlag zum DAX gehandelt wird. In unserem Fall beträgt die Basis 53 Punkte. Der Future hat eine Laufzeit von zweieinhalb Monaten. Da sich die Basis im Verlauf abbaut, entsteht bei einem Hedge, der bis zur Fälligkeit des Futures gehalten wird, eine zusätzliche Einnahme in Höhe der Basis. Dieser Effekt verringert sich bei einem kürzeren Heding-Horizont. Aus diesem Grund wird in der Regel ein Abrunden der Losgröße zu einem akzeptablen Hedge-Ergebnis führen.

Mit dem Sheet kann darüber hinaus eine Beta-Anpassung kalkuliert werden. Je nachdem, mit wie viel systematischer Power wir unser Portfolio bestücken wollen, errechnet das Programm die benötigte Anzahl von Futures. Möglich ist sogar das synthetische Shorten eines DAX-Portfolios mit einem negativen Beta. Somit partizipieren wir mit einem kombinierten Aktien- und Futures-Portfolio an fallenden Kursen.

2.5 Wir basteln ein Indexzertifikat

Nachdem wir die Vorzüge des Einsatzes von Aktienindexfutures kennen gelernt haben, müssten wir uns nun eigentlich fragen, wieso man überhaupt noch Aktien braucht, um auf Kurssteigerungen des Gesamtmarktes zu spekulieren. Viele Banken bieten genau aus diesem Grund Indexzertifikate an. Damit wird dem Kunden die Auswahl einzelner Aktien abgenommen. Warum also nicht ganz einfach den Index in Form eines Zertifikates kaufen?

Mit unserem Wissen können wir nunmehr auf die Hilfe der Banken verzichten. Gesetzt den Fall, wir haben ein entsprechend gefülltes Bankkonto, können wir unser eigenes Indexzertifikat basteln und sparen uns die Marge, die ansonsten von der Bank verdient wird.

Hücking: „Konstruieren wir ein Indexzertifikat mit DAX-Futures!"

Der Preis eines Aktienindexfutures entspricht dem Kassapreis der im Index enthaltenen Aktien zuzüglich der Finanzierungskosten bis zum Verfall des Kontraktes. Um eine hohe Investitionssumme zu vermeiden, kaufen wir Futures, anstatt in alle im Index enthaltenen Aktien zu investieren. Den gesparten Betrag können wir nun zinsbringend auf dem Geldmarkt anlegen. Wir machen uns das Cost-of-Carry-Modell zunutze und konstruieren mit Hilfe des Futures einen synthetischen Aktienindex.

> Geldanlage + Futures = synthetischer Kassaindex

Die Eurex bietet eine Palette an europäischen Aktienindizes in Form ihrer Indexfutures an. Diese sind wiederum mit jeweils drei Laufzeiten handelbar. Allerdings konzentriert sich das Handelsvolumen in der Regel auf den Kontrakt mit der kürzesten Laufzeit.

Um die optimale Anzahl von Futureskontrakten im Verhältnis zu unserer Anlagesumme zu kalkulieren, nutzen wir nach bekannter Vorgehensweise ein Excel Spreadsheet.

1. Zwei Felder werden benötigt für die Eingabe der Anlagesumme und das erwünschte Beta.

2. Darunter werden die von der Eurex angebotenen Futureskontrakte mit ihren Fälligkeiten eingegeben (Spalte B).

3. Daneben setzen wir den Kontraktwert der Futures. Er wird in der Produktbroschüre der Eurex angegeben.

4. In die daneben liegende Spalte (Spalte C) wird der aktuelle Kurs der Futureskontrakte eingesetzt. Angesichts der hohen Volatilität empfiehlt es sich, vor einer Kaufentscheidung die Kurse aufmerksam zu beobachten.

5. Als Letztes kalkulieren wir die exakte Anzahl der zu kaufenden Futureskontrakte, die für die Konstruktion eines Indexzertifikates notwendig sind. Die Formel dafür lautet:

$$\text{Anzahl Kontrakte} = \frac{\text{Anlagesumme}_{\text{Zertifikat}}}{\text{Kurs}_{\text{Future}} \cdot \text{Kontraktwert}} \cdot \beta_{\text{erwünscht}}$$

Mit der Eingabe des erwünschten Betas lassen sich sogar Indexzertifikate strukturieren, die mit einem Hebel gegenüber dem Aktienindex ausgestattet sind. Ein weiterer Vorteil unseres synthetischen Papiers ist die geradezu bestechend hohe Korrelation zum Index. Wir erinnern uns: Bei einem Aktienportfolio bestand das Problem der ausreichenden Diversifizierung. Nur bei hoher Korrelation machte die Kombination mit Indexfutures Sinn. In diesem Beispiel korreliert der Future aufgrund des Cost-of-Carry-Postulats nahezu perfekt mit dem Index. Eine kleine Differenz ergibt sich lediglich aufgrund der Basis.

Beim Kauf eines synthetischen Indexzertifikates muss zunächst ein Index nach Vorliebe und Marktmeinung ausgewählt werden.

Danach stellt sich die Frage nach der angedachten Anlagedauer. Am einfachsten ist die Wahl einer Laufzeit entsprechend den angebotenen Verfallsterminen der Eurex. Es sind aber durchaus auch andere, längere Laufzeiten mit Futures abzudecken. Dazu muss lediglich während der Anlagedauer eine zusätzliche Transaktion ausgeführt werden, indem ein kurz vor Fälligkeit stehender

Kontrakt gegen einen neuen, langfristigeren Kontrakt getauscht wird.

Da durch den alleinigen Kauf der Indexfutures ein Verlust der Basis drohte, beinhaltet der Kauf des synthetischen Indexpapiers eine zweite Aktion: die Anlage unserer Investitionssumme am Geldmarkt. Durch den Zinsertrag wird der Verlust der Basis aufgefangen. Hierbei ist entscheidend, die gleiche Frist zu wählen, mit der wir den Indexfuture halten wollen. Andernfalls kann in Phasen einer steilen Zinsstrukturkurve der Zinsertrag erheblich von den impliziten Finanzierungskosten abweichen.

Tipp:
Vergleichen Sie die Verzinsung Ihrer Bank mit dem Euribor entsprechender Laufzeit. Der Euribor ist ein Referenzzinssatz und wird mit verschiedenen Laufzeiten angeboten.

Oftmals entfällt der Schritt der Geldanlage, da das Kapital ohnehin auf einem Geldmarktkonto der Bank liegt und als Sicherheit für die Termingeschäfte dient. Bei adäquater Verzinsung kann die Konstruktion eines Indexzertifikats nicht einfacher ausfallen. Sie besteht dann lediglich aus dem Kauf der vorher kalkulierten Anzahl von Futures.

1. Das Ende der Laufzeit entspricht dem Verfallstermin des Futures.

Nichts einfacher als das. Wir warten ganz einfach den Verfall ab. Durch das Cash Settlement der Eurex wird uns die Differenz zwischen Kauf- und Settlement-Preis automatisch überwiesen.

2. Das Ende der Laufzeit entspricht nicht dem Verfallstermin des Futures.

In diesem Fall verkaufen wir die Futures an der Eurex. Auch hierbei entscheidet der Verkaufskurs über die Performance unseres synthetischen Zertifikates.

Dieses Beispiel zeigt, dass Aktienindexfutures für Privatanleger nicht zwangsläufig der Spekulation dienen. Sinnvoll angewandt entpuppt sich das Vehikel als eine geradezu phantastische Möglichkeit des konservativen Portfolio-Managements mit perfekter Diversifikation.

Tipp zum Kauf von Indexzertifikaten:
Bei Indexzertifikaten ist Index nicht gleich Index. Einen erheblichen Unterschied in der Performance verursacht der Einfluss der Dividendenzahlungen. Liegt einem Zertifikat ein reiner Preisindex (z. B. S&P) zugrunde, so werden die anfallenden Dividenden schlichtweg unter den Tisch gekehrt. Ein Indexzertifikat auf einen Preisindex wird daher gegenüber dem Index mit einem Abschlag notieren. Dieser Abschlag entspricht dem aktuellen Wert der erwarteten Dividendenzahlung der im Index enthaltenen Aktien.

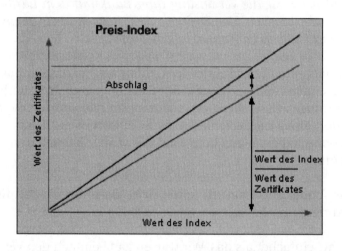

Quelle: Deutsche Bank

Die Grafik zeigt den Zusammenhang zwischen dem Wert des Index-Zertifikates und dem Wert des Index zu einem bestimmten Zeitpunkt. Ein hoher Indexwert entspricht einem hohen Wert des Index-Zertifikates. Bei Index-Zertifikaten auf Preis-Indizes wird ein prozentualer Abschlag vorgenommen. Er ist in absoluten Zahlen umso höher, je höher der Wert des Index ist. Im Zeitverlauf verringert sich der Abschlag, bis der Wert des Zertifikates bei Fälligkeit dem Wert des Index entspricht.

Liegt dem Zertifikat ein Performanceindex (z. B. DAX-Performanceindex) zugrunde, so werden die Kursnotierungen eher mit dem Index korrelieren.

Achten Sie auf die Zusammenstellung des Zertifikates. Oftmals konstruieren die Banken Zertifikate mit einer Obergrenze (Cap). Dahinter steckt ein verkaufter Out-of-the-money-Call, mit dem die Bank eine zusätzliche Prämieneinnahme generiert. Dem Anleger wird natürlich nur ein Teil dieser Prämie zufließen. Die gecappten Zertifikate werden im Vergleich zum Index immer schlechter performen, sobald der Indexstand in die Nähe des Basispreises gerät. Lassen Sie die Finger von diesen Instrumenten, wenn Sie mit einer Hausse rechnen.

3. Tradingkonzepte mit EUREX-Zinsfutures

3.1 Wie funktionieren Zinsfutures?

Futures auf Zinsinstrumente werden auch als Zinsfutures, Zinsterminkontrakte oder als Interest Rate Futures bezeichnet. Ein Zinsfuture beinhaltet die vertragliche Vereinbarung, ein standardisiertes Zinsinstrument in der Zukunft zu einem vorab vereinbarten Preis zu kaufen oder zu verkaufen. Obwohl ein sehr großer Anteil des gesamten Handelsvolumens der Eurex in diesen Produkte abgewickelt wird, hält sich die Beliebtheit von Zinsderivaten bei Privatanlegern in Grenzen. Sicherlich lässt sich dieser Umstand auf die teilweise komplexe Materie zurückführen. Ein weiterer Grund liegt in der Vermutung vieler spekulativer Anleger, mit Zinsprodukten keine außergewöhnlichen Gewinne verbuchen zu können. Schließlich werden die Begriffe „festverzinsliches Wertpapier" und „Anleihe" oftmals mit konservativer und profitbegrenzender Anlagepolitik assoziiert. Dem muss nicht so sein. Mit Zinsfutures lassen sich durch entsprechendes Know-how sowohl in Zeiten steigender als auch in Zeiten fallender Marktzinsen raffinierte Spekulationen durchführen, die zu äußerst profitablen Ergebnissen führen können.

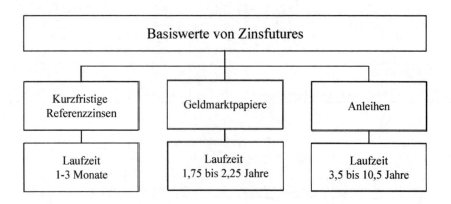

Eine Unterteilung der Basiswerte von Zinsfutures lässt sich nach der Laufzeit der Instrumente vornehmen. Dabei kann es in bestimmten Marktphasen zu erheblichen Differenzen zwischen den Zinssätzen unterschiedlicher Laufzeit kommen. Um eine Möglichkeit zur Absicherung gegen die Zinsrisiken verschiedener Fristigkeiten zu erhalten, bietet die Eurex Zinsfutures mit verschiedenen Laufzeiten an.

Grundlage für die Konstruktion der Eurex-Zinsfutures sind fiktive Anleihen mit besonderen Ausstattungsmerkmalen. Im Gegensatz zu Aktien werden Anleihen zu einem bestimmten Zeitpunkt fällig. Würde ein Terminkontrakt auf eine tatsächlich gehandelte Anleihe

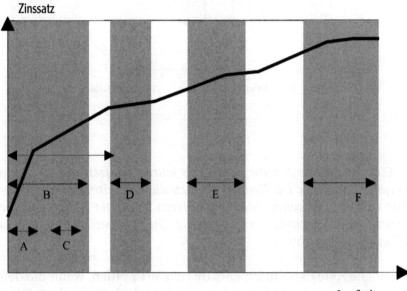

Zinsfuture	Laufzeit des Underlying
A: Einmonats-EURIBOR-Future	1 Tag bis 0,5 Jahre
B: Dreimonats-EURIBOR-Future bzw. Dreimonats-Euro-LIBOR-Future	1 Tag bis 3 Jahre
C: Euro-Schatz-Future	1,75 bis 2,25 Jahre
D: Euro-BOBL-Future	4,5 bis 5,5 Jahre
E: Euro-BUND-Future	8,5 bis 10,5 Jahre
F: Euro-BUXL-Future	20 bis 30,5 Jahre

in den Handel eingeführt, so würde auch der Terminkontrakt spätestens zum Verfall der Anleihe seine Lebensberechtigung verlieren. Damit die Eurex nicht nach jedem Fälligkeitstermin neue Kontrakte ins Leben rufen muss, definiert sie den Basiswert als idealtypisch und fiktiv.

Eine solche idealtypische, fiktive Anleihe zeichnet sich aus durch:

- eine konstante Laufzeit und
- einen fixen Kupon.

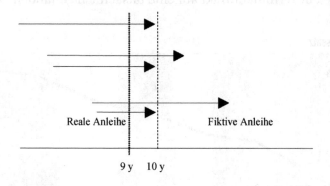

Eine 10-jährige Anleihe ist nach 9 Jahren Laufzeit nur noch ein einjähriges Papier. Die Rendite wird zu diesem Zeitpunkt vergleichbar mit einjährigen Geldmarktpapieren sein. Die fiktive Anleihe existiert mit konstanter Laufzeit weiter. Ein Zinsspezialist nennt dies „Constant Maturity".

Welche Anleihen dürfen effektiv geliefert werden, wenn die den Zinsfutures zugrunde liegenden Anleihen doch fiktiv sind? Dazu steht ein Korb an lieferbaren Anleihen bereit, die einheitliche Charakteristika in Bezug auf Laufzeit und Kuponhöhe aufweisen. Beim Bundfuture liegt die Laufzeit der lieferbaren Anleihen bspw. zwischen 8,5 und 10,5 Jahren.

Die Höhe des Kupons kann durchaus von der fiktiven Anleihe abweichen. Dadurch wird dem Verkäufer eines Zinsfutures eine Auswahlmöglichkeit (Seller's Option) bei der Erfüllung seiner Verpflichtung zugestanden.

3.2 Wie funktioniert eine Anleihe?

Mit Zinsfutures lässt sich auf eine Veränderung der Zinsen spekulieren. Kaufen wir beispielsweise den Bund-Future, so setzen wir auf das Sinken der Zinsen für den Laufzeitbereich 8,5 bis 10,5 Jahre. Genau wie bei den Aktienindexfutures lassen sich mit den unterschiedlichen Futures auch ausgereifte Spread-Positionen aufbauen. Im Folgenden werden wir die unterschiedlichen Strategien näher beleuchten.

Eine Zinsspekulation kann aus einer Long- oder Short-Position im Future bestehen. Der Kurs des Zinsfutures im Kapitalmarkt richtet sich nach dem Kurswert der zugrunde liegenden fiktiven Anleihe. Doch wonach richtet sich der Kurs einer Anleihe?

Anleihen sind nichts anderes als Zahlungsversprechen. Der Anleger erhält für das Überlassen des Nennbetrages vom Emittenten regelmäßige Zinszahlungen. Am Ende der Laufzeit wird der Anlagebetrag zurückgezahlt.

Hücking: „Eine Anleihe ist nichts anderes als ein Darlehen, wobei der Emittent der Kreditnehmer und der Anleger der Kreditgeber ist."

Um den heutigen Wert einer Anleihe zu bestimmen, sind die zukünftigen Cash Flows, also die Zins- und Tilgungszahlungen, auf den heutigen Tag abzuzinsen (diskontieren). Je weiter Zahlungen in der Zukunft liegen, desto geringer ist ihr heutiger Wert. Der Kurs einer Anleihe entspricht der Summe der mit der Rendite auf den Bewertungsstichtag abgezinsten Zahlungsströme.

Die allgemeine Formel zur Bestimmung von Barwerten lautet:

$$\text{Barwert} = \frac{\text{Cash Flow}}{\left(1 + \frac{r}{100}\right)^{LZ}}$$

wobei
Cash Flow: Zahlungsstrom (Zins- und Tilgungszahlung)
r   Zinssatz
LZ   Laufzeit

Eine Zinszahlung von 7 € in einem Jahr hat demnach bei einem einjährigen Zinssatz von 3 % einen Barwert von 6,7961 €:

$$\text{Barwert} = \frac{7}{1,03^1} = 6,7961 \text{ €}$$

Umgekehrt gerechnet ergibt ein Betrag von 6,7961 €, der für ein Jahr zu 3 % angelegt wird, genau 7 €. Um den heutigen Wert einer Zinszahlung von 7 € in zwei Jahren zu errechnen, setzen wir voraus, dass der zweijährige Marktzins auch wieder bei 3 % liegt:

$$\text{Barwert} = \frac{7}{1,03^2} = 6,5982 \text{ €}$$

Beispiel

Eine Anleihe weist eine (Rest-) Laufzeit von 8 Jahren und einen Kupon von 7 % auf. Die Zinszahlungen werden jeweils am Jahresende geleistet; am Ende der Laufzeit werden die letzte Zinszahlung und der Nennwert der Anleihe gezahlt.

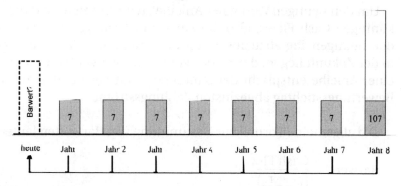

Um den Kurswert dieser Anleihe zu errechnen, werden ganz einfach sämtliche Zahlungen aus der Anleihe auf den heutigen Tag abdiskontiert. Nehmen wir an, der Zinssatz für alle Laufzeiten beträgt 3 %. Demnach hat diese Anleihe einen Barwert von:

$$\frac{7}{1,03} + \frac{7}{(1,03)^2} + \frac{7}{(1,03)^3} + \frac{7}{(1,03)^4} + \frac{7}{(1,03)^5} + \frac{7}{(1,03)^6} + \frac{7}{(1,03)^7} + \frac{107}{(1,03)^8} =$$

$$6{,}80 + 6{,}60 + 6{,}42 + 6{,}22 + 6{,}04 + 5{,}86 + 5{,}69 + 84{,}47 = 128{,}08.$$

Wenn dies der am Markt gültige Kurswert der Anleihe wäre, so ließe sich der Betrag von 128,08 auch durch entsprechende Einzeltransaktionen erwirtschaften. Der Kurs der Anleihe wird dazu entsprechend den Barwerten aufgeteilt. Bei einem konstanten Zinssatz von 3 % werden 6,80 für ein Jahr angelegt, 6,60 für zwei Jahre, 6,42 für drei Jahre usw. Zusätzlich wird der Barwert der Rückzahlung in Höhe von 84,47 für 8 Jahre angelegt. Das oben angeführte Beispiel ist allerdings ein wenig vereinfachend: In der Praxis wird in den seltensten Fällen für verschiedene Laufzeiten ein und derselbe Marktzins auftreten. Tätigen Sie eine Anlage am Geld- oder Kapitalmarkt, so werden Sie in der Regel für unterschiedliche Anlagehorizonte unterschiedlich hohe Zinseinnahmen verbuchen. Trägt man die für die verschiedenen Laufzeiten gültigen (laufzeitadäquaten) Zinssätze in ein Koordinatensystem ein, entsteht eine Zinsstrukturkurve. Diese wird auch als Renditestrukturkurve bezeichnet.

Es lassen sich drei grundsätzliche Zinsszenarien unterscheiden:

1. Eine „flache" Zinsstruktur liegt vor, wenn die Renditen kurz laufender Wertpapiere denen der lang laufenden entsprechen,
2. eine „normale", ansteigende oder steile Zinsstruktur liegt vor, wenn die Renditen kurz laufender Wertpapiere unter denen von lang laufenden Wertpapieren notieren,
3. eine „inverse" Zinsstruktur liegt vor, wenn die Renditen kurz laufender Wertpapiere über denen von lang laufenden liegen.

Drei grundlegende Zinsszenarien

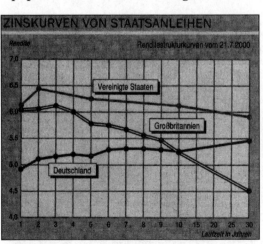

Quelle: Frankfurter Allgemeine Zeitung

C. Futures

Die Zinsstrukturkurven von Staatsanleihen werden täglich in der Finanzpresse, bspw. in der FAZ, veröffentlicht. Wie die Abbildung zeigt, war am 21.07.2000 in Deutschland eine durchschnittlich leicht ansteigende Zinskurve zu beobachten, während die Zinskurven in den USA und –besonders stark ausgeprägt – in Großbritannien invers verlaufen.

Die unten stehenden Grafiken zeigen die Marktzinsen verschiedener Laufzeiten.

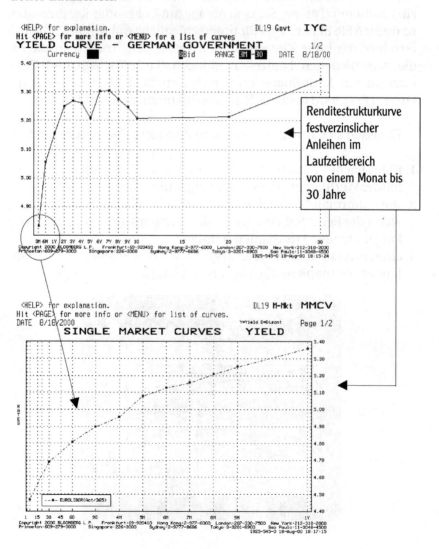

Zinsstrukturen, Quelle: Bloomberg

Um für die Beispiel-Anleihe den korrekten Barwert zu ermitteln, ist jede Zahlung mit dem entsprechenden laufzeitadäquaten Zinssatz zu diskontieren. Erst dann entspricht der Barwert den Marktverhältnissen.

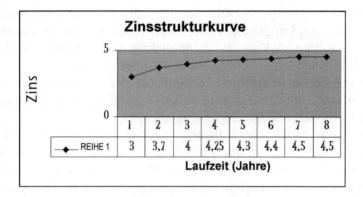

Bei einer wie in dieser Tabelle aufgeführten Zinsstruktur beträgt der Barwert der Anleihe

$$\frac{7}{1{,}03} + \frac{7}{(1{,}037)^2} + \frac{7}{(1{,}04)^3} + \frac{7}{(1{,}0425)^4} + \frac{7}{(1{,}043)^5} + \frac{7}{(1{,}044)^6} + \frac{7}{(1{,}045)^7} + \frac{107}{(1{,}045)^8} = 116{,}9170.$$

Der Kurs von 116,92 % wird am ehesten mit dem an der Börse gehandelten notierten Kurswert übereinstimmen.

Bei den Basiswerten der Zinsfutures handelt es sich um Staatsanleihen mit einer Zahlungswahrscheinlichkeit von nahezu 100 %. Sind die Zins- und Tilgungszahlungen eines Emittenten allerdings unsicher, so ist der Diskontierungszins, also der Zinssatz mit dem die Cash Flows diskontiert werden, um die Ausfallwahrscheinlichkeit des Emittenten zu korrigieren. Der korrigierte Zinssatz liegt über dem Marktzins, wodurch der Kurs der Anleihe sinkt. Es gilt: Je höher die Diskontierungssätze, desto geringer die Barwerte der Cash Flows. Der Kurswert der Anleihe wird daher gegenüber einer zahlungssicheren Emission mit einem Abschlag notieren. Die Höhe des Abschlags entspricht der Beurteilung des Marktes über die Wahrscheinlichkeit eines Zahlungsausfalls. Anhaltspunkte über die Bonität von Emittenten geben die Ratings von Ratingagenturen wie

Moody's oder Standard & Poor's, die bspw. von AAA (beste Bonität) bis C (geringste Bonität) reichen.

Durch das Diskontieren von Zahlungsströmen lässt sich der Einfluss von Marktzinsänderungen auf den Kurswert der Basiswerte von Zinsfutures beurteilen. Der Kurs der 8-jährigen Beispiel-Anleihe wird maßgeblich von langfristigen Zinssätzen bestimmt, da der Barwert der Rückzahlung am Ende des achten Jahres den größten Cash Flow darstellt und sich nach dem 8-jährigen Zinssatz richtet.

Der Kurs eines Zinsfutures, der als Basiswert eine Anleihe mit längerer Laufzeit aufweist, wird hauptsächlich auf Veränderungen des längerfristigen Marktzinses reagieren.

Das Kursverhalten von Anleihen und Zinsfutures

Der Bund-Future basiert bspw. auf einer 8,5- bis 10,5-jährigen Anleihe. Bei einer Spekulation mit dem Bund-Future sollten daher besonders die 10-jährigen Renditen für Staatsanleihen für eine Analyse des Kursverhaltens herangezogen werden. Der Bund-Future wird steigen, wenn das 10-jährige Renditeniveau sinkt. Geht ein Spekulant hingegen von einem Absinken der 4,5- bis 5,5-jährigen Renditen aus, so wäre der Bund-Future ein eher ungeeignetes Vehikel. Stattdessen sollte der Kauf eines Bobl-Futures in Betracht gezogen werden.

3.3 Der Euro-Bund-Future

Der Bund-Future ist der meistgehandelte Zinsfuture an der Eurex. Eine lange Zeit wurden die Bund-Futures zum größten Teil an der Londoner Terminbörse LIFFE gehandelt, bis die Eurex die Vormachtstellung im Handelsvolumen übernahm. Damit verlagerte sich die Liquidität vom Open Outcry System der LIFFE auf das elektronische System der Eurex.

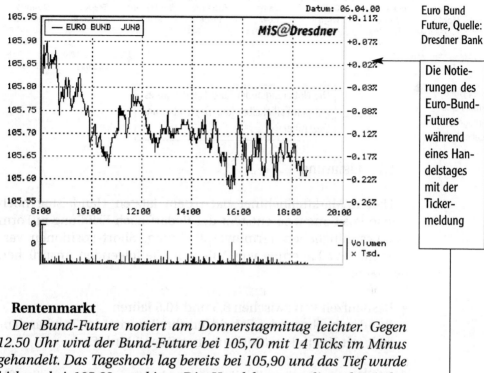

Euro Bund Future, Quelle: Dresdner Bank

Die Notierungen des Euro-Bund-Futures während eines Handelstages mit der Tickermeldung

Rentenmarkt

Der Bund-Future notiert am Donnerstagmittag leichter. Gegen 12.50 Uhr wird der Bund-Future bei 105,70 mit 14 Ticks im Minus gehandelt. Das Tageshoch lag bereits bei 105,90 und das Tief wurde bislang bei 105,68 markiert. Die Handelsspanne liegt damit bei 22 Ticks. Der Bund-Future behauptet damit aber immer noch sein höheres Niveau nahe der 106er-Marke, die er im Zuge der Turbulenzen an den Aktienmärkten sogar deutlich überspringen konnte. Die Rendite der 10-jährigen Bundesanleihen lag zuletzt bei 5,20 %.

Quelle: Yahoo! Deutschland Finanzen.

Der Euro-Bund-Future basiert auf einem Termingeschäft mit einer fiktiven langfristigen Bundesanleihe, die mit einem Kupon von 6 % ausgestattet ist. Vor der Euro-Umstellung hieß das Instrument „Bund-Future". Zwar ist heute offiziell vom „Euro-Bund-Future" die Rede, unter Marktteilnehmern ist das Finanzvehikel dennoch weiterhin unter der alten Bezeichnung bekannt.

Die Bund-Futures der Eurex werden in drei Fälligkeiten, entsprechend den üblichen Zyklen von Verfallsterminen gehandelt.

C. Futures

Delivery Month	Opening Price	Daily High	Daily Low	Closing Price	Settlement Price	Traded Contracts	Open(*) Interests
Jun 00	105.83	105.90	105.55	105.59	105.57	658'967	692'161
Sep 00	105.25	105.25	105.15	105.21	105.11	1'550	22'002
Dec 00					104.57	1506	3294
Total						662'022	717'457

Eurex Bund Futures Quotierungen, Quelle: Eurex

Die Notierungen der Euro-Bund-Futures mit den Fälligkeiten Juni, September und Dezember

3.3.1 Lieferung

Halten Marktteilnehmer nach dem letzten Handelstag noch offene Positionen, so entsteht der Bedarf nach Erfüllung in Form der ursprünglichen Terminverpflichtung. Short-Positionen verpflichten zur Lieferung von Anleihen, die folgenden Ansprüchen genügen:

- Restlaufzeit von zwischen 8,5 und 10,5 Jahren,
- Bundesanleihen oder Schuldverschreibungen der Treuhandanstalt mit einem Emissionsvolumen über 2 Mrd. €.

Die Eurex schreibt allerdings keine bestimmte Kuponhöhe für die zu liefernde Anleihe vor. Damit ist den Verkäufern von Bund-Futures freigestellt, welche Anleihe sie andienen.

Der Kurs einer Anleihe mit einem höheren Kupon wird gegenüber dem Future höher notieren, da die Summe der Barwerte der einzelnen Zahlungsströme größer ist.

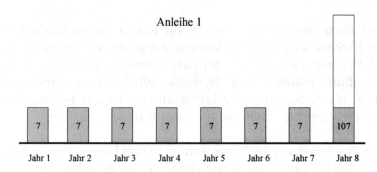

Anleihe 1 weist bei einer Laufzeit von 8 Jahren einen Kupon von 7 % auf.

Demgegenüber liegt der Preis von Anleihen mit einem Kupon unter 6 Prozent unter dem Preis des Futures, da hier die Summe der Barwerte geringer sein wird.

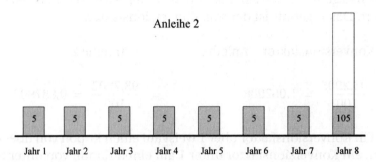

Anleihe 2 weist bei einer Laufzeit von 8 Jahren einen Kupon von 5 % auf.

Die Futures-Käufer haben Anspruch auf die Andienung einer 6 %-Anleihe. Um keinen der Kontraktpartner besser oder schlechter zu stellen und einen Ausgleich für diese Preisunterschiede zu ermitteln, vergleicht die Eurex sämtliche lieferbare Titel mit der fiktiven, idealtypischen Anleihe. Dazu berechnet sie den Barwert aller Anleihen mit einem Diskontierungszins von 6 %. Folglich hat die fiktive Anleihe bei einem Kupon von 6 % einen Barwert von 100 %.

Wir beziehen diesen Vorgang auf unsere Beispiel-Anleihen mit 8 Jahren Restlaufzeit und einem Kupon von 7 bzw. 5 %.

Barwert – Anleihe 1

$$\frac{7}{1{,}06} + \frac{7}{(1{,}06)^2} + \frac{7}{(1{,}06)^3} + \frac{7}{(1{,}06)^4} + \frac{7}{(1{,}06)^5} + \frac{7}{(1{,}06)^6} + \frac{7}{(1{,}06)^7} + \frac{107}{(1{,}06)^8} = 106{,}2908$$

Barwert – Anleihe 2

$$\frac{5}{1{,}06} + \frac{5}{(1{,}06)^2} + \frac{5}{(1{,}06)^3} + \frac{5}{(1{,}06)^4} + \frac{5}{(1{,}06)^5} + \frac{5}{(1{,}06)^6} + \frac{5}{(1{,}06)^7} + \frac{105}{(1{,}06)^8} = 93{,}7902$$

Konversionsfaktor

Um aus den absoluten Barwerten einen Faktor zu bilden, mit dem alle Anleihen vergleichbar zur fiktiven Anleihe des Bund-Futures gemacht werden können, wird der Barwert durch 100 dividiert. Das Ergebnis ist der sog. Konversionsfaktor.

Konversionsfaktor – Anleihe 1 – Anleihe 2

$$\frac{106,2908}{100} = 1,062908 \qquad \frac{93,7902}{100} = 0,937902$$

Ein Konversionsfaktor über 1 weist auf einen Kupon von über 6 % hin; ein Konversionsfaktor unter 1 auf einen Kupon von unter 6 %. Die aktuellen lieferbaren Anleihen und die Konversionsfaktoren veröffentlicht die Eurex auf ihrer Internetseite.

Rechnungsbetrag

Auf der Basis des Konversionsfaktors kann den Marktteilnehmern der entsprechende Rechnungsbetrag ausgestellt werden. Je nachdem, welche Anleihe zur Erfüllung angedient wird, differiert dieser Betrag.

$$\text{Rechnungsbetrag} = \frac{\text{Schlussabrechnungspreis}}{100} \cdot K_{Anleihe} \cdot 100.00 \text{ €} + \text{Stückzinsen}$$

$K_{Anleihe}$ = Konversionsfaktor der zu liefernden Anleihe

Beispiel

Hücking kauft einen Kontrakt des Bund-Futures mit Fälligkeit März am 1. März zu 102,70. Er geht davon aus, dass die langfristigen Zinsen sinken werden. Einerseits kauft er den Kontrakt, um sich bereits heute das Renditeniveau sichern zu können. Andererseits hat Hücking tatsächlich Anlagebedarf in Rentenpapieren. Aus diesem Grund hält er den Kontrakt bis zur Fälligkeit, um vom Verkäufer des Futures die Anleihe zu erhalten.

Am letzten Handelstag, dem 8. März, setzt die Eurex gegen 12.30 Uhr den Schlussabrechnungspreis für den März-Kontrakt mit 104,10 fest.

Datum	Transaktion	Marktpreis
1. März	Kauf 1 Bund-Future-Kontrakt, Fälligkeit März zu:	102,70
8. März	Verfall Bund-Future-März Schlussabrechnungspreis:	104,10

Bis zum Ende der Post-Trading-Periode des letzten Handelstages haben nun Teilnehmer mit offenen Short-Positionen die Gelegenheit, der Eurex mitzuteilen, welche Anleihe sie andienen wollen. Per Los werden danach die verschiedenen Anleihen von Seiten der Eurex den Terminkäufern zugeordnet.

Hücking wird mitgeteilt, dass ihm am Liefertag, den 10. März, eine 5 %-Bundesanleihe, Restlaufzeit 8 Jahre angedient wird.

Bundesanleihe	
Restlaufzeit	8 Jahre
Kupon	5 %
Zinstermin	3. Juli

Um den Abrechnungspreis zu ermitteln, müssen zunächst die Stückzinsen berechnet werden. Jährlich zum 3. Juli zahlt die Anleihe Zinsen. Folglich hat Hücking dem Verkäufer die anteiligen Zinsen für den Zeitraum 3. Juli letzten Jahres bis 10. März dieses Jahres zu erstatten.

Stückzinsen

Die Stückzinsberechnung erfolgt für den Zeitraum vom letzten Zinstermin bis zum Kaufdatum. Der Käufer muss dem Verkäufer den ihm nicht zustehenden Zinsanteil zahlen, da er am nächsten Kupontermin den Kupon für die gesamte Periode erhält.

Für die Berechnung der Stückzinsen existieren am Markt verschiedene ‚Tagekonventionen'.
Dabei bedeutet:

30:	Jeder Monat wird mit 30 Tagen gerechnet.
360:	Jedes Jahr wird mit 360 Tagen gerechnet.
365:	Jedes Jahr wird mit 365 Tagen gerechnet.
Actual (act):	Ermittlung der tatsächlichen Anzahl an Tagen (Schaltjahr: 366 Tage).

Allgemein werden Stückzinsen im Kapitalmarkt mit der Methode „act/act" berechnet, d. h. die tatsächlichen Zinstage werden gezählt.

$$\text{Stückzinsen} = \frac{\text{Nominal} \cdot \text{Kupon} \cdot \text{Zinstage}}{100 \cdot \text{Jahrestage}}$$

Für unsere Beispiel-Anleihe berechnen sich die dem Verkäufer des Bund-Futures zustehenden Stückzinsen mit:

$$\frac{100.000 \, € \cdot 5 \cdot 250}{100 \cdot 365} = 3.424,66 \, €$$

Laut unserer Kalkulation beträgt der Konversionsfaktor der 5 %-Anleihe mit einer Laufzeit von 8 Jahren 0,937902. Damit lautet der Rechnungsbetrag, den Hücking zu leisten hat:

$$\frac{104,10}{100} \cdot 0,937902 \cdot 100.000 \, € \; + 3.424,66 \, € \; = \; 101.060,26$$

Hücking zahlt diesen Betrag über die Eurex an den Verkäufer und erhält dafür die 5 %-Bundesanleihe über nominal 100.000 €.

3.3.2 Der Verkäufer hat die Wahl

CTD = Anleihe mit höchstem Gewinn bzw. geringstem Verlust

Der Verkäufer hat bis zur Lieferanzeige am Abend des letzten Handelstages die Möglichkeit, aus dem Korb der lieferbaren Anleihen eine Alternative auszuwählen. Aufgrund der unterschiedlichen Ausstattungsmerkmale ergeben sich auch unterschiedliche Preise. Die Mehrheit der Marktteilnehmer wird diejenige Anleihe zur Andienung verwenden, die für sie am günstigsten ist. Diese Anleihe trägt die Bezeichnung Cheapest to Deliver (CTD). Sie kann durchaus während der Laufzeit eines Futures wechseln und bedeutet für den Verkäufer des Futures den höchsten Gewinn bzw. den geringsten Verlust.

Um einen Preisvergleich noch vor dem Verfall des Futures anzustellen, werden die Kosten für den Börsenkauf und das Halten einer Anleihe miteinander verglichen. Folglich wird eine Arbitrage-Transaktion in Form der Cash-and-Carry-Arbitrage vorgenommen. Die Cost of Carry entspricht der Differenz aus Zinserträgen und den Finanzierungskosten der Anleihe bis zur Fälligkeit des Futures. Die Anleihe, mit der diese Transaktion am ehesten Erfolg verspricht, ist die CTD. Mit ihr ist die Cash-and-Carry-Arbitrage entweder am profitabelsten oder am wenigsten kostspielig. Profis vergleichen den implizierten Finanzierungszinssatz des Futures mit dem der jeweiligen Anleihe. Liegt der implizierte Zinssatz des Futures über dem der Anleihe, so bietet sich eine Cash-and-Carry-Arbitrage an.

Bei umgekehrter Konstellation kassieren die Schnellsten den Free Lunch durch Reverse-Cash-and-Carry-Arbitrage.

Als „Quick and Dirty"-Ansatz zum Ermitteln der CTD-Anleihe gilt die folgende Faustformel:

$$\text{Umtauschverhältnis} = \frac{\text{Marktpreis}}{\text{Konversionsfaktor}}$$

Die Anleihe mit dem niedrigsten Umtauschverhältnis ist die CTD. Ist der Bund-Future bereits verfallen, so kann die CTD aus einem Vergleich der Rechnungsbeträge und den Aufwendungen ermittelt werden. Es existieren keine Finanzierungskosten mehr und demnach ist die CTD diejenige Anleihe, bei der die Differenz zwischen dem Rechnungsbetrag und dem Börsenkurs plus Stückzinsen am geringsten ausfällt.

Rentenhändler bedienen sich beim Arbitragehandel mit Zinsfutures diverser Analysetools, die beispielsweise von Bloomberg oder Reuters gestellt werden. Aufgrund der hohen finanziellen und technischen Anforderungen sind nahezu alle Aktivitäten in diesem Bereich den professionellen Fixed-Income-Bereichen der Banken und Investmenthäuser vorbehalten.

3.4 Geldmarkt-Futures

Die kurzfristigen Zinsfutures der Eurex beziehen sich auf Termingeld. Sie bieten die Möglichkeit, zukünftige kurzfristige Geldanlagen oder Ausleihungen schon heute zu einem festen Zinssatz abzuschließen. Dieser Satz wird Forward-Satz genannt, da er nicht für heute gilt, sondern sich auf eine zukünftige Geldtransaktion bezieht. Die Eurex bietet verschiedene Geldmarktfutures mit unterschiedlichen Fälligkeiten an, wobei der grundsätzliche Unterschied in der Laufzeit des Termingeldes liegt.

Die Abbildung zeigt die Funktionsweise der Einmonats- und Dreimonats-Euribor-Geldmarkt-Futures.

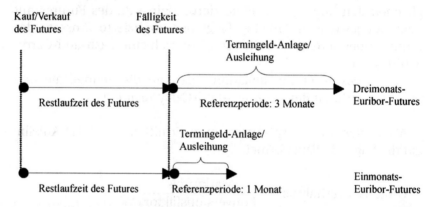

Die Referenzperiode beginnt zum Zeitpunkt der Fälligkeit des Euribor-Futures und endet entweder nach 3 Monaten (Dreimonats-Euribor-Futures) oder nach einem Monat (Einmonats-Euribor-Futures). Die Eurex bietet daneben je Future verschiedene Laufzeiten an, um ein möglichst flexibles Zinsmanagement zu erlauben. Obwohl heute niemand zukünftige Zinssätze voraussagen kann, lassen sich die künftigen Zinssätze dennoch aus den vorhandenen Kassa-Sätzen ableiten. Dazu das folgende Beispiel.

Zukünftige Zinssätze bestimmen

Im Dezember entscheidet sich Bauer Hücking, ein Ferienhaus zu bauen. Ende Juni wird er 1 Million € erhalten, die er für den Bau verwenden wird. Da Hücking bereits im März mit seinem Vorhaben beginnen möchte, muss er den Betrag für drei Monate finanzieren.

Er wendet sich an seine Hausbank. Der Berater bietet ihm an, die Million heute zu 5 % für sechs Monate auszuleihen. Da Hücking aber im März mit dem Bau starten möchte, benötigt er die Summe erst in drei Monaten. Der Banker lehnt die Finanzierung ab, da er aufgrund schwankender Marktzinsen die Konditionen nicht für drei Monate aufrechterhalten könne.

Da kommt Hücking auf die folgende Idee:

3-Monats-Zins	4 %
6-Monats-Zins	5 %

Um bereits heute den Zinssatz für den Kredit in drei Monaten festzuschreiben, könnte er die folgende Transaktion vornehmen. Er leiht sich 1 Million für sechs Monate zu 5 %. Da er das Geld nun aber noch nicht braucht, legt er es sofort wieder für drei Monate zu 4 % an. Nach Ablauf der drei Monate wird diese Anlage fällig und Hücking kann sein Ferienhaus finanzieren.

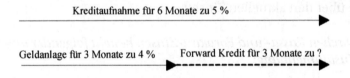

Der Forward-Satz, zu dem die Million aufgenommen werden kann, lässt sich aus den Kassa-Sätzen ableiten. Betrachtet man die Zinssätze, so fällt auf, dass in den ersten drei Monaten eine Zinsdifferenz in Höhe von einem Prozent zu tragen ist. Der Forward-Satz, also der Zins für eine Ausleihung in drei Monaten für drei Monate, wird deshalb über dem Zins der langen Periode (5 %) liegen. Unter Beachtung von Zinseszinsen liegt der Satz allerdings nicht etwa bei 6 %, sondern ein wenig darunter.

Der Forward-Satz lässt sich mit der folgenden Formel berechnen:

$$\text{Forward Satz} = \left[\frac{1 + \left(\dfrac{\text{Zinssatz lange Periode}}{100} \times \dfrac{\text{Tage lange Periode}}{360} \right)}{1 + \left(\dfrac{\text{Zinssatz kurze Periode}}{100} \times \dfrac{\text{Tage kurze Periode}}{360} \right)} - 1 \right] \times \frac{360 \times 100}{\text{Differenz Tage}}$$

$$\left[\frac{1 + \left(\dfrac{5}{100} \times \dfrac{180}{360} \right)}{1 + \left(\dfrac{4}{100} \times \dfrac{90}{360} \right)} - 1 \right] \times \frac{360 \times 100}{90} = 5{,}94$$

Durch die Kreditaufnahme für sechs Monate zu 5 % bei einer gleichzeitigen Anlage des Betrages für drei Monate zu 4 % kann Hücking die Million in drei Monaten für drei Monate zu 5,94 % finanzieren. Da die Zinskurve ansteigend verläuft (4 % für die kurze Laufzeit und 5 % für die längere Laufzeit), notieren die Forward-Sätze über den aktuellen Zinsen.

Zwischen Kassa- und Forward-Zinsen besteht folgender allgemeiner Zusammenhang:

1. Bei einer normalen Zinskurve liegen die Forward-Sätze über den Kassa-Sätzen,
2. bei einer flachen Zinskurve liegen die Forward-Sätze in etwa bei den Kassa-Sätzen und
3. bei einer inversen Zinskurve liegen die Forward-Sätze unter den Kassa-Sätzen.

Ein synthetisches Termingeschäft wird bei dieser Transaktion durch eine simple Kassa-Transaktion, das Ausleihen und das Anlegen eines Kapitalbetrag, nachgebildet. Durch das Angebot der Eurex an Termingeldfutures kann stattdessen auch direkt ein Dreimonats-Euribor gehandelt werden. Da der gesamte Eurogeld-Markt diese kurzfristigen Handels- und Absicherungsinstrumente benötigt, sind die Euribor-Futures äußerst liquide. Insbesondere der Dreimonats-Kontrakt erfreut sich großer Beliebtheit.

Im Gegensatz zu den mittel- und langfristigen Zinsterminkontrakten erfolgt die Kursnotiz bei den Geldmarktkontrakten nach einer anderen Methode. Kurzfristige Zinsfutures werden auf einer Indexbasis quotiert. Der Preis errechnet sich aus der Differenz zwischen 100 und der jeweiligen Verzinsung. Dieses Index-System basiert somit auf der Differenz zwischen dem (jährlichen) Zinsertrag und 100. Je niedriger der Preis notiert, desto höher ist die Verzinsung und vice versa.

Die allgemeine Formel für die Ermittlung lautet:

Futures = 100 – Forward-Satz

Wie notieren Geldmarktfutures?

Ausgleichszahlung

Genau wie bei langfristigen Zinsfutures erfolgt am letzten Handelstag von Geldmarktfutures die Ermittlung der Schlussabrechnungspreise. Auf der Basis dieser Notierungen werden diejenigen Marktteilnehmer, die auf die richtige Marktentwicklung gesetzt haben, mit einer Ausgleichszahlung belohnt. Der andere Teil der Akteure wird von der Eurex aufgefordert, diese Abrechnung zu begleichen. Obwohl die Geldmarktfutures Terminkontrakte auf Termingelder darstellen, werden nach ihrer Fälligkeit die Positionen nicht in Termingelder gewandelt. Stattdessen wird der Zinsvorteil oder Zinsnachteil eines fiktiven Termingeschäftes zwischen dem Abschluss des Futures und dem Schlusspreis berechnet. Lediglich dieser Betrag wird als Barwert zwischen den Akteuren getauscht. Dieses Vorgehen vereinfacht den Handel erheblich. Ob nun tatsächlich Termingelder abgeschlossen werden oder nicht, bleibt den Teilnehmern überlassen.

Wann werden Geldmarktfutures gehandelt?

Durch den Handel mit Geldmarktfutures kann beim Vertragsabschluss zum Beispiel ein Euribor-Satz als Basiszinssatz für einen künftigen Kreditbedarf bzw. für eine künftige Geldanlage gesichert werden. Aufgrund der Kursnotierung (100 minus Zins) bedeuten sinkende Zinsen steigende Notierungen der Geldmarktfutures und umgekehrt. Der Verkauf eines Geldmarktfutures erlaubt eine Spekulation auf steigende Geldmarktzinsen bzw. eine Absicherung vor steigenden Geldmarktzinsen. Dadurch lassen sich höhere Finanzierungskosten durch eventuelle zwischenzeitliche Zinssteigerungen vermeiden. Durch den Kauf eines Geldmarktfutures lässt sich auf sinkende Zinsen spekulieren bzw. lässt sich eine zukünftige Anlage gegen sinkende Zinsen absichern. Mit Hilfe einer Absicherung kann man geringere Anlageerträge – bedingt durch die zwischenzeitlichen Zinssenkungen – vermeiden.

Akteur	Position	Spekulation auf:	Schutz vor:
Spekulant/ Kreditnehmer	Verkauf	steigende Zinsen	steigenden Zinsen
Spekulant/ Anleger	Kauf	sinkende Zinsen	sinkenden Zinsen

3.5 Spekulation auf die Zinsstrukturkurve

Die Spekulation auf die Veränderung eines Zinssatzes für eine einzelne Laufzeit kann durchaus lohnenswert ausfallen. Es gibt jedoch Situationen, in denen eine kombinierte Strategie mit höherer Wahrscheinlichkeit zum Erfolg führt. Besondere Gelegenheiten bieten sich immer dann, wenn die Zinsstruktur eine extreme Form annimmt. Dazu zählt eine steil ansteigende Kurve, in der kurzfristige Zinssätze relativ niedrig im Vergleich zu den langfristigen Zinssätzen ausfallen. Umgekehrt bietet auch die Form einer inversen Kurve die Chance auf einen erfolgreichen Trade. Je ausgeprägter diese Situationen auftreten, desto wahrscheinlicher ist eine zukünftige gegenteilige Bewegung und ein daraus entstehender Profit.

3.5.1 Flache Zinsstrukturkurve

Flache Zinsstruktur		
Kontrakt	Kurs	Implizierter Zins
Euro-Schatz-Future	93,05	10 %
Euro-Bund-Future	77,12	10 %

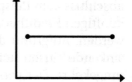

Hücking analysiert die Zinsstruktur. Kurzfristige Schuldverschreibungen bieten zurzeit die gleiche Rendite wie langfristige

Staatsanleihen. Die Situation stellt eine flache Zinsstruktur dar. Hücking geht von einer Versteilung der Zinsstrukturkurve aus. Er nimmt an, dass die langfristigen Renditen relativ stärker als die kurzfristigen steigen werden. Tritt seine Prognose ein, so steigt der Spread zwischen den langfristigen und den kurzfristigen Zinsen, repräsentiert von den 2-jährigen und den 10-jährigen Renditen. Eine maßgeschneiderte Position bietet der Verkauf von Bund-Futures bei einem gleichzeitigen Kauf von Schatz-Futures. Hücking verkauft 10 Kontrakte des Bund-Futures zu 77,12 und kauft 10 Kontrakte des Schatz- Futures zu 93,05. In den nächsten Wochen steigt das gesamte Zinsniveau. Wie angenommen, steigen die langfristigen Sätze stärker als die kurzfristigen. Hücking stellt seine Position nach 4 Wochen durch entgegengesetzte Transaktionen glatt.

Datum	Schatz-Future	Bund-Future
heute	Kauf 10 Kontrakte zu 77,12	Verkauf 10 Kontrakte zu 93,05
nach 4 Wochen	Verkauf 10 Kontrakte zu 77,68 Ergebnis: 77,12 - 77,68 = - 56 x 10 Kontrakte x € 10 - € 5.600	Kauf 10 Kontrakte zu 91,13 Ergebnis: 93,05 - 91,13 = 192 x 10 Kontrakte x € 10 + € 19.200
Gesamtergebnis	+ € 13.600	

3.5.2 Steile Zinskurve im Geldmarkt

Steile Zinsstruktur im Geldmarkt		
Laufzeit der Euribor-Futures	Kurs	Implizierter Zins
3 Monate	95,20	4,8
6 Monate	94,70	5,3
9 Monate	94,20	5,8

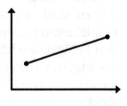

Die obige Tabelle zeigt die Notierungen des 3-Monats-Euribor-Futures. Im Unterschied zu den Zinsfutures im Kapitalmarkt beinhalten die Geldmarktfutures eine Besonderheit. Während die Notierung der Kapitalmarktfutures vergleichbar mit der Kursnotierung einer Anleihe ist, entsprechen die implizierten Zinssätze des Euribor-Futures der Differenz zwischen 100 und der Futures-Notierung. Die Sätze beziehen sich auf die zukünftigen Anlagen bzw. Ausleihungen für drei Monate ab der Fälligkeit der Kontrakte.

C. Futures

Kaufen wir beispielsweise einen Kontrakt mit 9 Monaten Restlaufzeit, so haben wir das Recht, in 9 Monaten 100.000 € zu 5,8 % Zinsen für drei Monate anzulegen. Der Markt geht davon aus, dass in 9 Monaten der dreimonatige Zins bei 5,8 % steht. Kaufen würden wir diesen Kontrakt nur, wenn wir uns gegen zukünftig fallenden Zinsen absichern wollen oder auf zukünftig fallende Zinsen spekulieren.

Hücking betrachtet die Situation. Die Notierungen der drei Fälligkeiten zeigen eine steile Zinsstruktur. Die Differenz zwischen dem 3-Monats- und dem 9-Monats-Kontrakt beträgt 100 Basispunkte. Nach Hückings Meinung ist diese Kurve extrem steil. Er geht von einer Verflachung aus. Allerdings ist er sich nicht sicher, ob die Zinsen generell steigen oder fallen werden. Für diese Meinung bietet sich eine Spread-Position an, die lediglich auf die Differenz der Zinssätze abzielt und nicht auf eine Richtungsänderung. Sollte die Zinsstruktur abflachen, so wird die Differenz zwischen den Notierungen der Kontrakte abnehmen.

Da Hücking insbesondere der Spread zwischen dem 3-Monats- und dem 9-Monats-Kontrakt zu hoch erscheint, vollzieht er die folgende Transaktion. Er verkauft den kurzen Kontrakt und kauft gleichzeitig die lange Fälligkeit. Damit setzt Hücking lediglich auf eine Verflachung der Struktur. Ob die Zinsen insgesamt steigen oder fallen, kann ihm egal sein.

Nach wenigen Wochen bewahrheitet sich seine Prognose. Die Zinsen sind insgesamt gefallen, aber insbesondere die längeren Fristigkeiten haben sich nach unten bewegt. Der Spread zwischen den Fälligkeiten hat sich von 100 Basispunkten auf 82 Basispunkte verringert. Hücking stellt seine Position glatt. Da jeder Basispunkt einem Wert von 25 € entspricht, beläuft sich Hückings Gewinn auf 450 €.

Datum	3-Monats-Euribor-Future Fälligkeit in 3 Monaten	3-Monats-Euribor-Future Fälligkeit in 9 Monaten
heute	Verkauf 1 Kontrakt zu 95,20	Kauf 1 Kontrakt zu 94,20
nach 3 Wochen	Kauf 1 Kontrakt zu 95,46 Ergebnis: 95,20 - 95,46 = - 26 Basispunkte 26 x 1 Kontrakt x € 25 = - € 650	Verkauf 1 Kontrakt zu 94,64 Ergebnis: 96,64 - 94,20 = 44 Basispunkte 44 x 1 Kontrakt x € 25 = + € 1.100
Gesamtergebnis	+ € 450	

1.5.3 Inverse Zinsstruktur im Kapitalmarkt

Inverse Zinsstrukturkurve	
Jun. Bobl-Future 4,5 - 5,5 Jahre	Jun. Bund-Future 8,5 – 10,5 Jahre
84,15	78,03

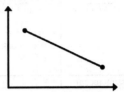

Eine relativ extreme Situation im Kapitalmarkt ist eine inverse Zinsstrukturkurve im mittel- bis langfristigen Bereich. In der Regel tritt diese Konstellation nur auf, wenn auch das Zinsniveau hoch ausfällt. In der Vergangenheit waren diese Phasen nur von kurzer Dauer, so dass eine Spekulation auf ein Abflachen in diesem Laufzeitbereich sinnvoll erscheint.

Hücking setzt auf diese Erwartung, indem er den Bobl-Future zu 84,15 kauft und gleichzeitig den Bund-Future zu einer Notierung von 78,03 verkauft. Damit beträgt der Spread 612 Basispunkte. Auch hierbei kostet Hücking die Frage nach der Richtung einer Zinsänderung nur ein müdes Schulterzucken. Hücking interessiert es nicht, ob das gesamte Zinsniveau steigt oder fällt. Der Trade zielt lediglich auf eine Abnahme der Differenz zwischen den langfristigen und den kurzfristigen Renditen am Kapitalmarkt und damit auf eine Zunahme des Spreads zwischen dem Bund- und dem Bobl-Future. Steigende 10-jährige Renditen bedeuten schließlich sinkende Bund-Futures-Notierungen und fallende mittelfristige Renditen lassen den Kurs des Bobl-Futures steigen. Wohlgemerkt reicht es Hücking schon, wenn die langfristigen Renditen relativ zu den mittelfristigen steigen.

Nach wenigen Monaten bekommt Hücking Recht. Die mittelfristigen Renditen sind auf etwa 10 % gesunken, während die langfristigen Renditen nahezu unverändert notieren. Damit hat sich die Kurve abgeflacht und der Spread ist auf 843 Basispunkte angestiegen. Hücking reibt sich wieder einmal die Hände und verbucht einen Gewinn bei Glattstellung in Höhe von 843 – 612 = 231 Basispunkten. Im Bund- wie auch im Bobl-Future beträgt der Wert eines Basispunkts 10 €, so dass Hücking 2.310 € seinem Konto gutschreiben lassen kann.

Datum	Bobl-Future	Bund-Future
heute	Kauf 1 Kontrakt zu 84,15	Verkauf 1 Kontrakt zu 78,03
nach 3 Monaten	Verkauf 1 Kontrakt zu 87,04 Ergebnis: 87,04 - 84,15 = 289 Basispunkte 289 x 1 Kontrakt x € 10 = + € 2.890	Kauf 1 Kontrakt zu 78,61 Ergebnis: 78,03 - 78,61 = - 58 Basispunkte 58 x 1 Kontrakt x € 10 = - € 58(
Gesamtergebnis	+ € 2.310	

Die Beispiele haben gezeigt, wie man mit Spread-Positionen auf die Veränderung der gesamten Zinsstrukturkurve spekulieren kann. Mit verschiedenen Kontrakten ist sogar eine maßgeschneiderte Spekulation auf einen bestimmten Bereich der Kurve möglich. Das Spread Trading mit Zinsfutures erweist sich im Vergleich mit Outright-Positionen ebenso vorteilhaft wie bei Aktienindexfutures. Im Gegensatz zu einer simplen Meinungsposition können wir mit Zinsfuture-Spreads die vielen Abhängigkeiten innerhalb des Zinsgefüges ausnutzen. Voraussetzung dazu ist die Beobachtung und ein logisches Kombinationsvermögen. Darüber hinaus honoriert das verminderte Risiko bei einer durchdachten Margin- Politik die Anforderung an Sicherheiten.

3.6 TIPP: Forward-Darlehen

Forward-Darlehen sind Produkte, die aus Niedrigzinsphasen hervorgegangen sind. In solchen Zeiten steigen die Abschlussraten von Baufinanzierungen rapide an, da sich Kapital zu geringen Kosten ausleihen lässt. Nichts wäre für Hausbauer schlimmer als ansteigende Kapitalmarktsätze, die bei Abschluss eines Darlehens mit variablem Zins oder bei Ablauf einer Zinsfestschreibung zu zahlen wären. Banken haben diese Situation erkannt und bieten seit einiger Zeit Forward-Darlehen an, mit denen sich Kreditnehmer vor steigenden Zinsen schützen können. Sollten Sie mit dem Gedanken spielen, in bspw. zwei Jahren ein Haus zu bauen, so lassen sich die Zinsen bereits heute durch ein Forward-Darlehen festschreiben, welches erst in zwei Jahren ausgezahlt wird. Auch wenn ein bestehendes Darlehen in nächster Zeit verlängert werden soll, kann hiermit eine niedrige Zinsphase ausgenutzt werden.

Beispiel

Motivation:
In zwei Jahren wird ein neues Darlehen benötigt oder ein bereits bestehendes soll verlängert werden.

Forward-Darlehen-Konditionen

10-Jahres-Zins	5,22 %
In 2 Jahren für 10 Jahre Forward-Zins	5,96 %

Meinung:
Innerhalb der nächsten zwei Jahre steigt der Zinssatz für 10-jährige Kredite über 5,96 %.

Ein Abschluss des Forward-Darlehens fixiert den Satz von 5,96 % und schützt damit vor steigenden Zinsen. Gleichzeitig wird dem Kreditnehmer allerdings die Chance auf sinkende Zinsen genommen. Ein Abschluss macht daher lediglich in Niedrigzinsphasen Sinn, in denen mit ansteigenden Zinsen gerechnet wird. Besonders interessant werden Forward-Darlehen in Zeiten inverser Zinsstrukturen, bei denen die Forward-Sätze unter den Kassa-Sätzen notieren.

Hücking: „Ob sich ein Forward-Darlehen für Sie lohnt, hängt von Ihrer Zinsmeinung ab. Glauben Sie, dass der Kassa-Zinssatz zum Zeitpunkt der Darlehensauszahlung über dem jetzigen Forward-Satz liegt? Der Forward-Satz ist Ihr Break-Even-Satz!"

D Derivatehandel an der Eurex

II. Derivatehandel an der Eurex

1. Wie funktioniert die Eurex?

Die „European Exchange", Eurex, ist ein eigenständiger, vollelektronischer Markt für Börsentermingeschäfte. Eine Terminbörse funktioniert anders als eine normale Aktienbörse. Der große Unterschied liegt in der hohen Anforderung an das Verrechnen von Termingeschäften. Dadurch, dass für Optionen und Futures oftmals nur ein Bruchteil des tatsächlichen Gegenwertes einbezahlt werden muss, benötigt die Börse ein wesentlich aufwendigeres Verrechnungssystem als eine Aktienbörse.

Ein Handelsgeschäft über die Eurex läuft folgendermaßen ab:
1. Ein Kunde eröffnet ein Eurex-Konto bei einer Bank. Er zahlt eine gewisse Summe als Startguthaben und Sicherheit ein. Kurze Zeit später ruft der Kunde seinen Berater an und gibt ihm einen telefonischen Kaufauftrag durch.

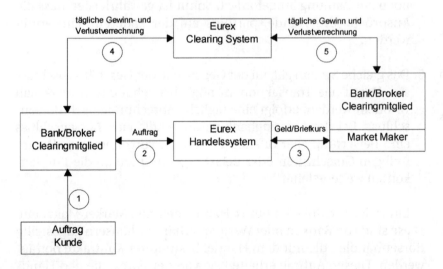

2. Der Berater notiert den Auftrag und leitet ihn an die Handelsabteilung seiner Bank weiter. Dort wird der Auftrag in das Computersystem der Eurex eingegeben. Der Auftrag erscheint nun auf allen Bildschirmen der Handelsteilnehmer.

3. Ein Market Maker möchte genau diesen Kontrakt verkaufen. Er

stellt einen Briefkurs in das Handelssystem, welcher dem Kaufauftrag entspricht. Damit kommt es zum Geschäft. Das Computersystem „matcht" die beiden Aufträge. Auf den Bildschirmen erscheint ein gehandelter Kontrakt und eine Ausführungsbestätigung wird an die kontoführende Bank und damit an den Kunden weitergeleitet. Anstelle des Market Makers könnte natürlich auch ein anderer Kunde oder eine Bank als Verkäufer auftreten.

4. Die Eurex sorgt nun mit ihrem Clearingsystem für die Geschäftsabrechnung. Damit alle Marktteilnehmer vor Zahlungsausfällen einzelner Teilnehmer geschützt sind, wird das folgende System angewandt. Anstatt jedem einzelnen Kunden Geschäfte über die Eurex zu ermöglichen, lässt die Terminbörse nur kapitalstarke Banken als Clearingmitglied zu. Diese wiederum tragen das Risiko eines Zahlungsausfalls ihrer Kunden. Sollte also ein Anleger zahlungsunfähig werden, so wird seine Clearingbank dennoch zur Zahlung aufgefordert. Somit ist gewährleistet, dass die Ansprüche des Handelspartners auf der anderen Seite erfüllt werden.

<small>Das Berechnen des momentanen Marktwertes wird als „Mark to Market" bezeichnet.</small>

5. Das gleiche System gilt auf der Gegenseite des Geschäftsabschlusses. Damit alle Transaktionen möglichst schnell und marktnah verbucht werden, erfolgt eine tägliche Abrechnung nach Börsenschluss. Bei der Clearingbank wird abends nach Börsenschluss eine Bewertung aller offenen Positionen vorgenommen. Die jeweiligen Gutschriften oder Belastungen werden an die Kundenkonten weitergeleitet.

Eine wichtige Rolle im Eurex-Handel nehmen Market Maker ein. Diese sind von Banken oder Wertpapierhandelshäusern angestellte Börsenhändler, die mit dem Handel bestimmter Kontrakte betraut werden. Diesen Auftrag erhalten sie von der Eurex, die den Händlern im Gegenzug geringere Gebühren gewährt. Das Betreuen von Kontrakten beinhaltet das Stellen von verbindlichen Geld- und Briefkursen. Market Maker stellen die Geld- und Briefkurse natürlich entsprechend ihrer eigenen Marktmeinung und Handelsstrategie.

Mit dem System der Market Maker schafft die Eurex genügend Liquidität in den einzelnen Kontrakten, da eine Terminbörse nur dann effektiv funktioniert, wenn eine ausreichende Anzahl an kauf- und verkaufswilligen Marktteilnehmern vorhanden ist. Eine Besonderheit des vollelektronischen Handelssystems der Eurex ist seine Anonymität. Die Handelsteilnehmer erfahren nicht, mit wem sie einen Geschäftsabschluss getätigt haben. Market Maker kennen jedoch den Markt und können bei größeren Orders oftmals anhand bestimmter Merkmale erahnen, wer sich im Markt befindet.

Market Maker sorgen für Marktliquidität

2. Kaum ein Auftrag ohne Sicherheiten – Margins

Die Eurex verlangt von ihren Mitgliedern Sicherheitsleistungen, um sich gegen das Ausfallrisiko der Mitglieder zu schützen. Das System des „Marginings" verlangt von den Handelsteilnehmern das Hinterlegen von Sicherheitsleistungen in bar oder in Wertpapieren, womit mögliche Risiken abgedeckt werden, die aus offenen Positionen in Derivaten entstehen können. Dabei ist nicht etwa der gesamte Kontraktgegenwert zu hinterlegen (womit das eigentlich Attraktive an Termingeschäften, die Hebelwirkung, wegfallen würde), sondern lediglich das mögliche Verlustrisiko aus einer Derivatposition. Dieses Verfahren wird als Risk Based Margining bezeichnet. Bei der Ermittlung des Gesamtrisikos werden eventuell entgegengerichtete Preisrisiken aus einer Derivatposition berücksichtigt, um eine Überdeckung (Over Margining) zu vermeiden. Dies hat eine besondere Bedeutung für Positionen, in denen Derivate miteinander kombiniert werden, wodurch sich Risiken reduzieren bzw. ausgleichen lassen. Offene Long- und Short-Positionen werden aufgerechnet und lediglich der Überhang an Short-Positionen mit einer Margin hinterlegt. Im Extremfall gleichen sich die Risiken aus Long- und Short-Positionen identischer Kontrakte mit gleichem Verfallstermin vollständig aus.

Welches Risiko wird abgesichert?

Die Eurex wendet das Verfahren des Cross Marginings an, um die verschiedenen Terminkontrakte eines Portfolios nach gleichartigen Risiken aufzuteilen. Optionen und Futures, die den gleichen zugrunde liegenden Basiswert aufweisen, werden dafür in sog. Margin-Klassen zusammengefasst. In einer Margin-Klasse werden Gewinne und Verluste der darin enthaltenen Terminkontrakte gegeneinander verrechnet. So existieren bspw. Margin-Klassen für Aktienoptionen oder den DAX.

Verschiedene Margin-Klassen, deren Basiswerte hinsichtlich ihrer Risikostruktur verwandt sind, werden in sog. Margin-Gruppen zusammengefasst. Innerhalb einer solchen Margin-Gruppe erfolgt ebenfalls – wie in einer Margin-Klasse – die Aufrechnung einander entgegengesetzter Risiken. Sinnvoll ist dies bspw. für die Margin-Klassen Bund (Euro-Bund-Futures und Option auf den Euro-

Bund-Future) und Bobl (Euro-Bobl-Futures und Option auf den Euro-Bobl-Future), bei denen die Basiswerte beider Klassen ähnlichen Risiken ausgesetzt sind.

Der Vorteil des Cross Marginings liegt in der Schonung von Liquidität. Durch das Verrechnen von Risiken ist eine wesentlich geringere Margin-Leistung zu erbringen als bei einem System, bei dem die Summe aller einzelnen Margins zu hinterlegen wäre.

Margins werden täglich neu berechnet und dienen dazu, das Risiko abzusichern, welches im schlimmsten anzunehmenden Fall, dem Worst Case, auftreten würde. Abgesichert werden die unter der Annahme der ungünstigsten möglichen Preisentwicklung der Derivatpositionen auftretenden höchstmöglichen Glattstel-

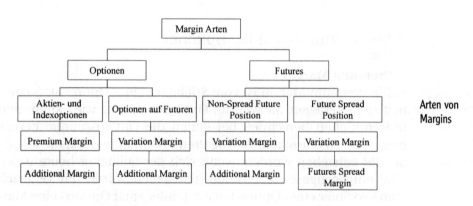

Arten von Margins

lungskosten, die ein Investor zum jeweils nächsten Handelstag erleiden würde. Wie aber wird die ungünstigste mögliche Preisentwicklung ermittelt? Dazu werden zuerst die in der Vergangenheit aufgetretenen Kursentwicklungen der den Derivaten zugrunde liegenden Basiswerte betrachtet. Die historische Volatilität wird von der Eurex herangezogen, um zukünftige Kursschwankungen zu prognostizieren. Zusätzlich wird das Risiko unvorhersehbarer, extremer Kursveränderungen berücksichtigt, indem die ermittelte Volatilität mit einem Risikofaktor multipliziert wird. Die maximal mögliche Kursveränderung des Basiswerts wird als Margin-Intervall bezeichnet.

Ungünstigste mögliche Preisentwicklung des Basiswerts
Volatilität • Risikofaktor = Margin-Intervall

Bei einem DAX-Stand von 7.000 Punkten bedeutet ein Margin-Intervall von bspw. 200 Indexpunkten, dass bis zum nächsten Börsentag ein höchstmöglicher Kurssprung auf 6.800 bzw. 7.200 Zähler zu erwarten ist. Die Prämien der DAX-Optionen würden sich entsprechend verbilligen oder verteuern. Aus den sich ergebenden theoretischen Tiefst- bzw. Höchstpreisen wird dann die Höhe der zu hinterlegenden Margins ermittelt.

Die aktuellen Margin-Intervalle, die von der Eurex bei Bedarf angepasst werden, können Sie unter: www.eurexchange.com abrufen.

Die Eurex unterscheidet eine Reihe von Margin-Arten, die bei Options- und Futuresgeschäften zum Tragen kommen.

2.1 Margin-Arten bei Optionen

Premium Margin

Die Premium Margin ist vom Stillhalter einer Option als Sicherheit zu hinterlegen. Sie wird für Optionskontrakte wie Aktien- und Indexoptionen berechnet, bei denen die Optionsprämie bereits beim Kauf zu entrichten ist. Die Premium Margin deckt die Kosten ab, die entstehen würden, wenn sich der Stillhalter heute durch eine entgegengesetzte Position glattstellen würde. Im Vergleich zum Verkäufer einer Option hat der Käufer einer Option keine Margin zu hinterlegen. Dieser erwirbt ein Recht auf den Kauf oder Verkauf des Basiswertes, wobei sich das maximale Risiko auf den Verlust der gezahlten Optionsprämie beschränkt. Bei Short-Positionen in Optionen ist zwischen gedeckten und ungedeckten Positionen zu unterscheiden. Hält ein Investor eine gedeckte Short-Position, so sind die zugrunde liegenden Basiswerte als Sicherheit hinterlegt. Bei dem Verkauf eines SAP-Calls (1 Kontrakt) entspräche dies bspw. 100 zu hinterlegenden SAP-Aktien. Im Gegensatz zu Aktienoptionen können Indexoptionen nur in bar ausgeglichen werden, da eine effektive Lieferung des Basiswerts nicht möglich ist.

Bei ungedeckten Short-Positionen ist die Margin sofort beim Verkauf der Kontrakte zu leisten. Reicht die Höhe der Margin zur Abdeckung des möglichen Risikos nicht mehr aus, erfolgt ein sog. Margin Call, woraufhin die Margin vom Stillhalter zu erhöhen ist.

Hücking: „Nur bei Geschäften, bei denen Sie eine Verpflichtung eingehen, muss eine Margin hinterlegt werden."

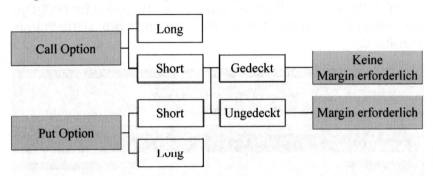

Additional Margin

Die Additional Margin, die zusätzlich zur Premium Margin zu leisten ist, dient zur Abdeckung von potentiellen, zusätzlich anfallenden Glattstellungskosten. Diese Kosten entstehen, wenn ausgehend vom aktuellen Preis der im Portfolio enthaltenen Kontrakte innerhalb von 24 Stunden die ungünstigste mögliche Preisentwicklung eintreten würde.

Variation Margin

Lediglich bei Optionen auf Futures, bspw. Optionen auf den Euro-Bobl-Future, wird keine Premium Margin, sondern eine Variation Margin verlangt, da hierbei im Mark-to-Market-Verfahren ein täglicher Gewinn- und Verlustausgleich vorgenommen wird.

Margins für Optionsgeschäfte selbst berechnen

Lassen Sie uns die graue Margin-Theorie an einem praktischen Beispiel verdeutlichen! Sie verkaufen einen DAX-Call-Kontrakt mit einem Basispreis von 6.800 und einer Restlaufzeit von 30 Tagen (Zinssatz 3,5 %, Volatilität 30 %). Bei einem aktuellen DAX,-Stand von 7.000 Zählern erhalten Sie eine Prämie in Höhe von 363 €.

Die Premium Margin, die den Verlust abdeckt, wenn Sie die Position heute glattstellen würden, berechnet sich aus dem Produkt des täglichen Abrechnungspreises (Settlement-Preis), dem Kontraktwert und der Anzahl der Kontrakte. Für die verkaufte DAX-Option ergibt sich eine Premium Margin von (363 • 5 € • 1 =) 1.815 €. Zusätzlich ist eine Additional Margin zu leisten. Bei einem von der

Eurex festgelegten Margin-Intervall von 190 Punkten ergibt sich als ungünstigste mögliche Entwicklung ein Anstieg des DAX auf (7.000 + 190 =) 7.190 Punkte. Damit gerät die verkaufte DAX-Option weiter ins Geld und erreicht eine maximale projizierte Prämie von 499 €.

Margins in Excel berechnen

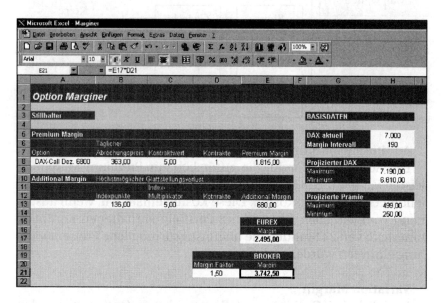

Die Eurex ermittelt die sich aufgrund der Margin-Intervalle ergebenden theoretischen Fair Values der Kontrakte mit Hilfe des Binomial- Optionspreismodells nach Cox, Ross und Rubinstein. Der Einfachheit halber benutzen wir das Black & Scholes-Modell, welches Sie selbst in Excel programmieren und problemlos in den „Option Marginer" einbinden können.

Der höchstmögliche Glattstellungsverlust beträgt nun zusätzliche (499 –363 =) 136 Indexpunkte. Werden diese mit der Kontraktgröße von 5 € und der Anzahl der Kontrakte multipliziert, ergibt sich eine Additional Margin von 680 €. Die von der Eurex berechnete Gesamtmargin für die ungedeckte Optionsposition beträgt demnach (1.815 + 680 =) 2.495 €.

Das Marginerfordernis Ihres Brokers wird allerdings über der Eurex-Margin liegen. Im Beispiel beträgt der Margin-Faktor 1,5 oder 150 %. Damit würden Sie eine Margin von (2.495 • 1,5 =) 3.742 € an Ihren Broker zu leisten haben.

Benheim: „Vergleichen Sie die Preisverzeichnisse der Options- und Futures-Broker. Je höher die Marginanforderung Ihres Brokers, desto höher das gebundene Kapital!"

In Excel lassen sich die für verschiedene Optionskombinationen erforderlichen Margins beliebig simulieren. In dem dargestellten Excel-Spreadsheet liegen in den einzelnen Eingabefeldern folgende Berechnungen zugrunde:

Eingabefeld	Zelle	Inhalt
Basisdaten		
DAX aktuell	H5	Aktueller DAX -Stand
Margin-Intervall	H6	Margin-Intervall der Eurex
Projizierter DAX	H9, H10	H5 + H6 bzw. H5 - H6
Projizierte Prämie	H13, H14	Nach Black & Scholes berechnete Prämie der Option bei DAX-Ständen H9 und H10
Premium Margin		
Täglicher Abrechnungspreis	B8	Ergebnis der Black & Scholes-Formel
Kontraktwert	C8	Kontraktwert des Optionskontraktes
Kontrakte	D8	Anzahl der verkauften Kontrakte
Premium Margin	E8	B8*C8*D8
Additional Margin		
Indexpunkte	B13	H13 - B8
Kontraktwert	C13	C8
Kontrakte	D13	D8
Additional Margin	E13	B13*C13*D13
Margins		
Eurex-Margin	E17	E8 + E13
Margin-Faktor	D21	Marginanforderung Ihres Brokers
Broker-Margin	E21	E17*D21

2.2 Margin-Arten bei Futures

Variation Margin
Bei Futures und Optionen auf Futures werden in einem Mark-to-Market-Verfahren börsentäglich Gewinne und Verluste aus offenen Positionen, die durch Kursveränderungen entstehen, ermittelt und

das Konto des Investors je nach Fall aufgewertet oder belastet. Da ein täglicher Gewinn- und Verlustausgleich stattfindet, ist also keine Sicherheitsleistung wie bei anderen Margin-Arten zu hinterlegen.

Verzeichnet der Inhaber einer Long-Position in Futures während eines Handelstages mit seiner Position bspw. einen Kursgewinn, wird ihm die Differenz aus dem Eröffnungswert und dem Tagesendwert gutgeschrieben, während der Inhaber der entsprechenden Short-Position diesen Betrag zu zahlen hat.

Additional Margin

Die Additional Margin dient zur Abdeckung von potentiellen, zusätzlich anfallenden Glattstellungskosten. Bei Futures-Kontrakten wird sie lediglich bei Non-Spread-Positionen erhoben. Als solche werden Long- oder Short-Positionen bezeichnet, die nicht durch eine entgegengesetzte Position mit einer anderen Kontraktfälligkeit verrechnet werden können, also dem vollen Glattstellungsrisiko bis zum nächsten Börsentag unterliegen.

Futures Spread Margin

Hält ein Investor mehrere Futures-Kontrakte auf ein und denselben Basiswert, lassen sich die Risiken aus Long- und Short-Positionen mit gleichen Kontraktlaufzeiten gegeneinander verrechnen. Auch bei Long- und Short-Positionen mit unterschiedlichen Fälligkeiten (bspw. Long-Euro-Bobl-Future / März und Short-Euro-Bobl-Future / Juni) gleichen sich die Risiken weitgehend aus. Da sich diese Kontrakte allerdings nicht exakt gegenläufig verhalten werden, d. h. ihre Preiskorrelation nicht perfekt ist, verbleibt ein Restrisiko, welches durch die Futures Spread Margin abgedeckt wird.

Beispiel

An einem Freitag kaufen Sie 10 Dezember-DAX-Futures zum Preis von 7.150,50 €. Ihre Position wird im Mark-to-Market-Verfahren täglich neu bewertet.

Der Kontraktwert des FDAX liegt bei 25 € pro DAX-Indexpunkt. Die Preisermittlung erfolgt in Punkten auf eine Dezimalstelle. Ein Tick (die minimale Preisveränderung) des FDAX beträgt 0,5 Punkte, was einem Wert von 12,50 € entspricht.

Tag 1
An einem eher schwachen Montag gibt der DAX ein wenig nach; der Settlement-Preis des Futures sinkt auf 7.100,50 €. Das entspricht einem Rückgang von ((7.150,50 − 7.100,50) • 2 =) 100 Ticks. Ihr Konto wird mit 12.500,00 € belastet.

Tag 2
Der Dienstag ist Ihr Tag! Der DAX klettert auf ungeahnte Höhen; der Settlement-Preis des Futures steigt auf 7.300,00 €. Das entspricht einem Anstieg von ((7.300,00 − 7.100,50) • 2 =) 399 Ticks. Ihrem Konto werden 49.875 € gutgeschrieben.

Tag	Tick-Differenz	Tick in €	Kontrakte	Wertveränderung in €
1	− 100	12,5	10	− 12.500,00
2	+ 399	12,5	10	+ 49.875,00
Kontostand				+ 37.375,00

Sie entschließen sich, die Futures-Position glattzustellen. Sie verkaufen die 10 FDAX-Kontrakte und erzielen einen Gewinn in Höhe von 37.375,00 € (ohne Berücksichtigung von Transaktionskosten).

3. Auftragsarten

An der Eurex steht für Options- und Futursgeschäfte eine Reihe von Auftragsarten zur Verfügung.

Auftragsart	Optionen	Options-kombinationen	Futures	Futures-Kombinationen
Limit Order				
IOC	X	X	X	X
FOK	X	X		
GFD	X		X	X
GTC	X		X	X
GTD	X		X	X
Stop Order				
Stop-Buy-Order			X	
Stop-Sell-Order			X	
Market Order	X		X	

3.1 Limit Orders

Limitierte Aufträge werden zu einem bestimmten Limit oder zu einem für den Investor günstigeren Kurs ausgeführt. Hierbei lassen sich fünf Ordertypen unterscheiden:

1. Immediate-or-Cancel (IOC) – IOC-Orders werden sofort so weit wie möglich ausgeführt. Nicht ausgeführte Teile werden gelöscht.
2. Fill-or-Kill (FOK) – FOK-Orders bedeuten eine sofortige Gesamtausführung des Auftrages oder, wenn dies nicht möglich ist, die Löschung des gesamten Auftrages.
3. Good-for-Day (GFD) – Eine tagesgültige Order, die am Ende des Handelstages aus dem Orderbuch gelöscht wird.
4. Good-till-Cancelled (GTC) – Die Gültigkeit von GTC-Orders endet entweder bei Widerruf, bei Ausführung der Order, bei Verfall des Terminkontraktes oder spätestens ein Jahr, nachdem sie aufgegeben wurde.
5. Good-till-Date (GTD) – GTD-Orders verlieren ihre Gültigkeit an einem festgelegten Datum, bei Ausführung der Order, bei Widerruf oder bei Verfall des Terminkontraktes.

3.2 Stop Orders

Stop Orders sind lediglich bei Futures-Kontrakten möglich. Sie werden ausgeführt, sobald der Marktpreis des Kontraktes das festgesetzte Limit erreicht hat. Ist der für die Stop Order angegebene Preis erreicht bzw. über- oder unterschritten, werden die Aufträge zu unlimitierten Orders und bestens oder billigst ausgeführt.

Bei Stop-Buy-Aufträgen wird das Preislimit über den aktuellen Marktpreis gesetzt. Sobald das Limit erreicht oder überschritten wird, erfolgt eine Ausführung der Order zum bestmöglichen Preis. Umgekehrt verhalten sich Stop-Sell-Orders: Dabei liegt das Preislimit unterhalb des aktuellen Marktpreises. Erreicht oder unterschreitet der Futures-Kontrakt das Limit, wird die Order billigst ausgeführt.

3.3 Market Orders

Market Orders sind unlimitierte Verkaufs- oder Kauf-Aufträge, die bestens oder billigst ausgeführt werden.

Hücking: „Ich empfehle Ihnen, niemals Market Orders einzugeben. In einem Markt mit geringer Liquidität laufen Sie Gefahr, schlechte Preise zu bekommen. Geben Sie stets Limits ein!"

E Durchstarten im Terminhandel

1. Tradingkonzepte

Beim Handel mit Derivaten lassen sich verschiedene Tradingansätze unterscheiden, auf die an dieser Stelle näher eingegangen werden soll.

Ein spekulativer Trader ist ein Marktteilnehmer, der durch die Übernahme von Risiken Profit erwartet. Beim Handel von Optionen und Futures betrifft dies die Übernahme von gegebenen Risiken auf den Terminmärkten. Ursprünglich wurden Terminmärkte nicht etwa für das Erzielen von Gewinnen durch Trading etabliert, sondern vielmehr zur Absicherung von Preisrisiken durch die Produzenten verschiedener Güter. Auch heute noch leben Terminmärkte vom Austausch unterschiedlicher Risiken. Möchte ein amerikanischer Farmer beispielsweise das Risiko eines Preisverfalls in Getreide eliminieren, so ermöglicht ihm ein Terminverkauf, seine Ernte schon heute zu einem festgelegten Preis zu verkaufen. Doch wer ist bereit, seinen Getreide-Forward zu kaufen? Vielleicht der durchschnittliche US-Bürger, der zum Frühstück Cornflakes und abends Brot konsumiert. Dieser Marktteilnehmer ist ebenfalls einem Getreide-Preisrisiko ausgesetzt. Ein Preisanstieg in Getreide würde seine täglichen Nahrungsmittel verteuern und damit seine Ausgaben erhöhen. Um sich vor diesem Risiko zu schützen, könnte der Konsument einen Forward auf Getreide kaufen.

Allerdings ist die Größe eines einzelnen Getreide-Kontraktes viel zu groß, als dass ein exakter Risikoaustausch möglich wäre. Da die meisten Individuen das Risiko scheuen, ist davon auszugehen, dass kein einziger Konsument aus den genannten Gründen Forwards auf Getreide kauft.

Stattdessen treten Teilnehmer in den Markt ein, die ein zusätzliches Risiko übernehmen, weil sie sich davon Profite erhoffen. Dies sind die Spekulanten. Kategorisieren lassen sich Spekulanten nach der Länge ihres Anlagehorizontes in Scalper, Daytrader und Position Trader.

E. Durchstarten im Terminhandel

Trading-
Konzepte nach
Anlagehorizont

1.1 Scalping

Scalper sind Marktteilnehmer mit einem extrem kurzen Anlagehorizont. Sie versuchen, kleine Marktbewegungen vorherzusehen, wobei ihnen schon wenige Ticks Gewinn ausreichen, die sie innerhalb von Sekunden oder wenigen Minuten einfahren. Der Scalper bemüht sich, wie ein Psychologe die Angebots- und Nachfragesituation am Markt zu analysieren, um daraus das Verhalten der Marktteilnehmer vorherzusagen. Dazu muss er nah am Geschehen sein. An Terminbörsen, die nach dem System des Open Outcry arbeiten, sind Scalper direkt auf dem Parkett anzutreffen. Durch die physische Anwesenheit der anderen Teilnehmer können sie die Marktstimmung gut einfangen. An der vollcomputerisierten Eurex, wie auch an anderen elektronischen Terminbörsen, agieren ebenfalls Scalper. Sie nutzen das elektronische Oderbuch des entsprechenden Kontraktes, in dem alle vorhandenen Kauf- und Verkaufsaufträge aufgelistet sind. Durch die Anonymität des Handels ist es hier allerdings wesentlich schwieriger, das Verhalten anderer Teilnehmer einzuschätzen.

Da vollcomputerisierte Handelsplätze in den letzten Jahren die Vorherrschaft über das traditionelle Handelsparkett gewonnen haben, ging das eigentlich Faszinierende des Tradings mehr und mehr verloren. Händler, die im Rausch der Emotionen wild gestikulierend um die Vorherrschaft im Pit ringen, gibt es mittlerweile nur noch an wenigen Handelsplätzen.
Damit den Teilnehmern der elektronischen Börse („Jungs von der Maschinenbörse", André Kostolany) wenigstens der vertraute Geräuschpegel bleibt, wurde eine Software entwickelt, die elektronische Märkte in audio-basierte Informationen umwandelt. Eine solche Technologie, die wie eine „Squawkbox" funktioniert, bietet beispielsweise die Firma MarketSound an. Besonders für Trader der LIFFE, die früher in einem Open-Outcry-System gehandelt haben und nun auf das elektronische Parkett umsteigen mussten, bietet diese Software die effektvolle Simulation eines Handelsraumes. Durch das akustische Übersetzen können auch mehrere miteinander korrelierende Märkte gleichzeitig verfolgt werden. Während der eine Markt per Bildschirm beobachtet wird, erklingen im Hintergrund die Quotes.
Infos unter: www.marketsound.com.

Computerhandel mit Parkettflair

Scalper erwarten keine großen Gewinne pro Transaktion. Oftmals geben sie sich schon mit einem einzigen Tick zufrieden, der beim DAX-Future bspw. 0,5 Punkte oder € 12,50 pro Kontrakt entspricht. Verläuft die Preisbewegung nicht nach ihrer Vorstellung, wird die Position umgehend glattgestellt. Daraufhin warten sie auf eine neue Gelegenheit zum Einstieg. Scalper interessieren sich nicht für fundamentale Rahmendaten. Ebenso missachten sie sämtliche Unternehmenszahlen sowie Zins- und Wirtschaftsentwicklungen. Auch brauchen Scalper keine Abonnements der Financial Times, des Handelsblatts oder des Wall Street Journals. Jeder Trader hat seine eigene Handelsphilosophie, die er aufgrund des Marktverhaltens entwickelt. Meistens versuchen Scalper, auf eine kleine Bewegung aufzuspringen, noch bevor der Herdentrieb die anderen Marktteilnehmer einsteigen lässt.

> Gewinn in Sekunden

Eurex-Scalper richten ihre Trades oftmals nach Anhaltspunkten aus, die Aufschluss über eine mögliche Marktbewegung geben. Neben dem Verhalten des MDAX-Futures oder des Bund-Futures können dies Geld- oder Briefkurse mit „Size" sein, also Orders mit einem sehr hohen Kontraktwert, die den Markt entweder stützen (Geldkurs) oder drücken (Briefkurs). Erschwert wird die Einschätzung der künftigen Entwicklung durch die Anonymität des Eurex-Handels. Niemand weiß, wer eine Order in den Markt stellt.

Im Vergleich zu Daytradern und Position Tradern erscheint die Anzahl der Trades, die von Scalpern an einem Handelstag generiert werden, extrem hoch. Hunderte von einzelnen Handelsaktionen sind keine Seltenheit. Diese Art des Tradings ist lediglich für Mitglieder einer Terminbörse attraktiv, da sie aufgrund geringerer Transaktionskosten von kleinen Preisunterschieden leben können. Für erfolgreiche Scalping-Transaktionen an einer elektronischen Terminbörse sind schnelle und zuverlässige Datenleitungen und eine adäquate Handelssoftware unumgänglich. Momentan ist noch jede Internetanbindung zu langsam, um für Scalper an der Eurex die notwendige Ausführungsgeschwindigkeit zu garantieren. Daher sind Standleitungen zur Eurex erforderlich, die für Börsenmitglieder von der Terminbörse gestellt werden.

Obwohl Scalper auf den ersten Blick nicht unbedingt einer wirtschaftlich sinnvollen und notwendigen Tätigkeit nachgehen, erfüllen sie eine wichtige Funktion: Der Markt wird mit zusätzlicher

Liquidität versorgt, was eine jederzeitige Handelsmöglichkeit begünstigt. Gäbe es nur langfristig orientierte Marktteilnehmer, würden Geschäftsabschlüsse nur relativ selten stattfinden. Zusätzlich wäre der Geld-Brief-Spread bei Terminkontrakten relativ groß, da niemand an schnellen Gewinnen und damit an minimalen Preisunterschieden interessiert wäre.

1.2 Daytrading

Daytrader sind im zunehmenden Maße auch unter Privatanlegern zu finden. Im Vergleich zu Scalpern ist ihr Anlagehorizont eher „langfristig" ausgerichtet, wobei der Begriff „langfristig" in diesem Fall maximal die Dauer eines Handelstages umfasst. Der Grund für die Beschränkung ihrer Aktivität auf eine Handelssession ist einfach nachzuvollziehen. Daytrader wollen schnelle Gewinne erzielen und meiden das Risiko von „Overnight"-Positionen, also über Nacht gehaltenen Positionen.

Aus diesem Grund schließen Daytrader ihre Positionen in der Regel kurz vor Handelsschluss. Diese Glattstellungen arten meist in ein hektisches Preisgerangel während der letzten Handelsminuten aus, das von einem hohen Umsatz und oftmals extremen Preisnotierungen gekennzeichnet ist.

Die Handelsstrategien von Daytradern sind so unterschiedlich wie die Akteure an der Börse. Viele Trader konzentrieren sich auf technische Indikatoren, die bestimmte Ein- und Ausstiegspunkte signalisieren. Andere entwickeln komplexe Tradingsysteme, die automatische Kauf- und Verkaufsorders generieren. Darüber hinaus versuchen sich große Tradinghäuser und Banken an Technologien wie neuronalen Netzen, die aufgrund ihrer Lernfähigkeit einen dauerhaften Erfolg garantieren sollen. Vielfach werden bestimmte Wirtschaftskennziffern im Vorfeld ihrer Veröffentlichung diskutiert und eine Bewegung des Marktes in die ein oder andere Richtung antizipiert.

Feste Regeln gibt es nicht!

Heute tagt das oberste Gremium der EZB, um über eine eventuelle Leitzinsänderung zu entscheiden. Ein alter Bekannter Benheims, der als Journalist für eine Nachrichtenagentur in Frankfurt arbeitet, ist auf der Pressekonferenz der EZB zugegen. Die Mehrheit der

Marktteilnehmer rechnet nicht mit einer Zinserhöhung, da die Wirtschaftsindikatoren ein gleich bleibendes Preisniveau erwarten lassen. Benheim sitzt vor seinem Computer mit Realtime-Kursanbindung und beobachtet den Kursverlauf des DAX-Futures. Kurz vor 12.00 Uhr, Benheim wollte gerade essen gehen, klingelt das Handy und sein Bekannter flüstert hektisch: „Benheim! Ich sitze gerade in der Pressekonferenz, Duisenberg hebt die Leitzinsen an ...!"

Benheim überlegt nicht lange. Der Kursverlauf des DAX-Futures zeigt keine Auffälligkeiten. Niemand scheint etwas zu ahnen. Er verkauft 10 Kontrakte des DAX-Futures zum Kurs von 7.150. Sekunden später verkündet sein Reuters-Ticker: „EZB erhöht unerwartet die Leitzinsen". Der FDAX erzittert und wird innerhalb von Minuten um 150 Punkte nach unten gehandelt. Bevor Benheim eine Kiste Sekt nach Frankfurt schickt, kauft er seine 10 Kontrakte bei 7.000 zurück und schließt damit seine Position. Benheims Gewinn: 10 Kontrakte • 150 Punkte • 25 € Kontraktwert = 37.500 €.

Situationen, in denen Intraday Trader auf unmittelbare Kursveränderungen im Umfeld der Veröffentlichung von Wirtschaftsdaten spekulieren können, gibt es zuhauf. Allerdings haben nicht alle Nachrichten nachvollziehbare Auswirkungen auf die Notierungen von Finanztiteln. Märkte nehmen oftmals bestimmte Tendenzen vorweg, wobei nennenswerte Preisbewegungen ausbleiben werden. Dies ist auch dann zu beobachten, wenn Indikatoren oder statistische Daten eigentlich negative Auswirkungen auf den Markt haben müssten. So neigen sich Aktienmärkte nicht zwangsläufig gen Süden, wenn die Zentralbank entsprechend einer allgemeinen Annahme die Leitzinsen anhebt. Hingegen sind überraschende Veröffentlichungen oftmals Auslöser für hektische Positionsänderungen, die sich in entsprechenden Preisveränderungen widerspiegeln.

Die Mehrheit der professionellen Marktteilnehmer an den Options- und Futuresmärkten sind Scalper und Daytrader. Diese Tatsache unterstreicht, dass selbst erfahrene Marktteilnehmer das Overnight-Risiko meiden.

1.3 Position Trading

Position Trader sind Marktteilnehmer, die ihre Futures- und Optionspositionen mindestens über Nacht halten. Oftmals schließen sie ihre Position erst nach Wochen oder Monaten. Sie interessieren sich dabei weniger für die kurzfristigen Ausschläge, die einen Daytrader bereits zur Verzückung treiben könnten, sondern setzen auf längerfristige Trends. Position Trader sind verstärkt unter den privaten Händlern zu finden. Da Wertpapiere über längere Zeit gehalten werden, sind hochmoderne Realtime-Handelsstationen zu Hause überflüssig. Diese Art des Tradings lässt sich ferner sehr viel besser mit einer beruflichen Tätigkeit vereinbaren als aktiver Intraday-Handel.

In den Eigenhandelsbereichen von Banken und Investmentfirmen steht die Suche nach einem Erfolg versprechenden Trade im Vordergrund. Dabei entscheidet das Chance-/Risiko-Profil, also die potentielle Höhe eines Gewinnes im Verhältnis zu den möglichen Verlusten, über das Eingehen einer Position. Daher ist es keine Seltenheit, dass sekundenschnelle Arbitrage-Trades zeitgleich mit langfristigen Position durchgeführt werden.

1.4 Exkurs: Rogue Trader

Der wohl bekannteste Futures Trader der letzten Jahre ist Nick Leeson. In Singapur stationiert, handelte Leeson für die Barings Bank Futureskontrakte auf den japanischen Aktienindex Nikkei an den Terminbörsen in Singapur (SIMEX) und Osaka. Zunächst begann Leeson seine Tätigkeit als ausführender Händler. Er nahm Orders von Kunden der Bank entgegen und kaufte und verkaufte entsprechend dieser Vorgaben. Sein einziger Verdienst war das risikolose Kommissionsgeschäft. Auch bei seinen späteren Transaktionen konnte Leeson seine Vorgesetzten in London davon überzeugen, dass er bei seinen Trades ein überschaubares Risiko trug. Man ging von einem reinen Arbitrage-Trading aus, bei dem sich das Risiko durch zwei entgegengesetzte Positionen auslöscht. Die phantastischen Gewinne, die Leeson vorwies, schrieb man seiner Fähigkeit zu, Preisunterschiede zwischen dem Kassa- und dem Terminmarkt auszunutzen. Nach einiger Zeit in Singapur steuerte sein Team einen beträchtlichen Teil zum Betriebsergebnis Barings bei, weshalb Leeson als Startrader gefeiert wurde. Durch seine Stellung als Händler und General Manager von Baring Futures Singapore verfügte er über weitreichende Kompetenzen. So konnte Leeson immense Verluste, die durch seine Trades entstanden waren, auf dem Fehlerkonto 88888 verbuchen, während er Gewinne seinen bekannten Konten gutschrieb.

1995 schlug die Bombe ein. Statt satter Gewinne hatte Leeson Verluste von über 1 Milliarde Dollar produziert. Barings war eine englische Bank mit 232-jähriger Geschichte und zählte die englische Königin zu ihren Kunden. Nach dem Debakel meldete Barings Konkurs an und wurde später von ING zu einem symbolischen Preis übernommen. Es stellte sich heraus, dass Leeson mit gigantischen Outright-Positionen in Futures und Optionen auf einen Kursanstieg des Nikkei-Index spekuliert hatte. Als das Erdbeben in Kobe einen Kursrutsch am japanischen Aktienmarkt auslöste, konnte Leeson seine Position nicht länger geheim halten. Nach einem missglückten Fluchtversuch wurde er in Frankfurt festgenommen und wegen Betruges verurteilt.

Der Fall Barings sollte die Finanzwelt nachhaltig beeinflussen. Man kam zu der schockierenden Erkenntnis, dass ein einzelner Trader aufgrund mangelnder interner Kontrollen eine ganze Bank verspekulieren konnte. Das gesamte System war, so scheint es, von den vermeintlichen Gewinnen und der Aussicht auf weitere Millionen geblendet und ließ die Kontrolle ihrer Händler außen vor. Nicht zuletzt wegen Barings sahen sich die Aufsichtsbehörden gezwungen, die regulatorischen Maßnahmen für Banken und Börsen zu verschärfen. In Deutschland wurden die „MaH" (Mindestanforderungen an das Betreiben von Handelsgeschäften der Kreditinstitute) des Bundesaufsichtsamtes für das Kreditwesen um Mindeststandards für den Handel in Derivaten ausgeweitet.

Heute versuchen Banken, durch strikte Aufgabenverteilung Handel und Kontrolle voneinander zu trennen. Dennoch lässt sich niemand zu der selbstsicheren Aussage verleiten, dass ein Fall Leeson nicht mehr möglich wäre. Ähnlich gelagerte Fälle, in denen einzelne Händler Verluste vertuschen konnten, hat es bereits wieder gegeben und wird es wohl auch künftig geben.

Buchtipp:
Das Buch „Rogue Trader" von Nick Leeson bietet eine spannende Lektüre über die Hintergründe des Falles Barings.

2. Der eigene Handelsraum

Haben Sie sich dazu entschlossen, das Handeln nicht mehr Ihrer Hausbank zu überlassen, sondern sich auf eigene Faust an den Weltbörsen auszutoben? Dann nehmen Sie sich die Zeit, die benötigte Ausstattung für den eigenen Handelsraum sorgsam auszuwählen. Wer schon einmal den Handelsraum einer Investmentbank von innen gesehen hat, weiß, dass die Händler dort mit mehreren Monitoren und Computern gleichzeitig arbeiten und oftmals zwei oder mehrere Telefone zur Verfügung haben.

Der Handelsschirm eines professionellen Traders erstreckt sich über zwei bis zu sechs Monitore. Der unten stehende Screenshot zeigt den Informations-Screen eines Tradingdesks, wie er im Handelsraum einer Investmentbank zu finden ist.

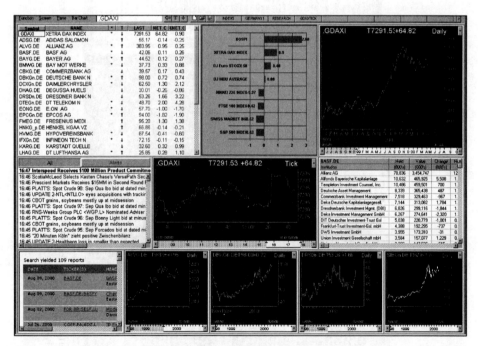

Ganz so umfangreich muss die Ausstattung der privaten Handelsstation zwar nicht sein, ein gehobenes technisches Equipment ist dennoch Pflicht.

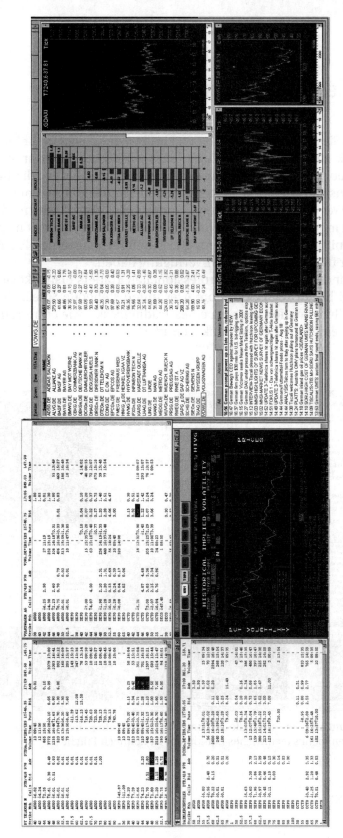

Der Tradingscreen eines Aktienderivate-Traders mit gehandelten Optionskontrakten, Volatilitätscharts, Aktienkursen, Chartanalysen und einem Newsticker.

Für die Einrichtung einer leistungsfähigen privaten Handelsstation steht ein überwältigendes Angebot an Hard- und Software verschiedener Hersteller zur Verfügung. Die Auswahl der geeigneten Komponenten ist ein aufwendiges Unterfangen. Jedoch ist es lohnenswert, genaue Informationen über Preise, Ausstattung und Leistungsfähigkeit der Produkte einzuholen, um spätere unangenehme Überraschungen zu vermeiden.

Zur Grundausstattung jedes Handelsraums gehören einige wichtige Hardware-Komponenten, die im Folgenden – ohne zu sehr ins technische Detail zu gehen – aufgelistet sind.

Computer
Der verwendete Computer sollte möglichst rechenstark sein, um die anfallenden Informationsströme und Rechenoperationen problemlos bewältigen zu können. Die meisten privaten Handelsstationen verfügen über mindestens zwei Rechner. Während auf dem einen PC die Analyse- und Chartprogramme laufen, mit denen Positionen überwacht und Handelsentscheidungen getroffen werden, steht der andere Rechner in direkter Verbindung zum Online-Broker. Dadurch lassen sich jederzeit und ohne einen langwierigen Verbindungsaufbau Orders platzieren. So kann der gewünschte Trade, bspw. der Kauf eines DAX-Futures mit Limit 7.250, bereits in die Ordermaske eingegeben und bei entsprechender Marktlage mit einem Mausklick aktiviert werden. Eingestellte Orders gelangen in der Regel in Echtzeit direkt an die Börse, wobei sich „live" verfolgen lässt, ob und zu welchem Kurs die Order ausgeführt wurde.

Der PC oder das Notebook sollte über einen möglichst leistungsfähigen Prozessor mit mind. 400 MHz, eine Festplatte mit mind. 10 GB, einen Arbeitsspeicher (RAM) von mind. 128 MB und eine hochauflösende Grafikkarte verfügen. Dabei empfiehlt sich für den Einsatz von zwei oder mehr Monitoren eine sog. „Dual Head"-Grafikkarte.

Monitor
Der Monitor stellt einen wichtigen Teil Ihres Trading-Equipments dar: Je ernsthafter Sie handeln, desto mehr Zeit werden Sie vor dem Bildschirm verbringen. Ein flimmerfreies Bild bieten Monitore ab 100 MHz Taktfrequenz. Die Bildschirmgröße sollte zur

zufrieden stellenden Darstellung von Kursen und Charts mindestens 17 Zoll betragen.

21-Zoll-Monitore sind ideal, werden aber nur zu einem hohen Preisaufschlag angeboten und nehmen erheblich mehr Platz ein. Eine Alternative bieten die modernen, allerdings noch recht teuren „Flat Screens".

Setzen Sie mehrere Programme, bspw. Analyse- und Chartprogramme, simultan ein, empfiehlt sich die Anschaffung eines zweiten Monitors. Dieser kann mit Hilfe einer „Dual Head"-Grafikkarte mit dem vorhandenen Monitor gekoppelt werden und ermöglicht, die auf beiden Monitoren dargestellten Menüs und Fenster beliebig mit der Maus zu bedienen.

Drucker
Der Druck von Charts und Tabellen kann für eine Auswertung nützlich sein, ist aber nicht zwingend notwendig. Es empfiehlt sich die Anschaffung eines Laserdruckers, der sich im Vergleich zu den meisten Tintenstrahlgeräten durch eine höhere Druckgeschwindigkeit, bessere Auflösung und niedrigere laufende Kosten auszeichnet.

Internetzugang
Der Internetzugang kann nicht schnell genug sein. Nichts ist schlimmer, als wichtige Daten aufgrund eines langsamen Internetanschlusses zu spät zu erhalten und dadurch einen Trade zu verpassen.

Modem
Den Mindeststandard an Übertragungsgeschwindigkeit bietet ein 56K-Modem; optimal ist aufgrund der höheren Geschwindigkeit ein ISDN- oder ADSL-Anschluss. Ferner lassen sich zwei Leitungen gleichzeitig benutzen, so dass beispielsweise während eines Telefonats im Internet gesurft werden kann.

Browser
Der Browser ist die Software, die den grafischen Zugriff auf das World Wide Web ermöglicht. Die beliebtesten Internetbrowser sind der Netscape Navigator und der Microsoft Internet Explorer, die für Privatanwender kostenlos erhältlich sind. Sie befinden sich auf den CD-Beilagen diverser Computer- oder Internetzeitschriften, wobei

die neuesten Versionen auch im Internet zum Download bereitstehen.

Internet-Zugangsanbieter

Wichtig sind bei der Wahl des Internet-Providers nicht nur die Kosten, sondern auch die Verbindungsstabilität und die Verbindungsgeschwindigkeit. Der preiswerteste Provider ist nutzlos, wenn er ständig überlast ist. Grundsätzlich besteht die Auswahl zwischen zwei Abrechnungsmethoden: Zum einen können Onlinegebühren pro tatsächlich im Internet verbrachte Zeit berechnet werden, zum anderen bieten sog. „Flat Rates" einen zeitlich unbegrenzten Zugang zum Internet. Besonders bei Tradingprogrammen, die laufend Realtime-Daten über das Internet empfangen, bietet sich eine Flat Rate an, die für einen monatlichen Festpreis zu beziehen ist. Beachten Sie, dass die Pauschalgebühr dabei unabhängig von der tatsächlichen Nutzung zu entrichten ist.

Grundsätzlich stehen neben den klassischen Internet-Providern wie T-Online oder AOL die sog. Internet-by-Call-Anbieter zur Auswahl, bei denen ähnlich dem Call-by-Call beim Telefonieren je nach Tageszeit der jeweils günstigste Tarif ausgewählt werden kann.

In der Tabelle finden Sie eine Auswahl der größten Internet-Provider und Internet-by-Call-Anbieter.

Internet-Zugangsanbieter		
	Anbieter	Internet / Hotline
Klassische Provider	T-Online	www.t-online.de
	AOL	www.aol.de
	Viag Interkom	www.planet-intercom.de
	Arcor	www.arcor-online.de
	Freenet	www.freenet.de
	Callando	www.callando.de
	Comundo	www.comundo.de
Internet-by-Call	Arcor	(08 00) 1 07 08 0C
	Callino	(01 80) 2 25 54 66
	Freenet	(01 80) 5 01 92 9C
	o.tel.o	(01 80) 5 01 05 05
	Talknet	(01 80) 5 38 38

Tipp: Der 'Smart Surfer' von web.de leitet Sie automatisch zu den je nach Tageszeit günstigsten Internet-by-Call-Providern.

Fernseher

Neben der Computerausrüstung empfiehlt es sich, einen videotextfähigen Fernseher in Sichtweite aufzustellen, um auch über n-tv, N24 oder Bloomberg TV stets mit aktuellen Informationen versorgt zu werden. Neben Aktienkursen sind über den Videotext auch die Kurse von Optionsscheinen kostenlos erhältlich.

Leider ist auch die modernste Technologie bereits veraltet, sobald sie angeschafft wurde. Aufgrund des oftmals starken Preisverfalls beim Hightech-Equipment wie bspw. bei PC-Prozessoren bietet die Anschaffung von bereits länger auf dem Markt befindlichen Produkten bei nahezu gleicher Leistung eine preiswerte Alternative zu den allerneuesten Produkten.

3. Das wertvollste Gut – die Information

Noch vor wenigen Jahren war der Handel von Finanzderivaten durch einen gewaltigen Technik- und Informationsvorsprung der professionellen Trader in den Investmentbanken gegenüber privaten Tradern gekennzeichnet. Kaum bezahlbare Tradingsysteme und der Zugang zu kursbeeinflussenden Informationen gehörten zum Privileg der Profis. Diese Zeiten sind endgültig vorbei. Moderne Trading- und Chartsoftware werden heute zu relativ geringen Kosten angeboten, die Datenversorgung gewährleistet das hauseigene Telefonnetz und das Internet hat sich als schier unerschöpfliche Online-Datenbank mit stets aktuellen Informationen zu minimalen Kosten zum Mekka für Trader entwickelt. Von Unternehmenskennzahlen und Nachrichten, über Kurse und Charts bis hin zu Analystenkommentaren und den neuesten Übernahmegerüchten ist alles zu finden. Selbst zu den ausgefallendsten Werten lassen sich relevante Daten finden.

3.1 Kurse – realtime versus zeitverzögert

Aktuelle Kurse und Informationen sind Gold wert. Dies gilt nicht nur für profitable Informationsanbieter wie Reuters oder Bloomberg, sondern besonders für aktive Trader, die möglichst nah am Marktgeschehen sein müssen. Ernsthafte Trader sind auf eine stetige und möglichst aktuelle Kursversorgung angewiesen. Dabei stellt sich die Frage, welche der erhältlichen Kurse – Tagesschlusskurse, zeitverzögerte Kurse oder Realtime-Kurse – benötigt werden. Die Form der Kursversorgung hängt von einer Reihe von Faktoren ab. Wie definiert sich der Anlagehorizont? Je länger ein Investment gehalten wird, desto weniger wichtig ist die Versorgung mit sekundenaktuellen Kursen. Auf welchen Märkten wird gehandelt? Realtime-Kurse sind bei einem schnellen Ein- und Aussteigen in Optionspositionen unverzichtbar, wohingegen bei einer Anlage in Aktien zeitverzögerte Kurse durchaus ausreichend sein können. Und schließlich: Welche Kosten für die Kursversorgung sind im Rahmen des Tradings akzeptabel? Während Tagesschlusskurse kostenlos erhältlich sind, können sich die Kosten für die Realtime-Kurse – abhängig vom Angebot des Informationsanbieters und von der Anzahl ausgewählter Handelsplätze – schnell auf einige hundert Euro pro Monat summieren.

Die folgende Übersicht hilft Ihnen bei der Wahl der Kursversorgung.

Kurse	Beschreibung	Vorteile	Nachteile
Tagesschlusskurse	Die letzten am Handelstag festgestellten Kurse, bei der Eurex bspw. die Settlement-Preise von Optionen.	- Sind über das Internet kostenlos herunterzuladen. - Hilfreich für der sporadischen Trader oder für längerfristige Investments.	Für Intraday Trader nicht geeignet.
Zeitverzögerte Kurse	Realtime-Kurse, die 15 bis 20 Minuten zeitverzögert sind.	- Sind meist kostenlos über das Internet herunterzuladen. - Werden von vieler Trading-Programmen für längerfristige Investmentstrategier verwendet.	- Eignen sich für mittel- bis längerfristige Investments, weniger jedoch für Intraday Trades, da der Markt stets einige Minuten vorauseilt.
Realtime-Kurse	Börsenkurse in Echtzeit, die von Kursanbietern bereitgestellt werden.	- Ohne großen Aufwand über diverse Informationsanbieter erhältlich. - Für Kunden vor Online-Brokern oftmals kostenlos. - Werden von vieler Trading-Programmen für diverse Investmentstrategier verwendet. - Die einzige Kursalternative für aktive Intraday Trader.	- Teuerste Form der Kursversorgung. - Beim Abonnement über einen Informationsanbieter können hohe laufende Kosten entstehen.

Starten Sie langsam, und verfallen Sie nicht dem Zwang, die Kosten für die Kursversorgung durch erfolgreiche Trades ausgleichen zu müssen. Die Geschwindigkeit der Datenversorgung können Sie Ihrer wachsenden Erfahrung im Trading anpassen.

3.2 Die besten Informationen im Internet und im TV

Ein gut informierter Privatanleger kann heutzutage dank des Internets beinahe genauso gut informiert sein wie der Profi-Trader. Entscheidend für ein erfolgreiches Trading ist die Kunst, relevante

Informationen aus der Informationsflut herauszufiltern. Um Ihnen das Surfen durch die Weiten des Netzes ein wenig zu vereinfachen, haben wir nachfolgend eine Auswahl empfehlenswerter Internetseiten zusammengestellt. Besuchen Sie diese Seiten! Sie werden recht schnell feststellen, wo Sie sich wohl fühlen und wo die für Sie wichtigsten Informationen zu bekommen sind.

3.2.1 Die Top-5-Internetseiten

Die folgenden fünf Internetseiten verdienen unserer Meinung nach besondere Erwähnung. Sie gehören derzeit zu den beliebtesten Finanzseiten im Internet und bieten eine breite Auswahl an aktuellen Kursen, Charts und News sowie eine Reihe nützlicher Tools.

Name/Firmierung	Finanztreff.de
Internetseite	Finanztreff.de
Was bietet die Seite?	Deutsche und US Aktien, Marktberichte (gatrixx-Netzwerk), Marktüberblick, Musterdepot, Realtime-Kursdaten, Ad Hoc Meldungen, Chartanalyse, Analystenempfehlungen, Watchliste, Optionsscheinrechner
Bewertung	Eine der derzeit besten und innovativsten Finanzseiten. Die Site enthält eine Vielzahl von Informationen zum aktuellen Börsengesehen sowie eine sehr gute und klar strukturierte Kursabfragefunktion.
Anmeldung notwendig?	Schriftliche kostenlose Anmeldung für Funktionen wie Watchliste, Portfolio und Realtime-Kursdaten.
Besonderheiten	Die Funktionen Watchliste, Portfolio, Limits und Historie sind besonders hervorzuheben.

Name/Firmierung	Wallstreet online
Internetseite	www.wallstreetonline.de
Was bietet die Seite?	Community, Börsen News, Analysen, Kurse & Charts, Newsspider, Graumarktkurse, Neuemissionen, Aktienstrategien, Börsenbücher, Depotverwaltung, Fonds, AHAG-Kurse, VIP-Depots, Chat, Mail Service, Analystenempfehlungen
Bewertung	Die beliebteste deutsche Finanzseite mit hervorragendem Siteaufbau und sehr guter Navigation. Bietet die wohl umfangreichsten Informationen zu allen Bereichen der Börse.

Bewertung	Die beliebteste deutsche Finanzseite mit hervorragendem Siteaufbau und sehr guter Navigation. Bietet die wohl umfangreichsten Informationen zu allen Bereichen der Börse.
Anmeldung notwendig?	Für die Community und Realtime-Kurse ist eine kostenlose Anmeldung erforderlich.
Besonderheiten	Interessanter Community-Bereich mit hoher Interaktivität

Name/Firmierung	ConSors Discount Broker
Internetseite	www.consors.de
Was bietet die Seite?	Realtime Kurse, Charts, Marketview, Wirtschaftsnews, Ad-hoc Meldungen, Unternehmensportraits, Community, Events, Market Map, Neuemissionen, Fonds, Watchlist, Börsenlexikon
Bewertung	Große Informationsfülle, die ansprechend strukturiert ist. Das Consors-Brokerboard ist sicherlich eines der besten Boards im Internet.
Anmeldung notwendig?	Zugang zu den Realtime-Kursen nur für Consors Kunden.
Besonderheiten	Charts mit hervorragenden Sonderfunktionen (Abfragezeitraum, Charttyp, Benchmark, Indikatoren), Java Trader, WAP, Seminarangebote.

Name/Firmierung	Yahoo!
Internetseite	www.yahoo.de/finanzen
Was bietet die Seite?	Community, Standardwerte, Neuer Markt, Small Caps, Indizes, Währungen, Hintergrundinformationen, Firmenprofile, Nachrichten, Broadcastcenter, Kommentare, Analystenmeinungen, Firmenprofile.
Bewertung	Bietet umfassende Informationen bei übersichtlicher Navigation und einfacher Gliederung der Site. Guter Kursfinder.
Anmeldung notwendig?	Für die Seite ist eine kostenlose Anmeldung erforderlich.
Besonderheiten	Bietet Marktberichte aus Deutschland, von den wichtigsten europäischen Börsen, USA, Asien, Südamerika und Moskau an. Links auf internationale Finanzseiten von Yahoo!

Name/Firmierung	OnVista
Internetseite	www.onvista.de
Was bietet die Seite?	Realtime-Kurse, Aktien, Optionsscheine, Optionsscheinrechner, Portfolioanalyse, Watchliste, Zinsen, Währungen, IPOs, News, WAP.
Bewertung	Bietet ein reichhaltiges und aktuelles Informationsangebot über Finanzmärkte. Führend im Bereich Optionsscheine.
Anmeldung notwendig?	Kostenlose Anmeldung für Musterdepot erforderlich
Besonderheiten	Die Seite für Optionsscheine. Bietet einen hervorragenden Optionsscheinrechner mit Funktionen wie Berechnung von Kennzahlen, implizite Volatilitäten, Optionsscheinvergleich, Szenariosimulationen.

3.2.2 Überblick – die besten Internetseiten

Nachfolgend finden Sie einige der interessantesten Internetseiten mit ihren wichtigsten Features. Die Seiten wurden anhand verschiedener Kriterien ausgewählt, so zum Beispiel anhand des Umfangs an bereitgestellten Informationen, des Angebots an nützlichen Tools sowie der übersichtlichen und ansprechenden Darstellung von Informationen. Von den neuesten Wirtschaftsnachrichten über Kurse, Charts und Analysen bis hin zu verwegenen Gerüchten und Spekulationen ist hier alles vertreten.

Kurse, Charts, News und mehr	
Internetseite	**Was bietet die Seite?**
www.ariva.de	Kurse und Charts, News, Statistiken, IPOs, Forum. Bietet eine Fülle gut strukturierter Informationen mit dem Schwerpunkt Neuer Markt.
www.boerse.de	Kurse und Charts, News, persönliches Depot, Unternehmensprofile, Grundlagenwissen, detaillierte Firmenprofile mit Schwerpunkt Neuemissionen.
www.boerse-now.de	Aktien: IPOs, Marktberichte, Online-Board, Tagesstatistik, Aktie der Woche, Optionsscheine: OS-Rechner, Szenarioanalyse, Neuemissionen, Online-Board, übersichtliche Site mit den Schwerpunkten Aktien und Optionsscheine, hohes Maß an Interaktivität.
www.charttec.de	Börse-Online-Forum, Charttechnik, Indikator-Technik, Strategien, Schwerpunkt der Site liegt im Bereich der Charts/Charttechnik. Darstellung der wichtigsten deutschen und US-Börsendaten, kostenpflichtiges Abonnement für weitere Charts erforderlich.
www.em-research.de	News, Newsletter, Board, Musterdepot, Auslandskursabfragen, interessante und aktuelle Informationen um das Thema Emerging Markets, Firmenprofile und aktuelles Börsengeschehen aus China, Hongkong, Japan, Australien, den Tigerstaaten, Osteuropa, Russland und Südamerika.
www.finanzenonline.de	Realtime-Kursinfos für Aktien, Optionsscheine und Investmentfonds, Auszüge aus den Zeitschriften „Finanzen" und „Euro am Sonntag" sowie ein Börsenshop mit Büchern und Software. Wöchentlicher Newsletter, der per E-Mail verschickt wird.
www.finanztrend.de	Kurse und Charts, Reuters News, Foren, Mailinglisten, Analysen, Top-100-Rankings, Abfrage von Kursen aller wichtigen europäischen Börsen sowie der Wall Street. Umfangreiches aktuelles Informationsangebot mit vielen Links.
www.godmodetrader.de	Sehr umfangreiche und professionelle Seite, die sich hauptsächlich mit der Kursversorgung und Chartanalyse beschäftigt. Sogar Kurse für Commodities an der Chicago Mercantile Exchange können abgefragt werden.
www.gsc-research.de	Marktberichte, Topstorys, Chart Checks, HV-Berichte, Analysen, Interviews, Board, Boardgeflüster, GSC-Research deckt Informationswünsche zum Thema Börse durch eine große Informationsfülle kompetent ab.
www.internetaktien.de	Der Schwerpunkt liegt auf Internet-Firmen. Diskussionsboard sowie eine Terminübersicht für relevante Marktgeschehnisse wie bspw. Aktiensplits. Auch verschiedene Musterdepots können begutachtet werden.
www.stock-world.de	Gute Info-Site mit zahlreichen News, Charts, Gerüchten und Kommentaren, inklusive eines umfangreichen Börsenshops.

Börsenbriefe und Newsletter haben sich zu einer beliebten Informationsquelle für Anleger und gleichzeitig zu einem äußerst profitablen Business für die Anbieter entwickelt. Während die Mehrzahl der Newsletter kostenlos angeboten wird, fallen bei Börsenbriefen Kosten von bis zu 500 € im Jahr an.

Börsenbriefe und Newsletter		
Anbieter	Angebot	Gebühren
www.platowbriefe.de	DAX, Neuer Markt, MDAX, Musterdepot, Empfehlungen	ja
www.fuchsbriefe.de	Aktien, Fonds, Immobilien	ja
www.aktiencheck.de	Aktuelle Ratings von deutschen und US Aktien, Top-/Floplisten.	nein
www.aktienservice.de	Kurse, Analyse und Profile von Fonds, Neuemissionen, Neue Markt und DAX Werten.	nein
www.the-bulls.com	Analysen von Neuemissionen, Unternehmensprofile und detaillierte Marktanalysen.	nein
www.performaxx.de	Umfangreiche Analyse ausgesuchter deutscher und US Aktien.	nein

In den Online-Boards tauschen Trader Meinungen, Erfahrungen und die neuesten Börsengerüchte aus.

Online Boards	
www.newstrader.de	Boardsuche und Suche nach einzelnen Beiträgen in einer Vielzahl von Online-Boards.
www.bern-stein.de	Bernecker & Cie bietet die kompetenten Boards „Actien Börse", Termin-Börse Daily" und Aktionärsbrief".

Die Printmedien haben die Zeichen der Zeit erkannt und offerieren eine Fülle von Leistungen wie aktuelle Nachrichten, Charts oder Online-Datenbanken im Internet. Auch ein Besuch der klassischen Informationsanbieter ist lohnenswert. Besonders interessant ist das über die Bloomberg-Seite zu empfangende Bloomberg TV.

News	
www.handelsblatt.con	Handelsblatt
www.welt.de	Die Welt (mit umfangreichen Online Archiv)
www.wiwo.de	Wirtschaftswoche
www.boerse-online.de	Börse Online
www.boersen-zeitung.com	Börsenzeitung (mit Online Börsenticker)
www.bloomberg.de	Bloomberg (mit Bloomberg TV)
www.reuters.com	Reuters
www.dowjones.com	Dow Jones
www.ft.com	Financial Times
www.abcnews.com	ABC News
www.cbsmarketwatch.com	CBS Marketwatch
www.cnbc.com	CNBC

Die virtuellen Musterdepots werden von Börsenmagazinen oder Aktienspezialisten aufgestellt und dienen vielen Anlegern als Vorlage für ihre eigenen Investments. Bei den meisten Finanzseiten können Sie Ihr persönliches Musterdepot erstellen.

Musterdepots	
www.wallstreetonline.de	Vergleich von Musterdepots verschiedener Börsenbriefe und Finanzsites mit einer Auflistung der Transaktionen.
www.musterdepot.de	Vergleich von Musterdepots bekannter Online-Finanzdienste

Mit Hilfe der Suchmaschinen lassen sich alle benötigten Informationen schnell finden. Empfehlenswert ist das Benutzen der „erweiterten" Suchfunktionen, da sich die Treffergenauigkeit durch das Definieren von Suchbedingungen stark erhöht.

Suchmaschinen und Links zu Finanzseiten	
www.google.com	Suchmaschine
www.yahoo.com	Suchmaschine
www.lycos.com	Suchmaschine
www.altavista.com	Suchmaschine
www.excite.com	Suchmaschine
www.newscan-online.de	Nachrichtensuchmaschine
www.netzsuche.de	Alle deutschsprachigen Suchmaschinen
www.metacrawler.com	Meta-Suchmaschine
www.boersenlinks.de	Links zu Finanzseiten
www.internetsurftips.de/finanz.html	Links zu Finanzseiten
www.com-online.de/top1000/finanzen	Links zu Finanzseiten

Auf den Börsenseiten sind Sie direkt an der Quelle des Geschehens. Die Eurex-Seite bietet bspw. Settlement-Kurse der gehandelten Optionen, aktuelle Produktbroschüren zum Download oder generelle Informationen zum Handelsablauf an. Auf der Seite der Deutschen Börse AG finden Sie neben aktuellen Kursen Links zu Börsen, Banken und Wertpapierhäusern unter „Quicklinks/Finanzlinks". Falls Sie sich über die Arbeit der Aufsichtsbehörden im Bereich der Derivate informieren möchten, haben wir die wichtigsten Internetadressen aufgelistet.

Börsen und Aufsichtsbehörden	
www.exchange.de www.deutscheboerse.de	Deutsche Börse AG
www.eurexchange.com	Eurex
www.liffe.com	LIFFE
www.cbot.com	Chicago Board of Trade
www.cboe.com	Chicago Board Options Exchange
www.nyse.com	New York Stock Exchange
www.nasdaq.com	Nasdaq
www.euwax.de	Deutsche Warrantbörse
www.sec.com	Securities and Exchange Commission
www.bis.org	Bank for International Settlements
www.bakred.de	Bundesaufsichtsamt für das Kreditwesen

Es folgen die in diesem Kapitel detailliert untersuchten Trading-Programme, Broker- und Daytrading-Häuser im Überblick.

Trading- und Chartsoftware	
www.bis.de	börsen-informations-systeme AG – WinBis
www.cqg.com	CQG International Ltd. - CQG Net
www.knoepfl.de	Knöpfl Software Entwicklung - NeuroNet Investox
www.lp-software.de	Lenz und Partner AG – Tai-Pan
www.nwp.de	NWP Medien AG - NWP-Börse
www.omegaresearch.com	Omega Research - Omega Tradestation

Online Broker und Banken mit Eurex Geschäften	
www.berrinlord.de	Berrin Lord
www.cmcplc.com	CMC Group Plc
www.commerzbank.de	Commerzbank AG
www.consors.de	Consors Discount Broker
www.deutsche-bank.de	Deutsche Bank
www.**dresdner**-bank.de	Dresdner Bank
www.fimatex.de	Fimat Bank
www.gni.co.uk	GNI International
www.hanseatic-brokerhouse.de	Haneatic Brokerhouse AG
www.hypovereinsbank.de	Hypovereinsbank
www.mandirect.com	ED&F Man Direct
www.seb.de	SEB AG
www.sparkasse-norden.de	Sparkasse Aurich-Norden
www.unioncal.com	Union Cal Limited
www.vantage.de	Vantage AG

Rund ums Daytrading	
www.daytrader-info.de	Umfangreiche Informationen rund ums Daytrading
www.deutscher-verband.de	Deutscher Daytrading Verband
www.dtrade.de	d.trade
www.fast-trade.de	Fasttrade
www.mkticktrading.de	M&K Ticktrading
www.ticktrading.de	Actior Trading Center
www.tradewire.de	Erstes Daytrading Online Magazin
www.trading-house.net	Trading-house.net AG
www.t-t-f.de	Technical Trader Frankfurt

3.2.3 TV – Börsensendungen und Videotext

Nicht nur das Internet, auch das bewährte Medium des Fernsehens bietet inzwischen eine Fülle an Börseninformationen. Zu den reinen Nachrichtensendern mit den umfangreichsten Wirtschafts- und Börseninformationen zählen n-tv (mit seinen fast schon legendären Börsensendungen) sowie die relativ jungen Sender N24 und Bloomberg TV. Live-Schaltungen zur Börse, Interviews mit Analysten und Aktienspezialisten, Diskussionsrunden und die nur durch Werbung unterbrochenen Newsticker prägen das Programm dieser Sender.

Reine Nachrichtensender	
n-tv	Der erste deutsche reine Nachrichtensender.
N24	Tochtersender der ProSieben AG
Bloomberg TV	Der deutsche Fernsehauftritt des traditionsreichen Informationsanbieters Bloomberg.

Ein immer größer werdendes Angebot an aktuellen Wirtschafts- und Finanznachrichten sowie Börsenkursen wird über den Videotext angeboten: DAX, MDAX, SMAX, Neuer Markt, Euro STOXX, NYSE, Nasdaq, Kurse europäischer Börsen, Devisenkurse, Neuemissionen. Optionsscheinkurse sowie Börsen- und Newsticker finden Sie auf den Videotext-Tafeln verschiedener Fernsehsender. Die Tabelle zeigt die wichtigsten Videotext-Seiten.

Börseninformationen im Videotext	
Sender	Videotext Seite
n-tv	200-393
ARD	700-891
ZDF	600-699
3 SAT	150-180

3.3 Regeln für den erfolgreichen Umgang mit dem Internet

1. Trauen Sie keinem Computer. Sichern Sie wichtige Daten regelmäßig.
2. Schaffen Sie sich einen schnellen Internetzugang und einen schnellen Computer an. Geschwindigkeit ist essentiell für erfolgreiches Trading.
3. Verschwenden Sie keine Zeit mit nutzlosem Surfen im Internet. Entwickeln Sie eine tägliche Routine, mit der Sie die wichtigsten Sites checken.
4. Bookmarken Sie hilfreiche Internetseiten.
5. Vermeiden Sie das Ausdrucken von Kursen, Charts oder Research-Berichten. Die aktuellen Informationen von heute sind morgen Schnee von gestern.
6. Vorsicht bei Anlageempfehlungen selbst ernannter Experten. In Diskussionsforen werden gerne marktenge Titel angepriesen, aus denen die Experten aussteigen, wenn Sie gekauft haben.
7. Fordern Sie nicht zu viele Newsletter an. Zu viele Informationen verwirren.
8. Seien Sie aufgeschlossen! Besuchen Sie neue Internetseiten und testen Sie kostenlose Demo-Versionen neuer Tradingsoftware.

4. Tradingsoftware

Von Marcel Langer

Eine adäquate Tradingsoftware ist für den Handel mit Derivaten unverzichtbar. Die Anbieter halten für die verschiedenen Trading- und Analyseansätze entsprechende Software bereit, die von Chart- und Analyseprogrammen, komplexen Optionsrechnern, Realtime-Daten-Anbindungen bis hin zu neuronalen Netzen für das Erstellen von Tradingstrategien reicht. In diesem Kapitel stellen wir Ihnen aus jeder dieser Kategorien interessante Software vor. Wir haben die Programme getestet, um Ihnen einen Eindruck von deren Ausstattung, Leistungsfähigkeit und Benutzerfreundlichkeit zu geben.

Sollte eines der Programme für Ihren eigenen Handelsraum in Betracht kommen, fordern Sie vom Hersteller eine Testversion an. Damit können Sie für eine begrenzte Zeit alle Features des Programms selbst ausgiebig testen. Prüfen Sie, ob die anfallenden Kosten in Form einmaliger Anschaffungskosten oder regelmäßiger Gebühren für die Kursversorgung in Relation zu Ihrer Tradingaktivität stehen. Die im Kapitel genannten Preise sind unverbindlich.

4.1 NWP-Börse

Bei NWP-Börse handelt es sich um ein umfangreiches Chart- und Analyseprogramm für Aktien, Optionsscheine und Eurex-Produkte.

Adresse: NWP Medien AG
Goethestraße 15
67547 Worms
Tel.: (0 62 41) 40 92 22
Fax: (0 62 41) 40 92 99
E-Mail: mail@nwp.de
Homepage: www.nwp.de
Preis: einmalig mindestens 100 €, je nach Ausstattung bis zu 500 €, Kursaktualisierung bis 40 € pro Monat

Systemanforderungen:

Prozessor:	Pentium 200 MHz (in der Praxis jedoch mind. 333 MHz, Anm. des Autors)
Betriebssystem:	Windows 95/98
	Arbeitsspeicher: mind. 32 MB RAM (64 MB RAM empfohlen)
Festplatte:	250 MB freier Festplattenspeicher (600 MB empfohlen)
Grafikkarte:	VGA mit 2 MB Video-Speicher oder höher
Sound:	keine Angaben
Modem:	keine Angaben

Schon vor der Installation des Programms fällt das sehr umfangreiche Handbuch auf, das der Hersteller zu seiner Software mitliefert. Hier wird nicht nur das Programm an sich erklärt, sondern zusätzlich eine knappe, aber durchaus ausreichende Einführung in die Welt der Technischen Analyse von Wertpapieren und Derivaten geboten.

Die Installation an sich erweist sich bis auf die erste Verbindung mit der NWP-Datenbank per Internet oder DFÜ, bei der verschiedene Parameter einzugeben sind, als relativ einfach und problemlos. Schon die Basisversion dieses umfangreichen Programms inklusive der mitgelieferten Kursdatenbank benötigt deutlich über 250 MB Speicherplatz auf der Festplatte. Werden weitere optionale Basiswert-Datenbanken oder selbst definierte Chart- und Analyse-Fenster angelegt, weitet sich der benötigte Speicherplatz deutlich aus.

Die NWP-Arbeitsoberfläche stellt sich aufgeräumt und gut strukturiert dar. Es lassen sich verschiedene Darstellungsformen für ein oder mehrere Wertpapiere bzw. Derivate wählen und diese in einem oder mehreren Fenstern anordnen.

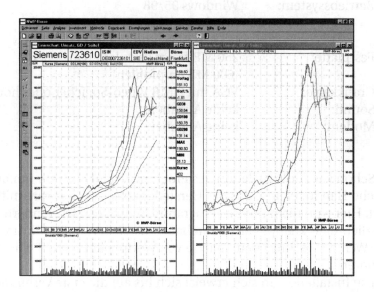

Ein wenig verwirrend ist die Tatsache, dass die Analysefunktionen in die Kategorien „Methode" und „Analyse" unterteilt sind, wobei nicht ersichtlich ist, wo bestimmte Funktionen wie z. B. die „Bollinger Bands" zu finden sind. Darüber hinaus lässt die Bedienung in einigen Bereichen an Logik vermissen. Soll ein neuer Wert zur Bearbeitung mit diversen Analysetools in ein Fenster übertragen werden, ist zuerst die Analysemethode und dann der Wert auswählen, obwohl die logische Reihenfolge eigentlich umgekehrt wäre. Dieser Punkt ist, wenn man sich an das Arbeiten mit NWP-Börse gewöhnt hat, kein Hindernis, schmälert aber besonders für Einsteiger die intuitive Bedienungsmöglichkeit der Software. Allerdings steht für eventuelle Handhabungsschwierigkeiten ein äußerst engagierter Telefonsupport des Herstellers zur Verfügung.

Die Ausstattung der Software lässt im Bereich der Technischen Analyse kaum Wünsche offen. Vom „Gleitenden Durchschnitt" über den „Relativer-Stärke-Index" (RSI) bis hin zu „Trendoszillatoren" ist alles vertreten, was der engagierte Trader für seine Anlageentscheidung benötigt. Neben vielen grafischen Darstellungen lassen sich Kursverläufe auch als Tabelle anzeigen, in der sowohl der Höchst- und Tiefstkurs, der Eröffnungs- als auch der Schlusskurs und das Volumen abzulesen sind.

Die ausgewählten Aktien und Bewertungsmethoden lassen sich beliebig kombinieren. Die wichtigsten Funktionen sind auch über Buttons auf der Menüleiste zu erreichen, so dass dem Anwender das lästige „Surfen" durch unzählige Menüs und Auswahlfenster erspart bleibt. Zum Zeitpunkt des Tests war die Funktion „Filtersysteme" noch nicht fertig gestellt, mit deren Hilfe sich Werte nach vorgegebenen Kriterien wie z. B. niedrigem KGV oder hoher Dividendenrendite auswählen lassen.

Im Bereich der Derivate enthält NWP-Börse einen Optionsrechner für Optionen und Optionsscheine, dessen Funktionsumfang

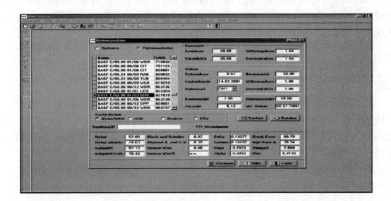

jedoch kaum über die kostenlos im Internet nutzbaren Optionsrechner hinausgeht.

Die Kursdaten werden einmal täglich aktualisiert. Zwar bietet der Hersteller sog. „Realtime-Dienste" an, wer sich hier jedoch auf Intraday-Realtime-Chartdarstellung u. ä. freut, wird enttäuscht. Die Software lässt sich lediglich updaten, nicht aber in Echtzeit mit ausgewählten Kursen versorgen. So ist ein Datenabgleich mit dem NWP-Server über das Internet oder eine DFÜ-Verbindung durchzuführen, welcher durchaus einige Minuten in Anspruch nehmen kann. Von Realtime-Daten im eigentlichen Sinne kann keine Rede sein, da die Daten erst nach einem abgeschlossenen Update sichtbar werden und damit bereits einige Minuten alt sind.

Die Kosten für die Grundversion von NWP-Börse belaufen sich auf circa 100 €, wobei für die tägliche Versorgung mit aktuellen Kursen noch einmal bis zu 25 € im Monat pro Börsenplatz bzw. Marktsegment anfallen. Diese Daten sind circa 15 Minuten zeitverzögert. Die Realtime-Versorgung mit Kursdaten kostet zwischen 25 und 40 € pro Monat, ist aber aus den oben beschriebenen Gründen wenig sinnvoll. NWP bietet eine vierwöchige Testversion des Programms. Nach Ablauf der vier Wochen wandelt sich die Testphase – wird sie nicht vorher gekündigt –in ein mindestens halbjährliches Abonnement um.

Fazit
NWP-Börse eignet sich aufgrund der fehlenden „echten" Realtime-Daten und der begrenzten Berechnungtools für Optionen weniger für den kurzfristig orientierten Intraday-Derivate-Trader, der schnelle Entscheidungen treffen muss. Für Anleger mit einem mittel- bis langfristigen Anlagehorizont lässt NWP-Börse dank der umfangreichen Anwendungsmöglichkeiten besonders im Bereich der Chartanalyse hingegen keine Wünsche offen.

4.2 WinBis

WinBis bietet Realtime-Kurse verschiedener Börsen über das TV-Kabelnetz oder das Internet, inklusive diverser Chart- und Analysefunktionen.

Adresse: börsen-informations-systeme AG
Kettelerstraße 3 – 11
97222 Rimpar b. Würzburg
Tel: (0 93 65) 8 21 20
Hotline: (0 93 65) 82 12 82
Fax: (0 93 65) 82 12 12
Homepage: www.bis.de
Preis: 300 € zzgl. einmaliger Bearbeitungsgebühr und Kosten für Datenabonnement.

Systemanforderungen:

Prozessor:	Pentium 166 MHz / optimal 233 MHz und schneller
Betriebssystem:	Windows 95/98/NT 4.0, OS/2 3.0 oder höher
Arbeitsspeicher:	mind. 32 MB / optimal 64 MB und größer
Festplatte:	2 GB und 500 MB frei / optimal 4 GB und 1 GB frei
Grafikkarte:	1 MB für 15"-Monitor, 2 MB für 17"- Monitor/optimal 2 MB und höher
Sound:	keine Angaben
Modem:	nicht erforderlich

Bei dem Programm WinBis handelt es sich weniger um ein Analysetool, sondern vielmehr um die Versorgung mit Realtime-Kursdaten verschiedener Börsenplätze. Die Datenübertragung erfolgt dabei entweder über das Internet oder über den Weg des Fernsehsignals. Für erstere Alternative bietet die bis AG die Applikation NetBis im Internet kostenlos zum Download an. Bei der zweiten, eher unkonventionellen Übertragungsart, wird die Austastlücke des Nachrichtensenders n-tv herangezogen. Mit Hilfe eines Decoders, der einerseits an den Kabel- bzw. Satellitenanschluss und andererseits an den Computer angeschlossen wird, kann der User die Daten auslesen und auf seinem Computer sichtbar machen. Dies hat nicht nur den Vorteil, dass keinerlei Onlinegebühren anfallen, sondern auch, dass lästige Übertragungsabbrüche, die bei DFÜ oder der Internetverbindung durchaus auftreten können, umgangen werden.

Die Installation und Konfiguration der Soft- und Hardware ist ein wenig komplizierter als bei anderen Programmen dieser Art. Neben einer hilfreichen Telefonhotline bietet die Herstellerfirma auch die Installation vor Ort gegen eine Gebühr von circa 300 € an.

Aus einem umfangreichen Sortiment kann sich der Anwender die Börsen- bzw. Nachrichtendienste aussuchen, die für seinen Handel relevant sind. Diese Auswahl reicht von der Parkettbörse in Frankfurt über die Computerbörse XETRA, die österreichische und schweizerische Börse sowie die wichtigsten US-Börsen wie die Nasdaq oder die New York Stock Exchange. Auch Terminbörsen werden von WinBis umfangreich abgedeckt. Hier stehen Eurex, LIFFE sowie die großen Terminbörsen in den USA, wie CBOT oder COMEX, zur Verfügung.

Die so gelieferten Daten lassen sich von WinBis selbst verarbeiten und stehen durch die offene Systemarchitektur des Programms auch anderen Analyseprogrammen zur Verfügung. Durch das Einfügen einer DDE-Schnittstelle ist es auch möglich, die Echtzeitkursdaten in ein Excel-Sheet zu übertragen und so in Echtzeit Portfolios oder Kennziffern von Optionen berechnen zu lassen.

Neben den reinen Kursdaten offeriert WinBis auch die Möglichkeit der Nachrichtenübermittlung; zum Angebot gehören Nachrichtendienste, wie vwd-Dienste, Teledata und AFX-News. Alle ausgestrahlten Nachrichten und Berichte können gespeichert und auch im Nachhinein durch eine Suchfunktion schnell gefiltert werden. Auf Wunsch werden die Realtime-Daten, die WinBis liefert, bis zu zwei Tage lang komplett gespeichert, so dass auch historische Daten präsent sind. Für einige Werte, wie z. B. ausgewählte deutsche Aktien oder die Eurex-Futures, werden darüber hinaus werktäglich die historischen Kursverläufe der letzten 24 Monate übertragen, was auch längerfristige Analysen ermöglicht.

Das Produkt wird in den Varianten „WinBis Börse Live", „WinBis Lite" und „WinBis Börse Privat" angeboten, die sich in Umfang und Art der Datenübertragung (realtime bzw. zeitverzögert) unterscheiden. Der in jedem Fall notwendige Decoder kostet 300 €. Der Anwender kann sich die Datenabonnements äußerst flexibel zusammenstellen. Statt festgelegter Daten-Packages können – zusätzlich zu dem obligatorischen Grundservice – einzelne Börsen, Terminbörsen, Indizes, Nachrichtendienste und Zusatzdienste individuell ausgewählt werden. Die Preislisten sowie Bestellformulare lassen sich unter www.bis.de herunterladen.

Fazit
WinBis ist ein System für den engagierten Trader, der bei seiner Arbeit auf laufend aktualisierte Echtzeitkurse angewiesen ist. Gerade durch die bei der Luxusversion gegebene Möglichkeit zur Anbindung anderer Programme lässt sich WinBis auch in bereits vorhandene Systemlandschaften integrieren und durch die Verwendung von Analyseprogrammen oder Excel-Sheets sinnvoll ergänzen.

4.3 Tai-Pan

Tai-Pan 5.0 ist ein aus mehreren Modulen zusammengestelltes Programm, welches den Anwender bei grundlegenden Belangen des Wertpapiergeschäfts unterstützt.

Hotline und Entwicklung
Adresse: Lenz + Partner AG
            Königswall 21
            44137 Dortmund
            Tel: (02 31) 9 15 35 00
            Fax: (02 31) 91 53 – 3 99

Firmensitz und Vertrieb:
Adresse: Lenz + Partner AG
            Max-Planck-Str. 9
            61381 Friedrichsdorf
            Tel: (0 61 72) 7 80 51
            Fax: (0 61 72) 7 87 51
            E-Mail: hotline@lp-software.de
            Homepage: www.lp-software.de
            Preis: ca. 450 € für alle Module zzgl. einer
            einmaligen Einrichtungspauschale.

Systemanforderungen:

Prozessor:	Pentium Prozessor
Betriebssystem:	MS-DOS 5.0, Windows 3.2/95/98/NT 4.0, OS/2 Warp mit WIN-OS/2
Arbeitsspeicher:	mind. 8 MB
Festplatte:	mind. 50 MB freier Speicher
Grafikkarte:	keine Angaben
Sound:	keine Angaben
Modem:	keine Angaben

Die Installation von Tai-Pan vollzieht sich automatisch und völlig problemlos. Mit 30 MB verbraucht das Programm erfreulich wenig Speicherplatz.

Die Datenaktualisierung per Internet läuft unkompliziert. Wer jedoch seine aktuellen Kursdaten über eine DFÜ-Verbindung mit dem Server der Firma erhalten will, muss schon ein wenig erfahren im Umgang mit Modem und dessen Konfiguration sein.

Beim Start des Programms fällt sofort die recht übersichtliche Aufteilung zwischen den einzelnen Modulen des Programms auf. Das Design der Buttons und Befehlsleisten wirkt allerdings ein wenig antiquiert und erinnert ans MS-DOS-Zeitalter.

Der wichtigste Teil des Programms ist das Chartmodul, in dem sich ausgesuchte Wertpapiere anzeigen und mit verschiedenen Analysetools untersuchen lassen. Es stehen alle gängigen Indikatoren wie „Advance/ Decline", „Stochastics" bzw. „Trend Oszillator" zur Verfügung, die den einzelnen Wertpapieren beliebig zugeordnet werden können. Einmal konfigurierte Charts lassen sich auch für andere Underlyings verwenden und stehen auch nach dem Verlassen des Programms wieder zur Verfügung.

Auffällig bei der Verwendung des Chartmoduls – wie aber auch der anderen Unterprogramme der Software – ist die gegenüber anderen Produkten relativ lange Rechenzeit.

Weitere Module dieser Einheit beschäftigen sich mit der Datenpflege und Versorgung. Hier können die Stammdaten der einzelnen Werte bearbeitet sowie mehrere Werte zu so genannten Katalogen zusammengefasst und individuell gruppiert werden. Mittels der Filter- und Listenfunktionen lassen sich verschiedene Kriterien einzeln oder in Verknüpfung miteinander definieren, wie z. B. eine

Tradingsoftware

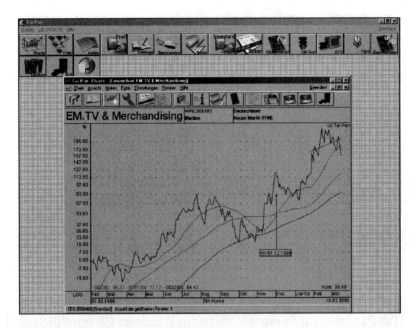

Dividendenrendite über 6 Prozent oder ein KGV unter 10. Tai-Pan zeigt daraufhin eine Liste mit allen vorhandenen Werten, die diesen Kriterien entsprechen.

Als weiterer Programmbestandteil steht ein Optionsscheinrechner zur Verfügung, der allerdings über die Berechnung der relevanten Kennzahlen wie Delta, Hebel und Aufgeld hinaus wenig Funktionen bietet.

Ein Modul, welches bei vergleichbaren Programmen eher selten zu finden ist, ist die Depotverwaltung. Hier lassen sich getätigte Transaktionen eingeben, die in einer Portfoliodarstellung aufbereitet werden. Diese Darstellung beinhaltet einfache Profit-/Loss-Aufstellungen sowie eine Stop-Funktion, mit deren Hilfe das Programm signalisiert, sobald die im Depot befindlichen Werte von den festgesetzten Kursgrenzen abweichen. Diese Information kann auch in Form einer SMS an ein Mobiltelefon geschickt werden.

Leider identifiziert das Programm Nachkäufe in einer Aktie, die bereits im Depot vorhanden ist, nicht als solche, sondern legt einen neuen Wert im Depot an. Auch die zur Verfügung stehende Darstellungsform der Tortengrafik übernimmt diese Interpretation, was das Arbeiten mit dieser grafischen Darstellung des Depots erschwert.

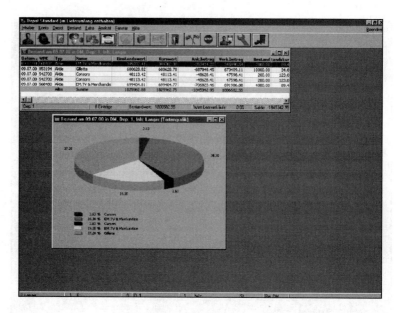

Tai-Pan ist auch in einer Version für Windows CE erhältlich und somit auch auf kleinen Handheld-Computern bzw. Organizern lauffähig.

Fazit
Tai-Pan stellt eine Zusammenstellung verschiedener Hilfs- und Analysetools für den Bereich der Privatanleger dar. Bei einem Preis von etwa 450 € für alle Module und einer einmaligen Einrichtungspauschale sowie der Gebühr für die regelmäßige Kursaktualisierung sollte vor der Anschaffung eine sorgfältige Kosten-/Nutzenanalyse angestellt werden.

4.4 CQG Net

CQG Net ist ein Echtzeit-Analyse- und Bewertungstool für Wertpapiere und eine Vielzahl von gehandelten Derivaten mit umfangreichen Chart- und Bewertungsfunktionen.

Adresse: CQG International Ltd.
　　　　　　Zweigniederlassung Deutschland
　　　　　　Hochstraße 35 – 37
　　　　　　60313 Frankfurt/Main

Tel.: (0 69) 92 07 92 – 0
Fax: (0 69) 92 07 92 – 11
E-Mail: salesfrk@cqg.com
Homepage: www.cqg.com
Preis: mind. 400 € pro Monat, für Nutzung zusätzlicher Tools über 500 € pro Monat

Systemanforderungen:

Prozessor:	Pentium 233 MHz
Betriebssystem:	Windows 95/98/NT
Arbeitsspeicher:	64 MB für Windows 95/98, 128 MB für Windows NT
Festplatte:	2 GB mit mindestens 250 MB freiem Speicherplatz
Grafikkarte:	SVGA mit 4 MB Video-Speicher und einer Auflösung von 1024 • 768 bei 256 Farben
Sound:	(optional) 16-Bit-Soundblaster (oder kompatibel) für akustische Alarme
Modem:	Minimum 56 KB oder ISDN mit Internet-Zugang

Die Installation der 30 MB umfassenden Software gestaltet sich erfreulich unkompliziert. Nach dem Start der CD-ROM führt sich das Installationsprogramm selbständig aus, lediglich einige Fragen zur Systemkonfiguration sind zu beantworten. Im Anschluss an die Installation findet der erste Online-Login in das CQG-System statt, für den eine vom User beliebig wählbare Internetverbindung aufgebaut wird, woraufhin das eigentliche CQG startet.

Eine Besonderheit von CQG liegt darin, dass anstelle einer mitgelieferten Kursdatenbank, die in regelmäßigen Abständen online per Internet oder DFÜ zu aktualisieren wäre, alle vom User angeforderten Daten via Internet vom Server der Firma in Chicago herunterzuladen sind. Aufgrund der vom Programm benötigten Verbindung zum CQG-Server ist ein ISDN-Anschluss empfehlenswert, da dieser einen schnellen Datentransfer sowie eine weitere freie Telefonverbindung ermöglicht. Um die Onlinegebühren dabei im Rahmen zu halten, empfiehlt sich bei engagierter Nutzung der Software ein Internetzugang mit einer sog. „Flat-

Rate", die gegen eine monatliche Festgebühr einen zeitlich unbegrenzten Onlinezugang gewährt. Hinzu kommen die monatliche Nutzungsgebühr von ungefähr 400 € für die Basisversion von CQG-Net und die Zusatzkosten für diverse Sonderfunktionen und Nachrichtendienste sowie für die Versorgung mit Kursdaten verschiedener Börsenplätze.

Durch die Art der Datenversorgung werden neben mittel- bis langfristig orientierten Anlegern hauptsächlich Intraday Trader angesprochen. Vergleichbar mit professionellen Handelssystemen wird jede Veränderung des Kurses durch ein Aufblinken angezeigt; es lassen sich darüber hinaus auch längerfristige Kursverläufe anzeigen.

Dass bei der Kennzeichnung der einzelnen Wertpapiere bzw. Kontrakte nicht immer die offizielle Börsenkennung, sondern teilweise von CQG intern vergebene Codes verwendet werden, erscheint anfangs ungewöhnlich, stellt sich aber nach kurzer Eingewöhnungszeit als recht praktikabel heraus. Auch die restliche Bedienung des Programms erfordert trotz des großen Funktionsumfanges nur eine kurze Gewöhnungsphase. Der eigens für eventuelle Startschwierigkeiten eingerichtete Telefon-Support bietet eine kurze, aber informative und auf die Bedürfnisse des Anwenders abgestimmte Einweisung.

Nach der Einrichtung des Programms bietet CQG eine Fülle von Einstellungs- und Modifikationsmöglichkeiten, die denen eines professionellen Handelssystems nur wenig nachstehen. Durch Drop-Down-Menüs und frei definierbare Buttons lassen sich beliebig viele Seiten vorkonfigurieren, auf denen relevante Informationen nach den Vorstellungen des Anwenders in verschiedenen Fenstern angeordnet werden können. Es lassen sich unterschiedlich gestaltete Charts eines Underlyings oder auch mehrere verschiedene Wertpapiere nebeneinander betrachten.

Die so erstellten Fenster, zwischen denen sich per Mausklick hin- und herspringen lässt, können gespeichert werden und stehen beim erneuten Aufruf des Programms sofort wieder zur Verfügung. Die verschiedenen Betrachtungs- und Analysefunktionen des Programms lassen auch für erfahrene Trader kaum Wünsche offen und können aus einem Auswahlmenü heraus beliebig kombiniert und zugeordnet werden. Bevorzugte Funktionen lassen sich als

Button auf die Funktionsleiste legen und stehen so noch schneller zur Verfügung.

Neben den umfangreichen Chartfunktionen bietet das Programm auch die Möglichkeit, die Verläufe der einzelnen Wertpapiere in einem sog. „Quote Board" in Zahlenform anzuzeigen. Ferner verfügt CQG über eine „Times and Sales"-Funktion, in der jeder einzelne Handelsabschluss mit Geld- und Briefkursen in Echtzeit zur Verfügung steht. Als nützlich erweist sich die „Alert"-Funktion, welche den User informiert, sobald ein Wert eine von ihm definierte Kursschwelle erreicht bzw. über- oder unterschreitet.

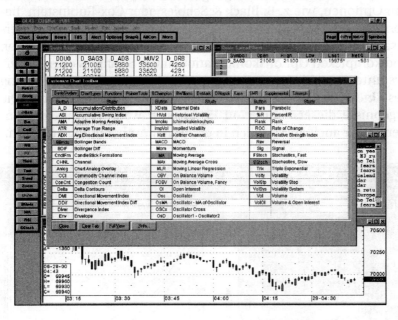

Hilfreich ist die Funktion „Market Scan", wobei sich Finanzwerte nach individuell festgelegten Kriterien (wie bspw. deutsche Nebenwerte mit mehr als 50 % Performance in den letzten 3 Monaten) aus einem vorher definierten Datenpool herausfiltern lassen.

Besondere Erwähnung verdient die Nachrichtenversorgung. Während der Nutzung wird die Tickerleiste ständig aktualisiert und die bereits eingegangenen Nachrichten lassen sich jederzeit aufrufen und lesen. Auch das Durchsuchen aller Nachrichten nach einem bestimmten Schlüsselwort ist jederzeit möglich.

Als weiteres Feature bietet CQG die Möglichkeit, ein eigenes Account zu führen, in dem alle getätigten Trades erfasst werden und der User jederzeit einen Überblick über seine Gewinne oder Verluste aus den einzelnen Positionen und auch seines gesamten Portfolios erhält. Leider werden getätigte Trades nicht automatisch registriert, sondern müssen manuell eingegeben werden, was vor allem im schnellen Intraday-Handel, für den das Programm ausgelegt ist, hinderlich sein kann.

Für den Derivate-Trader verfügt CQG über einen leistungsfähigen Optionsrechner, der alle gängigen Modelle zur Preisermittlung von Optionen, wie z. B. Black & Scholes oder Cox-Rubinstein, beherrscht und Sensitivitätskennziffern errechnet. Besonders interessant ist der Szenario-Editor, in dem das Verhalten von Optionen und komplexen Optionskombinationen wie Strangles oder Butterflys unter verschiedenen Bedingungen wie z. B. Kursveränderung des Underlyings oder der Volatilität simuliert werden kann. Die Ergebnisse dieser Simulation lassen sich wahlweise als Zahlenwerte oder auch anschaulich in grafischer Aufbereitung anzeigen.

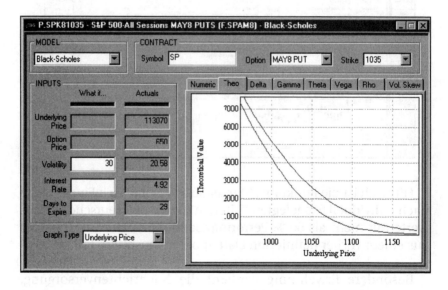

Fazit
CQG Net ist ein ausgefeiltes Programm für den engagierten Intraday Trader, welches besonders beim Handel mit Optionen seine volle Stärke ausspielen kann. Zum Zeitpunkt des Tests deckte CQG den DAX, Nemax- sowie diverse Zinsfutures ab und die auf diese Underlyings handelbaren Optionen. Das Programm war noch nicht in der Lage, die an der Eurex handelbaren Aktienoptionen darzustellen. Um diese Funktion soll CQG laut Hersteller in Kürze erweitert werden.

4.5 NeuroNet Investox

Bei NeuroNet Investox handelt es sich um ein Handelssystem, welches die vom Anwender eingegebenen Handelsstrategien in der Vergangenheit testet und somit Anhaltspunkte über den zukünftigen Erfolg dieser Handelstechniken liefert.

Adresse:	Knöpfl Software Entwicklung
	Kaiserstraße 25
	80801 München
	Tel.: (0 89) 34 61 46
	Fax: (0 89) 34 02 93 49
	E-Mail: info@knoepfl.de
	Homepage: www.knoepfl.de
	Preis: mind. 500 € zzgl. der Kosten für die Kursverpflegung, inkl. des neuronalen Netzes 800 €

Systemanforderungen:

Prozessor:	Pentium 133 MHz (in der Praxis jedoch mind. 333 MHz, Anm. des Autors)
Betriebssystem:	Windows 95/98
Arbeitsspeicher:	mind. 32MB RAM
Festplatte:	30 MB freier Festplattenspeicher
Grafikkarte:	keine Angaben
Sound:	keine Angaben
Modem:	keine Angaben

NeuroNet Investox ist unkompliziert zu installieren, allerdings ist aufgrund der sehr offenen Systemarchitektur die Anbindung an einen der vielen möglichen Datenlieferanten wie z. B. WinBis oder Reuters nicht ganz einfach. Der große Funktionsumfang und die teilweise sehr komplexe Thematik erfordern für den sicheren Umgang mit dem Programm eine längere, intensive Eingewöhnungsphase. Das mitgelieferte Online-Tutorium sowie die sehr aufgeräumte Arbeitsoberfläche erleichtern den Einstieg. Da dieses Programm gerade bei fortgeschrittenen Nutzern sehr komplexe Rechenoperationen durchführt, sind die von der Firma angegebenen Hardwarevoraussetzungen als unterstes Minimum anzusehen. Je mehr Rechenpower zur Verfügung steht, desto besser.

NeuroNet als ein Chart- und Analyseprogramm zur Untersuchung von historischen Kursen zu bezeichnen würde dem Anspruch dieses Programms nicht gerecht werden. Wie bei anderen Anwendungen auch werden hier bekannte Funktionen – wie die Darstellung der unterschiedlichen Indikatoren und Analyseinstrumente – in verschiedenen Fenstern sowie eine Kursdatenbank mit der Möglichkeit zur ständigen Aktualisierung über die verschiedenen Datenanbieter geboten.

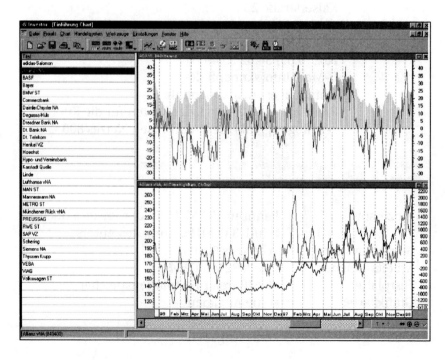

Der Unterschied zu den gängigen Chart- und Analyseprogrammen liegt darin, dass sich hierbei nicht nur eigene taktische Vorgehensweisen entwickeln und umsetzen lassen. Vielmehr werden die Strategien des Users anhand der vergangenen Kursentwicklung beurteilt und der entsprechende Gewinn bzw. Verlust bei konsequenter Einhaltung dieser Handelsstrategie für einzelne Marktinstrumente quantifiziert.

Mit Hilfe einer recht einfachen, objektorientierten Programmiersprache lassen sich verschiedene Regeln vorgeben, bei denen eine Position eröffnet, d. h. beispielsweise eine Aktie gekauft wird. Diese Regeln können mit logischen „Wenn-Dann"- oder „Und"-Beziehungen oder mit Vorgaben wie „Ein x-großer Teil der Regeln soll zutreffen" verknüpft werden. Nach Festlegen dieser Regeln wird der Erfolg der entsprechenden Handelsstrategie bezogen auf einen bestimmten Wert oder ein Portfolio in einem frei definierbaren Vergangenheitszeitraum gemessen. Ist der Anwender mit dem Ergebnis seiner Strategie zufrieden, kann er es NeuroNet Investox als „Marschroute" für die Zukunft vorgeben.

Die aktuellen Kursdaten werden innerhalb eines vorgegebenen Intervalls – z. B. eine Minute, ein Tag oder eine Woche – kontrolliert

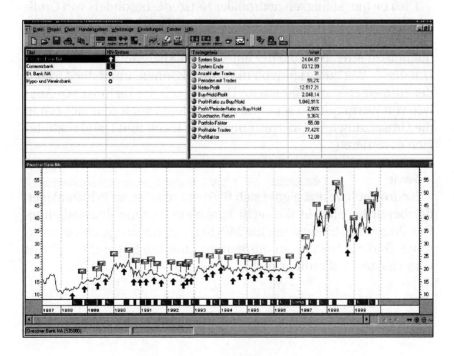

und von dem Programm auf die Stimmigkeit mit der vorgegebenen Strategie geprüft. Treffen die definierten Voraussetzungen ein, wird das Signal zum Kauf oder Verkauf aktiviert, welches sich bei der erweiterten Version des Programms auch mittels einer SMS-Nachricht auf ein Mobiltelefon senden lässt.

Einen Schritt weiter geht das in der Software implementierte „neuronale Netz". Hier entwickelt nicht mehr der Anwender die Handelsstrategien, sondern das Programm. Das neuronale Netz lässt sich folgendermaßen verwenden: Der Anwender gibt dem System einen Basiswert oder ein ganzes Portfolio vor und definiert einen oder mehrere Parameter, wie z. B. den Relative-Stärke-Index (RSI), die Volatilität des Basiswertes oder die Veränderung eines Wertes der gleichen Branche. Anschließend wird ein Zeithorizont definiert. Das Programm ermittelt daraufhin anhand der historischen Veränderungen von Parametern und Kursen ein „System" und wendet dieses auf den definierten Zeithorizont an. Als Ergebnis einer solchen Analyse wird bspw. eine Prognose über die Entwicklung des DAX innerhalb der nächsten 5 Tage getroffen und eine Strategie entwickelt, die für zukünftige Handelsentscheidungen herangezogen werden kann.

Die Leistungsfähigkeit neuronaler Netze, die besonders von Großbanken getestet wird, sollte allerdings realistisch gesehen werden. Die Herstellerfirma spricht von dem Bestreben, „eine Aussagequalität zu erreichen, die der eines guten Analysten nahe kommt". Um dieses Werkzeug sinnvoll nutzen zu können, muss der Anwender zum einen sehr erfahren im Umgang mit der Technischen Analyse von Wertpapieren sein und zum anderen auch sehr viel Zeit in die Umsetzung und Überprüfung seiner Ideen und Handelsstrategien investieren.

Fazit

NeuroNet Investox eignet sich für den engagierten Privatanleger, der bereit ist, sich in die recht komplexe Materie einzuarbeiten. Das Programm bietet dann die Möglichkeit, neuartige und interessante Trading-Ansätze zu erarbeiten. Eine Erfolgsgarantie gibt es vom Hersteller allerdings nicht.

4.6 Omega Trade Station

Die Omega Trade Station bietet Wertpapieranalyse auf Profi-Niveau. Das Programm ist seit vielen Jahren auf dem Markt und hat in Tests verschiedener Fachpublikationen regelmäßig die ersten Plätze belegt. Auch in den Handelssälen der professionellen Investmenthäuser ist die Trade Station oftmals zu finden.

Adresse: für Deutschland:
CTS Concept Trading Systems GmbH
Mozartstraße 17
50674 Köln
Tel.: (02 11) 9 00 32 24
Fax: (02 11) 9 00 32 25
E-Mail: info@ctsonline.de
Homepage: www.ctsonline.de
Homepage des Herstellers:
www.omegaresearch.com
Preis: einmalig 2.400 US-Dollar, zzgl. der Gebühren für die Datenversorgung, z. B. über das Programm WinBis

Systemanforderungen:

Prozessor:	Pentium 333 MHz
Betriebssystem:	Windows 95/98/NT
Arbeitsspeicher:	64 MB für Windows 95/98, 128 MB für Windows NT
Festplatte:	2 GB mit mindestens 500 MB freiem Speicherplatz
Grafikkarte:	SVGA mit 4 MB Video-Speicher und einer Auflösung von 1024 • 768 bei 256 Farben
Sound:	(optional) 16-Bit-Soundblaster (oder kompatibel) für akustische Alarme
Modem:	optional, ja nachdem, wie die Versorgung mit Kursdaten funktioniert

Neben den obligatorischen umfangreichen Chartfunktionen, mit denen sich alle gängigen Arten von Indikatoren und Darstellungsformen anzeigen lassen können, unterstützt das Programm den Anwender vor allem bei der Planung einer langfristig profitablen Tradingstrategie. Die Herstellerfirma bezeichnet ihre Software selber als einen „intelligenten Trading-Assistenten". Umfangreiches Vorwissen im Bereich des Tradings, der Chartanalyse und der Verwendung diverser technischer Indikatoren ist eine zwingende Voraussetzung für die effektive Nutzung des Programms.

Mit der Trade Station lassen sich Tradingstrategien entwickeln, die auf einer Kombination der verschiedenen Analysemethoden wie z. B. der Bollinger Bänder oder diverser gleitender Durchschnitte basieren. Diese Strategien sind dem Programm mittels einer relativ einfachen, in Englisch gehaltenen Programmiersprache vorzugeben. Diese werden anhand des historischen Kursverlaufes innerhalb eines festgesetzten Zeitraumes getestet, und es wird errechnet, welches Tradingergebnis in der Vergangenheit erzielt worden wäre.

Stellt sich die Strategie als erfolgreich heraus, lässt sich darauf basierend ein bestimmtes Underlying beobachten. Die Trade Station zeigt Kauf- oder Verkaufssignal an und gibt auch gleich ein etwaiges Limit oder die Kontraktgröße vor. Anhand dieser Anweisungen führt der Trader nun die Geschäfte aus und überträgt sie gleichzeitig in das Positionsführungstool der Omega Trade Station, mit dessen Hilfe sich in Echtzeit jeder Gewinn oder Verlust der Position ablesen lässt. Bei allem Funktionsumfang und den vielen Anwendungsmöglichkeiten darf dieses Programm jedoch nicht überschätzt werden. Der sichere Gewinn ist genauso wenig möglich wie das völlig automatisierte Handeln.

Fazit

Schon aufgrund der hohen Anschaffungskosten für die Trade Station wird klar, dass es sich hier kaum um ein Tool für den gelegentlichen Hobbyspekulanten handelt. Für denjenigen, der mit dem Trading den Lebensunterhalt verdienen will und bereits über umfassende Vorkenntnisse verfügt, bietet das Programm ein sehr nützliches Werkzeug für die Entwicklung und konsequente Umsetzung von Trading-Ansätzen.

Tradingsoftware

Die Tabelle zeigt die Trading- und Chartsoftware im Überblick.

System	Funktionen/Zielgruppe	Kosten
NWP-Börse	Chart und Analysetool für Aktien und Optionen mit täglicher Kursaktualisierung oder zeitnahen Kurs Updates. Geeignet für die umfassende Analyse von Wertpapieren im mittel- bis langfristigen Anlagebereich.	Anschaffung einmalig ab 100 €. Je nach Ausstattung bis zu 500 €. Kursaktualisierung bis 40 € pro Monat.
WinBis	Kursverpflegung über die Austastlücke des Senders n-tv oder über via Internet, inklusive diverser Chart- und Analysefunktionen. Die Kursdaten lassen sich mittels einer „Dynamic-Data-Exchange"-Schnittstelle auch in andere Programme wie z.B. Excel exportieren. Besonders geeignet zum Daytrading, da die Kurse einer Vielzahl von Wertpapieren und Derivaten in realtime zur Verfügung stehen und auch exportiert werden können.	Ab 300 € für die Anschaffung. Monatliche Gebühr für die Kursverpflegung.
Tai Pan	Chart Programm, inkl. Optionsrechner, Depotverwaltung und Kursversorgung. Geeignet für interessierte Anleger, die neben diversen Chartanalysefunktionen auch die mitgelieferte Depotverwaltung nutzen wollen.	Anschaffung inkl. Einrichtung ca. 450 €. Kursaktualisierung ab 30 € pro Monat.
CQG-Net	Realtime Chart- und Kursversorgung von allen gängigen Börsenplätzen, vor allem zahlreichen Terminbörsen weltweit, umfangreiche Analysemöglichkeiten, Geeignet für engagierte Daytrader, besonders für den Handel mit Derivaten	Ab 400 € pro Monat, zzgl. Onlinegebühren.
NeuroNet Investox	Umfangreiches Analysetool für Wertpapiere inklusive verschiedener Möglichkeiten zur Entwicklung und Optimierung von eigenen Handelsstrategien, sowie ein sog. „Neuronales Netz", welches aufgrund „künstlicher Intelligenz" eigenständig Handelsentscheidungen trifft. Geeignet für erfahrene Anleger mit umfangreichen Vorkenntnissen in der technischen Analyse von Wertpapieren und ein Faible für die Entwicklung automatisierter Handelsstrategien.	Anschaffung mind. 500 € inkl. der Funktion „Neuronales Netz" ab 800 €. Kursverpflegung frei wählbar, aber mit weiteren mtl. Kosten verbunden.
Omega Trade Station	Äußerst umfangreiche Profi-Software zur Analyse und Bewertung von Wertpapieren und zum Erstellen individueller Tradingstrategien. Geeignet für Trader, die das Hobby zum Beruf machen wollen.	Einmalige Anschaffungskosten von USD 2.400 zzgl. der Kosten für die Datenversorgung über andere Programme, bspw. WinBis.

5. Derivate Broker

Während es in Großbritannien und den USA eine beinahe unüberschaubare Anzahl von Brokerhäusern gibt, die ihren Kunden den Handel von Derivaten anbieten, sieht die Situation in Deutschland noch recht bescheiden aus. Hierzulande wurde der private Derivatetrader erst in jüngster Zeit als Zielgruppe entdeckt. Neben den traditionellen Banken oder Brokern, die Derivatgeschäfte meist ausschließlich vermögenden Privatkunden anbieten, offerieren zunehmend innovative Discountbroker den Handel an Terminbörsen zu geringen Kosten mit teilweise direktem Zugang zur Eurex.

Eine Empfehlung des „richtigen" Derivate-Brokers ist pauschal nicht möglich. Eine Entscheidungshilfe bieten die folgenden Fragen:

1. Welche Produkte bzw. auf welchen Märkten möchte ich handeln?
2. Wie aktiv werde ich traden? Welche Transaktionskosten habe ich bei meiner Tradingaktivität zu erwarten?
3. Wie hoch fallen die zu leistenden Marginzahlungen aus?
4. Möchte ich mein Geld im Intraday-Handel verdienen?
5. Wie schnell müssen die Orders ausgeführt werden?
6. Sollen die Orders per Internet, Telefon oder Fax aufgegeben werden?
7. Kann ich mich auf eine jederzeitige Erreichbarkeit des Brokers verlassen?
8. Benötige ich Beratungsleistungen?

Die Höhe der Transaktionskosten wird ein wichtiger Faktor bei der Wahl Ihres Brokers sein. Ein Vergleich ist allerdings aufgrund von gestaffelten Gebührensätzen, Sonderaktionen und versteckte Kosten nicht immer einfach. Hier lohnt sich ein genaues Hinsehen. Fragen Sie auch nach eventuellen Sonderkonditionen für einen hohen Umsatz und/oder ein hohes Depotvolumen.

Die Transaktionskosten eines Online-Brokers berechnen sich für den Handel mit Optionen beispielsweise wie folgt:

Transaktionskosten für Optionsgeschäfte		
Grundgebühr pro Auftrag	Provision (%)	Mindestprovision
Internet 14 € Telefon 14 € Fax 25 €	0,50 %	Internet 20 € Telefon 20 € Fax 32 €
Grundgebühr und Provision fallen für Kauf und Verkauf an.		

Vorsicht Transaktionskosten

Kauf einer Aktienoption über das Internet			
Grundgebühr	⊕ Optionsprämie*	⊗ Provision	= Transaktionskosten
14 €	1.500,00 €	0,50 %	21,50 €

*Optionsprämie = Optionsprämie x Kontraktgröße x Kontraktzahl

Für den Kauf eines Aktienoptionskontraktes über das Internet fallen 21,50 € an Gebühren an. Zuzüglich werden die Gebühren der Eurex, die dem Broker für den Handel auf der Eurex-Plattform in Rechnung gestellt werden, an den Kunden weitergereicht.

Obwohl die Gebühren für das einzelne Optionsgeschäft im Beispiel relativ niedrig erscheinen, summieren sie sich bei Optionskombinationen, die den Kauf und/oder Verkauf mehrerer Kontrakte beinhalten, sehr schnell zu beträchtlichen Beträgen. Beziehen Sie daher die Transaktionskosten stets mit in die Break-Even-Berechnung Ihrer Positionen ein.

Nachfolgend find Sie eine Auflistung von Discountbrokern sowie traditionellen Banken und Brokern, die sich oftmals durch intensivere Betreuung bei höheren Kosten auszeichnen. Als Alternative zu deutschen Brokern bieten sich Brokerhäuser mit Sitz in Großbritannien an, über die ebenfalls Derivate an der Eurex gehandelt werden können. Lassen Sie sich vor Ihrer Entscheidung das neueste Informationsmaterial über Leistungen und Gebühren zusenden, da der Markt ständig in Bewegung ist.

5.1 Discountbroker

ConSors Discount Broker

Internet Adresse	www.consors.de / www.futurebroking.de
Anschrift	Johannesgasse 20
	90402 Nürnberg
Telefon	0911/369-0
Fax	0911/369-1000

Mindestdepotgrösse	keine
Gebühren	Futures: ab 4 € pro Roundturn
Optionen:	12,25 € Grundgebühr + 0,5 % Provision (zzgl. EUREX-Gebühren)
Margin	150 % der EUREX Margin, Realtime Cross-Margin, Vermögensmargin möglich
Kombinationshandel	online in einer Order
Alternativorders	OCO (one cancels other)
Kursversorgung	Realtime Pull und Push (mit Markttiefe), gg. Gebühr (ab 15 € mntl.)
Handelsausführung	Internet, Telefon, Fax
Kontakt	Service-Line 01803/252514

Vantage AG

Internet Adresse	www.vantage.de
Anschrift	Zeppelinallee 35
	60325 Frankfurt am Main
Telefon	0800/09092000
Fax	0800/09091999

Mindestdepotgrösse	50.000 €
Gebühren	EUREX Round Turn 10,50 € zzgl. EUREX-Gebühren
Margin	100 % der Börsenmargin
Handelsausführung	Internet, Telefon

Fimatex

Internet Adresse	www.fimatex.de
Anschrift	Postfach 100860
	60008 Frankfurt
Telefon/Fax	069/7107-500
Mindestdepotgröße	5.000 €
Gebühren	Futures: 25 € pro Round Turn
Optionen auf Aktien/DAX	12,50 € zzgl. Eurex Gebühren
Margin	160 % der Eurex Margin
Handelsausführung	Internet Telefon
Besonderheit:	Handel an ausländ. Derivatbörsen mögl.

Sparkasse Aurich-Norden

Internet Adresse	www.sparkasse-norden.de
Anschrift	Postfach 420
	26494 Norden
Telefon	04931/186186
Fax	04931/186-444
Mindestdepotgrösse	keine Angaben
Gebühren	Bund Future / DAX-Future: 45 € pro Kontrakt
Optionen auf Aktien/DAX	1% vom ausmachenden Betrag, mind. 45 € (zzgl. EUREX-Gebühren)
Margin	200 % der EUREX Margin
Handelsausführung	Telefon, Fax
Besonderheit	Discount-Broker mit Beratung

Hanseatic Brokerhouse AG

Internet Adresse	www.hanseatic-brokerhouse.de
Anschrift	Große Elbstraße 27
	22767 Hamburg
Telefon	04931/66864933
Fax	04931/66864964
Trading	Optionen, Futures, CFDs (Contract for Difference)
Handelsausführung	Internet

5.2 Traditionelle Banken und Broker

Commerzbank AG
Internet Adresse	www.commerzbank.de
Anschrift	Commerzbank AG
	60261 Frankfurt
Telefon	069/13620
Mindestdepotgröße	abhängig von der Vermögenssituation des Kunden und des gewünschten Geschäfts
Gebühren	k.A.
Margin	200 % der Eurex Margin
Handelsausführung	Telefon

Dresdner Bank AG
Internet Adresse	www.dresdner-bank.de
Anschrift	Dresdner Bank
	Jürgen Ponto Platz 1
	60301 Frankfurt am Main
Telefon	069/2630
Mindestdepotgröße	abhängig von der Vermögenssituation des Kunden
Gebühren	k.A.
Margin	200 % der Margin Eurex
Handelsausführung	Telefon

Deutsche Bank
Internet Adresse	www.deutsche-bank.de
Anschrift	Deutsche Bank AG
	Taunus Anlage 12
	60262 Frankfurt am Main
Telefon	069/91000
Mindestdepotgröße	abhängig von der Vermögenssituation des Kunden

Gebühren	75 € Grundgebühr (bei Opening)
	Futures: 25 € pro Kontrakt
Optionen auf Aktien/DAX Gebühren	1% auf der Optionsprämie, zzgl. Eurex Bei Closing-Geschäften entfällt die Grundgebühr
Margin	200 % der Eurex Margin
Handelsausführung	Telefon

SEB

Internet Adresse	www.seb.de
Anschrift	Westend Str. 24
	60325 Frankfurt am Main
Telefon	069/97129630
Mindestdepotgröße	abhängig von der Vermögenssituation des Kunden
Gebühren	25 € pro Order zzgl. 1%Provision zzgl. Eurex Gebühren (kein Futureshandel bei Privatkunden)
Margin	150 % der Margin Eurex
Handelsausführung	Telefon

Hypovereinsbank AG

Internet Adresse	www.hypovereinsbank.de
Anschrift	Am Tucherpark 16
	80538 München
Telefon	089/3780
Mindestdepotgröße	abhängig von der Vermögenssituation des Kunden
Gebühren	60 € Grundgebühr
Futures	25 € pro Kontrakt
Optionen auf Aktien/DAX	1% auf die Optionsprämie mindestens 60 € zzgl. Eurex Gebühren
Margin	150 % der Eurex Margin
Handelsausführung	Telefon

Berrin Lord

Internet Adresse	www.berrinlord.de
Anschrift	Königsalle 50
	40212 Düsseldorf
Telefon/Fax	0211/865450
Mindestdepotgröße	40.000 €
Gebühren	75 € Minimum
	Futures: 40 € pro Round Turn
Margin	abhängig von der Auftragshöhe
Handelsausführung	Telefon

5.3 Broker in Großbritannien

GNI Ltd

Internet Adresse	www.gni.co.uk
Anschrift	Old Mutual Place
	2 Lambeth Hill
	EC4V 4GG London
	Great Britain
Telefon	+44 20 7002 3477
Fax	+44 20 7002 3010
Mindestdepotgröße	20.000 Pfund
Gebühren	ab 6 € pro Trade, abhängig vom Umsatz
Margin	mind. 100 % der Börsenmargin
Handelsausführung	Internet, Telefon

ED&F Man Direct

Internet Adresse	www.mandirect.com
Anschrift	Sugar Key Lower Thames Street
	EC3R 6DU London
	Great Britain
Telefon	00800/02000 626
Fax	+44 20 7285 3329

Mindestdepotgröße	10.000 US-Dollar
Gebühren	Round Turn 18 – 20 €,
Margin	die Margin wird abhängig vom Umsatz festgelegt (ca.120 % bis 160 % der Eurex Margin)
Handelsausführung	Internet, Telefon

CMC Group Plc

Internet Adresse	www.cmcplc.com
Anschrift	Bayley Hall, Queens Road Hertford, Hertfordshire SG14 1EN Great Britain
Telefon	+44 1992 512395
Fax	+44 1992 535777
Trading	Optionen, CFDs (Contract for Difference), Spread-Betting, Forex
Handelsausführung	Internet

6. Die Alternative zum eigenen Handelsraum – Daytrading Center

Eine relativ neue Erscheinung im Bereich des Derivatehandels für Privatanleger sind die so genannten Daytrading Center, Tradinghäuser oder Ticktrading Center. Gehandelt wird dort alles, was den schnellen Gewinn verspricht: ausgefallene Pennystocks, Werte am Neuen Markt, Futures und Optionen. Daytrading Center bieten ihren Kunden gegen Gebühr einen kompletten Handelsplatz mit entsprechender Hard- und Software. Hier kann der Trader über modernste Systeme mit Realtime-Datenanbindung handeln und befindet sich so auf einem vergleichbaren Niveau mit Profi-Tradern in den Handelsräumen der Großbanken. Durch den unmittelbaren Kontakt mit anderen Händlern entsteht daher eine Handelsraum-Atmosphäre, in der Erfahrungen, Meinungen und Gerüchte ausgetauscht werden.

Um die künftigen Daytrader nicht völlig unbedarft in den Ring des Tageshandels zu schicken, veranstalten die Häuser zu Beginn einführende Schulungen über den Handel mit Aktien und Derivaten. Darüber hinaus werden als Voraussetzung für den Handel eine adäquate Kapitalausstattung sowie vorhandene Kapitalmarktkenntnisse genannt.

In Daytrading Centern finden sich aufgrund des hohen Zeitaufwands und der nicht gerade geringen Kosten weniger die Hobby-Börsianer, sondern vielmehr solche Trader, die das Handeln und Spekulieren als Beruf ansehen. Täglich mehrere Stunden vor mindestens zwei Handelsschirmen zu sitzen und mit eigenem Kapital zu handeln stellt eine große Herausforderung dar und kann oftmals besonders am Anfang der Tradingkarriere Lehrgeld kosten. Wer jedoch die erforderlichen Vorkenntnisse, das Kapital, die Zeit und vor allem die benötigte Disziplin mitbringt, findet in einem Trading Center möglicherweise eine Alternative zur Anschaffung einer kostspieligen Hard- und Softwareausstattung für die private Handelsstation zu Hause.

Nachfolgend finden Sie eine Auswahl an Trading Centern. Besuchen Sie die in Frage kommenden Anbieter, und mieten Sie – falls möglich – einen Handelsplatz für einige Stunden, um ein Gefühl für das Intraday Trading zu bekommen.

Actior Trading Center
Standorte   Daytrading Center in Deutschland, Schweiz
Homepag   www.actior.de
Kontakt   0800/4411777

d.trade
Standorte   Daytrading Center in Deutschland, Österreich, Spanien, Niederlande
Homepage   www.dtrade.de
Kontakt   01801/300 001

Fasttrade
Standort   Köln
Homepage   www.fast-trade.de
Kontakt   0221/6500215
Besonderheit   Online Trading möglich

M&K Ticktrading
Standort   Dresden
Homepage   www.mkticktrading.de
Kontakt   0351/8022185

Technical Trader Frankfurt
Standort   Bad Homburg
Homepage   www.t-t-f.de
Kontakt   06172/13970

Trading-house.net
Standorte   Berlin, Frankfurt
Homepage   www.trading-house.net
Kontakt   030/59009110
Besonderheit   Online Trading möglich

F | Die easyOPTIONS-Software

1. Was bietet easyOPTIONS?

easyOPTIONS ist ein leistungsfähiges Programm zur Bewertung, grafischen Darstellung und Simulation von einzelnen Optionen sowie Optionskombinationen.

Die easyOPTIONS-Software bietet u. a. die folgenden Funktionen:

- Bewertung von Optionen auf Aktien und Indizes nach dem Black & Scholes-Optionspreismodell bzw. nach dem Modell von Cox, Ross und Rubinstein
- Berechnung von Gesamtwerten und Sensitivitätskennzahlen beliebiger Optionskombinationen
- Berechnung von impliziten Volatilitäten
- Berechnung von Break-Even-Punkten und Darstellung von Optionen in Gewinn- und Verlust-Diagrammen
- Simulation von Zeit- und Kursszenarien

2. Demoversion

Die easyOPTIONS-Software steht als Demoversion auf www.easyoptions.de zum Download bereit. Sie enthält die im Kapitel 'Money-Maker-Strategien' dargestellten Optionsstrategien. Die Software wurde sorgfältig getestet und geprüft und dient ausschließlich zu Lernzwecken. Eine Gewähr für die Richtigkeit der Ergebnisse kann jedoch nicht übernommen werden.

Die Haftung für auftretende Programmfehler schließen wir hiermit aus.

Lob, Kritik und Anregungen für Verbesserungen und Erweiterungen der Software sind uns jederzeit herzlich willkommen!

3. Technische Systemvoraussetzungen

Für die Nutzung der Software ist erforderlich:
- PC- oder NT-Workstation mit mind. 300 MHz Prozessor und 32 MB RAM
- Microsoft Windows NT, Windows 98 oder Windows 95
- Ferner Microsoft Excel 7.0, Excel 97 (mit Service Release 2)

Die easyOPTIONS-Software arbeitet sowohl mit deutschen als auch mit englischen Versionen von Windows und/oder Excel. Das Programm kann von Reuters oder einem anderen Informationssystem, z. B. WinBIS, Telerate, Bloomberg, über eine DDE-Schnittstelle mit Realtime-Daten versorgt werden.

4. Warum Microsoft Excel?

Die easyOPTIONS-Software basiert auf der Tabellenkalkulation Microsoft Excel. Gegenüber starren Programmen bietet Excel eine unübertroffene Flexibilität für das Auswerten und Berechnen von mathematischen Modellen und Kennzahlen. Nicht nur private oder semiprofessionelle Händler schätzen die Flexibilität von Excel, auch die Profis in den Handelsbereichen der Investmentbanken nutzen die Tabellenkalkulation als Oberfläche für eine Vielzahl von Spreadsheets.

Falls Sie bisher noch nie mit Excel gearbeitet haben, erfordert die Bedienung des Programms eine kurze Eingewöhnungszeit. Um den sicheren Umgang mit Excel zu erlernen, steht Ihnen eine große Auswahl an Fachliteratur zur Seite. Den größten Lernerfolg werden Sie jedoch nicht durch stures Lernen, sondern durch „spielerisches" Ausprobieren erzielen.

Excel berechnet Zellwerte entweder per Tastendruck „F9" oder automatisch bei jeder Änderung von Zellwerten. Bei großen Datenmengen können Berechnungen je nach Rechnerleistung einige Sekunden dauern. Die Berechnungsmethode lässt sich bei Bedarf im Menüpunkt „Extras" und dann „Optionen" umstellen. Werden Daten in einem Bereich geändert, die für andere Felder als Input benutzt werden, so kann eine Neuberechnung aller Arbeitsblätter mit der Tastenkombination „String", „Alt" und „F9" erzeugt werden.

5. So funktioniert die easyOPTIONS-Software

Programmelemente
Die easyOPTIONS-Software besteht aus den drei Teilen
1. Position
2. Grafiker
3. Szenarioanalyser

5.1. Arbeitsblatt „Position"

Das Arbeitsblatt „Position" ist der Bereich, in dem Marktinformationen wie Verfallsdaten, Basispreise und Volatilitäten eingepflegt werden. Dies kann entweder per Realtime-DDE-Link geschehen oder per manuellen Eintrag in die entsprechenden Zellen.

Bevor Sie die ersten Optionspreise im Position-Sheet berechnen, nehmen Sie einige Einstellungen in den HOT-Buttons „Ansicht" und „Einstellungen" vor.

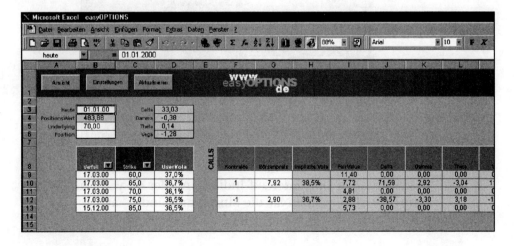

5.1.1 Ansicht

Mittels des HOT-Buttons „Ansicht" können Sie je nach Vorliebe auswählen, welche Informationen über Optionen angezeigt werden sollen. Wählen Sie dazu entweder einzelne Felder wie „Börsenpreis", „implizite Vola" oder „FairValue" aus, die für Calls und/oder Puts angezeigt werden sollen, oder wählen Sie „Alle anzeigen" bzw. „Alle ausblenden". Das Programm berechnet unabhängig von der gewählten Ansicht intern alle Kennzahlen weiter, lediglich die Anzeige wird angepasst.

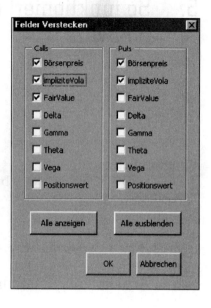

5.1.2 Einstellungen

In diesem HOT-Button werden grundsätzliche Einstellungen vorgenommen, die Einfluss auf die Optionspreisberechnung haben.

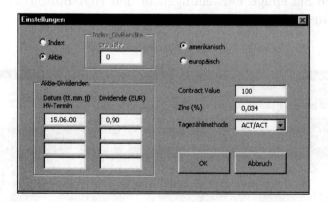

Index

Möchten Sie Optionen auf Indizes mit der easyOPTIONS-Software bewerten, wählen Sie die Einstellung „Index" aus.

Index-Dividendenrendite
Bei der Bewertung von Indexoptionen ist zu unterscheiden, ob es sich bei dem zugrunde liegenden Index um einen Performanceindex oder einen Preisindex handelt.

Bei Performanceindizes wie dem Dax-Performanceindex werden sämtliche Erträge in Form von Dividendenzahlungen und Bezugsrechten im Indexportfolio fiktiv reinvestiert. Somit ist hierbei die Index-Dividendenrendite auf null zu setzen.

Bei Preisindizes werden lediglich die aktuellen Aktienkurse in Betracht gezogen. Daher sind bei diesen Indizes erwartete Dividendenerträge in Form einer Rendite anzugeben.

Aktienoptionen
Wählen Sie zur Bewertung von Aktienoptionen oder Optionsscheinen auf Aktien die Einstellung „Aktie" aus.

Dividenden
Dividendenzahlungen beeinflussen den Wert von Optionen. Am Tag der Dividendenzahlung wird der Kurs einer Aktie in etwa um den Betrag der Dividende sinken. Aktien werden dann mit dem Kurszusatz „exDiv" notiert. Dieser Dividendenabschlag muss in der Optionspreisbildung berücksichtigt werden, da sich Calls (Puts) bei der Zahlung einer Dividende verbilligen (verteuern) werden. Das Programm bietet die Möglichkeit, vier zeitlich aufeinander folgende Dividendenzahlungen einzugeben.

Europäisch
Die Prämie von europäischen Optionen, also Optionen die nur am Verfallstag ausgeübt werden können, wird mittels des Black & Scholes-Optionspreismodells ermittelt. Da hierbei eine Formel verwendet wird (analytisches Verfahren), lassen sich die Preise von Optionen direkt berechnen.

An der Eurex sind die Optionen auf Indizes europäischen Typs.

Amerikanisch
Amerikanische Optionen, die jederzeit während der Laufzeit ausgeübt werden können, werden nach dem Binomialmodell von Cox, Ross und Rubinstein bewertet. Im Gegensatz zum analytischen Black & Scholes-Modell handelt es sich hierbei um ein numerisches Verfahren, bei dem das Ergebnis lediglich eine An-

näherung darstellt. Die Optionslaufzeit wird in endlich viele kleine Schritte (Iterationen) unterteilt, wobei die Genauigkeit der Prämienberechnung mit der Anzahl der Iterationen steigt. Es wird ein sog. Binomialbaum erstellt, über welchen anhand der möglichen Kurse und bestimmter Wahrscheinlichkeiten der Optionspreis bestimmt wird.

Das Binomialverfahren erfordert einen höheren Rechenaufwand, weshalb die Bewertung einer Option – verglichen mit dem Black & Scholes-Modell – in der Regel zeitintensiver ist.

easyOPTIONS rechnet standardmäßig mit 100 Iterationen, was in der Praxis ausreichend genaue Ergebnisse liefert.

Sämtliche Aktienoptionen der Eurex sowie fast alle Optionsscheine sind amerikanischen Typs.

Contract Value

Der Kontraktwert ist die Bezugsgröße eines Optionskontrakts. An der Eurex werden Optionen mit verschiedenen Kontraktwerten gehandelt.

Optionen auf deutsche Basistitel

Ein Optionskontrakt auf deutsche Aktien umfasst 100 einzelne Optionen. Der Kontrakt gibt dem Käufer eines Calls (Puts) das Recht, 100 zugrunde liegende Aktien zu kaufen (verkaufen). Eine Ausnahme bilden Kontrakte auf die Münchner Rückversicherung und die Allianz, die sich auf jeweils 50 Aktien beziehen. Es werden lediglich ganze Kontrakte oder das ganzzahlige Vielfache eines Kontraktes gehandelt (bspw. 1 Kontrakt mit 100 einzelnen Optionen oder 5 Kontrakte mit 500 einzelnen Optionen). Um die Kosten für einen Optionskontrakt zu ermitteln, ist die Prämie der einzelnen Option mit der Kontraktgröße zu multiplizieren. Ein Siemens-Optionskontrakt kostet bei einer Prämie der Option von 3,50 € bspw. (3,5 • 100 =) 350 €.

Die Kontraktwerte von Optionen auf nicht-deutsche Basistitel differieren von den Optionskontrakten auf deutsche Aktien. Die Spezifikationen finden Sie in der Eurex-Produktbroschüre.

Optionsscheine

Bei Optionsscheinen ist der Kontraktwert unter dem Begriff Bezugsverhältnis bekannt. Ein Bezugsverhältnis von 1 zu 10 bedeutet bspw. dass 10 Optionsscheine für den Bezug einer Aktie notwendig sind. In diesem Fall beträgt der Multiplikator 0,1.

Die easyOPTIONs-Software berücksichtigt die Kontraktgröße bei allen Sensitivitätskennzahlen und beim Positionswert. Damit lässt sich eine den Kontraktspezifikationen entsprechende Position analysieren.

Zins
Die Höhe des Zinssatzes in dieser Eingabe bezieht sich auf einen risikolosen Zinssatz mit einer Laufzeit bis zum Verfall der zu bewertenden Option. Als Anhaltspunkt kann hierzu der Referenzzinssatz Euribor dienen.

Tagezählmethode
Die Software bietet eine Auswahl zwischen folgenden Tage-Berechnungsmethoden:

- 30/360
- ACT/360
- ACT/365F
- 30E/360
- ACT/ACT

Bei den Zinssatztypen geben Zähler und Nenner vor, wie die Anzahl der Zinstage ermittelt wird (Zähler) und wie das Jahr als Zinsperiode berücksichtigt wird (Nenner).

30/360
Bei dieser Zinsmethode, die aus einer Zeit stammt, in der Zinstage noch mit der Hand gezählt wurden, wird jeder Monat mit 30 Tagen und das Jahr mit 360 Tagen berechnet. Obwohl diese vereinfachende Methode einen Monat nicht mit 28, 29, 30 oder 31 Tagen bzw. ein Jahr nicht mit 365 oder 366 Tagen berücksichtigt, findet sie auch heute noch in vielen Bereichen der Finanzmärkte Anwendung.

ACT/360
Hierbei werden die Stückzinsen taggenau ermittelt, während das Jahr vereinfachend mit 360 Tagen berechnet wird.

ACT/365F

Diese Methode entspricht der ACT/360-Berechnung, mit dem Unterschied, dass das Jahr mit 365 Tagen angesetzt wird.

30E/360

Diese Methode ist eine Verfeinerung der Berechnungsweise 30/360. Fällt ein Zinstag auf einen Feiertag oder ein Wochenende, so wird der nächste Bankarbeitstag zur Berechnung herangezogen.

ACT/ACT

Die ACT/ACT-Methode liefert die exaktesten Ergebnisse der zur Verfügung stehenden Zinssatztypen. Einzelne Zinstage werden genau bestimmt und durch die genaue Anzahl an Jahrestagen geteilt.

Für die Bewertung von Optionen wird in der Regel die Methode ACT/ACT verwendet.

5.1.3 Hauptbereich

Zur Erklärung der Funktionen im Arbeitsblatt „Position" erfolgt eine Unterteilung des Sheets in einen „Hauptbereich" und einen „Bewertungsbereich". Jeder dieser Bereiche enthält Eingabefelder (weiß), welche die zur Bewertung von Optionen benötigten Marktdaten enthalten, sowie Ausgabefelder (grau), die nicht geändert werden können.

	A	B	C	D
	Ansicht	Einstellungen		Aktualisieren
1				
2				
3	Heute	01.01.00	Delta	33,03
4	PositionsWert	483,88	Gamma	-0,38
5	Underlying	70,00	Theta	0,14
6	Position		Vega	-1,28
7				
8		Verfall	Strike	UserVola
9		17.03.00	60,0	37,0%
10		17.03.00	65,0	36,7%
11		17.03.00	70,0	36,1%
12		17.03.00	75,0	36,5%
13		15.12.00	85,0	36,5%
14				

Eingabefelder

Heute
Tragen Sie in diese Zelle das aktuelle Datum ein. Die Optionspreise werden auf der Grundlage des aktuellen Datums und des Verfallstermins berechnet. Wenn diese Zelle nach dem Öffnen von easyOPTIONS automatisch das jeweils aktuelle Datum anzeigen soll (wie es in der Systemuhr Ihres PCs angegeben ist), benutzen Sie den Excelbefehl „= heute()".

Tipp:
Der Shortcut „Strg" + „." vereinfacht die Eingabe des aktuellen Datums.

Underlying
Hier geben Sie den aktuellen Kurs des Underlyings (Aktienkurs oder Indexnotierung) ein.

Position
Hier kann eine vorhandene Position im Underlying angegeben werden. Möchten Sie beispielsweise eine bestehende Aktienposition mit Optionen absichern, so geben Sie bitte hier die Stückzahl vorhandener Aktien ein.

Verfall
Beinhaltet die Verfallstermine der zu bewertenden Optionen. Der Sortierungsknopf ermöglicht das Sortieren der vorhandenen Optionen aufsteigend nach den Verfallsterminen.

Strike
Diese Zelle enthält den Basispreis der zu bewertenden Optionen. Der Sortierungsknopf ermöglicht das Sortieren der vorhandenen Optionen aufsteigend nach Strikegrößen.

UserVola
Dieser Parameter beschreibt die von Ihnen erwartete Schwankungsintensität eines Basiswerts bezogen auf die Restlaufzeit der Option. Der Optionspreis wird maßgeblich von der gewählten Volatilität beeinflusst.

F. Die easyOPTIONS-Software

Welche Volatilität ist die richtige?
Als Anhaltspunkt für die Bestimmung der UserVola kann die historische Volatilität der entsprechenden Aktien oder Indizes herangezogen werden, die aus den historischen Kursdaten des Underlyings errechnet wird. Sie gibt Aufschluss darüber, wie stark ein Wert in der Vergangenheit Schwankungen unterworfen war. Historische Volatilitäten werden in Wirtschaftszeitungen wie dem Handelsblatt oder im Internet (z. B. bei www.onvista.de) veröffentlicht.

Neben der historischen Volatilität kann die aktuell in den Optionspreisen enthaltene, implizite Volatilität als Anhaltspunkt für die UserVola herangezogen werden. Mit easyOPTIONS lässt sich die implizite Volatilität aus den Optionsprämien errechnen, indem Sie bei gegebenem aktuellen Datum, den Kurs des Underlyings, Verfalltermin und Strike sowie den aktuellen Börsenpreis der Option in das Feld „Börsenpreis" eingeben. Im Feld „implizite Vola" erscheint die Volatilität, die von den Marktteilnehmern in den Optionspreis eingerechnet wurde. Diese Volatilität können Sie nun als Grundlage für künftige Preise gleicher Optionen heranziehen und in das Feld „UserVola" eintragen.

Ausgabefelder

Positionswert
In dieser Zelle wird der Gesamtwert der Optionsposition angezeigt, der sich aus der Optionsprämie, der Anzahl der Kontrakte und der Kontraktgröße (Contract Value) errechnet.

Sensitivitätskennzahlen
Die Kennzahlen Delta, Gamma, Theta und Vega werden in diesen Zellen für die Gesamtposition in absoluten Werten dargestellt. Die Gesamtposition kann aus Long-/Short-Calls, Long-/Short-Puts sowie aus eventuellen Positionen im Underlying bestehen.

Delta
Das Delta beschreibt die Änderung des Positionswertes bei einer Änderung des Underlyings um eine Einheit. Bei der Berechnung wird auch eine eventuelle Position im Underlying berücksichtigt. Bei einem Delta von bspw. 100 ändert sich der Positionswert um 100 €, wenn sich der Preis des Underlyings um 1 € ändert.

Gamma

Das Gamma beschreibt die Änderung des Deltas bei einer Änderung des Underlyings um eine Einheit.

Theta

Das Theta beschreibt den Zeitwertverlust (-gewinn) der Optionsposition von einem auf den nächsten Tag.

Vega

Das Vega beschreibt die Änderung des Wertes der Optionsposition bei einer Änderung der Volatilität um einen Prozentpunkt.

5.1.4 Bewertungsbereich

Der Bewertungsbereich für Calls entspricht vom Aufbau her dem Bewertungsbereich für Puts.

CALLS	Kontrakte	Börsenpreis	Implizite Vola	FairValue	Delta	Gamma	Theta	Vega	PositionsWert
				11,40	0,00	0,00	0,00	0,00	0
	1	7,92	38,5%	7,72	71,59	2,92	-3,04	11,33	772
				4,81	0,00	0,00	0,00	0,00	0
	-1	2,90	36,7%	2,88	-38,57	-3,30	3,18	-12,61	-288
				5,73	0,00	0,00	0,00	0,00	0

Eingabefelder

Kontrakte

Bitte geben Sie hier die Anzahl der Kontrakte ein. Für Long-Positionen ist lediglich die Anzahl (bspw. 10) einzugeben, während die Anzahl der Short-Positionen mit einem Minuszeichen zu versehen ist (bspw. –10). Die Zelle „Positionswert" zeigt die Kontraktzahl multipliziert mit dem Fair Value der Optionen an. Ist im Feld „Kontrakte" kein Eintrag vorhanden, wird lediglich der Fair Value der Option berechnet.

Börsenpreis

Durch die Eingabe des aktuellen Börsenpreises einer Option (bspw. Settlement-Preis der Eurex) in Feld „Börsenpreis" lässt sich die implizite Volatilität berechnen, die im Feld „implizite Vola" angezeigt wird. Diese kann als Anhaltspunkt für die Preiswürdigkeit einer Option gewertet werden.

Ausgabefelder

Implizite Volatilität
Bei Eingabe der Prämie einer Option im Feld „Börsenpreis" wird über das Optionspreismodell die implizite Volatilität errechnet. Diese ist die vom Markt erwartete annualisierte Schwankungsbreite des Underlyings bezogen auf die Optionslaufzeit. Sie kann als Anhaltspunkt für die von Ihnen erwartete Volatilität herangezogen werden.

Fair Value
In diesem Feld erscheint der theoretisch faire Optionspreis, der basierend auf den Eingabeparametern Restlaufzeit, Kurs des Underlyings, Strike, Volatilität und Zinssatz nach dem Black & Scholes-Modell oder dem Binomialmodell berechnet wird.

Sensitivitätskennzahlen
Die Sensitivitätskennzahlen Delta, Gamma, Theta und Vega werden für eine Option bezogen auf die Anzahl der Kontrakte ermittelt. Die Angabe erfolgt in absoluten Zahlen (ein Wert von bspw. 0,3 entspricht 0,30 €).

Positionswert
Der Positionswert ist das Produkt aus Fair Value, der Kontraktgröße und der Anzahl der Kontrakte für die Option mit dem in dieser Zeile eingegebenen Strike.

5.1.5 Änderungen im Arbeitsblatt „Position"

Einpflegen von neuen Optionen

Sie können zusätzliche Zeilen mit unterschiedlichen Verfallsdaten, Strikes und Volatilitäten eingeben. Wenn Sie neue Zeilen für weitere Optionen einfügen möchten, verfahren Sie bitte wie folgt:

So funktioniert die easyOPTIONS-Software

1. Bewegen Sie den Mauszeiger am linken Rand auf eine Zeilennummer innerhalb des Optionsbewertungsbereichs.

2. Klicken Sie die rechte Maustaste. Es erscheint ein Auswahlfenster.

3. Klicken Sie auf „Kopieren".

4. Markieren Sie eine oder mehr Zeilen am unteren Rand des Optionsbewertungsbereichs. Hier werden die neuen Zeilen angefügt.

5. Drücken Sie die rechte Maustaste. Es erscheint das Auswahlfenster.

6. Klicken Sie auf „Einfügen". Die neuen Zeilen mit allen Befehlen werden angefügt.

7. Ändern Sie die Angaben für Verfall, Strike und UserVola entsprechend.

Löschen von vorhandenen Zeilen

Löschen Sie niemals alle Zeilen! Lassen Sie mindestens eine Zeile aus dem Bewertungsbereich stehen, da ansonsten alle Funktionseinträge neu eingefügt werden müssen.

1. Bewegen Sie den Mauszeiger am linken Rand auf eine Zeilennummer innerhalb des Optionsbewertungsbereichs.

2. Klicken Sie die rechte Maustaste. Es erscheint ein Auswahlfenster.

3. Klicken Sie auf Zellen löschen.

5.2. Arbeitsblatt „Grafiker"

In diesem Arbeitsblatt werden die im Positions-Sheet eingefügten Optionen bzw. Optionskombinationen in einem Gewinn- und Verlustdiagramm per Verfall dargestellt. Ferner lassen sich hier zusätzlich weitere Optionspositionen simulieren. Dabei sind die Möglichkeiten der Kombination unbeschränkt. Jegliche Long- und/oder Short- Zusammenstellungen von Positionen werden von der easyOPTIONS- Software berücksichtigt und in eine Grafik umgewandelt. Auf der x-Achse befinden sich mögliche Kurse des Underlyings, auf der y-Achse der Gewinn oder Verlust der Position.

5.2.1 So stellen Sie sich Ihre Optionsposition zusammen

Aktivieren Sie den Auswahlknopf „Verfall". Hier sind alle vorhandenen Verfallstermine vom Arbeitsblatt „Position" aufgelistet. Wählen Sie einen Verfallstermin. Alle vorhandenen Optionen mit diesem Verfallstermin werden nun in das Grafiker-Sheet importiert. Die im Positions-Sheet eingegebene Position wird mit einer schwarzen Linie dargestellt, eine zusätzliche Simulationsposition mit einer orangefarbenen Linie.

Simulieren Sie verschiedene Positionen entsprechend Ihrer Marktauffassung und vergleichen Sie die unterschiedlichen Chance-/Risiko-Profile durch die grafische Darstellung. Mit dem Steuerelement lässt sich der Maßstab der Grafik anpassen.

Eingabefelder

Verfall
Hier werden die im Positions-Sheet enthaltenen Verfallsdaten eingefügt. Wählen Sie einen Verfallstermin aus, um eine Optionsposition im Gewinn- und Verlustdiagramm darzustellen.

Sim.-Anzahl
Hier können Sie eine Position im Underlying simulieren.

Simulation Kontrakte
In diesem Eingabefeld lassen sich zusätzlich zu den im Positions-Sheet eingegebenen Optionskontrakten weitere Long-/Short-

Arbeitsblatt „Grafiker"

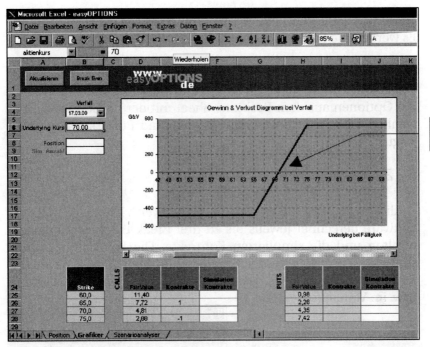

Positionen in Calls und/oder Puts hinzufügen. Diese simulierten Kontrakte werden vom Grafiker durch eine orangefarbene Linie dargestellt.

Ausgabefelder

Underlying-Kurs
Der Kurs des Underlyings wird aus dem Positions-Sheet importiert.

Position
Enthält die aus dem Positions-Sheet importierte Position im Underlying.

Strike
Die Basispreise der Optionen mit der im Grafiker ausgewählten Fälligkeit werden aus dem Positions-Sheet importiert.

Fair Value
Die theoretischen Preise der Optionen mit der im Grafiker aus-

gewählten Fälligkeit werden aus dem Positions-Sheet importiert. Es werden die Fair Values von Calls und von Puts angezeigt.

Kontrakte

Diese Zelle enthält die gekauften und/oder verkauften Kontrakte der Optionen aus dem Positions-Sheet mit der im Grafiker ausgewählten Fälligkeit. Es werden die Call- und Put-Kontrakte angezeigt.

5.2.2 Break Even

Klicken Sie auf den Hot-Button „Break Even". Die easyOPTIONS-Software berechnet jeweils bis zu drei Break Even für die ausgewählten und die simulierten Kontrakte. Die Break-Even-Punkte sind die Schnittpunkte der Geraden mit der x-Achse. Ab diesen Kursen des Underlyings liegt Ihre Position per Verfall im Gewinn bzw. im Verlust.

5.3. Arbeitsblatt „Szenarioanalyser"

Auf diesem Arbeitsblatt lassen sich unterschiedliche Marktszenarien simulieren und der Einfluss auf einzelne oder kombinierte Optionspositionen untersuchen. Ähnlich wie beim Arbeitsblatt „Grafiker" wird die Position in eine Grafik umgewandelt, die auf der x-Achse den Kurs des Underlyings und auf der y-Achse den Positionswert anzeigt.

5.3.1 Simulieren von Szenarien

Zusätzlich zur Gewinn- und Verlustgrafik per Verfallstermin wird hier eine Berechnung per Simulationsdatum ermöglicht. Sie können dabei Szenarien erstellen, die an einem beliebigen Datum zwischen heute und dem Optionsverfall berechnet werden. Marktveränderungen können durch Simulieren verschiedener Kursnotierungen des Underlyings und der einzelnen Volatilitäten der Optionen unterlegt werden. Die Optionspreise werden entsprechend Ihrer Eingaben neu ermittelt und zum „Szenario- Positionswert" hinzugerechnet.

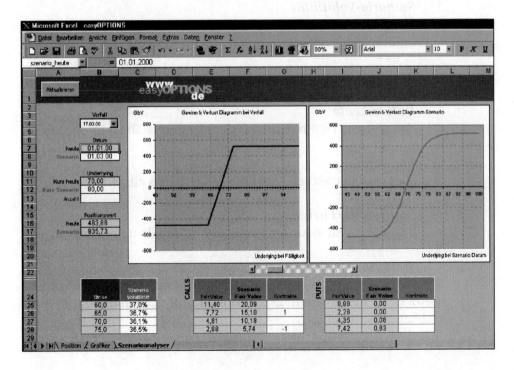

Eingabefelder

Verfall
Hier werden die im Positions-Sheet enthaltenen Verfallsdaten eingefügt. Wählen Sie einen Verfallstermin aus, um eine Optionsposition in den Gewinn- und Verlustdiagrammen „bei Verfall" und „Szenario" darzustellen.

Szenario-Datum
Durch die Eingabe eines Szenario-Datums, welches zwischen dem aktuellen Datum und dem Verfallstermin liegt, lassen sich Änderungen im Positionswert simulieren.

Szenario-Kurs
Simuliert die Auswirkung auf den Positionswert, wenn sich der Kurs des Basiswerts zum Szenario-Datum hin verändert hat.

Anzahl
Simulieren Sie hier Positionen im Underlying.

Szenario-Volatilität
Simulieren Sie in dieser Zelle die Auswirkungen veränderter Volatilität auf den Positionswert.

Ausgabefelder

Datum heute
Das aktuelle Datum wird aus dem Positions-Sheet importiert.

Kurs heute
Hier wird der aktuelle Kurs des Underlyings eingefügt.

Positionswert heute
Importiert den aktuellen Positionswert aus dem Positions-Sheet.

Szenario-Positionswert
Berechnet den theoretischen Positionswert bei den von Ihnen eingegebenen Werten „Szenario-Datum", „Szenario-Kurs" und „Szenario-Volatilität".

Strike
Enthält die Strikes der Optionen mit ausgewähltem Verfallsdatum.

Call/Put Fair Value
Diese Zellen zeigen die aus dem Positions-Sheet importierten Fair Values der Optionen.

Call-/Put-Szenario – Fair Value
Hier werden die theoretischen Optionspreise bei den von Ihnen eingegebenen Simulationswerten „Szenario-Datum", „Szenario-Kurs" und „Szenario-Volatilität" berechnet.

Call-/Put-Kontrakte
Enthält die aus dem Positions-Sheet eingefügten Kontrakte mit der ausgewählten Fälligkeit.

Gewinn & Verlust-Diagramm beim Verfall
In diesem Diagramm wird die importierte Optionsposition per Verfall dargestellt.

Gewinn & Verlust-Diagramm – Szenario
Dieses Diagramm zeigt den Gewinn und Verlust aus der Optionsposition während der Laufzeit je nach ausgewähltem Szenario-Datum. Je kürzer Sie die Restlaufzeit der Optionen wählen, desto mehr gleicht sich die Grafik der Optionsposition per Verfall an.

Beispiel

Welcher Positionswert ergibt sich bei einem Call Spread (Basispreise 65 € und 75 €) mit Verfall 17. 03. 00 am 01. 03. 00 beim Aktienkurs von 80 € bei einer Volatilität von 36,7 % bzw. 36,5 %? Wie stellt sich die simulierte Position in einem Gewinn- und Verlustpotential dar?

F. Die easyOPTIONS-Software

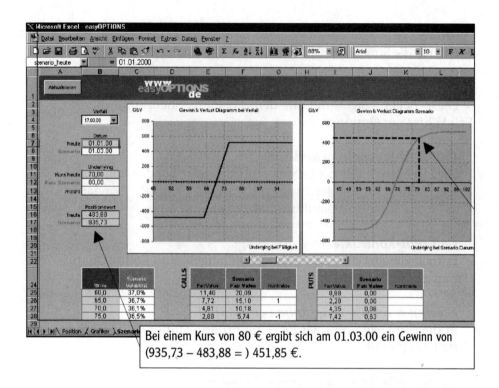

Bei einem Kurs von 80 € ergibt sich am 01.03.00 ein Gewinn von (935,73 − 483,88 =) 451,85 €.

5.3.2 Tipp: Worst Case und Best Case Check

Bevor Sie einen Optionstrade eingehen, sollten Sie Ihren potentiellen Gewinn und Verlust bei verschiedenen Marktszenarien simulieren. Geben Sie für eine Best-Case-Untersuchung Ihre Vorstellung vom Markt ein und kontrollieren Sie die Veränderung des Positionswertes. Daneben sollten Sie sich auch im Klaren darüber sein, wie viel Geld im schlimmsten Fall verloren werden kann. Simulieren Sie dazu eine „Worst-Case"-Situation und kontrollieren Sie auch Veränderungen in der Volatilität.

6. Nützliche Windows-/Excel-Shortcuts

Vermeiden Sie lästige Mausklicks! Folgende Shortcuts helfen Ihnen, den Umgang mit Excel zu vereinfachen.

- „Alt" + „Tab"
  Wechseln zwischen geöffneten Programmen
- „Strg" + „Tab"
  Wechseln zwischen geöffneten Fenstern in Excel
- „Strg" + „Bild nach oben" oder „Bild nach unten"
  Wechseln zwischen den Arbeitsblättern „Position", „Grafiker" und „Szenarioanalyser"
- „Strg" + „Alt" + „F9"
  Berechnen aller Zellen/Bezüge der geöffneten Fenster in Excel
- „F9"
  Berechnen aller Zellen/Bezüge im geöffneten Excel-Arbeitsblatt
- „Strg" + „."
  Einfügen des in der Systemuhr eingestellten aktuellen Datums
- „Strg" + „n"
  Neues Fenster öffnen
- „Strg" + „w"
  Schließen des geöffneten Fensters
- „Strg" + „F4"
  Schließen des geöffneten Programms
- „Strg" + „s"
  Speichern von Änderungen
- „Strg" + „a"
  Alles markieren
- „Strg" + „c"
  Markierte Zellen kopieren
- „Strg" + „v"
  Markierte Zellen einfügen

Eine Reihe weiterer Tastenkombinationen finden Sie in der Excel-Hilfe-Funktion.

G | Glossar

G. Glossar

Agio (Aufgeld)
Betrag, um den der Erwerb oder der Verkauf einer Aktie mit Hilfe von Optionen teurer ist als die entsprechende Transaktion im Kassamarkt.

Aktienanleihe
Strukturierte Anleihe mit einer über dem Marktzins liegenden Verzinsung. Die Rückzahlung der Anleihe erfolgt abhängig von der Kursentwicklung der zugrunde liegenden Aktie entweder zum Nennwert oder durch Lieferung von Aktien. Aktienanleihen (auch Hochkuponanleihen mit Aktienandienungsrecht, Equity Linked Notes oder Reverse Convertibles) werden auch mit zwei zugrunde liegenden Aktien angeboten (Dual Reverse Convertibles). Aus Sicht des Anlegers: Long-Anleihe + Short Put.

Aktienindex
Börsenbarometer – Ein Aktienindex stellt einen Korb aus bestimmten Aktien dar. Der wichtigste Aktienindex in Deutschland ist der Deutsche Aktienindex (DAX). Er repräsentiert die 30 größten deutschen börsennotierten Unternehmen. Die Zusammensetzung eines Index wird regelmäßig von der Deutschen Börse AG überprüft und gegebenenfalls angepasst.

Amerikanische Option
Eine Option, die vom Käufer an jedem Handelstag während der Laufzeit ausgeübt werden kann. Gegenteil: europäische Option.

Arbitrage
Risikoloses Ausnutzen von Preisdifferenzen für gleiche Werte an unterschiedlichen Märkten, auch: „Free Lunch".

At-The-Money (ATM)
Optionen, deren Strike in unmittelbarer Nähe zum derzeitigen Kurs des Underlyings liegt, werden als At-the-money (am Geld)-Optionen bezeichnet.

Baisse
So nennt der Börsianer ein Marktumfeld, in dem die Aktienkurse auf breiter Front fallen; Gegenteil ist die Hausse.

Barausgleich
Statt einer Lieferung des Basiswerts erfolgt bei physisch nicht lieferbaren Basiswerten von Termingeschäften eine Ausgleichzahlung bei Fälligkeit, so bspw. bei DAX- Optionen oder DAX-Futures, englisch: Cash Settlement.

Basis
Differenz zwischen dem Future- und dem Kassakurs. Ist durch Nettoaufwendungen, die Cost of Carry, die für das Halten des Basiswerts entstehen, zurückzuführen.

Basispreis
Preis, zu dem bei Optionen der Basispreis gekauft (Call) oder verkauft (Put) werden kann, englisch: Strike.

Basispunkt
Ein Hundertstel eines Prozentes. 30 Basispunkte entsprechen 0,30 %, englisch: Basis Point.

Basiswert
Der Basiswert ist das Finanzinstrument, welches einem Derivat zugrunde liegt – bspw. eine Aktie, ein Index oder ein Future, englisch: Underlying.

Bären
So werden Anleger genannt, die von zukünftig fallenden Kursen ausgehen, Gegenteil sind die Bullen.

Bestens
Unlimitierter Kaufauftrag, der zum nächsten zustande kommenden Kurs ausgeführt wird, Gegenteil: billigst.

Beta
Beta oder Beta-Faktor ist eine Kennzahl, welche die Kursabhängigkeit einer Aktie oder eines Portfolios von der Entwicklung des Gesamtmarktes beschreibt. Das Beta beschreibt die Sensitivität eines Aktienkurses im Vergleich zum Gesamtmarkt und dient bei Anlageentscheidungen als Risikomaßstab.

Billigst
Unlimitierter Verkaufsauftrag, der zum nächsten zustande kommenden Kurs ausgeführt wird, Gegenteil: bestens.

Bluechips
Bekannte Standardwerte an einer Aktienbörse, die international von großer Bedeutung sind. Bluechips an der deutschen Börse sind etwa BASF, DaimlerChrysler, Deutsche Bank oder Siemens.

Break-Even-Kurs
Bei Optionen wird derjenige Kurs des Basiswerts als Break-Even-Kurs bezeichnet, bei dem eine verlustfreie Ausübung der Option unter Berücksichtigung der Optionsprämie möglich ist.

Brief
Ein Briefkurs ist der Kurs, zudem ein Derivat oder ein Wertpapier verkauft werden soll (Kurs, zu dem ein Angebot besteht). Er steht bei Geld-/Brief-Angaben auf der rechten Seite.

Bullen
Anleger, die von zukünftig steigenden Kursen ausgehen; Gegenteil sind die Bären.

Call
Ein Call (Kaufoption) beinhaltet für den Käufer das Recht, den Basiswert zum vereinbarten Basispreis innerhalb der vereinbarten Laufzeit oder zu einem bestimmten Zeitpunkt vom Verkäufer der Option zu beziehen.

Cash & Carry-Arbitrage
Ausnutzen von Kursungleichgewichten zwischen dem Kassa- und Terminmarkt. Arbitrageprozesse im Futureshandel treten bspw. auf, sobald der tatsächliche Futurespreis von seinem rechneri-

schen Kurs (Kassakurs zzgl. Refinanzierungskosten minus Zinseinnahmen) abweicht.

Cash Settlement
Siehe: Barausgleich

Cheapest to Deliver (CTD)
Der Verkäufer eines Futureskontrakts hat die Entscheidungsfreiheit, welche der zur Auswahl stehenden Anleihen er bei Fälligkeit an den Käufer liefert. In der Regel wird dies die für ihn preiswerteste Anleihe, die CTD sein.

Clean Price
Bei der Kursangabe eines Wertpapiers sind die aufgelaufenen Stückzinsen nicht im Kurs enthalten, Gegenteil: Dirty Price.

Closing
Schlussphase des Handels, mit dem Erzeugen des letzten Handelspreises (Closing Preis).

Cost of Carry
Differenz zwischen den Aufwendungen und Erträgen (Nettoaufwendungen), wenn ein Finanzinstrument ohne den Einsatz eigenen Kapitals bis zur Fälligkeit des Termingeschäfts gehalten wird.

Covered Call Writing
Optionsstrategie, bei der auf die im Portfolio befindlichen Aktien Calls geschrieben (verkauft) werden.

Credit Spread
Eine Spread-Position, mit der beim Aufbau eine Nettoeinnahme erzielt wird.

Delta
Das Delta ist die wichtigste Kennziffer für die Bewertung von Optionen. Es gibt die Veränderung des Optionspreises bei einer Veränderung des Basiswerts um eine Einheit an. Beispiel: Basiswert steigt um 1 € von 100 auf 101 €. Bei einem Delta von 0,5 steigt die Prämie des dazugehörigen Calls um 0,50 €. Weitere Kennziffern: Gamma, Theta, Vega, Rho.

Debit Spread
Eine Spread-Position, mit der beim Aufbau eine Nettoausgabe getätigt wird.

Dirty Price
Bei der Kursangabe eines Wertpapiers sind die aufgelaufenen Stückzinsen im Kurs enthalten, Gegenteil: Clean Price.

Dividenden-Stripping
Beliebte Strategie, bei der sich Händler das körperschaftssteuerliche Anrechnungsguthaben für nicht anrechnungsberechtigte Inhaber deutscher Aktien zunutze machen.

Dow Jones Stoxx
Die Deutsche Börse, SBF-Bourse de Paris, Dow Jones und die Schweizer Börse haben die Indizes Dow Jones Stoxx entwickelt. Die Indexfamilie setzt sich aus einem Bluechip- Index, einem Benchmark-Index und mehreren Branchenindizes für Gesamteuropa und für den Teilnehmerkreis an der Europäischen Währungsunion zusammen.

Emerging Market
Als Emerging Markets werden aufstrebende junge Märkte, meist in den Schwellenländern, wie z. B. in Südamerika, in Teilen Asiens oder Osteuropa bezeichnet. Sowohl die Gewinn- als auch die Verlustmöglichkeiten sind bei einem Engagement an diesen Märkten überdurchschnittlich hoch.

Emittent
Der Herausgeber von Wertpapieren wird als Emittent bezeichnet.

Erfüllung
Lieferung bzw. Abnahme des Basiswertes bei der Fälligkeit oder der Ausübung einer Option.

Eröffnungskurs
Der erste festgestellte Tageskurs eines Wertpapiers.

Europäische Option
Eine Option, die vom Käufer nur am letzten Handelstag während

der Laufzeit ausgeübt werden kann, Gegenteil: amerikanische Option.

Fair Value
Fairer Wert eines Wertpapiers. Bei Optionen ist dies der Preis mit einer dem Markt gerechten impliziten Volatilität.

Fixing
Notierung von Börsen- oder Marktpreisen, auch als Kursfeststellung oder Börsennotierung bezeichnet.

Forward
Bei einem Foward-Geschäft verpflichten sich die Kontrahenten, entsprechend den individuell ausgehandelten Vertragsbedingungen, ein vereinbartes Handelsgut zu einem vereinbarten Preis (Terminkurs) und einem bestimmten Termin zu liefern bzw. abzunehmen. Vorgänger der standardisierten Futures-Kontrakte.

Forward Rate
Verzinsung für die in der Zukunft beginnenden Ausleihungen oder Anlagen, die auf der Grundlage aktueller Zinssätze bestimmt wird.

Fundamentale Wertpapieranalyse
Form der Wertpapieranalyse, welche die Bewertung von Aktien aufgrund fundamentaler Unternehmensdaten wie bspw. diverser Bilanzkennziffern vollzieht, Gegenteil: Technische Wertpapieranalyse.

Future
Ein Future ist die feste vertragliche Vereinbarung, eine vereinbarte Menge des zugrunde liegenden Basiswertes zu einem fest vereinbarten Preis (Future-Preis) und einem späteren Zeitpunkt zu kaufen und abzunehmen oder zu verkaufen und zu liefern. Futures sind im Gegensatz zu Forwards standardisierte, börsengehandelte Termingeschäfte.

Futures-Style-Verfahren
Bezeichnet ein Verfahren, nach dem bei börsengehandelten Terminkontrakten die Prämie erst bei Glattstellung, Ausübung oder Verfall zu entrichten ist.

Gamma
Risikokennziffer, die angibt, wie sich das Delta einer Option bei der Veränderung des Kurses um eine Einheit verhält. Während das Delta die „Geschwindigkeit" der Veränderung des Optionspreises bei der Änderung des Basiswertkurses angibt, beschreibt das Gamma die „Beschleunigung" dieser Veränderung.

Geld
Ein Geldkurs ist der Kurs, zu dem ein Derivat oder Wertpapier gekauft werden soll (Kurs, zu dem Nachfrage besteht). Er steht bei Geld-/Brief-Angaben auf der linken Seite.

Geld-/Brief-Spanne
Spanne zwischen dem Ankaufspreis und dem Verkaufspreis eines Finanzinstruments. Hohe Geld-/Brief-Spannen treten in Märkten mit geringer Liquidität auf.

Gewinn je Aktie
Gewinn des Unternehmens geteilt durch die Anzahl der Aktien. Nützliche Kennziffer zur Bestimmung der Ertragskraft eines Unternehmens im Vergleich mit anderen Unternehmen der gleichen Branche oder im historischen Vergleich zu den Ergebnissen vorangegangener Jahre.

Greenback
In der Börsensprache gebräuchliche Bezeichnung für die Währung US-Dollar.

Hausse
Bei einer Hausse steigen die Kurse auf breiter Front an, Gegenteil ist die Baisse.

Hebeleffekt
Im Vergleich zum Basiswert bedingen Optionen oder Optionsscheine einen geringeren Kapitaleinsatz. Dadurch ist die prozentuale Kurssensitivität dieser Instrumente größer als die prozentuale Kurssensitivität des Basiswerts. Der Hebel oder das Omega werden berechnet, indem der Kurs des Basiswerts durch die Optionsprämie dividiert wird. Englisch: Leverage Effect.

Hedging
Eine Form der Risikobegrenzung, bei der zu einer bestehenden Position eine temporär entgegengesetzte Position aufgebaut wird, so dass die Verluste aus der einen Position durch die Gewinne aus der anderen Position kompensiert werden. Werden Gewinne und Verluste exakt ausgeglichen, spricht man von einem „Perfect Hedge".

Historische Volatilität
Misst die in der Vergangenheit aufgetretene (historische) Schwankungsbreite von Kursen oder Renditen eines Finanzinstruments bezogen auf einen bestimmten Zeithorizont. Wird als Indikator für zukünftige Volatilitäten herangezogen.

Initial Margin
Ersteinschuss bei Geschäften an Terminbörsen.

Indexoption
Option, der ein Index als Basiswert zugrunde liegt.

In-The-Money (ITM)
Optionen, die einen inneren Wert besitzen, werden als in-the-money (im Geld) bezeichnet. Bei Calls (Puts) liegt der aktuelle Kurs des Basiswerts über (unter) dem Basispreis.

Innerer Wert
Der innere Wert einer Option ist die Differenz zwischen dem Basispreis und dem Kurs des Basiswerts. Ein Call (Put) besitzt einen inneren Wert, wenn der Kurs des Basiswerts über (unter) dem Basispreis liegt. Lediglich In-the-money- Optionen weisen einen inneren Wert auf.

Implizite Volatilität
Die in Optionspreisen enthaltene Volatilität. Sie beschreibt die Marterwartung der Optionshändler bezüglich der Marktschwankung für die Laufzeit der Option. Die implizite Volatilität lässt sich mittels eines Optionspreismodells, bspw. des Black & Scholes-Modells, aus der Optionsprämie errechnen.

Kassakurs
Der um 12.00 Uhr notierte Kurs wird als Kassakurs bezeichnet. Er

gilt für Wertpapiere, die nicht zur variablen Notierung zugelassen sind, und für variabel notierte Wertpapiere, wenn der Auftrag unter der von der Börse festgelegten Mindeststückzahl (bspw. 100) liegt. Auch: Einheitskurs.

KGV
Das Kurs-Gewinn-Verhältnis ist der Quotient aus dem aktuellen Aktienkurs und dem (geschätzten) Jahresgewinn des Unternehmens pro Aktie. Es dient in der Aktienanalyse als Maßstab für die Ertragskraft eines Unternehmens bzw. zum Vergleich von Unternehmen. Je niedriger das KGV, umso billiger ist die Aktie bewertet.

Kontraktgröße
Anzahl der Basiswerte, auf die sich ein Terminkontrakt bezieht. Bei Aktienoptionen der Eurex bezieht sich ein Kontrakt in der Regel auf 100 Aktien des zugrunde liegenden Basiswertes. Lediglich die Basiswerte Münchener Rückversicherung und Allianz haben eine Kontraktgröße von 50 Aktien.

Konvexität
Beschreibt die Nichtlinearität der Kursveränderung eines Finanzinstruments. Bei festverzinslichen Papieren beschreibt die Konvexität die Ausprägung der Kurs-Rendite-Kurve. Bei Optionen wird sie durch das Gamma gemessen. Englisch: Convexity.

Leerverkauf
Verkauf eines Finanzinstruments, welches der Investor nicht im Besitz hat, mit dem Ziel, es zu einem anschließend günstigeren Kurs zurückzukaufen.

Limit
Das Limit gibt einen Kurs vor, der beim Kauf von Wertpapieren nicht überschritten und beim Verkauf von Wertpapieren nicht unterschritten werden darf.

Liquidität
Ist ein Indikator, wie „schnell" sich ein Finanzinstrument zu einem fairen Preis veräußern lässt. Geringe Liquidität bewirkt in der Regel hohe Differenzen zwischen An- und Verkaufskursen.

Long
Eine Long-Position beinhaltet den Kauf eines Finanzinstruments.

Market Maker
Händler von Banken und Investmentgesellschaften, die verpflichtet sind, für die von ihnen betreuten Wertpapiere oder Derivate ständig Geld- und Briefkurse zu stellen. Market Making erhöht die Liquidität von Finanzmärkten.

Makler
Vermittler von Börsengeschäften. Er führt Käufer und Verkäufer zusammen.

Margining
Margins sind von den Terminbörsen verlangte Sicherheitsleistungen, die das Verlustrisiko absichern sollen und von den Anlegern bzw. Händlern in Form von Geld oder bestimmten Wertpapieren zu erbringen sind.

Marktusancen
Aus dem täglichen Geschäft hervorgegangene feste Handelsregeln zur Geschäftsabwicklung auf Finanzmärkten.

MDAX
Im MDAX sind 70 Werte enthalten, die in Bezug auf Größe und Marktkapitalisierung hinter denen des DAX stehen.

Netting
Verfahren der Aufrechnung von Verpflichtungen und Ansprüchen aus Finanzgeschäften. Verringert die effektiv zwischen Vertragspartnern fließenden Geldbeträge.

Out-of-The-Money (OTM)
Optionen, die keinen inneren Wert besitzen, werden als out-of-the-money (aus dem Geld) bezeichnet. Bei Calls (Puts) liegt der aktuelle Kurs des Basiswerts unter (über) dem Basispreis.

Order
Auftrag an der Börse mit Angabe der Menge, des Kurses, des Börsenplatzes und der Gültigkeit.

Option
Eine Option ist das Recht, nicht aber die Verpflichtung, einen bestimmten, so genannten Basiswert zu einem festgelegten Preis vom Verkäufer der Option zu kaufen (Call) oder ihm den Basiswert zu verkaufen (Put).

Optionspreis
Der Optionspreis bzw. die Prämie einer Option setzt sich aus dem inneren Wert und dem Zeitwert zusammen.

Optionspreismodell
Mathematisches Modell zur Berechnung theoretisch richtiger Optionspreise. Zu den bekanntesten Optionspreismodellen zählen das Black & Scholes-Modell und das Binomialmodell nach Cox, Ross und Rubinstein.

Optionsschein
Im Gegensatz zu den an Terminbörsen gehandelten Optionen ist das Recht bzw. die Pflicht hier in einem Wertpapier verbrieft.

Over-The-Counter (OTC)
Bezeichnung für Wertpapiere und Derivate, die aufgrund einer speziellen Ausstattung oder einer Volumensgröße nicht über den üblichen Börsenhandel gehandelt werden (außerbörslicher Handel). Die Kontraktspezifikationen sind nicht standardisiert, sondern werden individuell zwischen den Vertragspartnern ausgehandelt.

Parkett(handel)
Mit Parketthandel ist das Geschäft gemeint, welches auf dem Börsenparkett von Händler zu Händler abgewickelt wird. Im Zeitalter von elektronischen Handelsplattformen verliert diese Handelsform zunehmend an Bedeutung.

Portfolio
Gesamtbestand der Anlage in Wertpapieren, die ein Kunde oder Investmentfonds besitzt.

Präsenzbörse
Die Händler sind im Gegensatz zu elektronischen Börsen wie XETRA oder Eurex „präsent". Siehe „Parketthandel".

Provision
Gebühr, welche die Bank für die Ausführung von Wertpapieraufträgen verlangt.

Put
Ein Put (Verkaufsoption) beinhaltet für den Käufer das Recht, den Basiswert zum vereinbarten Basispreis innerhalb der vereinbarten Laufzeit oder zu einem bestimmten Zeitpunkt an den Verkäufer der Option zu verkaufen.

Put-Call-Parität
Feste Preisrelation zwischen einem fair bewerteten Call und einem fair bewerteten Put gleicher Ausstattung. Ermöglicht bspw. die Bildung einer synthetischen Position im Underlying (Long Call + Short Put).

Rating
Die Beurteilung der Bonität verschiedener Emittenten und Kreditnehmer, bspw. von Unternehmen oder Ländern, wird anhand eines Ratings quantifiziert. Zu den bekanntesten Rating-Agenturen zählen Moodys und Standard & Poor`s.

Relative-Stärke-Index
Begriff aus der Technischen Wertpapieranalyse. Der Index der relativen Stärke ist ein Maß für die Stärke eines Trends und gibt somit an, ob der Markt überverkauft oder überkauft ist. Damit lässt sich aus technischer Sicht ermitteln, ob ein Engagement ratsam ist.

Restlaufzeit
Zeit, bis zum Verfall einer Option. Je geringer die Restlaufzeit, umso geringer ist der Zeitwert einer Option.

Rho
Gibt die Abhängigkeit des Optionspreises bei Veränderungen des risikolosen, für die Laufzeit der Option gültigen Zinssatzes an.

Risikokennziffer
Risikokennziffern oder Sensitivitätskennziffern messen die Kursreagibilität von Finanzinstrumenten bei Veränderung bestimmter Parameter wie der Laufzeit, der Volatilität oder des Basiswertkur-

ses. Im Anleihebereich zählen zu den gebräuchlichsten Kennziffern die Duration, der PVBP und die Convexity; im Optionsbereich Delta, Gamma, Theta und Vega.

Settlement
Bezeichnet die Erfüllung eines Finanzgeschäftes. Es lassen sich Cash Settlement (Differenzausgleich) und physisches Settlement (Lieferung des Basiswerts) unterscheiden.

Settlement-Preis
Im Handel mit Optionen und Futures der Preis, der am Ende jedes Handelstages von der Börse zur Kontraktbewertung festgestellt wird.

Short
Eine Short-Position beinhaltet den Verkauf eines Finanzinstruments.

Schlusskurs
Die letzte Notierung eines Börsentages im variablen Markt bezeichnet man als Schlusskurs. Wird auch Closing-Kurs genannt.

Stillhalter
Verkäufer einer Option.

Spread (1)
Differenz zwischen dem Brief- und dem Geldkurs.

Spread (2)
Optionskombination aus dem Kauf einer Option und gleichzeitigen Verkauf einer Option mit höherem oder niedrigerem Basispreis. Die Gewinn- oder Verlustmöglichkeiten sind von vornherein festgelegt.

Spread Risiko
Bezeichnet das Risiko, welches daraus resultiert, dass sich die Differenz der Preise zweier Finanzinstrumente ändern könnte.

Straddle
Optionskombination aus gleichzeitigem Kauf oder Verkauf von Calls und Puts mit gleicher Ausstattung. Spekulation auf gleich

bleibende Kurse (Short Straddle) oder stark schwankende Notierungen (Long Straddle).

Strangle
Optionskombination aus gleichzeitigem Kauf bzw. Verkauf von Calls und Puts mit unterschiedlichen Basispreisen. Charakteristika: siehe Straddle.

Strike
Siehe: Basispreis

Synthetische Positon
Kassaposition, die über den Einsatz von Derivaten künstlich nachgebildet wird und ein identisches Chance-/Risikoprofil aufweist. Eine Long-Call-Position kann bspw. durch die Kombination einer Long-Put-Position mit einer Long- Position im Underlying nachgebildet werden.

Tagesgültig
Mit tagesgültig wird eine Order bezeichnet, die nur einen Tag gültig ist und am Tagesende gelöscht wird, wenn sie nicht ausgeführt werden konnte.

Termingeschäft
Finanzgeschäft, bei dem der Vertragsabschluss und die Erfüllung bzw. Lieferung zeitlich auseinander liegen.

Technische Wertpapieranalyse
Im Gegenteil zur Fundamentalanalyse geht die Technische Analyse davon aus, dass alle Faktoren, die zur Beurteilung einer Aktie notwendig sind, im Kursverlauf enthalten sind, und beschränkt sich ausschließlich auf die Untersuchung dieses Kursverlaufes. Dieses geschieht mit der Einordnung in verschiedene Chartformationen, wie z. B. eine Wimpel- oder eine Kopf-Schulter-Formation o. Ä. Gegenteil: Fundamentale Wertpapieranalyse.

Theta
Als Maß für den Zeitwertverfall einer Option wird das Theta herangezogen. Durch den Wert des Thetas wird die Sensitivität des Preises bezüglich der Veränderung der Optionslaufzeit ausgedrückt.

Tick
Kleinste Preisabstufung eines Finanzinstruments.

Time Value
Siehe: Zeitwert

Trading
Handel von Wertpapieren.

Trend
Kursbewegung eines Wertpapiers. Charttechniker versuchen, anhand von Trends Rückschlüsse auf zukünftige Kursentwicklungen abzuleiten.

Ultimo
Börsenfachausdruck für den letzten Börsentag eines Monats.

Underlying
Siehe: Basiswert

Variabler Markt
Im variablen Markt werden laufend Geschäfte getätigt, während bei einem Kassamarkt Aufträge nur zu einem vorher festgelegten Zeitpunkt und nur einige Male am Tag ausgeführt werden können.

VDAX
Der von der Deutschen Börse AG gelistete DAX-Volatilitätsindex gibt Aufschluss über die impliziten Volatilitäten der an der Eurex gehandelten DAX-Optionen mit einer Restlaufzeit bis zu 45 Tagen. Er gibt damit die von den Marktteilnehmern erwartete Schwankungsbreite des DAX für die nächsten 45 Tage wieder.

Valuta
Anderer Begriff für Wertstellungsdatum. Ab diesem Tag beginnt/endet die Verzinsung des Kapitals.

Vega
Vega misst den Einfluss auf die Optionsprämie bei sich ändernden Volatilitäten.

Verfallstermin
Letzter Handelstag von Optionen und Optionsscheinen.

Volatilität
Volatilität ist die annualisierte Standardabweichung der Kurs- und Renditeveränderungen eines Wertpapiers. Sie beschreibt das Ausmaß der Schwankungsbreite, gibt allerdings keinen Aufschluss über die Richtung der Bewegungen. Im Optionshandel wichtigstes Element zur Preisfeststellung, da hierbei die sog. implizite Volatilität die einzige Variable ist, die der Händler selbst bestimmen muss.

Warrant
Internationale Bezeichnung für Optionsschein.

Wertpapier-Kennnummer
Wertpapier-Kennnummern (WKN) sind sechsstellige Zahlen, die zur Identifizierung von Wertpapieren dienen. Jedes Wertpapier hat eine eigene WKN.

XETRA-Handel
Vollelektronischer Markt für den deutschen Kassahandel. Auf dieser elektronischen Handelsplattform werden mittlerweile die meisten der in Deutschland gelisteten Aktien sowie seit neuestem auch die meisten Optionsscheine gehandelt.

Zeitwert
Bei Optionen berechnet sich der Zeitwert aus der Differenz zwischen dem aktuellen Kurswert und dem inneren Wert. Der Zeitwert nimmt mit dem Näherrücken des Verfallstages immer stärker ab (Zeitwertverfall). Optionen, die at-the-money oder out-of-the-money liegen, weisen keinen inneren Wert auf, sondern lediglich einen Zeitwert.

Zins
Der Preis, den ein Kapitalanleger für die Bereitstellung von Kapital erhält, bzw. jener Preis, den ein Kreditnehmer für die Überlassung von Kapital zu zahlen hat.

Zinsstrukturkurve
Eine Zinsstrukturkurve zeigt die am Markt geltenden Zinssätze in Abhängigkeit von ihrer Fristigkeit. Es lassen sich folgende Zinskurven unterscheiden:
1. normale oder steile Zinskurven, bei denen die Renditen mit zunehmender Restlaufzeit ansteigen,
2. flache Zinskurven, bei denen die Renditen in allen Laufzeitbereichen gleich hoch sind, und
3. inverse Zinskurven, bei denen die Renditen mit zunehmender Restlaufzeit abnehmen.

H | Anhang

1. Produkte an der Eurex

Die Eurex passt ihr Produktangebot laufend den Marktgegebenheiten an. Dabei wird auch permanent überprüft, ob eine ausreichende Liquidität das Angebot eines Kontraktes rechtfertigt. Sollte dies nicht der Fall sein, so wird die Eurex den Kontrakt nach einiger Zeit streichen und neue Produkte ins Leben rufen. Einen Überblick über das Angebot an Handelsmöglichkeiten gibt die folgende Grafik:

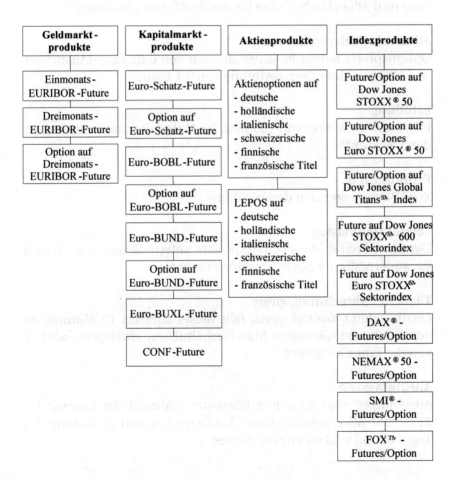

Aktuelle Informationen zum Produktangebot finden Sie unter: www.eurexchange.com. Nachfolgend sind die wichtigsten Kontrakte im Detail aufgelistet.

1.1 Optionen

1.1.1 Aktienoptionen auf deutsche Basistitel

Kontraktgröße
Der Kontrakt bezieht sich in der Regel auf 100 Aktien des zugrunde liegenden Basiswertes. Die Basiswerte Münchener Rückversicherung und Allianz haben eine Kontraktgröße von 50 Aktien.

Minimale Preisveränderung
Optionspreise haben Preisabstufungen von 0,01 Euro (Ausnahme ist SAP 3 mit einer Preisabstufung von 0,1 Euro).

Erfüllung
Physische Lieferung von 100 bzw. 50 Aktien des zugrunde liegenden Basiswertes.

Erfüllungstag
Zwei Börsentage nach der Ausübung.

Letzter Handelstag
Der dritte Freitag eines Verfallsmonats, sofern dieser ein Börsentag ist, andernfalls der davor liegende Börsentag.

Täglicher Abrechnungspreis
Letztbezahlter Kontraktpreis; falls dieser älter als 15 Minuten ist oder nicht den aktuellen Marktverhältnissen entspricht, wird er von der Eurex festgelegt.

Ausübungszeit
Ausübungen sind an jedem Börsentag während der Laufzeit bis 21.00 Uhr MEZ möglich (amerikanische Art), mit Ausnahme des Tages eines Dividendenbeschlusses.

Verfallsmonate
Basistitel in Gruppe A: Die drei nächsten aufeinander folgenden Monate und die beiden darauf folgenden Monate aus dem Zyklus März, Juni, September und Dezember, d. h. Laufzeiten bis zu 9 Monaten.

Basistitel in Gruppe B: Die drei nächsten aufeinander folgenden Monate und die drei darauf folgenden Monate aus dem Zyklus März, Juni, September und Dezember, d. h. Laufzeiten bis zu 12 Monaten.

Basistitel in Gruppe C: Die drei nächsten aufeinander folgenden Monate, die drei darauf folgenden Monate aus dem Zyklus März, Juni, September und Dezember sowie die beiden darauf folgenden Monate des Zyklus Juni und Dezember, d. h. Laufzeiten bis zu 24 Monaten.

Ausübungspreise
Optionskontrakte können folgende Ausübungspreise haben:

Ausübungspreise	*Ausübungspreisabstände*
bis EUR 5	EUR 0,20
EUR 5,5 bis EUR 10	EUR 0,50
EUR 11 bis EUR 20	EUR 1
EUR 22 bis EUR 50	EUR 2
EUR 52,50 bis EUR 100	EUR 2,50 nur für den ersten und zweiten Verfallsmonat
EUR 55 bis EUR 200	EUR 5
EUR 200 und höher	EUR 20

Für jeden Call und Put stehen für jeden Verfallsmonat mindestens drei Serien zur Verfügung mit je einem Ausübungspreis in-the-money, at-the-money und out-of-the-money. Bei Optionskontrakten mit 18 und 24 Monaten Laufzeit verdoppeln sich die Ausübungspreisabstände.

Basistitel

Eurex-Aktienoptionen auf deutsche Basistitel werden gemäß ihren Verfallsmonaten in folgenden Kategorien gehandelt:

Gruppe A	Gruppe B	Gruppe C
1, 2, 3, 6 und 9 Monate	1, 2, 3, 6, 9 und 12 Monate	1, 2, 3, 6, 9, 12, 18 und 24 Monate
	Adidas (ADS)	Allianz-Holding (ALV)
	BMW (BMW)	BASF (BAS)
	Degussa-Hüls (DHA)	Bayer (BAY)
	Epcos (EPC)	Bay. Hypo. und Vereinsbank (HVM)
	Fresenius Medical Care (FME)	Commerzbank (CBK)
	Henkel Vz. (HEN3)	Daimler Chrysler (DCX)
	Infineon (IFX)	Deutsche Bank (DBK)
	Karstadt (KAR)	Deutsche Post (DPW)
	Linde (LIN)	Deutsche Telekom (DTE)
	Lufthansa (LHA)	Dresdner Bank (DRB)
	MAN (MAN)	E.ON (EOA)
	Metro (MEO)	SAP Vz. (SAP3)
	Münchener Rück (MUV2)	Siemens (SIE)
	MLP Vz. (MLP$)	VW (VOW)
	Preussag (PRS)	
	RWE (RWE)	
	Schering (SCH)	
	Thyssen Krupp (TKA)	
	Consors Discount Broker (CSO)	
	EM.TV & Merchandising (ETV)	
	Intershop (ISH)	
	Mobilcom (MOB)	
	T-Online (TOI)	

Handelszeit
9.00 bis 20.00 Uhr MEZ

Optionsprämie
Zahlungen des entsprechenden Euro-Wertes in voller Höhe am ersten Börsentag, der dem Kauftag folgt.

1.1.2 Low Exercise Price Options (LEPO) auf deutsche Basistitel

Untenstehend sind lediglich die Unterschiede zu den regulären Kontraktspezifikationen für Aktienoptionen auf deutsche Basistitel genannt.

Täglicher Abrechnungspreis
1 Euro unter dem letztbezahlten Kurs des Basistitels.

Verfallsmonate
Die beiden nächsten Monate des Zyklus März, Juni, September und Dezember.

Ausübungspreis
Alle LEPO-Kontrakte haben einen Ausübungspreis von 1 Euro.

1.1.3 DAX-Option (ODAX)

Basiswert
Deutscher Aktienindex (DAX)

Kontraktwert
5 Euro pro Indexpunkt des DAX

Erfüllung
Erfüllung durch Barausgleich, fällig am Börsentag nach dem letzten Handelstag.

Preisermittlung
In Punkten; auf eine Dezimalstelle.

Minimale Preisveränderung
0,1 Punkte; dies entspricht einem Wert von 0,50 Euro.

Letzter Handelstag
Der dritte Freitag des jeweiligen Verfallsmonats, sofern dies ein Börsentag ist, andernfalls der davor liegende Börsentag. Handels-

schluss ist der Beginn der Aufrufphase der untertägigen Auktion im elektronischen Handelssystem der Frankfurter Wertpapierbörse (XETRA) um 13.00 Uhr MEZ.

Täglicher Abrechnungspreis
Letztbezahlter Kontraktpreis; falls dieser älter als 15 Minuten ist oder nicht den aktuellen Marktverhältnissen entspricht, wird dieser von der Eurex festgelegt.

Schlussabrechnungspreis
Wert des DAX; ermittelt auf der Grundlage der am letzten Handelstag in der untertägigen Auktion im elektronischen Handelssystem der Frankfurter Wertpapierbörse (XETRA) zustande gekommenen Preise für die im DAX enthaltenen Werte.

Ausübungszeit
Ausübungen sind grundsätzlich nur am letzten Handelstag der Optionsserie bis zum Ende der Post-Trading-Periode möglich (europäische Art).

Verfallsmonate
Die drei nächsten aufeinander folgenden Kalendermonate, die drei darauf folgenden Monate aus dem Zyklus März, Juni, September und Dezember sowie die beiden darauf folgenden Monate des Zyklus Juni und Dezember, d. h. es sind Laufzeiten von 1, 2, 3, max. 6, max. 9, max. 12 sowie max. 18 und max. 24 Monaten verfügbar.

Ausübungspreise
Für die DAX-Option ist die folgende Ausübungspreisstaffelung vorgesehen:

Verfallsmonate mit einer Restlaufzeit bis zu	Anzahl Ausübungspreise	Ausübungspreisabstände in Indexpunkten
6 Monate	9	50
12 Monate	5	100
24 Monate	5	200

Jeder Kontraktmonat wird mit mindestens fünf Ausübungspreisen eingeführt.

Optionsprämie
Prämien in Punkten. Zahlungen des entsprechenden Euro-Wertes in voller Höhe an dem Börsentag, der dem Kauftag folgt.

Handelszeit
8.50 bis 20.00 Uhr MEZ

1.1.4 Dow-Jones-STOXX 50-Option/ Dow-Jones-Euro-STOXX-50-Option

Basiswert
Dow-Jones-STOXX-50 (für die Dow-Jones-STOXX-50-Option); Dow-Jones-Euro-STOXX-50 (für die Dow-Jones-Euro-STOXX-50-Option).

Kontraktwert
10 Euro pro Dow-Jones-STOXX-50- bzw. Dow-Jones-Euro-STOXX-50-Indexpunkt.

Erfüllung
Erfüllung durch Barausgleich, fällig am ersten Börsentag nach dem letzten Handelstag.

Preisermittlung
In Punkten; auf eine Dezimalstelle.

Minimale Preisveränderung
0,1 Punkte; dies entspricht einem Wert von 1 Euro.

Letzter Handelstag
Der dritte Freitag des jeweiligen Verfallsmonats, sofern dies ein Börsentag ist, andernfalls der davor liegende Börsentag. Handelsschluss für die auslaufenden Serien am letzten Handelstag ist 12.00 Uhr MEZ.

Täglicher Abrechnungspreis
Letztbezahlter Kontraktpreis; falls dieser älter als 15 Minuten ist oder nicht den aktuellen Marktverhältnissen entspricht, wird er von der Eurex festgelegt.

Schlussabrechnungspreis
Durchschnittswert der im Zeitraum von 11.50 bis 12.00 Uhr MEZ festgestellten Dow-Jones-STOXX-50- bzw. Dow-Jones-Euro-STOXX-50-Indexberechnungen am letzten Handelstag. Der Schlussabrechnungspreis wird um 12.00 Uhr MEZ am letzten Handelstag festgelegt.

Ausübungszeit
Ausübungen sind grundsätzlich nur am letzten Handelstag der Optionsserie bis zum Ende der Post-Trading-Periode möglich (europäische Art).

Verfallsmonate
Die drei nächsten aufeinander folgenden Kalendermonate, die drei darauf folgenden Monate aus dem Zyklus März, Juni, September und Dezember sowie die beiden darauf folgenden Monate aus dem Zyklus Juni und Dezember, d. h. es sind Laufzeiten von 1, 2, 3, max. 6, max. 9, max. 12 sowie max. 18 und max. 24 Monaten verfügbar.

Ausübungspreise
Für die Optionen auf den festgestellten Dow-Jones-STOXX-50- und Dow-Jones-Euro-STOXX-50-Index sind folgende Ausübungspreisstaffelungen vorgesehen:

Verfallsmonate mit einer Restlaufzeit bis zu	Anzahl Ausübungspreise	Ausübungspreisabstände in Indexpunkten
3 Monate	5	50
12 Monate	5	100
24 Monate	5	200

Jeder Kontraktmonat wird mit mindestens fünf Ausübungspreisen eingeführt.

Optionsprämie
Prämien in Punkten. Zahlungen des entsprechenden Euro-Wertes in voller Höhe am ersten Börsentag, der dem Kauftag folgt.

Handelszeit
09.00 bis 17.30 Uhr MEZ

1.2 Futures

1.2.1 Euro-Bund-Future

Basiswert
Fiktive langfristige Schuldverschreibung der BRD mit 8- bis 10-jähriger Laufzeit und einem Kupon von 6 %.

Kontraktwert
100.000 Euro

Erfüllung
Eine Lieferverpflichtung aus einer Short-Position in einem Euro-Bund-Future-Kontrakt kann nur durch bestimmte Schuldverschreibungen – nämlich Anleihen der Bundesrepublik Deutschland – mit einer Restlaufzeit von 8,5 bis 10,5 Jahren erfüllt werden. Die Schuldverschreibungen müssen ein Mindestemissionsvolumen von 2 Mrd. Euro aufweisen.

Preisermittlung
In Prozent vom Nominalwert; auf zwei Dezimalstellen.

Minimale Preisveränderung
0,01 Prozent; dies entspricht einem Wert von 10 Euro.

Liefertag
Der Liefertag ist der zehnte Kalendertag des jeweiligen Quartalsmonats, sofern dieser Tag ein Börsentag ist, andernfalls der darauf folgende Börsentag.

Liefermonate
Die jeweils nächsten drei Quartalsmonate des Zyklus März, Juni, September und Dezember.

Lieferanzeige
Clearing-Mitglieder mit offenen Short-Positionen müssen der Eurex am letzten Handelstag des fälligen Liefermonats bis zum Ende der Post-Trading-Periode anzeigen, welche Schuldverschreibungen sie liefern werden.

Letzter Handelstag
Zwei Börsentage vor dem Liefertag des jeweiligen Quartalsmonats. Handelsschluss für den fälligen Liefermonat ist 12.30 Uhr MEZ.

Täglicher Abrechnungspreis
Volumengewichteter Durchschnitt der Preise der letzten fünf zustande gekommenen Geschäfte, sofern sie nicht älter als 15 Minuten sind, oder der volumengewichtete Durchschnitt der Preise aller während der letzten Handelsminute getätigten Transaktionen, sofern in diesem Zeitraum mehr als fünf Geschäfte abgeschlossen wurden. Ist eine derartige Preisermittlung nicht möglich oder entspricht der so ermittelte Preis nicht den tatsächlichen Marktverhältnissen, legt die Eurex den Abrechnungspreis fest.

Schlussabrechnungspreis
Volumengewichteter Durchschnitt der Preise der letzten zehn zustande gekommenen Geschäfte, sofern sie nicht älter als 30 Minuten sind, oder der volumengewichtete Durchschnitt der Preise aller während der letzten Handelsminute abgeschlossenen Transaktionen, sofern in diesem Zeitraum mehr als zehn Geschäfte zusammengeführt wurden. Der Zeitpunkt der Festlegung des Schlussabrechnungspreises ist 12.30 Uhr MEZ des letzten Handelstages.
Handelszeit
8.00 bis 19.00 Uhr MEZ

1.2.2 DAX-Future (FDAX)

Basiswert
Deutscher Aktienindex (DAX)

Kontraktwert
25 Euro pro Indexpunkt des DAX

Erfüllung
Erfüllung durch Barausgleich basierend auf dem Schlussabrechnungspreis, fällig am ersten Börsentag nach dem letzten Handelstag.

Preisermittlung
In Punkten; auf eine Dezimalstelle.

Minimale Preisveränderung
0,5 Punkte; dies entspricht einem Wert von 12,50 Euro.

Verfallsmonate
Die jeweils nächsten drei Quartalsmonate des Zyklus März, Juni, September und Dezember.

Letzter Handelstag
Der dritte Freitag des Verfallsmonats, sofern dies ein Börsentag ist, andernfalls der davor liegende Börsentag. Handelsschluss ist der Beginn der Aufrufphase der von der Geschäftsführung bestimmten untertägigen Auktion im elektronischen Handelssystem der Frankfurter Wertpapierbörse (XETRA) um 13.00 Uhr MEZ.

Täglicher Abrechnungspreis
Letztbezahlter Kontraktpreis; falls dieser älter als 15 Minuten ist oder nicht den aktuellen Marktverhältnissen entspricht, wird er von der Eurex festgelegt.

Schlussabrechnungspreis
Wert des DAX; ermittelt auf der Grundlage der am letzten Handelstag in der untertägigen Auktion im elektronischen Handelssystem an der Frankfurter Wertpapierbörse (XETRA) zustande gekommenen Preise für die im DAX enthaltenen Werte.

Handelszeit
8.50 bis 20.00 Uhr MEZ

1.2.3 Dow-Jones-STOXX-50-Future / Dow-Jones-Euro-STOXX-50-Future

Basiswert
Dow Jones STOXX-50 (für Dow-Jones-STOXX-50-Future);
Dow Jones Euro STOXX-50 (für Dow-Jones-Euro-STOXX-50-Future).

Kontraktwert
10 Euro pro Dow-Jones-STOXX-50- bzw. Dow-Jones-Euro-STOXX-50-Indexpunkt.

Erfüllung
Erfüllung durch Barausgleich basierend auf dem Schlussabrechnungspreis, fällig am ersten Börsentag nach dem letzten Handelstag.

Preisermittlung
In Punkten; ohne Dezimalstellen.

Minimale Preisveränderung
1 Punkt; dies entspricht einem Wert von 10 Euro.

Verfallsmonate
Die jeweils nächsten drei Quartalsmonate des Zyklus März, Juni, September und Dezember.

Letzter Handelstag
Der dritte Freitag des jeweiligen Verfallsmonats, sofern dieser Tag ein Börsentag ist, andernfalls der davor liegende Börsentag. Handelsschluss für den fälligen Future-Kontrakt am letzten Handelstag ist 12.00 Uhr MEZ.

Täglicher Abrechnungspreis
Letztbezahlter Kontraktpreis; falls dieser älter als 15 Minuten ist oder nicht den aktuellen Marktverhältnissen entspricht, wird er von der Eurex festgelegt.

Schlussabrechnungspreis
Durchschnittswert der im Zeitraum von 11.50 bis 12.00 Uhr MEZ festgestellten Dow-Jones-STOXX-50- bzw. Dow-Jones-Euro-STOXX-50-Indexberechnungen am letzten Handelstag. Der Schlussabrechnungspreis wird um 12.00 Uhr MEZ am letzten Handelstag festgelegt.

Handelszeit
09.00 bis 17.30 Uhr MEZ

2. Wahrscheinlichkeitstabelle

d	0,00	0,01	0,02	0,03	0,04	0,05	0,06	0,07	0,08	0,09
0,0	0,5000	0,5040	0,5080	0,5120	0,5160	0,5199	0,5239	0,5279	0,5319	0,5359
0,1	0,5398	0,5438	0,5478	0,5517	0,5557	0,5596	0,5636	0,5675	0,5714	0,5753
0,2	0,5793	0,5832	0,5871	0,5910	0,5948	0,5987	0,6026	0,6064	0,6103	0,6141
0,3	0,6179	0,6217	0,6255	0,6293	0,6331	0,6368	0,6406	0,6443	0,6480	0,6517
0,4	0,6554	0,6591	0,6628	0,6664	0,6700	0,6736	0,6772	0,6808	0,6844	0,6879
0,5	0,6915	0,6950	0,6985	0,7019	0,7054	0,7088	0,7123	0,7157	0,7190	0,7224
0,6	0,7257	0,7291	0,7324	0,7357	0,7389	0,7422	0,7454	0,7486	0,7517	0,7549
0,7	0,7580	0,7611	0,7642	0,7673	0,7704	0,7734	0,7764	0,7794	0,7823	0,7852
0,8	0,7881	0,7910	0,7939	0,7967	0,7995	0,8023	0,8051	0,8078	0,8106	0,8133
0,9	0,8159	0,8186	0,8212	0,8238	0,8264	0,8289	0,8315	0,8340	0,8365	0,8389
1,0	0,8413	0,8438	0,8461	0,8485	0,8508	0,8531	0,8554	0,8577	0,8599	0,8621
1,1	0,8643	0,8665	0,8686	0,8708	0,8729	0,8749	0,8770	0,8790	0,8810	0,8830
1,2	0,8849	0,8869	0,8888	0,8907	08925	0,8944	0,8962	0,8980	0,8997	0,9015
1,3	0,9032	0,9049	0,9066	0,9082	0,9099	0,9115	0,9131	0,9147	0,9162	0,9177
1,4	0,9192	0,9207	0,9222	0,9236	0,9251	0,9265	0,9279	0,9292	0,9306	0,9319
1,5	0,9332	0,9345	0,9357	0,9370	0,9382	0,9394	0,9406	0,9418	0,9429	0,9441
1,6	0,9452	0,9463	0,9474	0,9484	0,9495	0,9505	0,9515	0,9525	0,9535	0,9545
1,7	0,9554	0,9564	0,9573	0,9582	0,9591	0,9599	0,9608	0,9616	0,9625	0,9633
1,8	0,9641	0,9649	0,9656	0,9664	0,9671	0,9678	0,9686	0,9693	0,9699	0,9706
1,9	0,9713	0,9719	0,9726	0,9732	0,9738	0,9744	0,9750	0,9756	0,9761	0,9767
2,0	0,9772	0,9778	0,9783	0,9788	0,9793	0,9798	0,9803	0,9808	0,9812	0,9817
2,1	0,9821	0,9826	0,9830	0,9834	0,9838	0,9842	0,9846	0,9850	0,9854	0,9857
2,2	0,9861	0,9864	0,9868	0,9871	0,9875	0,9878	0,9881	0,9884	0,9887	0,9890
2,3	0,9893	0,9896	0,9898	0,9901	0,9904	0,9906	0,9909	0,9911	0,9913	0,9916
2,4	0,9918	0,9920	0,9922	0,9925	0,9927	0,9929	0,9931	0,9932	0,9934	0,9936
2,5	0,9938	0,9940	0,9941	0,9943	0,9945	0,9946	0,9948	0,9949	0,9951	0,9952
2,6	0,9953	0,9955	0,9956	0,9957	0,9959	0,9960	0,9961	0,9962	0,9963	0,9964
2,7	0,9965	0,9966	0,9967	0,9968	0,9969	0,9970	0,9971	0,9972	0,9973	0,9974
2,8	0,9974	0,9975	0,9976	0,9977	0,9977	0,9978	0,9979	0,9979	0,9980	0,9981
2,9	0,9981	0,9982	0,9982	0,9983	0,9984	0,9984	0,9985	0,9985	0,9986	0,9986
3,0	0,9987	0,9987	0,9987	0,9988	0,9988	0,9989	0,9989	0,9989	0,9990	0,9990

Verteilungsfunktion der Standardnormalverteilung

„Na, Hücking, möchtest du noch einmal arm sein?"

„Nicht für eine Million!"

3. Register

Absicherung 118, 288
Abzinsen 313
AEX 248
Aktienindex 244ff, 247
Anleihe 313
Arbitrage 62, 220, 223, 263f
Arithmetisches Mittel 285
ATX 248
Auftragsarten 350

Banken 408ff
Barwert 313
Beta 276ff, 294, 301
Bid-Ask-Spread 227
Binomialmodell 421
Black & Scholes 79
Bondmarkt 241
Bonität 318
Börsenbriefe 375
Börsen- und Aufsichtsbehörden 378
Börsenkapitalisierung 250
Break Even Chart 45
Briefkurs 227
Broker 408ff
Butterfly 181ff, 189, 195

CAC 40 248
Call
   Aktienanleihe 72ff
   Bewertung nach Black & Scholes 81
   Covered Call Writing 125
   Definition 43
   Erwerbsvorbereitung 71
   Gedeckt 51
   Kauf 47
   Limitierte Kauforder 71
   Long Call 47, 122ff, 188, 190
   Short Call 49, 124ff, 172, 188, 190
   Ungedeckt 51
   Verkauf 49
   Zinsniveau 69
Cash Flow 313
Clearing System 339
Condor 185ff, 189, 195
Cox, Ross & Rubinstein 79, 421

CQG Net 392ff
CTD 325

DAX 250
Daytrading 359
Daytrading Center 412f
Delta 92
Delta Neutralität 95
Derivate Broker 404f
Devisenmarkt 240
Discountbroker 406f
Diskontieren 313
Dividende 421
Dividendeninsiderinfos 233ff
Dividendenrendite 421
Dow-Jones-STOXX-50 247

easyOPTIONS
   Arbeitsblatt "Position" 419ff
   Arbeitsblatt "Grafiker" 430ff
   Arbeitsblatt "Szenarioanalyser" 433ff
   Referenz 417ff
   Webpage 11
Eurex 339ff
EuroNet Investox 397ff
Excel
   Bewertung von Optionen 88ff
   Black & Scholes 88ff
   DAX Berrechnung 251ff
   DDE Schnittstelle 418
   easyOPTIONS 418
   Indexberechnung 251
   Indexzertifikat 305ff
   Marginberechnung 346
   Portfolio Management Kennzahlen 284ff
   Portfolioanalyse 269ff
   Risikosteuerung 299ff
   Shortcuts 437

Fiktive Anleihe 312, 319
Fondsmanager 276ff
Forwards
   Abrechnung 238
   Definition 217
   Pricing 218, 318
Forward Darlehen 334
Free Float 245
Free Lunch 62
FTSE 100 248
Futures
   Abrechnung 242
   Absicherung 288ff

Aktienindexfutures 244ff, 249
Arbitrage 220, 223, 263
Arbitragefreie Grenzen 228
Ausgleichszahlung 329
Back Month 261
Basis 221, 239
Basiswerte 310ff
Bid-Ask-Spread 227
Cash and Carry 223
Cheapest-to-Deliver 325
Cost of Carry 220, 222ff
Definition 217
Delivery 238
Fälligkeit 259
Geldmarkt-Futures 326ff
Haltekosten 220
Handel 242
Hedging 288ff
Indexarbitrage
Inter-Contract-Spread 262
Inter-Market-Spread 263
Intra-Day-Spread 237
Kapitalmarktfuture 318ff
Konversionsfaktor 322, 325
Laufzeiten 223ff
Lieferung 320
Margin 343ff
Non-Spread Position 348
Open Interest 260
Pricing 218, 238ff
Rechnungsbetrag 322
Referenzperiode 326
Reverse Cash and Carry 223
Risikomanagement 288ff
Spot Month 261
Spotpreis 238
Spreadtrading 258, 262
Terminkurs 219
Transaktionskosten 227
Verfall 236
Zinsfutures 310ff
Zinssatz 230
Futures-Kontrakte
  DAX-Future 235ff, 256, 471
  Dow-Jones-Euro-Stoxx-Future 289ff, 472
  Dreimonats-EURIBOR-Future 311
  Einmonats-EURIBOR-Future 311
  Euro-BOBL-Future 311
  Euro-BUND-Future 311, 318ff, 489
  Euro-BUXL-Future 311
  Euro-Schatz-Future 311

Gamma 95
Geldkurs 227
Glattstellung 217
Griechen 92

Handelsraum 363
Hebel 279
Hedging
  Beta Hedge 294ff
  Cross Hedge 292ff
  Delta-Hedge 120
  Dynamic Hedge 121
  Hedge Ratio 120
  Long Hedge 288ff
  Nominalwerthedge 120
  Short Hedge 291f

IBEX 35 247
Indexzertifikat 304
Internetregeln 381
Internetseiten 371ff
Internet-Zugangsanbieter 367
Index
  Aktienindex 244, 247ff
  Arbitrage 235ff
  Berechnung in Excel 251ff, 284ff
  Bereinigungsfaktor 253
  DAX-Kennzahlen 276ff, 282
  Gewichteter Index 244
  Kursindex 245
  Marktkapitalisierung 252
  Performanceindex 245
  Preisindex 244

Kontraktspezifikationen 462ff
Kontraktwert 422
Korrelation 276ff, 280
Kovarianz 287
Kursabsicherung 118
Kursverpflegung 370

Leerverkauf 115, 223, 231
LEPOs 115, 465
Limit Orders 350

Margin
  Additional Margin 345, 348
  Begriff 342
  Futures Spread Margin 348
  Margin-Intervall 343
  Non-Spread Position 348
  Premium Margin 344
  Variation Margin 345, 348

Register

Market Maker 340
Market Orders 351
Musterdepots 376

Nachrichtensender 380
NASDAQ 248
NEMAX 247
Nikkei 223 248
Normalverteilung 106
NWP-Börse 382ff

Omega Trade Station 401ff
Online Boards 375
Option
  Absicherung 118ff
  Aktie shorten über 114
  Aktienoptionen 462ff
  Am Geld 56
  Amerikanisch 42, 421
  Arbitrage 62
  At-the-money 56
  Aus dem Geld 56
  Ausübung 42
  Basispreis 42
  Basispreis 42
  Begriff 42
  Bewertung 79, 88
  Black & Scholes 79
  Break Even 45, 190ff
  DAX 160, 465
  Delta 92
  Einflussfaktoren auf Prämie 63ff
  Europäisch 42, 421
  Excel Bewertung 88
  Exercise 42
  Expiration 42
  Follow-up-Strategien 196ff
  Gamma 95
  Gedeckte Position 345
  Griechen 92
  Grundpositionen 46
  Hedging 118ff
  Im Geld 56
  Innerer Wert 57
  In-the-money 56
  Kaufoption 41
  Kombinationen 99, 126ff, 190ff
  Kontraktwert 126, 462ff
  Margin 343ff
  Mispricing 62
  Optionspreisindex 100
  OTC 42
  Out-of-the-money 56
  Prämie 42
  Preisbildung 57
  Preisobergrenze 61
  Preisuntergrenze 61
  Put-Call-Parität 86, 117
  Restlaufzeit 67
  Restlaufzeit 67f
  Rho 98
  Sensitivitätskennzahlen 93, 99
  Spreads 144ff
  Stillhalter 42
  Strategien auf einen Blick 188
  Strike 42
  Synthetische Positionen 118
  Theta 96
  Underlying 42
  Ungedeckte Position 345
  Vega 97
  Verfall 42
  Versicherung 44, 160ff
  Volatilität 63
  Volatilitätsstrategien 127ff
  Zeitwert 59
  Zeitwertverfall 68
  Zinsniveau 69
Optionskontrakte
  Dow-Jones-STOXX-50 467ff
  Low Exercise Price Option 115, 465
  ODAX 160, 465
Optionspreismodelle 79
Optionsschein 112ff

Portfolio
  Analyse mit Excel 269ff
  Arithmetisches Mittel 285
  Beta 276ff, 302
  Delta Neutralität 95
  Effizientes Portfolio 269ff
  Korrelation 276ff, 280
  Kovarianz 287
  Portfoliomanagement mit Futures 268ff
  Rendite 277ff
  Risikoloses Portfolio 86, 95
  Strategien mit Optionen 118ff
  Theorie 268
  Varianz 286
  Volatilität 276ff
Position Trading 258, 361
Put
  Bewertung nach Black & Scholes 84
  Definition 44

477

Kauf 52
Long Put 52, 118ff, 188, 190
Protective 118ff
Short Put 54, 71, 188, 190
Verkauf 54
Zinsniveau 69
Put-Call-Parität 86, 117

Rendite 277
Rho 98
Risiko
  Begriff 268
  Systematisches 274
  Unsystematisches 274
Risikofreier Zinssatz 82
Rogue Trader 361

Scalping 357
Sensitivitätskennzahlen 93ff, 99
Settlement Price 453
SMI 247
Software 382ff, 417ff
S&P 248
Spread Position 258, 264ff
Spreads (Optionen)
  Bear Call Spread 158ff, 188, 193
  Bear Put Spread 155ff, 189, 193
  Bull Call Spread 145ff, 188, 192
  Bull Put Spread 150ff, 188, 192
  Credit Spread 162
  Debit Spread 162
  Diagonal Spread 145
  Price Spread 145
  Ratio Call Backspread 176ff, 189, 194
  Ratio Call Spread 167ff, 189, 193
  Ratio Put Backspread 180ff, 189, 194
  Ratio Put Spread 173ff, 189, 194
  Time Spread 145, 162ff
  Variationen 151ff
Standardabweichung 64, 81, 271
Standardnormalverteilung 91
Stop Orders 351
Straddle
  Absicherung eines Short Straddle 139
  Long Straddle 128ff, 178, 191
  Richtungsneutral 140
  Short Straddle 135ff, 188, 191
Strangle
  Long Strangle 133ff, 188, 191
  Short Strangle 141ff, 188, 192
Stückzins 323f
Suchmaschinen 377

Synthetische Positionen 117, 305
Tagezählmethode 324, 423f
Tai-Pan 389
Terminbörse 242
Termingeschäft
Theta 96
Tradingkonzepte 355
Tradingsoftware 382ff
Transaktionskosten 405

Übernahmeschlacht 264ff

Varianz 286
Vega 97
VDAX 100ff
Videotext 380
Volatilität
  Definition 64
  Einfluss auf die Optionsprämie 63
  Erwartete Volatilität 66
  Historische Volatilität 66
  Im Zeitablauf 107
  Implizite Volatilität 66, 101, 110f.
  Optionsstrategien 127ff
  Smile 104ff.
  Szenarien 65
  Term Structure 108, 163
  VDAX 100ff.
  Zukünftige Volatilität 67
Wahrscheinlichkeit 83, 109
Wahrscheinlichkeitstabelle 474
WinBis 386ff

Zahlungswahrscheinlichkeit 317
Zins
  Forward-Zins 328
  Kassa-Zins 328
  Zinsberechnungskonvention 324, 423f
  Zinsstrukturkurve 311, 315ff, 328, 330

Ihr persönlicher Tradingcoach

Bestellen Sie jetzt ein kostenloses Probeexemplar und machen Sie sich unabhängig von steigenden Aktienkursen!

Der schnellste Weg: www.aktive-trader.de

Ja, senden Sie mit kostenlos und unverbindlich ein Probeheft

DER AKTIVE Trader

Leserservice
Schloßstraße 40
36151 Burghaun
T 06652 3326
F 06652 5060
www.aktive-trader.de
abo@aktive-trader.de

Name, Vorname

Straße

Land, PLZ, Wohnort

email